바보여
시인이여

바보여
시인이여

독일의 시인들과 그들의 삶, 그리고 문학이야기

김재혁 지음

고려대학교출판부
KOREA UNIVERSITY PRESS

책을 내며

도대체 문학이란 무엇인가. 요즘 세상에 문학이 우리에게 들려줄 수 있는 것은 무엇인가. 우리에게서 멀리 떨어져 있는 독일 문학이 우리 손에 쥐어 줄 수 있는 것은 무엇인가. 그리고 이 땅에서 독일 문학을 전공한 나의 존재 이유는 무엇인가. 나는 이런 것에 답하고자 지금까지 글을 쓰거나 번역을 하면서, 그리고 스스로 시를 쓰면서도 내 자신을 새롭게 할 수 있는 것을 많이 찾으려 노력했다. 글을 쓰거나 번역을 하는 일은 그야말로 미켈란젤로처럼 바위에 귀를 기울이고 그 안에 들어 있는 새로운 생명을 찾아내는 일과 같다. 글을 쓰면서 로댕의 조각품 〈생각하는 사람〉의 그 턱을 받쳐 준 그 소중한 손의 역할을 내 손이 해 줄 수 있다면 얼마나 좋을까 하는 생각을 늘 하게 된다. 이 책 속으로 나 있는 길은 독일 속의 시인들을 찾아가는 뱃길이다.

이 책에는 논문 형태의 글과 에세이 형태의 글, 그리고 독일 문학에 관심 있는 독자들을 위한 소개 형태의 글 등 총 서른여섯 편의 글들이 들어 있다. 몇 편은 새로 작성한 것이고, 몇 편의 논문은 학술지에, 그리고 다른 대부분의 글들은 크고 작은 각종 문예지에 실었던 것들이다. 그것들을 다시 손질하고 내용을 보다 깊이 즐기고 이해할 수 있게 하기 위해 중요한 시 작품이나 시인에 얽힌 이야기, 그리고 소설의 중요한 부분을 대폭 강화하였다. 이렇게 한 뒤 전체를 4부로 나누어 제1부 〈독일 시의 물길을 따라서〉에서는 몇 가지 테마를 따라 독일 시의 흐름을 알려주는 글들을, 제2부 〈매력적인 시와 시인들〉에서는 독일 시의 역사에서 꼭 알아야 할 시인들과 우리나라에 비교적 소개가 안 되었지만 눈길을 끄는 여러 시인들의 시와 그들의 시 세계에 대한 소개의 글들을, 그리고 제3부 〈시와 시인에 얽힌 아름다운 이야기〉에서는 그야말로 우리의 관심을 끄는 시인들의 삶과 사랑 그리고 문학에 대한 길고 짧은 평문 형태의 글을 싣는다. 구체적으로는 괴테, 노발리스, 횔덜린, 클라이스트, 하이네, 니체, 릴케, 하임, 카프카, 헤세, 바흐만 등 독일 문학의 대표적 시인, 작가들에 대해서 대체적으로 그들이 갖는 문학적 매력을 분석해 보고 그 매력의 진앙震央이 어디에 있는지 캐 보고자 하는 측면에서 접근하려고 노력해 보았다. 이렇게 독일 문학의 주요 정거장을 통과하는 가운데 각 시대의 벌판과 산맥과 강물의 바뀌는 모양새에 대한 통시적 개관이 저절로 이루어질 수 있기를 기대한다. 1970년대에 독일 시단을 풍미했던 여류 시인 잉에보르크 바흐만을 제1부의 첫머리에 위치시킨 까닭은 그의 시 문학이 갖는 중요성 때문이다. 다시 말해 괴테, 횔덜린, 하이네, 릴케를 잇는 독일 시의 산맥의 한 구릉을 그의 시 세계가 차지하고 있어 그에게서 독일 시 문학의 전형을 볼 수 있다는 생각에서이다. 그의 문학을 시금석으로 하여 그를 둘러싼 앞뒤 시인들의 세계를 비교하여 탐색할 수 있으리라 본다.

제2부에서는 횔덜린, 하이네, 니체, 헤세 같은 독일의 굵직한 시인들뿐만 아니라 현대 독일의 시단을 대표하는 시인들을 만날 수 있다. 젊어서 세상을 뜬 롤프 디터 브링크만과, 평범하게 보이는 시 속에 강렬한 메시지를 담아냈던 에리히 프리트는 이미 독일문학사에서 뚜렷한 지위

를 차지하고 있으며, 현재 많은 활동을 하고 있는 울라 한이나 볼프 본드라체크, 에른스트 마이스터, 페터 륌코르프 같은 시인들은 나름의 독특한 시 세계로 현대의 서정적 분위기를 잘 반영하는 인물들이다. 그리고 보브롭스키와 후헬은 동독 시절 서정시의 위의威儀를 지켜내며 자연시를 구가한 시인들로서 그러면서도 시대와 환경의 변화에 대하여 시인으로서, 나아가 보편적인 인간 존재로서 견지해야 할 것이 무엇인가를 모범적으로 보여 주는 사례다. 이들의 시 세계는 자연시와 정치시의 절묘한 혼합과 운용이 두드러지는 특장特長을 갖는다.

전체적으로 보아 테마상으로 전통적 모더니즘 시에 대항하여 등장한 독일의 신新체험시 또는 포스트모더니즘 시, 생태환경 시, 시인의 고뇌의 문제, 독일 통일 이후의 시인들의 시적 자세의 변화 문제, 문화사적으로 꽃과 관련된 시의 테마의 변화 양상 등이 주로 논의 대상으로서 언급된다. 게오르크 하임의 시 〈전쟁 I〉에 대한 분석은 독일 표현주의 시를 탐색하기 위한 기초 작업으로 이루어진 것으로 그의 시를 통해 독일 표현주의의 저변에 흐르는 사회 현상을 파악할 수 있으리라 생각한다. 릴케의 "앞세우기" 이론은 우리에게 비교적 생소한 것으로서 릴케 자신의 초기 미학 이론이다. 이것을 분석하여 그의 "사물시"에 대입함으로써 어떤 각도에서 그의 시에 접근할 수 있는지 구체적으로 알아볼 수 있다.

시를 깊이 있게 이해하기 위해 이미 알려진 시인들뿐만 아니라 잘 알려지지는 않았지만 주목할 만한 시인들의 시 작품들을 많이 선뵈려 했다. 이미 알려진 경우에는 나름의 새로운 번역을 시도함으로써 글의 정당성의 근거에 부응해 보고자 하였다.

문학에의 접근 방식이 삶과 연결되어 있을 때 읽는 감동 또한 저절로 솟아날 것이라는 믿음에서 노발리스와 조피의 사랑, 하이네와 아말리에의 사랑, 빌헬름 뮐러의 "겨울 나그네"의 사랑, 릴케와 루 살로메의 사랑도 그들의 유일하고 독특한 삶에 어울리게 각각의 색깔이 우러나도록 힘닿는 대로 다루어 보았다. 제3부의 마무리는 역시 독일 문학의 거장인 괴테의 만년의 시 작품들에 대한 분석으로 포즈를 잡아 보았다. 괴테 문학은 대용량 슈퍼컴퓨터이기 때문이다. 그의 문학 속으로는 수많은 관념과 견해들이 수시로 넘나든다. 그에게서 우리는 혼돈 속의 질서를, 변화 속의 지속을 목격하게 된다.

제4부 〈시와 번역, 그리고 우리〉에서는 번역론과 비교문학론 그리고 독일 문학이 과연 우리에게 무엇인가에 대한 글들을 다룬다. 독일어를 한국어로 옮길 경우와 한국 작품을 독일어로 옮길 경우 두 가지에 대한 예를 나의 경험을 바탕으로 하여 기술하여 보았다. 번역론은 그 자체로 또 한 권의 책이 되어야 할 것이지만 일단 이곳에서 얼굴을 알리고자 한다. 번역에 대한 논의처럼 많은 댓글을 몰고 다닐 만한 테마도 없을 것이기 때문이다. 번역에 대한 논의를 한다는 것 자체가 이미 다른 문화에 대한 관심의 표시이자 그 작업에 스스로 관여함을 나타낸다. 독일 민요와 한국 민요를 비교 분석한 글은, 양국의 민요에 나타나는 에로틱한 테마 영역을 이른바 인간 성정에 있어 사고와 표현의 공유라는 측면에서 접근한 것이다. 공통점과 차이점을 추적하는 가운데 재미있는 여러 가지 현상들을 발견할 수 있을 것이다. 그것에 대한 연구는 또한 우리에게 잘 알려진 독일 민담의 세계로 이어져도 좋을 것이다.

나는 이 책으로 독일 문학의 정수나 본질이란 바로 이것이다라고 단숨에 보여 줄 수 있다고는 생각하지 않는다. 다만 독일 문학의 현상들이 어떤 식으로 전개되는지, 그 궁금증 정도를 해소하는 데에는 일조할 수 있다고 생각한다. 물론 여기서 독일 문학의 본질로 향하는 입구를 찾을 수 있다면 더 이상 바랄 것이 없다.

서로 다른 민족의 문화나 문학이나 모두 서로 간섭함으로써 자체 영역의 지평선을 넓힐 수 있고 더 깊은 독창성의 길로 들어설 수 있다는 기본적인 생각을 나는 갖고 있다. 궁극적으로 나의 글쓰기는 나와 동일한 언어와 문자를 쓰는 독자들을 위한 것이다. 책의 제목은 니체의 시 〈바보여! 시인이여!〉에서 따왔다. 니체의 직관적 파악력이 시가 시이게 하는 동인이 된다면, 가능한 한 시에서 시적 직관을 파악하고자 한 나의 노력을 제목이 떠맡아 줄 수 있으리라 생각한다. 이 책의 존재 이유를 이 책 스스로가 갖고 있기를 희망할 뿐이다. 그리하여 목마른 입을 위하여 약간의 물이라도 흘려 줄 수 있도록.

2008년 봄

김재혁

차례

2

매력적인 시와 시인들

3

시와 시인에 얽힌 아름다운 이야기

4
시와 번역, 그리고 우리

1

독일시의 물길을 따라서

유토피아를 향해 타오르는 불꽃

잉에보르크 바흐만의 삶과 문학

화려한 등장, 아쉬운 퇴장

"풍성한 금발머리, 그윽한 갈색 눈, 조용하고 수줍은 얼굴." 이것은 1954년 8월 18일자 독일의 시사주간지《슈피겔》이 그때까지 거의 세상에 알려지지 않았던 잉에보르크 바흐만을 독자들에게 소개하면서 사용한 표현이다. 실제 사진 속의 그녀는 강한 인상을 주는 짧게 자른 머리, 목까지 올라오는 검은 칼라, 먼 곳을 바라보는 듯한 눈빛으로 실존적인 파토스를 보여 준다(사진 참조). 또 표지 사진 밑에는 "독일의 게토에서 건진 시"라는 글귀가 적혀 있어 바흐만이 갖는 독일시사상의 역할에 대해서도 암시하고 있다.《슈피겔》의 이와 같은 소개가 나간 뒤로 그녀는 괴테, 횔덜린으로부터 릴케, 트라클, 하임에 이르는 독일시의 전통을 이어 갈 전후의 첫 위대한 시인이라는 평가를 받으며 시집을 출간할 때마다 문단은 물론 독자들로부터 적극적인 지지를 받는다. 그러던 중 그녀가 1973년 10월 17일 로마의 한 호텔에서 예기치 않은 화재로 인해 47세의 젊은 나이로 세상을 뜨자 그녀를 아끼던 독서계와 문단은 다시 한번 떠들썩하게 잉에보르크 바흐만 회오리에 휩쓸린다.

1926년 6월 25일 오스트리아의 남단에 위치한 소도시 클라겐푸르트에서 중등학교 교사의 맏딸로 태어나 1945년부터 50년까지 빈 대학에서 철학을 공부하여 〈마르틴 하이데거 실존철학의 비판적 수용〉이라는 논문으로 철학박사 학위를 받은 잉에보르크 바흐만이 세상에 시인으로서 정식으로 모습을 드러낸 것은 1953년 마인츠에서 있었던 47그룹의 낭독회에서였다. 물론 그녀는 7년 전인 1946년에 이미 첫 산문 작품을 지면에 발표한 바 있었다. 그러나 날카로운 비판으로 유명한 47그룹 낭독회에서 〈거대한 짐〉을 비롯한 4편의 시 작품 낭독으로 47그룹상을 받으면서 그녀는 대중에게 조금씩 알려지기 시작하여 급기야 다음 해에는《슈피겔》의 표지 모델로 등장하기에 이른 것이다.

한스 베르너 리히터가 주동이 된 47그룹의 성격이 전쟁의 폐허 위에서 독일의 문학적 전통의 회복에 있었다면, 겉으로 보기에 온화한 듯하면서도 무언가 중후한 메시지를 듬뿍 실은 듯한 바흐만의 시적 성향은 그것을 증거하기에 모자람이 없어 보였다.《슈피겔》의 "젊은 시는 신경향 음악과 비슷한 정신적인 수단을 이용하여 작업하는 경우가 많다. 즉 단축, 부조화, 대조 그리고 의식적으로 뒤흔들어 놓는 연관관계를 가지고"라는 평을 필두로 해서 많은 평자들은 그녀의 시에 대해서 "면면히 이어지고 있는 독일시의 구릉"(J. 카이저), "순수하고 위대한 시"(S. 운젤트), "불멸의 고전성"(H.E. 홀투후젠), 전후 독일 문학의 벌채기로부터의 "급변의 순간"(W. 옌스)이라는 평가를 내린다. 경제 기적과 경제 부흥을 나치 과거의 퇴치와 연결시키고자 했던 당시 독일의 전반적인 분위기에 비추어 그녀의 등장은 이러한 무드를 뒷받침하기에 아주 적절한 것으로 여겨졌다. 당시의 시적인 흐름에서 전면에 등장한 것은 현실 비판적이거나 현실을 향해 냉철한 눈초리를 던지는 시들이 아니라 전원적인 자연시나 순수 미학적인 시들이었다. 그렇다고 이것들이 나치에 의해 오염, 단절된 종래의 유럽의 모더니즘 전통을 이어받은 것은 아니었다. 따라서 아우슈비츠 이후로는 더 이상 시가 불가능하다는 아도르노의 단언적인 말에 안달이 난 듯 독일 시단은 더욱더 과거의 모더니즘적 전통을 이어 줄 새로운 시인의 등장을 간절히 바라고 있었다. 이렇게 바흐만이 당시에 많은 사람들로부터 각광을 받은 것은 시대적 절박성에 더하여 그녀의 시에서 그 세대가 자신들의 모습을 느꼈기 때문이 아닌가 한다. 이런 관점에서 우리에게 잘 알려진 시 〈추락하는 것은 날개가 있다〉(원제: 〈놀이는 끝났다〉)를 소개해 보면 다음과 같다.

사랑하는 나의 오빠, 언제 우리는 뗏목을 만들어
하늘을 따라 내려갈 수 있을까요?
사랑하는 나의 오빠, 곧 우리의 짐이 너무 커져서
우리는 침몰하고 말 거예요.

사랑하는 나의 오빠, 우리 종이 위에다
수많은 나라와 수많은 철로를 그려요.
조심하세요, 여기 검은 선線들 앞에서
연필심과 함께 훌쩍 날아가지 않게요.

사랑하는 나의 오빠, 만약 그러면 나는
말뚝에 묶인 채 마구 소리를 지를 거예요.
하지만 오빠는 어느새 말에 올라 죽음의 계곡을 빠져나와,
우리 둘은 함께 도망치고 있군요.

집시들의 숙영지에서, 황야의 천막에서 깨어 있어야 해요,
우리의 머리카락에서 모래가 흘러내리는군요.
오빠와 나의 나이 그리고 세계의 나이는
해로 헤아릴 수 있는 게 아니랍니다.

교활한 까마귀나 끈끈한 거미의 손
그리고 덤불 속의 깃털에 속아 넘어가지 마세요.
또 게으름뱅이의 나라에서는 먹고 마시지 마세요,
그곳의 냄비와 항아리에선 거짓 거품이 일거든요.

홍옥요정을 위한 황금다리에 이르러
그 말을 알고 있던 자만이 승리를 거두었지요.
오빠한테 말해야겠어요, 그 말은 지난번 눈과 함께
정원에서 녹아서 사라져 버렸다고 말이에요.

많고 많은 돌들 때문에 우리 발에 이렇게 상처가 났어요.
발 한쪽이 나으면, 우리는 그 발로 펄쩍 뛸 거예요,
아이들의 왕은 그의 왕국에 이르는 열쇠를 입에 물고
우리를 마중하고, 우리는 이런 노래를 부를 거예요.

지금은 대추야자 씨가 싹트는 아름다운 시절!
추락하는 것들마다 날개가 달렸네요.

가난한 것들의 수의에 장식단을 달아준 것은 빨간 골무,
그리고 오빠의 떡잎이 나의 봉인 위로 떨어지네요.

우리는 자러 가야 해요, 사랑하는 이여, 놀이는 끝났어요.
발꿈치를 들고. 하얀 잠옷들이 부풀어 오르네요.
아버지 어머니가 그러는데요, 우리가 숨결을 나누면,
이 집안에서는 유령이 나온대요.

어린 시절과 전설의 세계

바흐만의 문학적 구상에는 다민족국가였던 오스트리아 제국의 붕괴와 그에 대한 향수가 밑그림으로 사용된다. 그녀의 청소년기에 대한 기록은 단편 〈어느 오스트리아 도시에서 보낸 소녀 시절〉에 잘 묘사되어 있다. 이 도시는 다름 아닌 클라겐푸르트를 이른다. 그녀는 소녀 시절의 대부분을 이 도시에서 보낸다. 이 도시에 대한 애정이 그렇게 큰 것은 아니었지만 그녀는 나중에도 이 도시와의 내적인 연관관계 같은 것을 그대로 유지한다. 그녀는 이 고장에 대해서 한 자전적인 글에서 다음같이 회상하고 있다.

> 나는 소녀 시절을 케른텐에서 보냈다. 남쪽의 국경 근처 한 계곡에서. 그 계곡은 두 개의 이름을 갖고 있었다. 그중 하나는 독일식 명칭이었고 다른 하나는 슬로베니아식 명칭이었다. 그리고 여러 세대에 걸쳐 우리 조상들이 살았던 집은… 지금도 낯설게 들리는 이름을 달고 있다. 국경 근처에 또 한 번의 국경이 있는데 그것은 언어의 국경이다.—나는 이쪽뿐만 아니라 저쪽에도 익숙했다. 두세 나라의 착한 유령들과 악한 유령들 이야기에. 산 넘어 한 시간 정도만 가면 이탈리아였기 때문이다. … 내 생각으로는 이 계곡의 협소함과 경계의 의식이 내게 먼 곳에 대한 동경을 불러일으킨 것 같다.[1]

케른텐 주의 지방수도인 클라겐푸르트는 그녀의 말대로 이탈리아와 유고슬로비아 그리고 오스트리아가 만나는 삼각지대 근처에 있다. 이 두세 가지 외국어를 직접 사용하면서 성장한 것은 아니지만, 그녀가 많은 관심을 둔 언어의 문제는 이러한 지리적 성장 배경과 밀접한 관계를 맺고 있다. 시인은 이미 50년대에 쓴 연작시 〈어느 땅, 어느 강 그리고 호수로부터〉에서 "다른 곳에서는 고갯길마다 차단횡목들이 길을 막는데,/이곳에서는 인사가 오가고 한 조각 빵도 나뉘어진다./경계를 치유하려고 모두들/한줌의 하늘과 수건 가득 흙을 날라온다"(《전집》 1, 88) 고 노래하면서 이와 같은 모든 민족적 대립 감정이 해소된 상태를 희망한다. 그녀의 고향과 슬라브의 공간은 그녀의 문학에서 상처 입은 현재와 대비되는 건강성을 상징한다. 고향 지역 출신으로 설정된 인물들—이를테면 이반이나 마라와 같은 인물—은 건강하고 감각적이고 순진하리만큼 현실과 직접적인 관계를 가지고 있다. 이것은 복잡한 성격의 다른 중심인물들과 엄격하게 대비를 이루는 것이다. 그러나 이것은 그녀가 상정한 유토피아이지 실제 상황이라고는 볼 수 없다. 왜냐하면 당시 그곳에서는 서로 다른 민족 간에 분규가 끊이지 않았기 때문이다. 시 〈보헤미아는 바닷가에 있네〉는 그녀의 그와 같은 사고방식의 일단을 잘 보여 준다. 이 시에서 보헤미아는 모든 미래를 향한 희망의 총체 개념으로 등장한다. 실제 보헤미아는 바닷가에 있지 않다. 시인은 보헤미아를 바닷가에 위치시킴으로써 불가능한 것의 실현을 꿈꾼다. 그녀는 현실을 촉매로 하되 여기서 나름대로 이상적인 것을 이끌어 낸다. 이 같은 경계 지양과 경계 극복은 그녀의 작품의 핵심적인 테마이자 노력에 속하는 것이다.[2] 그녀의 잦은 여행과 오랜 외국 체류, 특히 이탈리아 로

1 Ingeborg Bachmann, Werke 1. München 1978. S. 301. 이하 《전집》으로 약칭함.

마 체류 역시 이와 같은 경계 허물기를 위한 내적인 충동의 표현으로 볼 수 있을 것이다.

방학 때마다 그녀는 오버벨라흐의 시골에서 가족과 함께 보냈는데, 후기 작품《프란차의 경우》에서는 이 지역의 "갈리치엔"을 이상의 땅으로 만들어 놓는다. 그녀의 상상력의 세계는 이처럼 도시보다는 시골에서 보낸 생활에서 자양분을 얻고 있다. 또한 "두세 나라의 착한 유령들과 악한 유령들 이야기"라는 표현에서 보듯 그녀의 표상 세계는 고향 주변의 전설들로부터 영향을 받고 있다. 신화적이고 동화적인 것, 시골스럽고 마법적인 관습과 신비스런 체험 등에 기반하여 그녀는 시간에 대한 사물과 생명체 사이의 거리를 지양한다.[3] 그러나 실제로는 고향 계곡의 협소함과 경계에 살고 있다는 의식이 오히려 그녀의 가슴속에 먼 곳에 대한 동경을 심어 준다. "철둑에 누워 낯선 생각을 여행에 실어 보내며 낯선 도시들과 땅들 그리고 어디선가 하늘과 땅을 맞닿게 하는 미지의 바다"(《전집》 4, 301)를 향해 그녀는 동경의 나래를 펼친다. 현실로부터 이탈하고자 하는 열망에 사로잡혀 있던 그녀에게 미지의 세계로 가는 첫 여행은 빈으로 귀착된다. 그것은 1945년 여름의 끝 무렵이다. 그러나 그녀의 인생에서 하나의 전환점을 이루는, 고향의 비호받는 상태로부터의 탈출은 자유를 의미하기도 하지만 다른 한편으로는 자기책임을 의미하기도 한다. 따라서 고향을 떠나는 것은 내면적이고 완결된 세계를 떠나 위험스럽고 복잡한 세계로 뛰어드는 것에 다름 아니다. 이후로 그녀의 마음속에서 고향은 "신화가 풍부한 표상 세계"(《전집》 4, 302)로 남는다. 여기에 상당한 정도의 자기양식화가 개입되어 있음은 물론

2 Andreas Hapkemeyer: Ingeborg Bachmann. Entwicklungslinien in Werk und Leben. Wien 1991. S. 12.

3 Vgl. Andreas Hapkemeyer: a.a.O., S. 15.

이다. 그러나 그녀가 그렇듯 신화가 풍부한 고향의 세계를 그리워하는 까닭에 대해서 고려해 볼 필요가 있다. 그것은 앞에서 언급한 내용으로 추론하여 본다면 모든 것의 경계가 사라지는 곳으로 상정된 곳이 바로 고향이기 때문이다. 그녀의 후기 작품은 이러한 마법과 신화의 세계의 상실에 대한 비가요 이 세계를 미지의 미래에다 투사시키려는 결연한 시도이다. 여기에는 루트비히 비트겐슈타인에게서 받은 영향도 개입된다. 말로 표현할 수 없는 신비스런 영역에 대한 비트겐슈타인의 지속적인 언급은 시인 바흐만에게 있어서 언어의 수행 능력과 한계에 대한 논의와, 말할 수 없는 것을 말하기, 경계 초월 그리고 신비스런 것에의 접근 노력 등으로 나타나면서 그녀의 작품의 핵심을 형성한다.

종말론적 분위기와 시대 비판

젊은 시절의 시적 음조의 다양성에도 불구하고 바흐만의 시의 주된 음조는 비탄의 음조이다. 그러나 그녀의 비탄의 음조는 종말론의 단순한 체념적 수용이 아니라 현존하는, 무가치해진 모든 굴레를 끊고 새로운 시대를 향해 돌진하자는 의지의 표출이다. 여기에는 구체적인 역사 체험이 바탕을 이루고 있다. 그것은 바로 죄로 얼룩진 독일의 과거이다. 그러나 그녀의 시선은 구체적인 역사적 사실에만 머무르지 않는다. 1953년에 출간된 첫 시집《유예된 시간》은 여기에 바탕하여 다가오는 종말에 대한 경고의 메시지를 담고 있다. 이 표제시는 이 시집 전체뿐만 아니라 그 시대를 대변한다.

> 더욱 가혹한 날들이 다가오고 있다.
> 철회될 때까지 유예된 시간이

지평선에 보이리라.
머지않아 너는 신발 끈을 동여매고
개들을 마당으로 쫓아 버려야 하리라.
물고기들의 내장이 바람에
싸늘히 식어 버렸으니.
루핀의 빛이 초라하게 타오른다.
너의 눈길은 안개 속에서 느낀다,
철회될 때까지 유예된 시간이
지평선에 보일 것임을.

저편에 네 애인이 모래 속으로 가라앉는다,
모래는 나부끼는 그녀의 머리칼 주위로 솟아오르고,
모래는 그녀의 말 속으로 끼어들고,
모래는 그녀에게 침묵을 명하고,
모래는 그녀가 죽을 운명임을,
모든 포옹 뒤에는 이별이 있음을
그녀가 기꺼이 수긍하는 것을 본다.

뒤돌아보지 마라.
신발 끈을 동여매라.
개들을 쫓아 버려라.
물고길랑 바다 속으로 집어던져라.
루핀의 불빛을 꺼 버려라!

더욱 가혹한 날들이 다가오고 있다.

바흐만 시의 특징 중의 하나는 자연과 역사를 구조적으로 혼합하여 그것을 손상된 자연의 이미지로 독자에게 보여 준다는 데 있다. 여기에 쓰인 이미지들과 메타포들 속에는 최근의 불행했던 과거에 의해 상처를 입고 부상을 당한 인간들의 처절한 모습이 각인되어 있다. 그녀는 전통적인 자연시에서처럼 주변 세계에 대한 무해한 인식으로 빠져들지 않는다. 그러기에 시에서 그녀는 찢어짐과 파괴를 나타내는 표현들을 주로 사용한다. 그녀는 자연을 직접 체험한 자연으로서가 아니라 자신의 이미지를 위한 재료의 공간으로 활용한다. 달리 말해서 그녀에게 있어서 시라는 것은 낭만주의적인 정서의 산물이 아니라 의식적으로 만들어 내는 지성의 산물이다. 아름다운 것과 끔찍한 것을 서로 연결시키는 그녀의 솜씨 아래 역사적인 정황들이 그 정체를 드러낸다. 그녀의 눈길은 모든 것을 놀라운 눈으로 관찰자적 입장에서 정확하고 냉정하게 기록하는 비행사의 그것에 비견된다. 날카로운 언어 구사를 통해 위험을 느끼지 못하는, 혹은 고통스런 과거나 질병 그리고 죽음으로부터 도망치려는 주변 사람들에게 시인은 과거와 현실을 가림 없이 그대로 수용하라고 경고의 일침을 놓고 있다. 단도직입적으로 "더욱 가혹한 날들이 다가오고 있다"고 경고한다. 시의 제목이자 그녀의 첫 번째 시집의 제목이기도 한 "유예된 시간"은 새로운 시작을 위한 시간을 우리가 무한대로 마음대로 사용할 수 없음을 암시한다. 어느 시점까지 여유 있게 보냈던 시간이 이제 그 종말을 향해 가고 있다. 시인은 그렇기 때문에 결단의 시기가 다가왔음을 알린다. 이 시의 전반부는 독자에게 상황 파악을 촉구하고 후반부는 지체 없는 행동을 요구한다. 새로운 상황은 지금까지의 것을 포기하고 입장을 새롭게 정립하도록 강요한다. 왜냐하면 "인간은 이 세상에서 도망칠 수 없기"(《전집》 1, 230) 때문이다. 모든 전래된 아름다움과 거짓된 질서 속으로 도피하려는 것에 대해서 그리고 "어제의 형리들"(《이른 한낮》)이 아무렇지도 않게 사회의 모든 분야에서 지도적인 위치를 차지하는 것에 대해서 분명하게 '아니오'라고 말하라는 외침이다. 그러기에 시인은 "되돌아보지 마라./신발 끈을 동여매라./개들을 쫓아 보내라./물고길랑 바닷물 속으로 집어던져라./루핀의 눈빛을 꺼 버려라!//더욱 가혹한 날들이 다가오고 있다"고 말하는 것이다.

여기에 쓰인 자연의 메타포에는 싸늘함이 배어 있다. 그것은 현실을 바라보는 시인의 시각에서 연유한다. 이러한 내적인 자세하에서 바흐만의 시는 운명을 무조건적으로 그리고 기꺼이 받아들이겠다는 대담함과 용기의 증거물들로 읽힌다. 시 〈출항〉에서는 모든 위협적인 이미지들에도 불구하고 제어할 수 없는 저항에의 의지가 장대하게 드러난다. 시대 비판을 하면서도 거기에 새로운 어법을 통해 내면의 풍경을 담음으로써 자연의 모든 요소들이 실제의 연관관계에서 풀려나와 새로운 현실을 형성한다. "출항"은 익숙한 질서로부터의 이탈과 근본적으로 새로운 삶을 시작하려는 시도의 상징이 된다.

바흐만의 시에서는 풍부한 이미지들이 경고와 약속의 말들과 함께 섞이면서 교묘한 울림을 자아낸다. 그러나 이것은 시적인 수사로 독자를 현혹시키기 위해서나 혹은 무조건적인 예술에 대한 숭배나 유미주의적 발상에서 나온 것이 아니다. 긴 시행, 수많은 이미지들, 개별적인 표현들의 구사에서 파울 첼란의 초현실주의적 기법의 영향을 받은 그녀는 이러한 시적 장치들을 통해서 "날카로운 인식"과 "쓰라린 동경"을 보여 주고자 한다. 이렇게 볼 때 그녀는 얼핏 직접적인 현실에서 등을 돌리고 말과 이미지들로만 이루어진 미적인 영역을 향해 다가가는 것 같지만, 그녀의 시에 나타나는 다양하고 화려한 메타포들은 현실의 복잡한 모습을 반영하는 각양각색의 채색 유리들인 것이다. 그녀는 서로 전혀 상관없는, 오히려 서로 간에 낯설어 보이는 모티프들을 예기치 않게 하나의 지평에 위치시켜 이것들 사이에 형성되는 긴장 관계를 통해 우리에게 새로운 현실에 대한 인식을 일깨워 주는 방식을 구사한다. 여기에다 무언가를 예언하고 불러들이는 주문 조의 음조가 곁들여져 몰락과 해체의 형상들과 함께 무언가가 곧 일어날 것 같은 분위기를 자아낸다. "우리의 종말을 위하여 부름받아, 평원의 정령들이여,/커 가는 강의 정령들이여, 이 도시 앞에서 멈추지 마라!"(《전집》 1, 59)라고 노래하면서 "모든 삶은 집짓기 블록들 속으로 이주해 버렸고/새로운 궁핍을 사람들은 위생을 통해 진정시킨다"(《전집》 1, 60)라고 상대적으로 기술산업 시대의 이미지를 등장시킴으로써 시인은 두 가지의 이질적인 요소들을 몽타주처럼 병렬시켜 놓고 독자에게 그에 대한 판단을 요구한다.

이렇게 볼 때 그녀가 일찍부터 그녀의 작품에 대한 비평가들의 오독, 즉 그녀의 시를 초시대적이고 영향력이 없는 무해한 시라고 한 평가에 대해서 항의를 한 것은 당연한 일인지도 모른다. 그녀가 프랑크푸르트 대학에서 행한 시학 강연인 〈동시대 문학의 여러 문제들〉(1959/1960)은 그녀의 작품을 무해화화여 이해하려는 해석 방식에 대한 항의의 표현으로 볼 수 있다. 시인으로서의 그녀의 기본 입장은 시란 "고통의 경험에서 나오는 운동"이라는 것이다. 여기에 기반할 때 그녀의 시를 보는 우리의 시각은 보다 명확해질 수 있을 것이다. 피폐한 자연, 이별 그리고 깨지기 직전에 있는 사랑 따위의 이미지들은 그녀의 시에서 소외의 표지로서 주도동기적으로 나타난다. 다시 말해 시적 화자는 소외라는 기본 입장에서 세상을 경험한다.

시인이 세상을 이렇게 부정적으로 보게 된 원인을 우리는 그녀가 직접 체험한 독일과 오스트리아의 뼈아픈 과거에서 찾을 수 있다. 자전적 성격의 단편소설 〈어느 오스트리아 도시에서 보낸 소녀 시절〉은 히틀러 군대의 오스트리아 진군과 세계대전의 살육이 그녀의 어린 시절의 세계를 얼마나 파괴했는지 잘 보여 준다. 한 인터뷰에서 그녀는 이와 관련하여 다음 같이 말한다. "나의 어린 시절을 완전히 박살내 버린 어떤 한순간이 있었지요. 그것은 바로 히틀러 군대의 클라겐푸르트 점령이었어요. 너무나 끔찍했어요. 나의 기억은 이날과 더불어 시작되었어요. 〔…〕 피부로 느껴지던 엄청난 잔인함, 그 부르짖음, 군가 소리 그리고 행군 등—그것은 내게 죽음의 불안이 처음으로 떠오른 순간이었어요."[4] 히틀러 군대의 진군을 "나의 어린 시절을 완전히 박살내 버린 순간"으로 느끼는 데서 그녀의 모든 작품의 특징인 큰 고통과 불안의 테마가 시작된다. 그녀의 역사의식은 1958년의 핵무장반대위원회 가입이라든가 1965년의 베트남전쟁 반대 서명 등으로 직접 행동으로 나타나기도 한다. 따라서 역사의식은 그녀의 문학뿐만 아니라 그녀의 삶에서도 빠지지 않는다.

앞서 말한 《슈피겔》지의 평에서 그녀의 시는 "시대의 속기록"이라고 칭해진다. 나치 시대의 끔찍함은 지나갔지만, 현시대 역시 전쟁 없는 전쟁의 연속선상에 있음을 시인은 다음 같이 포고한다. 시 〈매일 매일〉을 보자.

> 전쟁은 이젠 더 이상 선포되지 않고,
> 그냥 계속된다. 미증유의 것이
> 일상의 일이 되어 버렸다. 영웅은

4 Ingeborg Bachmann: Wir müssen wahre Sätze finden. Gespräche und InterviewS. München 1991. S. 111. 이하 Wahre Sätze로 약칭함.

전투에서 멀리 있고, 약한 자들만이
포화가 쏟아지는 곳으로 등을 떼밀렸다.
하루하루의 유니폼은 인내,
훈장은 심장에 떠 있는
희망의 가련한 별.

이 별은 수여되리라,
더 이상 아무것도 일어나지 않는다면,
집중포화가 침묵한다면,
적의 모습이 보이지 않게 된다면
그리고 영원한 무장의 그림자가
하늘을 뒤덮는다면.

이 별은 수여되리라
깃발로부터 도주한 데 대해,
친구 앞에서의 용기에 대해,
보잘것없는 비밀을 누설한 데 대해
그리고 모든
명령 불복에 대해.

이 시는 당시로서는 전대미문의 음조와 도발적인 구조를 사용한 시로 주목을 받았다. 특히 기존의 사실들에 대한 가치전도의 입장은 독자에게 충격을 주기에 충분한 것이었다. 전쟁은 이제 공식적으로 선포되지도 않은 채 계속된다. 전쟁이 일상의 일이 되어 버렸기 때문이다. 전쟁의 영웅이라든가 전쟁의 공로에 따른 훈장의 수여 그리고 전쟁의 직접적인 현실 등도 역시 정상적인 상태를 뒤집어서 보여 준다. 전쟁은 진정한 영웅들에 의해서 수행되지 않고 약한 자들, 친구들 사이에서 벌어진다. 이 전쟁은 어느 일정한 기간 동안 지속되는 전쟁이 아니라 비밀스럽게 영원히 계속되는 전쟁이다. 따라서 인내와 희망이 일상의 메타포로 자리 잡는다. 여기서 우리는 바흐만의 시에서 자주 나타나는 묵시록적 요소를 감지할 수 있다. 성경의 아마겟돈 이야기에 따르면 최후의 때가 되면 모든 익숙한 지상의 관계가 전도된다. 즉 가장 아래쪽에 있는 것이 가장 위쪽으로 올라간다. 바흐만은 당연스럽게 여겨지는 것에 대해서 도발을 시도한다. 그녀의 이러한 태도에는 최후의 심판을 기대하는 듯한 소망이 들어 있다. 이것은 미증유의 것을 접하고도 거기에 아무런 비판 없이 적응하는 세태에 대한 비판의 목소리이며 사회적·정치적 현실을 직시하라는 주의의 포고이다. "범죄의 바이러스"(《전집》 3, 341)는 전쟁의 종말과 더불어 사라진 것이 아니다. "오늘날에도 많은 사람들이 그냥 죽는 것이 아니라 살해당하고 있다"(《전집》 3, 342). 이렇게 보면 바흐만은 최근의 역사를 밝히기 위해 시적인 이미지와 장치들을 각자 개성적으로 독특하게 사용한 파울 첼란이나 귄터 아이히, 그리고 페터 후헬의 시적 반열에 속한다.

절대적인 사랑

바흐만이 작품에서 사랑을 말할 때에는 대개의 경우 일상의 기존질서와의 충돌이 문제가 된다. 사랑을 통해 현실과 일상을 비판하고 또 극복하고자 하는 바흐만의 의도는 그녀의 첫 방송극 〈꿈 장사〉에서 잘 나타난다. 이러한 현실 극복은 신화적인 영역으로 옮겨가 거의 죽음의 경지에까지 이르도록 전개되는 주인공 남녀 사이의 사랑 행위를 통해서 가능하다. 여기로부터 절대적인 사랑의 테마는 시작된다. 이 테마는 그

후 얼마 뒤에 쓰여진 방송극 〈맨해튼의 선신〉(1958)에서 더욱 구체적으로 구현된다. 여기서는 가없고 무조건적인 사랑이 테마로 등장한다. 극단적으로 치솟는 사랑의 불길 속에서 여인은 사랑하는 남자를 향해 남김없이 헌신하면서 바로 이러한 헌신에서 자신의 기쁨과 만족을 느낀다. 미국 여자 제니퍼와 유럽 출신의 남자 얀 사이의 한 번의 만남으로 격하게 타오르는 사랑이 이 작품의 기둥 줄거리이다. 여기에 제3자로 등장하는 맨해튼의 선신은 일상의 질서의 엄격하고도 강력한 대변자이다. 얀과 제니퍼의 절대적인 사랑 관계는 이들이 맨해튼의 아틀란틱 호텔의 높은 꼭대기 방으로 자꾸만 올라가는 것으로 상징적으로 표현된다. 이들은 서로에게서 새로이 발견하는 지고한 사랑을 통해서 점점 더 이 세상을 등지고 "다른 시기"를 향해서 올라간다. 과거, 현재, 미래가 그들의 사랑 속에서 하나의 "다른 시기"로 흡수되는 것이다. 맨해튼의 선신이 보기에 이 두 사람은 곧 하늘에 도달할 것 같다. 왜냐하면 절대적인 사랑만을 믿는 그들의 가슴속에는 이 세상의 모든 것을 문제삼고 또 그것을 부수고 나갈 광적인 힘이 깃들어 있는 것처럼 보이기 때문이다. 이처럼 거의 신비주의적인 감정에 뿌리를 둔 사랑에 빠진 그들에게는 보통 사람들이 말하는 일상적이고 정상적인 삶은 아무런 의미가 없는 것으로 여겨진다. 따라서 일상의 질서를 대변하는 선신에 의해 이들은 폭사의 선고를 받는다. 그들의 사랑 속에서 그들은 일체의 유용성 및 합목적성의 구조에서 벗어난다. 얀은 지금까지의 모든 익숙한 감정과 사고를 떠나 새로운 차원으로 들어가고자 한다. 이것은 릴케가《말테의 수기》에서 말하는 "다른 해석의 시기"와 거의 유사한 내용을 갖고 있다. 말테처럼 얀은 지금까지와는 다른 인간이 되고자 하는 것이다. 그러나 다음 순간 얀은 그 같은 사랑의 죽음의 기회를 저버리고 만다. 그것은 결정적인 순간 그가 예전의 평범한 삶을 향해 욕망을 뻗치기 때문이다. 그 결과 그는 퇴행적인 존재가 되어 하늘로 올라갈 자격을 상실하고 일상으로 되돌아온다. 제니퍼는 혼자서 죽음을 맞는다. 제니퍼가 사랑의 엑스터시를 끝까지 유지하는 법은 이 길밖에는 없기 때문이다. 여기서 얀과 제니퍼를 동일한 인격의 두 가지 구성요소로 해석할 수 있다. 제니퍼는 순전히 감성적인 부분이고, 얀은 현실 쪽에 더욱 강하게 결합된 부분을 나타낸다. 이렇게 볼 때 이상적인 사고는 결국은 현실과 주위 세계에 가로놓인 차단 횡목에 걸려 좌절할 수밖에 없음을 바흐만은 보여 주는 것이다. 그러나 바흐만은 그러한 한계를 인식하면서도 완벽한 것, 불가능한 것, 도달할 수 없는 것을 향한 집념에서 눈을 떼지 않는다. 왜냐하면 이것을 향해 노력하는 가운데 우리는 우리의 가능성들을 확장할 수 있기 때문이다. 이처럼 극도의 생을 끌어안으려는 자세는 바흐만의 일상의 생활태도에서도 드러난다. 그녀는 일상적인 감정에 빠지지 않고 생을 극도의 것으로 실현하려고 노력한다. 그리하여 그녀는 말할 수 없는 것, 신비스런 영역을 추구한다. 어떤 바흐만 연구자는 그녀의 삶을 "양쪽 끝에서 타들어 가는 촛불 같다"[5]고 말하면서 진정한 삶, 강력한 강도의 삶을 향한 그녀의 열망을 강조한다. 그녀는 스스로 자신의 생에 높고도 위험스런 목표를 설정해 놓고 그것을 향해 진력하는 것이다.

페미니스트로서의 바흐만

보수적인 성향의 문학가들은 바흐만의 시에 대해서 무조건적인 극찬을 보냈다. 여기에서 그녀와 그녀의 작품에 대한 편견은 시작되고, 이것이

5 Andreas Hapkemeyer: a.a.O., S. 67에서 재인용.

첫 두 권의 얇은 시집《유예된 시간》과《큰곰자리에의 탄원》이후 1961년부터 출간된 산문에 대해서 제대로 된 평가를 하지 못하게 만든 이유이다. 어떤 이는 그녀의 산문을 "수다스럽고 날카롭지 못하며 통속적"(P. H. 나우만)이라고 전체적으로 거부하는가 하면, 어떤 이는 그녀의 산문 작품을 "시적인 텍스트"라고 평가하면서 그녀의 마지막 장편소설《말리나》에 대해서 극단적으로 비시대적이고 동화 같은 소설이라는 상표를 붙여 작품의 사회적인 영향력을 전적으로 거부하기도 했다(J. 카이저). 그러던 중 80년대 중반에 이르러서야 페미니즘적 시각에서 그녀의 작품을 고찰하려는 새로운 경향이 대두된다.

바흐만은 두 권의 시집을 상재한 후 사회참여적인 성격이 강한 고백적인 산문을 쓰는 데 집중한다. 그중 하나가 1961년에《삼십세》라는 제목을 달고 출간된 단편집이다.《삼십세》에 실린〈운디네 가다〉라는 단편에서는 낭만주의 작가 푸케의 동화에 나오는 주인공 운디네가 지금까지 자신이 기사로 섬겼던 모든 남자들과의 관계를 청산하겠다는 결심의 과정이 시적이고도 농축된 언어로 표현되고 있다. 남자는 사회적 틀을 깨뜨리지 못하는 약점으로 인해 "종말을 향해 부르는" 요정의 "외침" 소리를 따르지 못한다. 원래는 이 "종말"이 그에게는 바로 완벽한 고독이자 총체적인 자유의 근원이다. 이러한 외침을 좇기는커녕 그는 오히려 다른 평범한 여자들을 대하듯 운디네를 버린다. 결국 그녀는 원래 자신이 나왔던 물로 돌아가 끝내 침묵하고 만다. 여기서 운디네는 여자도 아니고 생명체도 아니고 예술을 상징한다는 바흐만의 말[6]에 따를 때 운디네는 인간의 완전한 발전을 위한 요구를 구현한다. 즉 운디네는 황홀경에 빠져 자신을 소모하고 자신을 태워 버리는 순수한 삶의 원천을 상

6 Vgl. Wahre Sätze, S. 46.

징하는 것이다. 이 점에서 본다면 빈 시절 친구들에게 물의 요정이라고 불리었던 바흐만과의 전기적인 연관점도 찾아진다. 《삼십세》에 실린 다른 단편들에서도 주인공들은 하나같이 "낡고 치욕적인 질서"를 청산하려 하지만 끝내는 좌절하고 만다. 단편 〈삼십세〉의 주인공은 바로 이것을 꿈꾸는 과도기에 있는 인물이다. 30세라는 생물학적 시간을 중심으로 하여 그는 방향 전환을 꾀한다. 그것은 가치의 전도를 의미한다. 이러한 가치 전도는 〈고모라로 가는 첫 걸음〉에서는 주인공 샬롯테의 레즈비언적 사랑의 문제로, 〈모든 것〉에서는 종래의 것과 구별되는 새로운 인간의 교육 문제로, 〈빌더무트라는 사나이〉에서는 진리의 추구 문제 등으로 각각 나타나지만, 결국 모두 실패로 끝난다. 그래도 다만 한 가지 주인공들의 의식에 있어서 변한 것이 있다면, 이와 같은 체험을 통해서 현실 탈피를 위한 반항과 죄과와 죽음이 그래도 혁신적이며 인상적인 경험으로 남는다는 것이다. 바흐만은 그녀의 주인공들로 하여금 늘 불가능한 것, 지금까지 존재하지 않던 것을 추구하다가 파멸케 만든다. 이런 그녀의 시도가 결국엔 실패로 돌아가지만 어쨌든 이것은 기존의 것에 대한 부정이요, 기존의 것을 문제 삼아 그것의 타당성을 불사하여 인식의 확장을 가져오는 것이다.

바흐만의 페미니즘적 태도는 이 텍스트들에서는 아직은 불분명한 형태로 암시되고 있지만, 후기의 장편소설들에 접어들면 보다 뚜렷한 윤곽을 획득한다. 그러나 우리가 여기서 주목해야 할 점은 바흐만의 경우 페미니즘이 단순한 페미니즘적인 외침으로 끝나지 않는다는 것이다. 즉 그녀의 작품에서는 여성의 파괴가 세계 및 사회의 파괴와 동일시된다. 이제 시에서 보여 준 고도의 기량을 바탕으로 한 정제된 글쓰기가 아니라 사회적 억압과 차별에 대한 글쓰기가 대두된다. 이때 그녀가 억압받고 핍박받는 최하위 계급으로 본 것은 사회적인 계층 이외에 여성들을 말한다. "그래서 나는 알게 되었다. 내가 저열한 종족이라는 것을" (《전집》 3, 413).

60년대 중반에 들어 바흐만은 《죽음의 방식들》이라는 산문 집필에 몰두한다. 그녀는 인간들의 죽음의 여러 가지 방식과 그 원인들을 서술할 계획을 한다. 시점은 제2차 세계대전이 끝난 후이고 주인공들은 대부분 지식인 및 시민층이다. 3부작으로 구상한 《죽음의 방식들》의 첫 번째 작품인 《프란차의 경우》에서 주인공 프란차는 기술화되고 비인간화된 하얀 인간들의 세계와 대비되는 마법적인 야성의 여인으로 등장한다. 1964년 3월의 이집트 사막 여행과 그곳에서 본 사람들의 가난한 삶과 삶에 꼭 필요한 것만 채우는 이들의 생활태도가 이 소설에서 중요한 역할을 한다. 유명한 정신과 의사 요르단과 결혼한 젊은 프란차는 전심전력을 다하여 남편을 위해 생의 모든 것을 쏟는 반면, 그에게 있어서 그녀는 심리학적 관찰의 대상일 뿐이다. 그 결과 프란차는 모든 것을 빼앗겼다는 느낌과 굴욕감에 사로잡힌다. "그는 내게서 재산을 앗아갔어. 나의 웃음과 나의 다감함을, 기뻐할 줄 아는 능력과 나의 본능과 환한 나의 표정을 말이야. 그는 그런 것이 더 이상 고개를 쳐들지 못하도록 모조리 짓밟아 버렸어." 결국 낙태 사건을 계기로 그녀는 발작을 일으킨 후 마비상태에 빠진다. 무기도 쓰지 않고, 이렇다 할 흔적도 남기지 않고 한 인간이 다른 인간을 종말로 치닫게 한다. 요르단은 오늘날 문명화된 서구사회를 대변하는 하나의 상징이다. 이 "흰 인간들로 지칭되는" "꽃처럼 하얀 셔츠를 입은 사람들과 교수라는 칭호를 가진 사람들, 지성의 고문도구를 손에 든 사람들"(《전집》 3, 404)과 부딪치면 "야성의 여인"의 마적인 세계는 산산조각날 수밖에 없다.

두 번째 작품인《화니 골드만을 위한 진혼곡》역시 한 여자에 대한 착취를 중심 테마로 삼고 있다. 여성의 자기소외를 바흐만은 극단적인 형태로 보여 주는데, 유대인과 여성과의 동일시를 통해서 히틀러가 유대인에게 저지른 죄과를 지식과 과학을 지향하는 사회의 오성 만능적 사고 쪽으로 향하게 하고 있다. 이것은 곧 남성으로 대변되는 가부장적, 과학 본위적 사회에 대한 껍질 벗기기에 다름아니다. 우리의 주변에서 정당화되어 도사리고 있는, 즉 직접적으로 "우리 사회 안에서, 우리 이웃에서" 벌어지고 또 "허락된 것과 도덕의 내부에서"(《전집》3, 342) 행해지고 있는 폭력들의 끔찍함이 주된 테마가 되고, 이전의 사랑이나 언어 같은 다른 테마들은 이 기본사고에 종속되거나 병렬된다. 1966년 초《프란차의 경우》의 독회의 서두에서 바흐만은 구상 중인 소설들의 테마를 다음 같이 정의한다. "《죽음의 방식들》이라는 이 책은 오늘날 저질러지고 있는 범죄와, 살인이 다반사가 되어 살인 명령이 내려지고 허용되던 시절이 20년이 지난 지금 더욱 기승을 부리고 있는 범죄 바이러스에 대해서 이야기할 것입니다."

문학적 유토피아로서의 글쓰기

바흐만은 처음부터 어릴 적의 고향과, 기자 생활을 계기로 오래 체류한 이탈리아 로마에 대한 애착에도 불구하고 항상 고향이 없다는 느낌을 가지고 산다. 그녀는 대개의 시인들이 그렇듯이 어느 장소, 어느 누구와도 연결감을 느끼지 못하고 스스로를 항상 잉여인간으로 느낀다. 이때 그녀가 찾을 수 있는 길이 글쓰기임은 상상하기 어렵지 않다. 보편적인 무연관성의 사막에서 유일한 연관점은 글쓰기인 것이다. 그녀는 언어 속에서 그리고 언어를 통해서 자신의 존재의 정당성을 찾고 또 언어

속에 자신의 집을 만들어 이것으로 실제적인 고향을 대체한다. 그렇다고 해서 그녀가 완전히 현실로부터 등을 돌린 것은 아니다. 그녀는 직접 보고 느낀 가난한 사람들의 비참한 모습을 글쓰기를 통해 변용시킨다. 이때 그녀의 내면에서는 고통스런 과정이 진행된다. 고통스런 생활영역을 동화하고 인식하려면 먼저 그것을 끌어안아야 하는 고통이 따르기 때문이다. 현실을 문학 속으로 끌어들이고, 현실에서 출발할 때 비로소 현실을 넘어설 수 있으며 또 변화를 이끌어낼 수 있는 것이다. 바흐만은 자신이 사회적으로 참여적인 작가라고 여기면서 순수 정치적인 문학과 순수문학을 구별하는 것을 의미 없는 짓이라고 여긴다. 그녀의 사회참여는 진정한 언어를 찾는 데 있으며, 여기로부터 그 밖의 다른 것들이 확산되어 나아간다. 즉 깨끗한 언어가 저절로 정치적 사고의 정화를 가져올 수 있다고 그녀는 확신한다. 글쓰기의 사회적 역할에 대한 바흐만의 생각은 〈프랑크푸르트 강의록〉(1959/60)에서 다음과 같이 전개된다.

> 빵과 같은 시요? 이 빵은 배고픔을 달래기 전에 먼저 이빨 사이에서 버석거리며 오히려 배고픔을 다시 각성시켜야 합니다. 그리고 이런 종류의 시는 인식에 있어서 날카롭고 동경에 있어서는 쓰라려야 할 것입니다. 그래야만 인간들의 잠을 흔들어 깨울 수 있을 테니까요. 그렇습니다. 우리는 지금 잠자고 있습니다. 우리는 잠꾸러기들입니다. 우리를 그리고 우리의 세계를 감지해야 하는 두려움 때문에 우리는 자고 있는 것이지요(《전집》 4, 197쪽 이하).

시몬느 베이유의 "민중은 빵과 같은 시를 원한다"(《노동일기》)는 말을 변주한 이 대목은 현실과 문학 사이의 밀접한 관계에 대한 바흐만의 시각을 분명하게 보여 준다. 그러나 글쓰기의 세계로 빠지는 것은 궁극에 있어서 현실에 있어서의 삶에 대한 연관관계의 찢김을 의미한다. 따라서 바흐만이 글쓰기의 세계로의 과감한 입장을 옹호할 때 우리는 거기서 현실에 대한 그녀의 실망과 환멸을 읽게 되는 것이다. 생의 덧없음을 그녀는 예술과 관련하여 이렇게 표현한다. "우리를 싸고 있는 것은 오로지 별들과 빛의 반사와 침묵의 추락뿐./하지만 그 뒤로 솟아나는 노래가/우리를 넘어 살아남으리라"(《전집》 1, 147). 모든 것이 먼지로 바뀌고 우리의 생이 종말을 고해도 궁극적으로 살아남는 것은 우리의 현존재를 초월하는 "노래"뿐이다. "노래"는 현실의 혼돈 속에서 시인이 인식할 수 있는 유일하고 궁극적인 초월과 지속의 가능성이다. 칭송과 비탄, 절망과 희망의 교차는 궁극적으로 "노래"를 통해 지양된다. 시인은 "놀라운 마법의 말로 감정과 생각 그리고 사물들을 일상의 연관으로부터 의식 속으로 불러들일 수 있다"(《전집》 4, 303)고 주장한다. 이를 위해 바흐만이 주장하는 것은 "아름다운 언어"와 "순수한 존재"(《전집》 1, 92)이다.

전통적인 의미로의 견자나 예고자는 아니더라도 바흐만은 단순한 텍스트 생산자 이상의 의미를 시인에게 부여한다. 시 〈나의 새〉는 이 시대의 시인의 직업과 사명에 대해서 말한다. 시인은 세계의 어두컴컴한 상태 속에서 새에 의지하여 나아갈 방향을 찾는다. 이때 안개와 밤은 위협과 무지 그리고 의식의 부족을 나타내는 메타포이고, 반면 새는 밝은 눈빛으로 어떠한 꼬임에도 넘어가지 않는 궁극적인 진솔함을 지향하는 글쓰기를 상징한다. 그리하여 글 쓰는 자는 "어둠 속에서 올바른 것"(《전집》 1, 118)을 보는 자라고 칭송된다. 따라서 시인은 도덕적인 최고의 심급의 역할을 맡는다.

바흐만은 1971년에 출간된 장편소설 《말리나》에서 문학적 글쓰기까지도 권력 구조와 살해 욕구에 휩싸인 남자들의 손아귀에 들어 있다고 비판한다. 얼핏 보면 이 소설은 평범한 남녀 간의 삼각관계를 다루고 있는 것처럼 보인다. 삼각관계는 소설의 여성 화자인 "나"와 애인인 이반 그리고 말리나를 중심으로 형성된다. 1인칭 화자인 여주인공은 이웃집 남자 이반과의 사랑을 고백한다. 그러나 이반의 실제적인 사랑은 최고도의 강력한 사랑을 구가하려는 그녀의 욕구를 만족시켜 주지 못한다. 늘 실망과 모욕뿐이다. 이반의 행동방식은 보통 남자들의 행동방식을 대변한다. 바흐만은 〈제3의 남자〉라는 장에서 사회는 여자들에게 있어서는 아주 커다란 살인의 광장일 뿐이라고 역설한다. 파괴적이고 가부장적으로 조직된 세계 속에서 형리와 SS친위대 모습으로 등장하는 "아버지"는 딸에게서 모든 자기 표현 가능성을 거세시킨다. 그 결과 그녀는 그녀 나름대로의 말도 할 수 없고 또한 자기 인식에도 도달할 수 없다. "아버지"는 모든 파괴적인 것 혹은 파괴적인 원칙과 동일시되는 남성적인 원칙을 나타낸다. "아버지"는 치명적인 언어의 상실과, 대중매체와 대량생산에 의해서 촉진된 인간 경험의 감퇴의 이미지를 포괄한다. 반면 마지막 장의 말리나는 현실 세계의 실망과 위협에 처해 있는 여주인공의 입장을 변호해 주는 인물로 등장한다. 그러나 자세히 보면 말리나는 주인공의 또 다른 이상적인 분신임이 드러난다. 따라서 말리나와 나누는 주인공의 대화는 결국 그녀 자신의 독백에 지나지 않는다. 여기서 주인공이 독백을 통해 추구하는 것은 자신의 글쓰기에 대한 사고이다. 글쓰기는 남자들의 세계에 의해 입은 상처를 치유하는 역할을 한다. 이러한 글쓰기 속에서 주인공은 지배 요구에서 벗어난 순수한 의사소통의 세계를 건설할 수 있다.

시대 속의 인간으로서 그리고 하나의 인간 자체로서 자신이 처한 상황에 대한 성찰이 바흐만에게는 완전한 인간적 존재를 위한, 인간답고 성숙한 현존재를 위한 필수불가결의 조건이다. 그러기에 이를 위한 여유를 앗아가는 것들, 이를테면 판단을 흐리게 만드는 현대의 광고물이라든가 미사여구의 표현들에 대하여 그녀의 항거가 행해지는 것이다. 그녀가 계속해서 언어의 문제에 신경을 쏟은 까닭은 모든 인간적인 표현 가능성과 생의 표출의 기본 조건을 다루어 보고 싶기 때문이다.[7] 그녀에 따르면 문학은 "나쁜 언어에 대항하는 수천 년 묵은 저항이다"(《전집》 4, 268). 문학은 언어의 유토피아를 건설하는 것이며, 따라서 글쓰기는 새로운 순수한 언어를 향해 끝없이 "결사적으로 노력하여 다가가는 것"(《전집》 4, 268)이다. 시 〈너희들 말들이여〉(1961)에서 이 생각이 시적으로 형상화되는데, 시인은 진정한 표현을 향해 끝없는 여행을 하는 낱말들에 대해 언급한다. 새로운 언어는 아름다움이 아니라 새로운 파악력을 목표로 하며 전에는 전혀 존재하지 않았던 새로운 걸음걸이로 과거의 썩은 언어가 포착하지 못한 것을 포착하는 것을 목표로 한다.

바흐만은 "새로운 언어 없이는 새로운 세계는 없다"(《전집》 2, 132)고 강조한다. 새로운 언어는 인식과 통찰의 확대를 목표로 한다. 이것은 원천적이면서도 고통스런 진리를 드러내 보이기 위한 것이며 이를 위해 그녀는 인식의 고통을 찍은 잉크로 글을 쓰고자 한다. 그녀는 시적 언어의 가림 없는 솔직함을 통해서 사물과 인간 실존의 근본을 캘 수 있다고 본다. 인간은 언어 속에서 그리고 언어를 통해서 살기 때문이다. 그녀는 평생 동안 언어의 문제에 집착한다. 새로운 언어는 그녀에게 있어서 인간적인 자유와 독립의 표현이기 때문이다. 이러한 그녀의 노력은 예술가적인 진실성을 찾으려는 것과 일치한다.

7 Vgl. Andreas Hapkemeyer: a.a.O., S. 86.

유토피아를 향해 타오르는 불꽃

바흐만의 문학은 한 인간이 자신의 가능성을 향해 노력하고 또 그것을 성취하려고 할 때 그를 옭아매고 제한하는 주변의 현실과 부자유에 대해서 적극적으로 대처하여 실존적 가능성을 모색하려는 고뇌의 표현으로 읽힌다. 따라서 그녀의 문학과 삶을 한마디로 표현한다면 '유토피아를 향해 솟구치려는 처절한 몸부림'이라는 말이 적절할 것이다. 그녀의 유토피아적 사고는 궁극적으로는 도달할 수 없는 것을 향해 쉼 없이 노력하는 데 있다. 즉 그녀의 유토피아는 "목표가 아니라 방향으로서", "현존 질서에 저항하는"(《전집》 4, 27) 척도로서 존재한다. 이에 따라 그녀의 문학의 기본자세는 주어진 것, 자명한 것, 굳은 것을 부수고 새로운 실존과 표현 영역을 구하는 데 초점이 맞추어져 있다. 그녀는 유토피아를 상정하지 않는 삶은 생각하지도 않는다. 그러나 이것의 실현이 현실적으로 거의 불가능하다는 점을 그녀는 인정한다. 그렇지만 그녀는 그러한 날이 오리라고 믿는다. 그렇지 않으면 그녀는 "글을 쓸 수 없다".[8] 이렇게 불가능과 가능 사이의 긴장과 대립은 그녀의 작품에서 주도적인 역할을 한다. 이것을 기반으로 그녀는 인간과 세계의 혁신과 완벽화를 희망한다. 그녀는 물론 자신의 요구가 실현될 수 없음을 알고 있다. 그러나 그녀는 "그것이 사랑이든, 자유든, 그 어떤 순수한 위대함이든 불가능한 것을 향해, 도달할 수 없는 것을 향해"(《전집》 4, 276) 시선을 똑바로 고정시킬 것을 요구한다.

8 Wahre Sätze, S. 145.

시인, 영혼의 모험가
시적 고뇌에 대하여

1. 고뇌하는 인간

괴테가 그의 젊은 시절에 잠시 독일을 휩쓴 질풍노도 운동의 세례를 받아서 쓴 《젊은 베르테르의 슬픔*Die Leiden des jungen Werther*》을 한 번쯤 읽어본 사람이라면 우리 인간이 살아가면서 어떠한 고뇌에 빠질 수 있는지 어느 정도 짐작을 할 것이다. 주인공 베르테르는 이미 다른 남자와 약혼한 로테를 향한 불륜의 사랑에 불을 지르면서 당시의 제도와 관습 그리고 속되고 편협한 인간 군상들을 외적인 자연의 변화의 현상들 속에 비판적으로 표현하고 있다. 여기의 자연은 베르테르의 영혼의 움직임의 반영이자 맺지 못할 사랑으로 인한 인간적 고뇌의 표현이다. 이것이 릴케의 경우에는 시인의 사명이라는 특수한 상황과 맞물려 더욱 분명하게 드러난다. 그의 고뇌의 외적인 현상은 특히 여성과의 관계에서 빈번히 표출된다. 제1차 세계대전으로 세상이 혼란스럽던 시절 그는 한 젊은 여류 화가와 사랑에 빠진다. 물론 그녀 역시 결혼한 몸이었다. 그렇지만 릴케의 영혼은 "잠에 빠진 사랑스런 여인을 옆에 두고/마음속으로는 늘 남몰래 헤어짐에 몰두했다". 그런 그를 그녀는 "영혼의 모험가"라고 불렀다. 릴케는 스스로 그래야 된다고 생각했으며 실제로 그에게는 다른 길이 없었다. 그것은 예술 창조의 길을 가는 시인이 맞는 어쩔 수 없는 운명이었다. 그로 인해 그가 수많은 고뇌에 빠졌음은 물론이다.

독일어로 "Leiden"이라고 불리는 이 "고뇌"는 원래 외부로부터 주체에게 다가온 것, 다시 말해 낯선 것을 주관적으로 체험하는 것을 이른다. 그러므로 그것은 남들과 똑같이 느끼는 객관적인 고통이 아니라 주관적 고통이다. 극단적으로 말하자면 남들이 고통을 느끼지 않는 곳에서도 특정한 사람은 고뇌할 수 있다는 말이다. 주어진 여건을 극복하기보다는 가슴속으로 감내하는 그 내재적인 수동성 때문에 고뇌는 행위나 행동 등의 능동적 개념과 구별된다. 그러므로 이것은 대상을 정복하려는 적극적인 행동으로 나아가기보다는 자기 폐쇄의 한 징조로서 주체의 머릿속에서 감돌다가 베르테르처럼 인간적인 한계에 부딪쳐 자기 체념의 비극적 종말로 끝날 수도 있으며, 릴케처럼 시인의 경우엔 그 고뇌의 내용이 글로써 표현되기도 한다.

시대와의 조우에서 발생하는 "세계고世界苦"를 뜻하는 표현으로 독일어로 "Weltschmerz"라는 말이 사용되는 것을 감안해 보면, 시대에 대한 부분에서는 "Leiden"이 독일어에서 "Schmerz"라는 말로 대체되어 사용될 수 있음을 알 수 있다. "세계고"라는 표현의 존재는 인간이 현실에 대해서 본질적으로 고뇌하는 속성을 지녔음을 반증한다. 그러기에 인간은 어떠한 미학적 가치 영역이든, 윤리적 가치 영역이든 그 속에서 안락감을 느끼든지 아니면 고통을 느끼기 마련이다. 다시 말해 남들이 행복을 느끼는 가치 체계 속에서 어떤 개인은 스스로 낯섦을 느끼며 고뇌할 수 있다는 뜻이다. 따라서 시인의 고뇌는 시인이 자신에게 결코 유화적이지 않은 사회 속에서 예술가로서 자기 동질성을 추구하는 과정에서 체험하는 고통에 찬 일련의 정신적 과정을 일컫는 것으로 정의된다. 그것은 제도화된 일상의 삶을 거부하려는 "영혼의 모험"에서 비롯되는 것이 아닌가 한다.

그렇다면 독일시사상으로—물론 이것은 독일 문학에만 국한되는 것은 아니다—이를 반영하는 시적 모티프들의 맥락을 살펴보는 것이 순서라고 여겨진다. 괴테의 표현대로 "변화 속의 지속"이라는 측면에 중점을 두어 말해 본다면 시대에 따라 약간의 변이는 있을지언정 시인들의 고뇌의 양상은 대체로 몇 가지 모티프로 나누어 생각할 수 있다. 시인의 정체성—여기에는 예언자적 고뇌, 언어에 대한 사고, 창작에 대한 열정이 포함된다—, 사랑, 사회, 고독 그리고 죽음 등의 모티프가 그것이다. 이것들은 시인에 따라 각기 정도는 다르지만 모든 시인의 인간적, 예술적 고통으로서 그리고 자신의 문제와의 투쟁의 단계로서 작품에 그대로 흔적을 남긴다. 이 점에서 모든 시인들의 시는 카프카의 경우처럼 자신의 삶의 직접적인 표현이라고 할 수 있다. 그러나 시인의 개인적 삶의 표현들은 아도르노의 말대로 비록 사회와의 갈등을 자체의 고유한 테마로 삼지 않았다 하더라도 사회적 특성의 발현이라고 볼 수 있다. 그 이유는 시인의 자발성에 의해 비로소, 우리를 압박하며 짓누르는 사회적 상태를 극복하여 인간이 살기 좋은 상태로 만들어 주는 "객관적인" 힘이 생겨나기 때문이다. 시는 시인이 처한 사회적 공간 속에서 생겨나므로 그것이 아무리 개인적인 것일지라도 그 사회에 대해서 대답을 준다는 말이다. 그러나 브레히트처럼 직접적으로 사회적 개혁을 꿈꾸는 시인은 그의 시 〈중국의 차나무 뿌리 사자상에 부쳐〉에서 "악한 사람들은 네 발톱을 무서워하고/착한 사람들은 너의 우아함에 반한다./바로 그러한 이야기를/나의 시에 대해서도/듣고 싶다"라고 말함으로써 물리적 삶의 위협에 직면하여 이를 시에서의 도덕적 힘과 양식적 우아미의 결합을 통해 극복하려 한다.

2. 시인의 자기 정당성

1) 예언자적 고뇌

전통적인 개념의 시인은 자신의 시적 표현을 위한 재료로서의 언어에 대한 성찰에 있어서 낙관적인 시각을 지녀 언어를 통해 모든 것을 행할 수 있다고 여기는데, 이것은 주로 낭만주의와 고전주의의 시인관을 대변한다. 낭만주의 시인 노발리스는 "숫자"와 "도형"으로 상징되는 과학에 앞서 "신비스런 말"을 존재의 비밀을 열 수 있는 열쇠로 여기고, 이것을 지닌 자는 오직 시인뿐이라는 선민적인 사상을 내세운다. "신비스런 말"을 행하는 시인은 동물과 식물 그리고 돌멩이까지 마법으로 홀리고 야수까지 얌전하게 만드는 전설적인 인물 오르페우스로 이해된다. 이것은 프랑스 상징주의를 독일로 소개하는 데 커다란 공헌을 한 세기 전환기의 시인 슈테판 게오르게의 경우도 마찬가지이다. 그의 시인관은 선경에 위치하여 세속의 일반 대중과 일정한 거리를 두며 세상을 관조하는 고고한 예언자적 시인의 그것이다. 이에 대한 한 가지 고전적인 예로 철학자 하이데거에 의해 "시인 중의 시인"으로 칭송된 바 있는 프리드리히 횔덜린의 비가 〈빵과 포도주〉를 보기로 하자.

> 그러나 친구여! 우리는 너무 늦게 왔다. 신들이 살아 있어도
> 　우리의 머리 위 저쪽 다른 세계에 살고 있다.
> 그들은 거기서 끝없이 힘을 미치며 우리 따위엔 관심도 없다,
> 　우리를 무척 아끼는 그들이기는 하지만.
> 우리가 우리의 약한 그릇으로는 그들을 늘 담아낼 수 없고,
> 　가끔씩이나 우리가 신들의 충만을 견뎌 낼 수 있기 때문.

그러기에 산다는 건 그들을 꿈꾸는 것일 뿐이다. 하지만 방황도
수면처럼 도움이 되며, 고난과 밤은 우리를 강하게 해 준다.
그리하여 영웅들은 청동의 요람에서 튼튼하게 자라나고,
심장들은 지난 날 천상의 신들처럼 강한 힘을 얻으리라.
그 뒤에 그들은 소리치며 내려오리라. 그동안 동료들도 없이
혼자서 기다리는 것보다는 잠이나 자는 편이 더 나을 것 같다.
무엇을 행하고 무엇을 말해야 할지 나는 모르겠다.
궁핍한 시대에 시인들은 무엇을 위해 존재하는가.
하지만 그대는 말한다, 그들은 성스러운 밤에 이 나라에서
저 나라로 원정을 한 주신酒神의 성스러운 사제들 같다고.

횔덜린은 스스로를 "궁핍한 시대"의 "시인"으로 규정짓고 있다. "궁핍한 시대"란 신이 사라진 시대, 즉 인간들의 영혼이 메말라진 당시의 현실을 말한다. 이에 반해 그가 이상으로 여기는 시대는 고대 그리스의 신화적이고 영웅적인 세계이다. 신이 사라진 시대에 그는 자신을 다가오는 새로운 신들의 포고자로 여기면서 새로운 신의 강림을 예견하고 또 모든 것이 이상적으로 구현된 새로운 조국의 탄생을 예언하고 있다. 그리하여 그는 스스로에게 신으로부터 다가오는 고통을 받아들이는 "사제"와 같은 임무를 부여하고 있다. 시인은 그에게 있어서 보다 나은 사회를 이룩하기 위한 신의 목소리의 전달자인 것이다. 시인은 스스로 놀라운 영감을 통해서 받아들인 고통을 감내하며 여기에 언어의 피복을 입혀서 동시대인들에게 알려 줌으로써 그들이 "천상의 불꽃"을 아무 위험 없이 받아들일 수 있게 해 준다. 예수의 수난과 같은 고통을 감내하는 예언자로서의 시인의 표상에는 일반 민중을 위한 대속代贖의 의미가 가미되어 있다. 이것의 배후에는 시인의 소명은 신에 의에 부여된다는

의식이 자리 잡고 있다. 여기에는 개인적인 종교성이 그 바탕을 이루고 있는 것이다. 그가 쓴 작품들 속에는 신적인 특성이 내재되어 있기 때문에 독자들은 이것을 읽고 영혼에 감동을 받아 새로운 신들의 강림과 이들을 맞이할 경건성에 대해 동조하게 된다. 횔덜린은 시를 통해서 먼저 개인의 정신적 혁신을 이루고, 이를 바탕으로 하여 당시의 시대 현실을 개혁하며, 결국에는 완전한 내적 자유가 실현된 사회 속에서 개인의 정신의 완성을 꾀하려 한 것이다.

2) 언어에 대한 믿음의 상실

그러나 프리드리히 니체는 이미 그의 〈디오니소스 송가〉에서 이러한 시인관에 대해 항의를 하고 있다. 그의 항의의 방식은 시 〈바보여! 시인이여!〉와 〈시인의 소명〉에서 조롱 조의 어투로 시인에 대한, 외견상 평가절하적인 역설적인 방법에 의해 잘 표현되어 있다. 그것은 예언자적 시인관의 변화를 알리는 것이다. 이에 따라 시인만이 구가할 수 있는 주술적 언어에 대한 믿음 역시 사라지고 말았다. 여기서 현대 시인의 언어에 대한 고뇌가 시작된다. 언어에 대한 시인의 관계는 후고 폰 호프만스탈의 "챈도스 경의 편지"에서 표현되었듯이 그 사이에 더욱 불안스러워졌다. 물론 독일시를 현대시로 진입시키는 데 있어서 중요한 역할을 한 고트프리트 벤은 아직 시인에게 "세계와 나를 둘러싼 텅 빈 공간 속에서" 언어를 통해 번개처럼 의미를 부여하는 역할을 인정하고 있다. 그러나 현대시에 이르러 언어를 통한 세계 비밀에의 접근은 어려워진 듯하다. 그것은 결국에는 언어의 상실에까지 이르고 있다. 그것의 역사적인 종말 상황은 귄터 안더스의 시 〈언어의 비가〉에 잘 드러나 있다.

언어의 그 좋던 땅이 황폐한 몰골로 누워 있다.
잎이란 다 떨어져 앙상한 문장들의 껑충한 모습,
가지에 걸린 무無. 어법은 공간에 비스듬히
서 있고, 말 뿌리들은 허공 중에 드러나 있다.
네가 다가가는 곳마다 말들은 매를 맞아
움푹 들어가 있다. 그리고 어제까지만 해도
화살과 나팔을 들고 들판을 지나갔던
가장 행복했던 말들… 그리고 부끄러워
속으로만 옛날 일이나 아직도 되울리는
조용한 말들, 이들 모두 거친 벌판에
버려져, 울어 줄 자 하나 없이 누워 있다.
그저 온통 헐벗은 굵은 줄기의 어휘들의
작은 무리만이 끝내 집으로 돌아올 뿐이다.
그리고 그들의 발걸음 뒤로는 먼지가
구름처럼 일어, 풍경을 지우고 있다.

이 시의 이미지는 병사들이 실제로 피리와 나팔을 불며 전쟁터로 나가던 중세의 전쟁 장면을 연상시킨다. 시인은 자신의 언어에 대한 생각과 전쟁의 참상을 중첩시켜 묘사하고 있다. 시인이 이 시를 쓰게 된 동기는 나치의 언어 말살 정책에 있다. 그러니까 안더스는 중세 시대의 전쟁의 모습을 자신이 체험한 언어에 대한 생각을 전개시키는 데에 개입시킨 것이다. "나무"로 비유된 언어는 어느 곳 하나 성한 데가 없다. 그러나 시인은 예전엔 "말들"이 "행복했었다"고 노래한다. 현대 대량 소비사회 속의 언어 매체의 파괴와 언어 회의懷疑와 진부한 언어 표현 역시 언어의 창조자로서의 시인에 대한 관점까지도 완전히 바꾸어 놓을 수밖에 없다. 언어가 언어이기를 그치는 곳에서는 문학마저도 침묵할 수밖에 없다. 횔덜린은 〈성공적인 시〉에서 자신의 생의 동경해 마지않던 정점을 볼 수 있었다. 또한 그것을 통해 세속적인 삶으로부터의 거리도 확보할 수 있었다. 그러나 이미 자기 스스로에게 낯설어진 사회 속에서의 시인의 고립된 상황은 사실주의 시기의 여류 시인 안네테 폰 드로스테 휠스호프에게서 발견된다. 그렇지만 그녀의 어투에는 아직은 숭고한 기미가 서려 있다. 힐 르네 휘겔만 같은 현대의 여류 시인은 "미래의 땅으로" "신호를 보냄으로써" 여전히 과거의 전통적인 시인의 사명의 측면을 고수하고 있다. 그러나 그녀의 〈1973년의 시인〉은 더 이상 고전-낭만 시기의 인류의 인도자로서의 시인은 아니다. 오히려 사회에 의해 "배척받은 자", 사회가 "원치 않는 자"이다. 그리하여 페터 륌코르프 같은 시인은 시인을 저 아래 땅에 남아 있는 다른 사람들을 위하여 높은 곳에서 "줄타기"하는 광대에 비유하고 있다. 그의 행위는 이제 미친 짓거리에 지나지 않는다.

하이센뷔텔과 얀들을 중심으로 언어에 대한 극도의 실험을 꾀했던 독일의 구체시도 이와 같이 달라진 현실에 대한 반응이라고 할 수 있다. 그리하여 이제 시인은 신으로부터 영감을 받아 이것을 민중에게 전하는 예언자가 아니라 언어의 조립공이자 언어의 실험자가 된다. 그에게서 신비스러움은 사라지고 그는 이질적인 것들을 인위적으로 상호 결합시켜 여기서 현대의 무감각해진 영혼에 충격을 줄 수 있는 계기를 찾는다.

3) 창작의 고뇌—릴케의 경우

헤세의 단편 중 〈시인〉이라는 글이 있다. 옛날 중국의 한혹이라는 젊은이가 어느 날 마을 강가에 나타난 한 시詩의 달인을 따라 모든 세속적 부귀영화를 떨치고 예술의 세계로 몰입하여 여러 해의 피나는 연마를 거쳐 자신의 시야에 들어오는 모든 자연 풍경을 한 편의 시 속에 담을 수 있는 경지가 되어 어느 날 다시 고향 마을로 돌아와 보니 일가친척은 다 사라지고 모르는 사람들이 자기 집에 들어와 살더라는 이야기이다. 세속을 등진 예술적 여정의 어려움과 예술 작품의 영원성을 알레고리를 통해 표현한 작품이다. 이러한 과정을 릴케는 그의 시 〈산〉에서 명확하게 그려 놓았다.

서른여섯 번하고도 백 번이나
화가는 그 산을 그렸다,
찢어 버렸다, 다시 몰두했다,
(서른여섯 번하고도 백 번이나)

파악할 수 없는 화산을 향해,
가슴 설레며, 자꾸만 마음 끌려.
그러면 산은 어렴풋이 떠올라
제 아름다움을 한껏 뽐냈다.

날마다 수천 번씩 위로 솟아올라,
견줄 수 없는 밤들을 제 몸에서
벗어던지며, 모두가 너무 끼는 듯.
모든 모습들을 순간에 써 버리며,
이 모습에서 저 모습으로 상승하며,
무심히, 드넓게 그리고 생각 없이—,
순간 모든 것을 아는 듯, 마치 유령처럼,
모든 틈바구니 사이로 우뚝 솟았다.

릴케의 여러 가지 기록으로 보아[9] 이 작품에 등장하는 예술가가 일본의 천연색 판화가 카츠시카 호쿠사이(1760-1849)를 지칭함은 분명하다. 자신의 시적 중기에 들어서 쉽게 쓰여진 시를 경계하며 로댕의 영향을 받아 적극적인 시 창작의 길을 모색하던 릴케는 자신의 모범을 호쿠사이에게서 찾은 것이다. 여기서 호쿠사이가 그린 산은 후지산을 말한다. 이 시의 14행은 이 산을 릴케의 중기 예술관의 의미에서 하나의 자족적이고 정적인 "사물"로 보여 주고 있다. 그것은 "무심히, 드넓게 그리고 생각 없이"라는 구절이 말해 준다. 그러나 이 시의 대상은 후지산에만 국한되지 않는다. 즉 이 시는 쉽게 마음을 열지 않는 무심한 대상과 그것의 안쪽으로 파고들려는 예술가의 집요한 노력을 형상화한 것이다. 작품을 향한 예술가적 에토스는 이 시에 적힌 숫자로 상징된 예술가의 끈기에서 잘 드러난다. 특히 그것은 동양적인 예술 작업의 특징인 '그렸다, 찢어 버리는' 행위에서 두드러진다. 릴케는 여기서 완벽한 묘사를 향해 노력하는 예술가의 혼을 높이 사고 있다. 그러나 사실 호쿠사이는 한 가지 주어진 테마를 유희적으로 변주한다는 의미에서 후지산을 다양하게 묘사한 것이다. 하지만 릴케에게는 그러한 것은 문제가 되지 않는다. 그에게 중요한 것은 대상을 완벽하게 하나의 그림으로—혹은 그의 중기적 개념으로 말하면 하나의 조각품으로—되살려 내는 것이다. 이것은 영감에 치우쳤던, 그리하여 자주 창작의 위기에 빠졌던 초기의 창작 방식을 극복하고 적극적으로 사물의 본질을 파고들려는 릴케의 중기 창작 방식의 산물이며 예술가적 행위에 대한 자신의 가치 표준의 정당화의 표현이다.

9 호쿠사이에 대해서는 1903년 4월 8일자 아내 클라라에게 쓴 편지와 1903년 8월 11일, 1904년 7월 3일, 그리고 1907년 10월 9일자 릴케의 편지 참조.

여기서 주목할 것은 릴케가 자신의 창작에 폭과 깊이를 더하기 위하여 동양 쪽에 많은 주의를 기울였다는 점이다. 그는 호쿠사이의 예술가적 에토스를 칭송하는 데서 그치지 않고 일본 고유의 시 형태인 하이쿠를 직접 써 보기도 하였다. 그의 〈하이쿠〉(1920)를 보자.

작은 좀나방들은 회양목에서 춤을 추네,
오늘 저녁 죽지만 행여 모른다네,
때가 봄날이 아니었음을.

3. 시대의 고뇌, 개인의 고뇌—게오르크 트라클의 경우

청년독일파의 하이네, 특히 그의 연작시 《독일. 겨울 동화》에서 분명하게 인식할 수 있었던 시대적 고뇌는 그 후로 무엇보다도 1920년대의 독일 표현주의 시에 이르러 더욱 명쾌하게 표현된다. 독일 문학사에 하나의 획을 그은 문학 사조인 표현주의는 누구보다도 게오르크 트라클에게서 모범적으로 실현된다. 그의 시는 시대적 고뇌의 표현이면서 동시에 이루 말할 수 없는 개인적 고뇌의 기록이다. 그의 시 〈우울〉을 보자.

세계의 불행이 오후 내내 유령처럼 헤맨다.
판잣집들이 작은 정원 사이로 도망친다, 갈빛으로 황폐하게.
불에 탄 거름 주위로 불똥들이 날아다닌다.
두 잠꾸러기가 집을 향해 비틀대며 간다, 잿빛으로 어렴풋이.

바싹 마른 잔디 위를 한 어린아이가 달린다.
그리고 두 눈을이리저리 굴린다, 까맣게 반짝이며.
황금빛이 수풀에서 떨어진다, 침울하게 지친 듯이.
한 노인이 바람 속에서 슬프게 몸을 돌린다.

저녁에 또다시 나의 머리 위에서
토성이 말없이 비참한 운명을 섭리한다.
나무가 강아지처럼 한 발짝 뒤로 물러선다.
그리고 검게 신의 하늘이 흔들리며 잎이 진다.

작은 물고기가 냇물을 따라 빠르게 미끄러져 내려온다.
그리고 죽은 친구의 손이 가만히 움직인다.
그리고 사랑스레 이마와 긴 외투가 펴진다.
불빛이 방으로 들어와 그림자를 부른다.

에밀 슈타이거가 "서정적인 것das Lyrische"의 본보기로 들고 있는 괴테의 시 "모든 산봉우리마다/정적이 감돌고,/나무 우듬지에는/산들바람조차/일지 않는다./작은 새들은 숲에서 침묵하고 있다./기다려라 잠시만, 너도 곧 쉬게 되리니"에서 느껴지는 시적 주체와 객체 사이의 거리감의 없음, 시를 전체적으로 감싸고 있는 정취감과 이에 따른 낯섦의 부재 그리고 시어의 음악성 등의 고전적인 서정시의 범주에서 트라클의 시는 멀리 벗어나 있다. 이것은 곧 문명화된 시대, 특히 도시화되고 사물화된 세계의 반영이요, 그 자체로 독일 현대시의 새로운 출발점을 의미한다. 이미지와 이미지, 낱말과 낱밀, 문장과 문장 사이의 연결 고리는 찾아볼 수 없고, 이미지나 사물마다 각기 시공을 달리하여 각각 고립된 상태로 있다. 사랑스럽고 귀여운 것과 추한 것이 병치되어 나타난다. 마치 초현실주의 화풍의 그림을 보는 것 같다. 이것을 우리는 병렬 문체라고 부른다. 총체성과 유기성이 깨어져 버린 시대를 그리는 것은 그에 걸맞은 수단에 의해서 가능하다. 문장 구조가 짧아지고, 개개의 낱말들은 친숙한 행동 및 의사소통의 규범에서 완전히 분리되어 나와 절대화되어 있다.

따라서 비논리적인 병렬 문체는 시대와의 마찰과 이에 따른 시적 주체의 낯섦의 반영이며 모든 연관 관계의 부재의 증명이다. 그리하여 시적 주체도 비인격화하여 시의 배후로 빠지고 시에는 직접적으로 등장하지 않는다. 여기에 쓰인 자연 현상들은 시적 주체의 상태를 반영하는 이미지들일 뿐이다. 여기에 트라클의 개인사적 불행이 덧붙여진다. 그것은 시대사적 불행을 웃도는, 해서는 안 될 여동생과의 불륜의 사랑이다. 그는 자신을 저주받은 가문의 후손으로 폄하한다. 시의 제목인 〈우울〉은 그러므로 외부의 환경에 의해 주어졌다기보다는 시인의 태생적인 성향의 반영으로 보아야 할 것이다. 그것에서 벗어나기 위해 그는 상습적으로 약물에 손을 댔으며 자신의 근친상간을 정당화하기 위하여 그런 행위가 죄악시되지 않았던 원초의 세계를 동경하였다. 그리하여 하이데거는 그의 시를 일컬어 "원초의 고향을 찾아가는 귀향자의 노래"라고 한 바 있다. 27세를 일기로 일생을 마감한 그의 고뇌의 흔적은 얄팍한 한 권의 시집으로 남았다.

시대에 대한 시인의 고뇌는 본래 정치적 현실에서 출발하였으나 이제는 생태 환경 쪽으로 나아가고 있고, 개인의 고뇌는 주체의 해체를 거쳐 새로운 주체의 복원을 꾀하려는 "신주관성"의 움직임으로 전진하고 있다. 독일 생태 환경시의 사화집이라고 할 수 있는 시모음집의 제목이 《직선들의 뇌우 속에서. 독일의 생태시》라고 되어 있는 것에서 우리는 현대의 인위성을 대표하는 "직선들의 뇌우"를 벗어나 원래의 유기체들의 원초의 곡선의 상태로 돌아가고자 하는 젊은 시인들의 의도를 읽을 수 있으며, 이것은 곧 주체의 해체에서 주체의 복원을 향해 가려는 자연스런 움직임 속에 위치한다.

4. 현실 속에서 꾸는 백일몽 같은 사랑—카린 키부스의 시 세계

모든 서정시에서 가장 빈번하게 나타나는 모티프는 사랑이다. 사랑에는 성취의 순간에 느끼는 행복뿐만 아니라, 그러한 행복의 덧없음에 대한 깨달음까지도 포함된다. 사랑 역시 외부로부터 낯설게 다가와 느닷없이 주체를 고뇌에 빠뜨리는, 누구나 헤어나기 힘든 충동이며 고뇌의 동인이다. 그러기에 릴케 같은 시인은 이것을 극복하고 창작에 전념하기 위해 "소유하지 않는 사랑"의 개념을 상대방에게 강요하기에 이른다. 그것은 물론 자신만의 자유의 공간인 고독을 확보하기 위한 명분이었다. 현 독일 시단에서 활동 중인 여류 시인 카린 키부스의 〈첫 햇살 속에서〉에 나타난 현대식 사랑의 방식을 보자.

> 우리가 기나긴 여름 저녁에 시작하여
> 짧고 뜨거운 밤이 이슥토록
> 아무 생각 없이 진탕 마시고 나면,
> 이슥고 새벽이 되어 새들이
> 칙칙한 색조들을 박차고
> 밝게 울리는 갓 펼쳐진 하늘로 날아오르면,
>
> 이어 내가 내 몸 위의 공기를 느끼며
> 토카타의 힘찬 팔뚝에 안기어서
> 활짝 그리고 힘껏 기지개를 켜면,
>
> 이어 네가 이불 속 내 옆에서
> 사지를 뻗으며 네 공명상자를 움직여
> 둔탁한 소리를 내며 일어나 문 쪽으로 가면,

이어 내가 첫 햇살 속에서
너의 푸짐한 엉덩이를
너의 엉덩이를
　　　　알겠니
잘못 조율돼 둔탁하게 늘어난 엉덩이를 보면,
나는 또다시 깨닫게 되지
내가 너를 사랑하지 않음을
　　　　　　　　　　정말로
내가 너를 정말이지 사랑하지 않음을

카린 키부스의 첫 시집 제목은《현재의 양쪽에서》이다. "양쪽"은 어디에나 있다. 삶이 있으면 죽음이 있고, 만남이 있으면 이별이 있다. 어둠이 있으면 밝음이 있고, 사랑이 있으면 환멸이 있다. 이렇게 그녀는 이 시집에서 현실 세계와 이상 세계, 낮과 꿈, 과거와 현재 사이에서 유동하는 의식의 움직임을 보여 준다.

어둠은 정말 편안한 것이다. 집 안에 햇살이 들지 않을 때는 제 아무리 먼지 구덩이라도 얼마나 깨끗한가. 흐릿하고 멍청한 것은 편안하다. 상대를 깊이 알지 못할 때야 얼마나 편안한가. 어둠에 덮인 육신은 또 얼마나 아름다운가. "어둠"과 "술"은 편안한 것, 이것을 비추어 내는 조명 같은 "첫 햇살"은 마치 미성년의 상태에서 우리를 일깨워 주는 계몽 및 사물 인식의 불빛처럼 작용한다. 밤새 그토록 푸근하고 사랑스럽게 느껴졌던 "엉덩이"가 아침 햇살 속에서는 환멸을 자아낸다. 환멸은 곧 각성을 낳으니 이 시의 끝은 각성에 대한 선언으로 마무리된다. 맨 처음에는 대체로 시적이던 분위기가 도발적이고 언어적인 비신비화로 바뀐다. 처음의 사랑이 나중에 가서는 사랑에 대한 부정이 되고 마는 것이다.

시대 상황은 술이나 "마시자"는 말에서 슬로건처럼 표현된다. 상대를 온전히 사랑할 수 없는 상태가 이 시의 화자의 기본 상황이다. 저녁과 아침은 다르다. 이 시에서의 시적 화자의 사랑 방식은 지난날의 낭만주의적 뜬구름 잡기 식의 사랑과는 거리가 멀다. 현실은 직시의 대상으로 나타난다. 냉정한 눈으로 슬프도록 또렷이 관찰한 현실은 환멸을 가져다준다. 낭만적으로 어둠에 파묻혀 "생각 없이" 퍼마신 술은 '뜨거운 여름 밤'을 사랑의 감정의 폭풍 속으로 몰고 갔었지만 "새벽"은 주기酒氣를 깨게 한다. 사랑은 이제 더 이상 진지하지 않다. 순간의 쾌락을 위한 전주는 "첫 햇살"에 의해 그 종곡을 울린다. 사랑의 고뇌가 예전의 방식으로 달밤의 아름다움이나 슬픔과 연결되지 않고 환멸과 결합되는 것은 사랑에 대한 여성적 자의식의 눈뜸과도 관련이 있다고 하겠다. 아니면 그것은 사랑의 충족이 늘 초래할 수 있는 환멸에 대한 보편적 정서의 표현인지도 모른다.

5. 고독과 "시인의 죽음", 그리고 세계의 변용

시인은 시 쓰기를 통해 궁극적으로는 자기 자신과의 만남의 모험을 꾀한다. 자기 자신과의 진정한 만남은 무서운 고독 속에서 가능하다. 젊은 여류 시인 일로나 보덴의 시 〈고독〉을 보자.

내 가슴의 금작화 덤불 속에서는
밤마다 앵무새가 오래 울고 가네.
나 이외에 그것을 듣는 이 누굴까?

길 따라 미소 지으며 그대가 갔을 때,

거품처럼 새하얀 봄꽃들도
그대의 뒤를 따라 나섰다네.

기나긴 여름 동안
가시와 붉은 잡초들만 무성히 자라고

누구도 제멋대로 우거진 길에
이제 발을 들여놓지 않네.

사랑하는 사람과 함께 "거품처럼 새하얀 봄꽃들도" 떠나 버려 이제 잡초와 가시만 무성한 자신의 쓸쓸한 가슴을 시인은 노래하고 있다. 잡초 우거진 정원 혹은 황야는 원래 신을 접하기 위한 고독을 나타내는 신비주의적 메타포이다. 그녀의 가슴속에서는 밤마다 앵무새가 오래 울어 대지만 그것을 들어줄 사람은 오로지 그녀 자신밖에는 없다. 실연의 아픔과 외로움이 황량한 자연의 이미지들 속에 적절히 녹아 있다. 그녀는 소통이 불가능한 사회 속에서 빠저린 고립감을 맛본다. 그녀의 다른 시 〈묘비명〉을 보면 그녀는 그러한 실존의 아픔 속에서, 다시 말해 주위 세계로부터의 격리 속에서 "고양이"를 생의 유일한 동반자로 벗 삼아 살았다. 그러나 그 고양이마저도 아이들의 돌팔매질에 죽고 말았다. 그러한 극도의 고독 속에서 살며 그녀는 신이 아닌 자기 자신과 만난다.

고독과 죽음은 밀접한 연관을 맺는다. 그러나 시인의 입장에서 고독은 사회로부터의 소외를 의미하기도 하지만 창조적 고독을 나타내기도 한다. 아무도 모르는 고독 속에서 일상의 삶과는 다른 삶을 추구하다가 죽은 시인의 시신을 바라보면서 릴케는 이렇게 노래한다.

시인의 죽음

그는 누워 있었다. 베개로 고인 얼굴은
창백하고 거부하는 표정이었다,
세계와 이 세계에 대한 앎이
그의 감각에서 떨어져 나가
무정한 세월로 되돌아간 지금.

살아 있을 때 그를 본 사람들 중 그 누구도
그가 이 모든 것들과 하나였음을 알지 못했다,
그 깊은 골짜기, 그 초원 그리고 그 호수,
그 모두가 바로 그의 얼굴 자체였다.

바라보는 그의 얼굴은 이 모든 넓이였다,
지금도 그를 향해 달려가 매달리고픈 그 넓이.
그리고 이제 두렵게 부패해 가는 그의 면상은
공기에 쏘여 썩어 가는 과일의 속처럼
부드럽고 훤한 모습이다.

릴케는 이 시에서 시인의 바라보기 행위에 큰 의미를 부여하고 있다. 그가 쓴 "얼굴"이라는 낱말은 독일어의 "das Gesicht"라는 낱말이 그렇듯이 '눈으로 본 것'까지도 포함하는 이중적 의미를 지닌다. 시인은 지상의 사물을 하나도 빼놓지 않고 정확하게 관찰하고 바라본 모든 것을 내면화하였다가 그것을 다시 세상에 내놓음으로써 자신의 생을 영원화한다. 모든 시인들이 꿈꾸는 것은 바로 이것, 즉 세계의 변용이 아닐까? 릴케는 그러한 것을 수행한 인물의 하나로서《기도시집》의 말미에서 "가난"을 신조로 삼고 지상의 모든 것에서 해방된 삶을 구가하다 이승과 하직한 수도사 성 프란체스코를 다음과 같이 칭송한다. 이 시는 앞에서 인용한 〈시인의 죽음〉과도 일맥상통한다.

그리고 그가 이름도 없이 홀홀히 죽어갔을 때
그는 사방으로 흩어졌습니다. 그의 씨앗은 냇물을 따라
흘러내렸고, 나무들 사이에서 노래 불렀으며
꽃들 속에서 그를 조용히 바라보았습니다.
그는 누워서 노래 부르고 있었습니다. 자매들은 와서
사랑하는 그들의 남자를 위해 실컷 울어 주었습니다.

오, 청정淸淨한 자, 그는 어디로 울려 사라져 갔는가?
기다리는 가난한 자들은 왜 그를,
환호하는 자, 그 젊은이를 멀리서 느끼지 못하는가?

그는 왜 그 가난한 자들의 저녁 황혼 속에 떠오르지 않는가?
가난의 그 위대한 저녁별은.

시인의 삶, 그것은 '이별'과 '방랑'의 여정이다. 그는 훌륭한 몇 줄의 시 구절를 얻기 위해 '고뇌하며' 방랑하는 순례자이다. 그렇게 하여 생겨난 시구는 모든 세속의 번뇌를 이겨낸 결정체로서 나중에 삼라만상 속에 신이 만들어 놓은 이 세상의 사물들과 함께 자리 잡는다. 시인의 맑은 영혼은 제도와 관습의 굴레 속에 머물기를 거부하고 보다 아름답고 숭고하고 인간적인 것을 향하여 흘러가고자 할 때 "가난의 그 위대한 저녁별"이 되어 "가난한 자들의 저녁 황혼 속에" 떠오를 수 있다.

모더니즘에 대한 저항으로서의 신新체험시

1. 엘리트 문학에 대한 항거

> 섹스란 매력적인 것이다. 섹스를 다룬 시는 섹스 자체와 마찬가지로 아름답다. 단테의 베아트리체에게도 음모淫毛가 없었을 리 없다. 그리고 그녀는 곧게 뻗은 팔의 단아함을 지녔으리라. 혹은 손으로 슬쩍 더듬고 싶은, 벌거벗은 어깨도 가졌으리라. 그리고 젖꼭지도. 무엇이 진짜로 존재하는가?

요절한 독일의 시인 롤프 디터 브링크만(1940-1975)의 이 말은 1968년 여름에 미국의 문학교수 레슬리 A. 피들러가 프라이부르크 대학의 강연에서 〈새로운 문학의 시대〉라는 제목으로 역설한 미래의 문학의 한 방향을 그대로 담고 있다. 피들러는, 현대는 자체의 지나친 합리성과 분석병으로 인해 몰락하였으며, 새로운 팝 및 언더그라운드 문학은 새로운 신화를 필요로 한다고 피력했다. 그 구성 분자로 그는 사이언스-픽션과 웨스턴 그리고 포르노그래피의 세 가지를 예거했다. 그는 기존의 신들이나 영웅들과 다른 모습의 신과 영웅들은 재즈, 록, 신문기사, 코믹물, 옛 영화 그리고 음란한 잡지에서 출현한다고 말했다. 브링크만은 이 견해를 "내면으로의 운동", 즉 "이전에 누구도 치고 들어가 보지 못한 정신적 영역으로의 침투"로 받아들이면서 독일시의 새로운 지평을 열어 보고자 하였다. 그가 의도한 새로운 지평이란 독자를 미지의 영역으로 여행을 시키는 과정에서 예전의 모더니즘 시, 즉 엘리트 문학이 문학에서 소외시켰던 대중들을 문학의 장으로 끌어들이는 일이었다. 다시 말해 그는 쉬움, 단순함, 대중성, 감각성 그리고 매력 등을 목표 및 잣대로 삼은 대중 예술, 민주적인 예술을 꾀했다. 이미 1964년에도 H.C. 아르트만이 "팝 문학은 현재의 문학적인 비참 상태에서 벗어날 수 있는 유일한 길은 아니더라도 여러 방법들 중의 하나이기는 하다"고 주장한 바 있다. 이런 일련의 사건은 1970년 4월 독일의 비의적秘義的 시의 정점을 형성했던 파울 첼란의 죽음으로 문학사의 한 획을 긋는 것처럼 보였으며, 이때를 즈음해서 W. C. 윌리엄스와 프랭크 오하라(1926-1966) 등 미국의 팝 계열의 시를 도입한 독일의 젊은 시인들은 문학적으로 전문적인 훈련을 받은 독자가 아니면 누구도 감히 접근할 수 없는 비의의 세계와 비의적으로 고급스럽게 선택된 낱말로 이루어진 모호한 시에서 벗어나 일상적이고 저급하고 추잡스런 것들을 직접적이고 구체적이며 무감각하게 묘사하고 재현하는 데 주안점을 두기 시작했다. 대도시의 일상생활, 섹스 등이 과감하게 시에 도입되었다. 이것은 독자의 입장에서 시 읽기에 있어서의 버거운 짐을 벗겨 주고 상대적으로 시의 영역을 확대하려는 노력이었다. 한마디로 그것은 대중 문명의 통속적인 대상들과 이미지들을 지향하는 과정에서 예술과 삶, 예술가와 독자 사이, 즉 아트〔예술〕와 팝〔대중〕 사이의 간극을 메워 보자는 것에 다름 아니었다. 브링크만을 비롯하여 니콜라스 보른, 유르겐 테오발디 그리고 귄터 헤르부르거 등이 이러한 시운동을 주도하였으며 그 내용은 "신감성" 또는 "신주관성" 그리고 "표면의 시학", "신체험시" 등의 개념으로 정리된다. 이 글에서는 극히 다양한 양상으로 나타나는 "언더그라운드"의 개념을 '기존의 공식적인 문학 향수층에 의해 인정을 받지 못한 대중문학'으로 그 한계를 좁혀서 정의하여 사용하면서 앞에 열거한 현대 독일 시인들을 중심으로 그들의 시 세계와 현대 독일시의 전개 과정을 점검해 보고자 한다.

2. "신감성" 또는 "신주관성" 그리고 "일상시"

독일 문학, 특히 70년대 독일시에는 "신감성"과 "신주관성"이라는 표찰이 붙는다. 미국식의 팝 계열의 시의 영향 중 독일에서 두드러진 것이 "신감성"의 문학이다. 이 "신감성"의 문학은 특히 시 장르에서 센세이션을 일으켰다. 이것은 새로운 종류의 체험시로서 아주 리얼리스틱한 특징을 지닌다.

"신감성"이라는 말을 처음 사용한 사람은 헤르베르트 마르쿠제였다. 그는 에세이 〈해방에 대한 시론〉에서 60년대 말 전 세계적으로 일었던 혁명적인 학생운동을 취급하면서 자본주의적 사회 체계의 결함과, "수탈"과 "폭력"을 자유와 평등으로 대체할 수 있는 새로운 사회 형태에 대한 젊은 "폭도들"의 예민한 감각을 나타내기 위해서 그 말을 사용했다. 이 같은 보편적 개념의 "이상향"을 추구하기 위해서 학생들은 부분적으로 카를 마르크스와 프리드리히 엥겔스의 저술에서 사용해 온 사회학적 그리고 사회심리학적 개념어들을 사용하여 현존 사회의 구조를 비판적으로 분석하고 현존 상황에 대한 혁명과 새로운 사회 구축의 필연성을 역설했다. 이들은 경제 기적을 이루어 낸 아버지 세대에 대항했으며, 반공산주의, 시민적 미덕, 능률원칙, 자기소외, 길들여진 섹스 등에 반대했다. 이것이 당시 시의 이론 및 실제에 영향을 끼쳤으며 "문학은 죽었다"는 논의까지 불러일으켰다.

따라서 60년대는 독일 문학사적 관점에서 볼 때 발효의 시기였다. 이때 이전의 시사적 흐름들이 퇴조하였다. 즉 보들레르, 랭보 그리고 말라르메 등 프랑스의 예견적인 상징주의자들로부터 출발한 이른바 비의적인 시들은 "미학적인 경직의 상태"에 머무르면서 의미를 상실해 갔다. 비인격화, 수학적인 형식 의식, 공허한 동질성의 추구, 언어의 마법, 창조적 상상력, 현실의 데포메이션, 모호성 등 한마디로 "추상성"으로 정의되는 이런 류의 시를 문예학자 후고 프리드리히는 바로 모더니즘적인 시로 간주하였다. 이에 대한 반작용은 하이센뷔텔, 곰링거, 프란츠 몬 등의 구체시를 거쳐 선동과 항거의 내용을 담은 정치시로까지 발전했다.

1965년에 발터 휠러러는 "긴 시의 테마"를 내세우며 "짧은 시가 지닌 억지스런 정확성과 중국적 취미"와 침묵으로까지 치달은 비의적 시의 경향에 반기를 들고 긴 시를 요구했다. 긴 시는 현실을 보다 철저하게 다룰 수 있는 가능성과 "세계를 훨씬 폭넓게 조망할 수 있는 관점"을 제공해 준다는 것이다. 그는 긴 시가 고난도의 양식과 숭고한 "분위기를 지양하여" 대상과 독자와 작가와 시 사이의 연결을 가능케 해 주리라고 보았다. 이를 뒷받침하여 1967년에는 귄터 헤르부르거가 과도한 시적 양식화 경향과 현대시에서의 일상성의 배제를 강하게 비판하면서 새로운 체험시를 요구했다. 체험시에 대한 요구와 더불어 "주관성"의 문제가 대두되었다. 페터 륌코르프의 주장대로 독일시는 독일 중세의 서정시인 발터 폰 데어 포겔바이데 이래로 원래 자아의 이해를 대변했다. 따라서 주관성의 프로그램은 여기서 새롭다고는 할 수 없다. 차라리 후고 프리드리히가 서술한, 프랑스 상징주의자들 이래로 현대시를 관통한 비개인화 과정의 변증법적 반대 운동으로 지칭해 마땅할 것이다. 랭보와 더불어 시적 주체와 현재의 경험적 주체 사이의 어마어마한 괴리가 생겼으며, 이에 따라 현대시를 전기적 진술로 이해하는 것은 금지될 지경에 이르렀다.

체험에 바탕하여 시간이 흐를수록 시란 숭고하고 정선된 대상이 아닌 현재의 일상 현실을 다루어야 한다는 요구가 강화되었다. 일상과 시에 대한 이러한 태도는 엘리트적인 자세와는 정반대되는 것이다. 테오발디를 비롯한 "신주관성"의 시인들의 경우에는 모든 장식을 떨쳐 버린 직접적인 현실 경험의 표출이 문제시되었다. 그들은 모든 시적 상징, 암호 그리고 메타포 등을 포기하고 단순성, 직접성, 투명성 등을 노리는 화법을 추구했다. 그것은 시 텍스트와 독자 사이의 의사소통을 자연스럽게 하기 위한 방편이었다. 이때 전제 조건이 된 것은 시 텍스트의 자아가 마법적 또는 예견적 능력을 지닌 예언적 존재가 아니라는 것이다. 즉 다른 사람도 그런 경험을 할 수 있다는 것을 전제로 한다. 특별한 개인이 아니라 일상의 누구나가 할 수 있는 경험을 직접적으로 언급하면 할수록 그만큼 더 그것은 독자에게 영향력을 행사한다는 관점이다. 심지어 니콜라스 보른은 시는 거칠어야 하며 절대 매끄러워서는 안 된다는 주장을 피력했다. 여기서 유르겐 테오발디의 시 〈사무실의 눈〉을 보자.

> 야자나무를 향한 어떤 그리움. 이곳은
> 춥다. 하지만 그뿐만 아니다. 아침의
> 너의 키스는 적다. 그 후 나는 이곳
> 사무실에 여덟 시간 동안 앉아 있다.
> 너 역시 사무실에 갇혀 있다. 우리는 서로
> 전화로 연락할 수도 없다. 수화기를 들고
> 들어본다고? 전화기야, 너의 맥박은 어찌하여
> 다른 사람들을 위해서만 뛰는 거냐? 누군가가

'잘 지내죠?'라고 묻곤 대답도 기다리지 않고
방에서 나가 버린다.

무엇이 사랑을 움직일 수 있을까? 나는 가격들을
계산하며 계산된다. 모든 부품들을 계산한다.
전자밥솥의 부품들과 오일버너, 그것들은
내 머릿속을 숫자가 되어 지나간다. 오직 그뿐.
그리고 나는 누군가의 머릿속을 숫자가 되어
지나간다. 하지만 저녁이 되면 나는 나의
모든 것을 들고 네게로 간다. 학자들에 대한
탐독의 결과, 사랑도 생산관계에 지나지 않는다.
야자나무는 어디에 있는가? 야자나무는 벽에 붙은
그림의 해변에 보인다. 우리는 침대에 등을 대고 누워
그것들을 바라본다. 아침이 되면 우리는
사무실로 돌아가리라. 각자 제자리로.
자리마다 번호가 있다, 마치 전화처럼.

1944년생으로 현재 베를린에 살고 있는 유르겐 테오발디는 이 시가 실려 있는 시집 《이등칸》(1976)의 서문에서 "나는 단순, 소박한 대상들을 묘사하고 싶다. 기차를 타면 이등칸에, 영화관에 가면 앞자리에, 운동장에 가면 경기장에서 가장 먼 코너 쪽의 입석표를 사는 모든 이들을 위해, 자신들의 상황에 불만족스런 모든 이들을 위해 시를 쓰고 싶다"고 적고 있다. 그는 이런 독자층과 시 사이의 새로운 의사소통을 지향한다. 60년대 말 학생운동 세대인 그는 언어의 단순성으로 극대의 호소력을 자아내려 한 60년대의 정치시와 맥을 같이한다. 압운하지 않고 연의 구분도 제대로 하지 않은 이 시의 간결한 문장 구조가 그것을 암시

한다. 간결한 문장은 강한 호소력을 발휘한다. 내용상으로는 자본주의적 노동 세계와 사생활의 세계가 직접적으로 언급된다.

산문 투의 "어떤"이라는 낱말은 "야자나무를 향한 그리움"의 불확실성을 강화시켜 준다. 이때 야자나무는 따스함, 모험으로 가득 찬 이국 그리고 자유의 표상을 일깨워 준다. 이 같은 모호한 그리움의 공간과 대비되어 일상의 현실이 언급된다. 시인이 직접 체험하고 있는 일상은 "춥다". 이 텍스트의 첫 15행은 노동 세계에 대한 표현으로 추위가 그 특징이다. 제목 속의 "눈"이 그것을 암시한다. 이 말은 현대적 사무실 공간의 물리적인 서늘함뿐만 아니라 전의된 의미로서 현대 노동 세계의 단조로움, 비인격성 그리고 의사소통의 부재 등을 나타낸다. 노동의 세계 속에 시인은 갇혀 있다. 현대 산업 사회의 노동의 분화는 노동자의 활동 영역을 제한하고 그를 노동의 산물로부터 소외시킨다는 마르크스적 "소외"의 개념이 여기서 적용될 만하다. 마르쿠제식으로 말하면 "사물화"와 "조종"의 카테고리를 적용할 수 있다. "조종"의 개념은 "갇혀 있다"와 '우리는—할 수 없다'에서, 사물화의 개념은 "나는 계산되고", "누군가의 머릿속을 나는 숫자가 되어 지나간다"라는 시구에서 드러난다. 노동 세계의 차가움에 대항할 것은 아무것도 없다. "사랑"과 "키스"도 그렇지 못하다. 아침의 적은 키스로는 사무실의 눈을 녹일 수가 없다. 즉 노동 세계의 소외 체험에 대한 결정적인 대항세력이 될 수 없다. 그 무엇도 사랑을 움직일 수 없다. 체념과 수동성만이 이 세계를 지배하고, 나와 너의 관계에도 영향을 미친다. 아침이 되면 사무실로 되돌아가 각자 마치 전화처럼 번호가 적힌 자리에 앉는다. 자기실현의 가능성은 없다. 거의 이미지를 쓰지 않은 테오발디의 이 시는 독자에게 절망감과 총체적인 체념의 인상을 일깨워 준다. 나아가서 사회변혁의 필연성을 촉구한다.

테오발디는 우리가 늘 일상에서 겪을 수 있는 이야기를 전혀 시적이지 않은 산문적 어투로 묘사해 보여 주고 우리의 공감을 얻으려 한다.

3. "표면의 시학", "순간의 시학"

미국의 언더그라운드 시인들과 맥을 같이 하여 브링크만은 다음 같은 의견을 개진한다. 시는 "실제로 현실에서 매일매일 쓰레기처럼 버려지는 재료들만을 소재로 해야 한다. 나는 시라는 것이 무심결에 포착한 사건과 움직임, 한순간에만 분명하게 나타나는 감각을 구체적으로 스냅사진으로 포착하는 데 가장 적합한 형식이라고 생각한다. [···] 이때는 정확하게 관찰하는 것, 커피 잔에 남아있는 커피 찌꺼기에 대한 올바른 자세가 중요하다. [···] 그것을 시로 기록하는 일을 주저하지만 않으면 된다. [···] 기법 같은 것이 존재한다는 사실을 잊어야 한다! 간단히 시작하는 거다. [···] 모두가 접근할 수 있는 재료 이외의 것은 없다". 브링크만은 상황을 해석하지 않고 관찰에만 주목한다. 그는 눈에 보이는 것과 생각할 수 있는 것은 하나라고 여긴다. 브링크만의 시는 세계나 대상에 대한 평가 과정 없이 누구나 감지할 수 있는 상황의 "표면"에 대해서 언급한다. "표면의 시학"은 독자를 상황의 관찰자로 만들려 한다. 즉 독자를 관찰자로서 당장 묘사된 상황 속으로 끌어들이려 한다. 이 과정에서 독자는 상황을 자기 자신의 것으로 여기게 된다. 이러한 단계의 하나로 브링크만은 의미의 틀을 축소시킨다. 한 상황에만 눈길을 줌으로써 독자가 직접적으로 일상의 상황을 직시하기에 이른다. 모든 심층적 의미를 피하는 표면성에 있어서 이 "표면의 시학"은 미국의 현실주의적 시에 비견되는 것들이다. 즉 윌리암 카를로스 윌리암스의 "흘끗 봄glimpses"과 프랭크 오하라의 의식시와 닮아 있다. 브링크만의 대표작이라고 할 수 있는 시 작품 〈그 고전적인〉을 보기로 하자.

어두운 탱고의 하나를 쾰른에서,
여름도 벌써 완전히 먼지가 앉은

팔월 말에, 어느 그리스인 소유의
어두운 음식점의 활짝 열린 문 사이로

가게가 끝난 지 얼마 안 된 시점에서
듣는 것은 거의

기적이다. 그것은 한순간은
놀라움이요, 한순간은

안도의 한숨이고, 한순간은
이 거리의 휴식이다.

아무도 사랑하지 않고 헐떡이게
만드는 이 거리를 지나가며 나는

그것을 얼른 적었다. 그 순간이
쾰른의 그 빌어먹을 먼지 앉은

외딴 곳에서 다시
꺼지기 전에.

이 시에는 "신감성" 시의 특징이라고 할 수 있는 거의 모든 요소가 들어 있다. 대중음악의 숭배, 순간의 숭배, 즉 대도시의 일상생활의 단조로움을 갑작스럽게 깨부수는 순간적인 체험의 숭배, 욕설에 가까운 일상 언어의 선택 등이 그것이다. 하지만 이 시의 구조는 얼핏 보이는 것처럼 그렇게 비기교적이지 않다. 이러한 구조는 "순간", "놀라움" 같은 몇몇 키워드들을 시행의 첫머리와 시행 끝에 위치시켜 강조하는 데서 드러난다.

이 시는 일상에서 얻어지는 우연한 기적을 둘러싸고 있다. 자연과 문명에 의해 이중의 피해를 입은 한 장소에서 뜻밖에 생명이 꿈틀댄다. 그것이 이 시의 동기를 형성한다. 고독의 세계로 들어가는 팔월 말의 시점에 대도시의 초라한 변두리에서 "가게가 끝난 지 얼마 안 된 시점에서"라는 표현이 보여 주듯이 기술지상주의적 시간에 종속된 채 시인을 향해 음악이 밀려든다. 남국의 동경의 리듬, "그 고전적인" 어두운 탱고가 밀려든다. 이와 같은 감지의 충격적 성격은 시인의 태도에도 원인이 있다. 시인은 늘 체험을 찾아 마음을 열어 놓은 상태에서 사물들을 감지한다. 일단 감지된 것을 시인은 서슴없이 기록한다("이 거리를 지나가며 나는/그것을 얼른 적었다"). 모든 상징적, 신화적 또는 이데올로기적 해석을 피하고 그냥 기록하는 시를 지향함에 있어서 "신주관성" 또는 "신감성"의 시는 표면적 리얼리즘을 추구한다. 깊이를 포기하고 표면을 드러내 보이는, 개인적 경험을 오랜 성찰의 과정 없이 기록하는 순간시를 지향한다. 무엇보다도 눈에 띄는 것을 그대로 포착하려 한다. 그렇지만 이런 순간시는 막연히 시인의 경험이 가미되어 있다는 의미로의 체험시는 아니다. 경험을 아주 구체적이고도 사실적으로 묘사하여 독자가 이를 금방 재구성할 수 있을 정도에 이른다는 엄격한 의미로의 체험시이다. 이러한 시는 소박한 음조로 이야기 또는 묘사하고 정확한 상황 묘사에 주력한다. 정확한 장소 및 때가 제목으로 등장하는 것도 이의 반영이다. 예리하게 조준한 포토리얼리즘의 추구로서 브링크만의 솜씨는 시 〈정월 빨랫줄 위의 슬픔〉에서 유감없이 발휘된다.

줄 하나,
얼마 안 있어 다시 나뭇잎들을
달아매달 벌거벗은
두 나무 사이에
구부정하게 걸쳐 있네,
이른 아침 줄에는
갓 빨아 널은 검은
팬티스타킹이
걸려 있네,
뒤틀린
긴 다리에서는
밝은 새벽 햇살 속에
물방울이 돌 위로 떨어지네.

시인은 감정을 어느 정도 객관화시켜 모든 세부사항을 주해 없이 묘사하고 있다. 감각을 중시한 글쓰기를 그는 "말로 된 영화"라고 부른다. 시에 나타나는 사물들은 어떤 상징적 가치를 띠지 않고 시의 장소적 배경을 시사할 뿐으로 시의 공간을 형성한다. 그의 시에 나타나는 사물들은 기존의 모더니즘 계열의 시들에서처럼 굳어진 상징이나 메타포로 작용하지 않는다. 표면적으로 비시적이고 납득하기 쉬운 언어의 사용은 독자의 믿음을 끌어내기 위한 신주관성 시의 중요한 수단이다. 여기서는 고전적 체험시의 격정적인 화법이 포기된다. 이 시들은 도덕적이지도 미학적이지도 않다. 전기적으로 중요할 뿐이다. 일상적이고 리얼하다. 대중적인 시는 대중적인 소재를 요구한다. 브링크만의 표현대로 "단순히 존재하는 것"이 시의 소재가 된다.

> 커피 마시기
>
> 나는 약간의 크림과 두 스푼의 설탕을 덜어 넣고 찻잔을 젓는다. 찻잔은 내 앞에 있다. 다음 나는 찻잔을 높이 들어 마시고 나서 그것을 다시 내려놓는다.

브링크만은 일상의 진부한 한 과정을 묘사하며 초등학교의 습작 시간에 하는 듯한 어투로 만든 것을 시라고 내놓고 있다. 일체의 해석 없이 있는 그대로의 현상을 묘사하는 데 바로 "표면의 시학"의 핵심이 있다.

4. 포스트모더니즘 시의 한계

"신주관성" 또는 "신감성"의 시는 구체시의 추상적인 전시 행위에 대항하여 현실 생활의 감각적으로 파악된 세부에 집중하고, 정치시의 지적 파토스에 대항하여서는 일상의 경험을 통한 믿음 주기에 진력한다. 이 과정에서 화법이 리얼해진 것이 큰 특징이라고 할 수 있다. 이것이 독일 전후시와 "신주관성" 또는 "신감성" 시 사이의 큰 차이점이라고 할 수 있다. 일상적인 것, 세부 상황, 특이한 경우 따위의 묘사에서 표면의 시학이 발휘된다.

모든 것이 가능하다는, 모든 구속의 무정부주의적 철폐에서 자주 포스트모더니즘의 주된 원칙이 드러난다. 하지만 신주관성의 시가 문학적 혁명을 가져왔는지, 모더니즘의 종말을 가져왔는지는 평가하기 어렵다. 이러한 종류의 시들은 모더니즘 계열의 시들에 비해서 시적 성취도가 낮고, 이들 시가 쓰는 테마 역시 금방 고갈되고 말았다. 적어도 국제적으로 보았을 때에도 이 새로운 리얼리즘적 시들은 그렇게 혁신적이지 못했다. 독일에서는 이런 시가 미국이나 이탈리아에서보다 센세이션을 일으킨 것은 사실이나, 그것은 독일에서는 미국이나 이탈리아에서보다 모더니즘적 시와 체험시 사이의 골이 더 깊기 때문이다. 하지만 이들 시 역시 모더니즘 계열의 시의 하나라고 할 수밖에 없다. 브레히트나 윌리엄스의 이름만 보아도 그렇다. 결국 새로운 팝 계열의 시조차도 그 뿌리는 모더니즘에 두고 있는 것이다. 즉 브링크만을 비롯한 신주관성이 가장 중요한 모범으로 삼은 시인은 윌리엄 카를로스 윌리엄스였다. 즉 포스트모더니즘은 모더니즘을 관통하거나 배척하지 못했다. 지난 이십 년에서 이십오 년 사이의 기간 동안 세계적으로 명성을 떨친 시인들의 이름만 보아도 그렇다. 이들은 모두 모더니즘의 전통에 어떤 식으로든 연결되어 있다. 러시아의 안나 아흐마토바, 예브게니 예브투쉥코, 요시프 브로드스키, 프랑스의 이브 본느프와, 이탈리아의 피에르 파졸리니, 남미의 옥타비오 파스, 독일의 엔첸스베르거, 페터 륌코르프, 라이너 쿤체 등.

신주관성의 시는 언어뿐만 아니라 일상생활에서 가져온 테마들의 선택에 있어서 아주 리얼리스틱하다. 하지만 이러한 종류의 시들의 단점은 유희적으로 좀 느슨하다는 것, 즉 전통적인 체험 문학의 속성인 격정적인 진지함이 없다는 데 있다. 리즈 테일러나 마릴린 몬로 같은 영화배우를 시의 소재로 삼지만, 이것의 매력적 효과는 처음 몇 번의 사용으로 금방 고갈되고 만다. 언더그라운드 시는 대중에게 호소할 수 있는 작품의 "매력"을 큰 잣대로 삼았지만, 그것은 큰 성공을 거두지 못했다.

팝 뮤직과 달리 대중시는 대중적이지 못했다. 대중적 시는 “통속신화”의 열정으로 대중문화를 위해 힘썼지만 대개의 경우 까다롭고 난해한 문학으로 남았다. 이 시들은 음란함으로 가득 찼으며 변화무쌍한 슬랭을 많이 차용하였다. 이처럼 일상어와 은어를 사용한 시가 이제 더 이상 놀라울 것은 없다. 시에서 일상어를 사용하는 것은 1975년경의 시에서 지배적인 경향이었다. 따라서 이제는 어떤 시가 일상어로 쓰여졌다고 말하는 것은 아무런 의미도 없다. 일상어의 사용은 소모되지 않은, “진정한” 소재를 찾는 소박한 작업과 관련되기도 하지만, 그것은 사적이고 하위문화의 영토로의 퇴진의 표현일 수도 있다. 모더니즘 계열의 시는 아직도 우리에게 더 많은 호소력을 지니고 있으며, 팝 계열의 시 역시 단순 소박한 언어만으로는 살아남을 수 없어 나름대로 메타포를 사용하는 단계로 접어들고 있다.

자기만의 길을 가는 젊은 시인들
90년대 독일시

1. 젊은 시인들의 90년대

1992년, 독일에서 발행되는 문학 전문지 《노이에 룬트샤우*Neue Rundschau*》는 1950년에서 1966년 사이에 출생한 젊은 작가들을 대상으로 설문조사를 하였다. 설문조사를 하게 된 배경은 최근 수년 동안 독일의 현대문학이 비평가들로부터 받은 평가 때문이었다. 그것에 따르면 현재의 젊은 작가들의 문학은, 세상을 등지고 있으며, 자기의 내면세계에 빠져 있고 자기 본위적이라는 것이다. 한마디로 세계의 변화에 비해 너무나 "비정치적"이라는 내용이다. 그러면 여기에 이 잡지가 50명의 젊은 작가들에게 보낸 질문의 문항을 그대로 옮겨 보겠다.

> 1) 유럽은 1989년 이후의 정치적 변혁 이후로 예전보다 훨씬 커졌다. 그것이 귀하의 문학적 활동 영역을 넓혀 준다고 생각하는가?
> 2) 글을 쓰기 위하여 귀하는 어떻게, 얼마만큼 조사를 하는가, 귀하는 무엇에 대해서 쓰는가?
> 3) 귀하의 최근 작품은 아주 성공적이었다. 만약 당신에게 권위 있는 뉴스 잡지에서 커버스토리를 써 달라는 청탁이 오면, 당신은 어떤 테마를 고르겠는가?

4) 만약 당신이 (이를테면 체코의 극작가 바츨라프 하벨처럼) 정부의 요직에 오른다면, 당신은 무슨 일을 먼저 하겠는가?

물론 이 질문의 내용은 주관적인 것이고 그것을 보낸 대상 작가의 선정도 문학적 소재의 선택처럼 주관적인 성격을 띤다. 따라서 이것이 전체 시인들을 대변하는 설문이 될 수는 없지만, 이를 통해 독일 문학에서의 세대교체가 어떻게 이루어지고 있는가 하는 정도는 감지할 수 있으리라고 여겨진다. 모두 서른여섯 명의 응답자 중 설문에 대한 응답 형태를 보면 나이가 젊을수록 간략하고 짧은 답변을 보냈다. 1960년 이후에 출생한 작가들은 특히 짧은 형태로 답변했다. 서독에서 태어난 젊은 작가들은 설문조사에 대해 자유롭게 시 형태나 짧은 이야기, 또는 에세이 형태로 답하여 그들의 사고가 동독 출신 작가들에 비해 자유로움을 보여 주었다.

1)번 질문에 대해 작가들은 대체로 동구권의 붕괴와 독일 통일에 따른 유럽의 외형적인 "확대"가 부정적이든 긍정적이든 자신들의 생각과 느낌을 비롯한 독일 문학에 커다란 영향을 끼치리라고 여기고 있다.

2)번 질문에 대한 작가들의 반응은 상이했다. 어떤 작가들은 자신의 생 전체가 탐구의 대상이라고 밝혔고, 많은 작가들은 독서를 통한 소재 탐구를 강조했다. 저널적인 방법을 옹호한 작가들이 있는 반면, 그것을 격하게 비판한 작가들도 있었다. 이들은 오락지향적인 서방 문학이 시장 조사를 문학의 필요충분조건으로 보는 것은 문학과 저널리즘을 혼동한 데서 온 커다란 오해라고 밝혔다.

뉴스 잡지로부터 커버스토리를 써달라는 청탁이 오면 어떤 내용의 글을 쓰겠느냐는 3)번 질문에 대해서는 유난히도 응답자가 적었으며,

응답자의 경우도 각 개인의 관심 영역의 수만큼이나 답이 가지가지였다. 특히 젊은 응답자의 수가 적었는데, 이는 나이가 든 작가들이 매체를 이용하여 대중에게 영향을 끼칠 수 있는 정치적 토론에 관심을 가진 반면, 젊은 작가들은 여기에 별 관심이 없음을 반영하는 것이다. 그들은 자신들이 매체를 이용하기보다는 매체들에 의해 자신들이 이용될까 두려워한 것으로 보인다. 4)번째 질문에 대해서도 이와 유사한 반응이 나왔다. 귄터 그라스Günter Grass나 지그프리트 렌츠Siegfried Lenz, 크리스타 볼프Christa Wolf 같은 나이 든 세대의 작가들이 정치적 성향을 보인 반면, 젊은 작가들은 직접적인 정치적 행동에 대해 회의적이었다. 이들은 사회와 정치에 대해 독자적으로 그리고 도덕적으로 판단하는 작가로서의 전통적인 책무에 관심이 없으며, 그것을 옛날에 대한 향수에 불과하다고 보고 있다. 설문에 응답을 한 작가들의 경우도 그 제안 내용은 극히 개인적인 차원의 것들이었다.

이들의 반응에서 확실하게 말할 수 있는 사항은 두 가지이다. 그것은 50년대 이후의 나이든 세대의 작가들이 항상 논의의 토대로 삼았던 좌파 자유주의적인 성향이 쇠퇴하였다는 것과 대중 매체를 자신의 이야기를 펼치는 데 이용할 수 없다는 불신감이다.

구체적으로 이 중에서 우리의 관심 대상인 시인들의 반응을 보자. 《사랑스런 궁핍》, 《이젠 기적은 없다》 등의 시집을 낸 1952년생 시인 한스 울리히 트라이헬은 다음과 같이 시 형태로 답하고 있다.

1) 리히텐베르크 역
유럽은 하나의 긴 플랫폼
유럽은 앞뒤에 쇠를 댄 하나의 신발

유럽에서는 오줌 냄새가 난다
유럽에는 유령 하나가 서성인다
그 유령은 비닐 봉투를 손에 들고
캔맥주를 먹고 산다

2) 조사

사진들이 가득 든 신발 상자도 없고.
눈 위의 뽀드득 소리도 발자국도 없다.
그리고 어디에도 나직한 음악은 없다. 어쩌면
오늘 신문(죽은 사람들은 늘 다른 사람이지만)
은 오늘 아침처럼 다른 아침에도 나올 테고.
어쩌면 관자놀이에 통증이 올지도 모르고.
후림새도, 편지도, 문서실도 없다.

3) 생활양식의 정치

더 이상 돈이 다가 아니다.
보다 섬세한 차이가 문제다.
구별에서 오는 이득을
나는 늘 말한다.
그리고 모두들 귀담아 들으라.
도대체 개별화가 무슨 말인가.
사회적이라는 말이 무언가.
문제는 양식이다.
문제는 문제가 아니다.
나는 이런 것을 권하고 싶다.
왜곡되지 않은 솔직함.
절대적인 신빙성.

그러면 누구나 속아 넘어갈 것이다.

4) 가장 먼저 할 직무 행위
잔디밭에 의자를 내다놓고,
서양산사나무 그늘 아래 한줄기 바람이나 쐬리,
내게 신문 읽어 주는 사람도
없고. 깃발은 세모 깃발,
서양산사나무에겐 물을 흠뻑 뿌려,
자갈길에는 달가닥 소리도 없고
엷은 그림자 속에는. 나.

또 베르너 죌르너Werner Söllner(1951년생) 같은 시인은 1)번 질문의 경우 유럽의 "확대"가 아니라 "축소"가 문제라고 대답했다. 그 까닭은 유럽 통합 이전에도 동구권에 대해 낯설지 않았기 때문이라고 말했으며, 다만 동구권 문학이 정치적 개방과 더불어 어떻게 서방의 사회와 문화와 동화되어 갈 것인지가 흥미롭다고 밝혔다. 그리고 4)번의 정치적 질문에 대해서는 그는 뒤로 물러서겠다고 답했다. 뉴스잡지와 관련된 3)번 질문에 대해서 1957년생인 우베 콜베Uwe Kolbe는 지금 형태의 문명의 종말을 사람 간의 대화의 시작으로, 개인 교통의 종말을 나그네에 대한 칭송으로, 전등의 소등을 눈빛과 햇살의 칭송으로 연결시키겠다고 밝히고 역시 4)번의 정치적 물음에 대해서는 그런 위치는 사양하겠노라는 뜻을 말했다. 유럽이 커진 것은 곧 너무나 일반화된 것을 의미한다. 유럽의 확장은 작고 구체적인 것—사람들, 사물들, 마을들—에 대한 이야기를 천편일률화한다(토마스 휘를리만Thomas Hürlimann).

젊은 시인들은 개인의 차이를 없애고 모든 것을 균일화시키는 범유럽화의 물결에 대해 부정적인 생각을 토로하고 있다. 우리는 1993년에 발표된 베르너 쥘르너의 시 〈퇴보Regression〉에서도 이와 비슷한 분위기를 읽을 수 있다.

유럽이여, 당신의 아들들은
크레타 섬을 잊었소. 미노스의 풍경 속으로
들어가지 못하고, 미로 속으로 들어가
자유의 밧줄에 묶여,
인간의 형상을 한, 황소 머리를 한
이 괴물에게 묶여, 그들은 살아가며
죽이라 명하며, 죽은 자들을
심판하고 있소. 정의의 공화국에서는
누구나 거짓말을 한다오. 그것이
바로 진리라오.
유럽이여, 여러 민족들의
더러운 외양간이여, 그곳에선 누구나
스스로 싸 놓은 분뇨 주위를 돌며 춤을 추고
악취를 아이디어라고 여기오. 감정과
이성, 분노와 계산 사이에서 이처럼
매일매일 균형을 잡아야 하는 끔찍함,
섬들로 이루어진 이 대륙,
제 맛에 맞는 것을 찾아나서는
이 욕구, 이 몰로토프-
리벤트로프-칵테일, 다양한
나뭇가지들의 이 묶음, 모두들
똑같은 똥 위에서 자라난, 여러

국가들의 성스런 패거리, 이 동등한
아침꾼들의 존경할 만한 위계질서,
궁지에 몰리면 신념 운운하는
이 성실한 혹평자들의
학교, 이 흉측스런 음조,
오른쪽, 왼쪽에서 들려오는
이 팡파르, 이 자비로운 기독교인들,
전향한, 언제 한 번도, 단 한 번도 자기 것을
내세우지 않은 적이 없는 이 공산주의자들,
이 앞서서 으스대는 자들, 협회와 당의
이 박자 맞추는 소리, 델피의 토크쇼의
유니폼 입힌 다양성, 모든 채널은
인간의 개인적인 품위를 얻기 위한
효시, 이 불타 버린 땅, 명성과 시청률과 자비로운
청취자 아가씨를 찾는 동경과 격분으로
가득 찬 시인들을 위한 연기자 신발과
원형경기장, 모두들 정직한 시민들,
모두들 개명된 군주, 언제든 연설할
준비가 되어 있고, 에덴동산을 결정할
투표 준비가 되어 있는, 늙은 세계, 아, 신의
가장 사랑하는 몽정, 플러쉬와 거울로
이루어진 음란한 천국—

유럽이여, 정신착란의
창백한 어머니여, 우리는
아틀란티스로 가오.

2. 중견 시인들의 90년대

1) 자연시

이에 반해 귄터 쿠네르트Günter Kunert(1929년생), 자라 키르쉬Sarah Kirsch(1935년생), 보토 슈트라우스Botho Strauß(1944년생), 폴커 브라운Volker Braun(1939년생), 페터 륌코르프Peter Rühmkorf(1929년생), 한스 마그누스 엔첸스베르거Hans Magnus Enzensberger(1929년생), 위르겐 베커Jürgen Becker(1939년생) 등의 중견 시인들의 90년대는 이전의 문학사적 바탕 위에서 논의되어야 할 것이다. 70년대 초 파울 첼란Paul Celan과 잉에보르크 바흐만Ingeborg Bachmann의 죽음과 함께 종말을 고한 연금술적이고 모호한 시의 시기를 거쳐 브링크만으로 대표되는 포스트모더니즘 계열, 팝 계열 시의 시대, 다시 말해 일상시Alltagslyrik의 지배를 경험한 90년대의 그들의 시에는 80년대에 이어 계몽주의에서 연유하는 낙관론적인, 지나친 진보에 대한 믿음이 가져온 환멸과 정신적 공허함을 채워 줄 정신주의적 시의 색채가 두드러진다. 그것은 다양한 형태의 신화와 비합리주의적인 흐름으로 나타난다. 그리하여 이제는 이성을 더 이상 신뢰하지 않는 흐름이, 혹은 너무나 빠른 기술적 진보를 따라잡을 수 없는 인간의 의식이 비의적인 행동으로까지 등장한다. 이에 대해서는 1996년 4월 1일자 독일의 시사주간지《포커스》의 특집 기사가 잘 말해 준다. 이에 따르면 독일 사람의 경우 두 명 중 한 명꼴로 비교秘教에 관심을 갖고 있다고 한다. 죽음을 연구하는 사학死學적이고 묵시록적인 종말 감정은 많은 시인들에게서 극도로 첨예하게 표현되고 있다. 이미 귄터 쿠네르트의 많은 작품들이 그에 대한 증거를 제공한다. "묵시록"은 언제 어디서나 당대에 나타나는 문제들과 전 지구상의 미래에 대한 두려움을 사고상으로 표현하는 데 가장 적합한 모델로 작용하여 왔다.

호모 사피엔스(1986년)

다시 처음부터 시작하자
진흙과 점토로부터
주저주저하면서.
다시 직립보행을
배우자
가르칠 수 없는 것
다시 이상의
차디찬 바람 속으로
다시 날려 가는 것.

문학평론가이자 시인인 하랄트 하르퉁Harald Hartung은 쿠네르트를 이카루스와 동일시하였다. 그는 "불가능한 것"을 추구하는 인물로 간주된다. 그러나 "날아가는 일은 힘들다". 기계적인 비행과 진정한 비행을 구별하는 이 시인의 유토피아적 이상론에는 회의적 색채가 강하다. 인간에게는 하늘을 날을 수 있는 한계가 정해져 있다는 말이다. 인간은 스스로 만들어 낸 기계의 노예가 되어 가고 있기 때문이다. 이러한 그의 성향은 최근에 쓴 시론적인 시 〈얼굴을 맞내고〉(1992)에서도 이어진다. 한 시대의 지진계로서의 서정시는 이처럼 지구가 직면한 불안에 민감하게 반응한다.

아주 머나먼 높은 산
알 수 없는 샘에서
시들은 흘러내린다. 그러나 그대
인간은 이곳에 쪼그린 채로 있다

기호처럼, 놀라운 일처럼,
괜히 비용만 들어가는.
끝내 그대는 반짝이며
기어서 다가오는 것
날아서 다가오는 것 오래전부터
새어서 우리들의 내장 속으로
스미는 것, 그것에 두려움을 느낀다.
하지만 누군가의 걸작이든 그것은
제 비밀의 누설일 뿐이다. 제 그림자 위에서
깡총 뛰어 보는 것에 불과할 뿐.
자의적인 현혹일 뿐. 유행과
같은 절망적인 유쾌함일 뿐.
그리고 죽음 뒤에 그 이상의
생은 없다는 기대일 뿐.

인위와 자연이라는 예전의 대립 관계는 자연을 기술적으로 만들어 낼 수 있게 됨으로써 지양되어 버렸다. 그러므로 인간은 두 가지를 동시에 손에 들고 있다. 그것은 바로 파괴와 창조이다.

동독 출신의 여류 서정시인 자라 키르쉬의 시에는 테마와 소재 그리고 형식 면에서 여러 가지 층이 존재한다. 바로크적인 인위성과 함께 동화적인 소박함, 사실주의적인 요소와 함께 고도로 의도된 아이러니 그리고 인용 조의 암시가 그것이다. 시 〈정황〉(1984)에서 지저분한 닭장보다는 차라리 굴뚝 위에서 잠을 자고 아침이 되면 날아가는 공작을 묘사한 그녀의 시는 현대 문명이 배태한 기형성의 배후에서 인간과 자연의 원천적인 것을 구하고 있다. 시인은 그리하여 시골의 전원과 그 속에서의 고독한 삶과 자연과의 융화에 대한 예찬을 통해 위협받은 자연의 변호인이 된다. 키르쉬는 서구의 위험한 지식에 대해 다음 같이 경고한다.

먼 곳(1992년)

이젠 가난한 들판엔
찬란함이 없으리라
어린 시절 그땐
가문비나무들이
초록빛으로 환했었지
시커먼
지식이 내 목을 휘는구나.

2) 운韻 속에 들어 있는 시의 혼魂

신주관성Neue Subjektivität이라는 이름으로 60년대 말에 브링크만과 유르겐 테오발디Jürgen Theobaldy, 니콜라스 보른Nicolas Born, 귄터 헤른부르거 Günter Herburger 등에 의해 주도된, 일상시를 거부하는 과정에서 전통적인 운과 연 형태를 엄격하게 지키려는 쪽으로 회귀하려는 움직임이 일어났다. 그러나 이 회귀는 완전히 옛날의 시적 형식에 복종하는 것이 아니다. 왜냐하면 시인의 시적 욕구가 거기에 그대로 순응하기에는 너무나 강렬하기 때문이다. 이들이 사용한 전통적인 연과 운 형태 속에는 아이러니와 거리가 새롭게 개입되고 있다. 울라 한Ulla Hahn, 도리스 룽에Doris Runge, 페터 마이발트Peter Maiwald, 우르줄라 크레헬Ursula Krechel 등이 여기에 속한다. 자기 내면으로의 몰입, 압운의 재생이 이 시인들의 주된 특징이다. 전후 시인 중 그 누구도 페터 륌코르프처럼 독일시의 전통을 그처럼 단호하게 새로운 역사적, 심미적 경험의 공명대 위에 올려놓은 시인은 없다. 능숙한 방랑 가인歌人으로서 그는 중세의 시인 발터 폰 데어 포겔바이데, 바르톨트 하인리히 브로케스와 클롭슈토크 사이에서, 마티아스 클라우디우스, 횔덜린 그리고 아이헨도르프 사이에서 움직인다. 그는 산업화 시대에 대한 암시 속에서 전원적인 세계를 꿈꾼다. 그의 시에서는 낯설게 하기 기법에 의해 고트프리트 벤의 메아리가 울리기도 하지만 그러면서도 아이헨도르프 식의 민요조의 울린다. 이것은 하이네가 전통에 대해 가졌던 관계와 유사한 것이다. 아이러니를 사용한, 그리하여 낭만주의를 흉내 내면서 그것을 공격한 하이네의 스타일이 그의 시에는 하나의 부적처럼 따라다닌다.

3) 인간에 대한 새로운 의미 부여

비참한 일상의 나열 및 전시展示와 인간 파괴와 악에 대한 칭송의 상대적인 극으로서 모든 극단적인 시적 시도를 새롭고 경건한, 인간에 대한 형이상학적 의미 부여를 통해 극복하려는 시도가 있다. 보토 슈트라우스의 시 〈단 하루의 손님에 대한 그 기억〉(1985)이 그것이다. 철학적 내용의 이 시는 찬가인 동시에 시 형태로 쓴 일종의 신앙고백이다. 그는 "내가 알지도 못하고, 나를 알지도 못하는" 광활하고 무한하고 영원한 저편과 비교하여 자신의 생의 짧음과 덧없음에 대해 생각하면서 자신이 저편이 아닌, 이편에 있는 것에 대해 의아하게 생각한다. 그는 왜 하필이면 다른 곳이 아닌 이곳, 다른 때가 아닌 이 시각에 존재하고 있는가에 대해 근본적인 의문을 제기한다. 누구의 섭리에 의해서 그렇게 되었는가?

그는 이를 위해 시인에게 오랫동안 침묵했던 드높고 연금술적 언어를 사용하는 예언자라는 전통적인 위치를 부여한다. 이런 시인은 고전적인 율격으로 시를 쓴다. 시인은 예언자로서 "잠자고 있는 공동체의 촉탁을 받아,/사회를 병들게 하거나 문란케 하지 않는다./그는 자지 않고 깨어 망을 보고 있다". 생태 환경시의 시인들처럼 부정적인 것, 즉 현실적으로 문제가 되고 있는 환경 재앙을 고발하는 것만이 그의 직무는 아니다. 그는 이렇게 말한다. "나는 주고받는 것을 배워 익혔다. 분별과 열정도 익혔다./나는 잊었다, 불신과 저주와 비판적인 자만自慢을." 시인은 "우정"의 감정 속에서 인간에 대한 존경심을 다시 만들어 내려고 한다. 그는 순수한 사랑의 노래를 부르며 사랑을 무슨 해방 투쟁이나 상품으로 오용하는 것에 대항해야 한다고 생각한다. 그는 새로운 순수성의 신화를 창조하려 한다.

보토 슈트라우스의 이 같은 시를 놓고 제도 평론은 두 진영으로 나뉘어져 논쟁을 벌였다. 한 그룹은 그의 시를 "오늘날 독일에서 시의 이름으로 불리는 것 중에서 가장 드높이 휘날리는 노래"라고 칭송하였으며, 다른 한 그룹은 그의 시를 향해 "땀으로 흠뻑 젖은 열정", "과장", "사고의 말살", "새로운 신비주의의 선전 언어"라고 공격의 화살을 쏘아 댔다.

여기서 중요한 사항은 보토 슈트라우스 같은 일급 작가가 일상시의 이론가들과 작가들을 상대로 도전장을 냈다는 것이다.

3. 독일 통일과 시적 담론

극복한 전환점(1989년 11월)

우리들 등 뒤에 두게 된 것
에 대해서는 우리는 안다. 우리들 앞에 둔 것
에 대해서는 우리는 모른다,

우리가 그것을
우리들 등 뒤에 두기 전까지는.

독일 통일에 즈음하여 쓰여진 하인츠 체코프스키Heinz Czechowski의 이 시가 예단했듯이 1989년 11월의 감동은 기대와 달리 이제 많은 독일인들의 가슴에서 과거의 이야기로 돌아갔고, 지금 그들 앞에는 극복해야 할 엄연한 현실만이 남아 있다. 시인은 역사 서술자가 아니므로 구태여 모든 것을 정확한 사실에 근거하여 쓸 필요도 없고 또 그렇게 하지도 않는다. 여기서 동독 출신의 중견 시인의 시와 서독 태생의 젊은 시인의 시, 각각 한 편씩을 살펴봄으로써 서로 다른 세계 출신의 두 세대가 현실을 바라보는 개인적인 시각의 차이를 감지할 수 있을 것이다.

독일 통일이 가져온 구체적인 상황은, 특히 동독의 지식인과 관련된 심회는 동독 출신의 시인 폴커 브라운의 시 〈재산Das Eigentum〉에 잘 표현되어 있다. 이 시는 《노이에스 도이칠란트*Neues Deutschland*》(1990. 8. 4./5)와 《디 차이트*Die Zeit*》(1990. 8. 10)에 발표되면서 많은 논의를 불러일으켰다.

난 여기 남아 있는데, 내 나라는 서쪽으로 떠나간다.
오두막집들에겐 전쟁을 궁전들에겐 평화를.
나는 내 나라에 스스로 발길질을 해 댔다.
내 나라는 다 내던진다, 값싼 장식마저도.
겨울이 가고 탐욕의 여름이 온다.
그래도 나는 *후추가 자라는 곳에 있겠다.*
내가 쓴 모든 글이 무슨 소린지 모르게 되어간다.
나 결코 가져본 적도 없던 것, 그것을 나는 빼앗긴다.
내가 살아보지 못한 삶, 그것을 끝내 아쉬워하리라.

희망은 길 위에 놓인 함정이었던 것을.
나의 재산, 그것을 너희들이 움켜쥐고 있구나.
나 언제나 다시 *내 것*이라 말하며 전체를 뜻할 수 있을까.

Da bin ich noch: mein Land geht in den Westen.
KRIEG DEN HÜTTEN FRIEDEN DEN PALÄSTEN.
Ich selber habe ihm den Tritt versetzt.
Es wirft sich weg und seine magre Zierde.
Dem Winter folgt der Sommer der Begierde.
Und ich kann *bleiben wo der Pfeffer wächst*.
Und unverständlich wird mein ganzer Text.
Was ich niemals besaß, wird mir entrissen.
Was ich nicht lebte, werd ich ewig missen.
Die Hoffnung lag im Weg wie eine Falle.
Mein Eigentum, jetzt habr ihrs auf der Kralle.
Wann sag ich wieder *mein* und meine alle.

동독이 서독에 흡수 통일된 현실에 대해 동독 출신 작가로서 느낀 점을 시인은 다의적이고 또 시적 밀도가 섬세하게 계산된 어투로 표현하고 있다. 특히 동독에서 인간답게 살 수 있는 사회주의 공동체의 실현을 위해 노력했던 작가가 느낀 동독의 붕괴는 가슴 아프지 않을 수 없다. 평론가들은 그의 시에서 이미지들의 중첩을 통해 시적 주체성과 사회적 요구 사이의 간극이 시적으로 잘 극복되고 있다고 보고 있다. 이러한 이미지들의 핵심은 "내 나라는 서쪽으로 떠나간다", "재산", "오두막들에겐 전쟁을 궁전들에겐 평화를"이라는 시어에서 극명하게 드러난다. 그는 분명 "내 나라"라는 말로 자신의 조국인 동독을 지칭하고 있다.

굵은 활자로 쓴 "오두막들에겐 전쟁을 궁전들에겐 평화를"이라는 구절은 변화의 과정 속에서 이것만은 일어나지 말아야 한다는 뜻으로 독일인 모두에게 하나의 경고처럼 작용한다. 독일이 통일되던 당시 모든 사람들이 "우리는 한 민족이다"라고 외쳤었다는 사실을 상기할 때 양쪽을 오두막과 궁전으로 분리하는 것은 이롭지 못하다는 것이다. 원래 이 말은 1834년에 게오르크 뷔히너가 쓴 팸플릿 〈헷센 급사急使〉에서 "오두막들에겐 평화를 궁전들에겐 전쟁을"이라는 말로 썼던 구절이다. 이것을 그는 역설적으로 반대로 사용하고 있다. 여기서 특히 문제가 되는 것은 "재산"이라는 말이다. 이 시 전체는 경제적 의미의 재산과 관련이 있다. 그러나 시의 의미 한계는 거기에 국한되지 않는다. "재산"이라는 말은 또 다른 차원의 시적 풍경을 불러일으킨다. 그것은 시인이 이상으로 생각했던 고향, 즉 사회주의적 민주주의의 유토피아 세계에 한 번도 도달해 보지 못한 채로 동독이 무너져 버렸다는 회한이다. 이처럼 동독 출신의 시인들의 시에는 대부분 잃어버린, 다시는 시작해 볼 수 없는 유토피아에 대한 슬픔과 분노의 감정이, 직접적으로는 아니지만 은근히 배어 있다. 반면 동독의 현실을 감옥으로 느꼈던 발터 페트리Walther Petri 같은 시인은 "나 감옥에 있을 때/처음 순간부터 꿈꾼 것은 자유였지만/막상 나와 보니/감옥 같은 노동이 시작되었네"(1992)라고 통일된 독일의 자본주의 사회에의 적응의 어려움을 토로하고 있다.

1957년 에센에서 태어난 젊은 시인 위르겐 넨트차Jürgen Nendza는 〈방〉(1992)이라는 시에서 현실을 이렇게 노래한다.

우리는
의자들
사이의

자리를
찾으려 했지.
사물들을
심문하여
손에서
입으로
느끼려 했지.

우리는 의자들을
찾지 못했다.
우리가 찾은 것은
다만 이 텅 빈 공간
목소리들로 가득 찬.

"의자들 사이의 자리"라는 것은 앉을 수 없는 빈 공간을 의미하며, 그것은 독일인들이 헛된 희망을 품었었음을 말한다. 그들이 찾은 것은 의자들이 아니라 빈 소리들뿐이다. 독일의 진정한 통일은 아직 이루어지지 않았다. 통일 과정에서 각개의 국민이 나름대로 입은 상처는 아직 아물지 않았다.

4. 새로운 시인들의 가능성

1989년을 넘기면서 동구권의 붕괴와 거기서 촉발된 독일 통일이라는 시대적인 커다란 사건들은 독일뿐만 아니라 유럽에 많은 자국을 남겼다. 이에 대해 반응하는 방식은 그러나 세대마다 각각 달랐다. 50세를 넘긴 중견 시인들의 시 세계, 특히 그들이 구사하는 문체와 견해가 정통 어법에 근거한 전통의 변증법적 변혁이라면, 젊은 세대의 그것은 생기발랄하고 개인주의적임을 우리는 알 수 있었다. 끝으로 젊은 시인 한스 울리히 트라이헬의 시 〈여름〉을 보자.

> 갑자기 다시 거리가
> 엄청나게 따뜻해졌다,
> 나무 샌들은 또각거리고, 아가씨들은
> 블라우스를 열어젖힌다. 나는 감히
> 나의 축축한 피부를 보여 줄
> 엄두를 내지 못해 겨울이나 돌아보며
> 한숨을 내쉰다, 겨울은 장점이 있었지, 바로
> 영원한 어둠이라는. 소금기 어린 축축함, 돌처럼
> 무거운 장화 그리고 열어젖힌 블라우스에서
> 느끼는 이 욕정, 나무 샌들 그리고 햇빛.

젊은 시인들의 시어가 개인주의적인 바탕 위에서 움직인 반면, 중견 시인들의 언어와 사고는 전통을 바탕으로 한 개혁의 노선을 따라가고 있는 것이 독일 90년대 시의 특징이다. 그들 사이의 공통점은 시의 지나친 현실 편향성을 극복하고 자기 내면의 목소리에 귀를 기울이려는 쪽으로 가고 있다는 것이다. 크리스타 볼프, 보토 슈트라우스 등의 지식인 논쟁에 별반 관심을 보이지 않는 젊은 시인들은 변화된 현실 속에서 현실이 얽어매는 고리에 꿰이기보다는 현실을 자기 쪽에 끌어들여 수용하려는 자세가 강하게 나타난다. 그것은 설문 조사 결과가 밝혀 주듯이 매스미디어에 대한 맹신을 피함으로써 매스미디어와 이것과 관련된 저널리즘의 조작 가능성, 정치적 선전 등을 극복하려는 그들의 자세에서 읽을 수 있다. 이것은 시가 "나"를 중심으로 한 개인적이고 사적인 이야기로 국한되면서 보편성을 추구하는 내면화의 과정으로 나아가고 있음을 의미한다. 또한 여기서 우리는 피상화되고 무상화되어 가는 세계에서 개인적인 것, 본질적인 것을 찾으려는 그들의 의지를 만난다. 89년 이후의 바뀐 현실이 그들의 문학에 영향을 끼칠 것이라는 그들의 말은 그들이 무조건적으로 현실을 등한시하지 않고 있음을 나타낸다. 그들이 비정치적이라는 비난은 하나의 이데올로기 쪽에 종속되지 않으려는 그들의 자세에서 온 오해라고 여겨진다. 현대는 다양성, 다원화의 시대이다. 하나의 지배적 담론에 스스로를 얽어매는 것은 저널리즘이나 이데올로기에 굴복하는 것에 다름 아니다.

다만 이들에게 과제가 있다면 자신의 변화된 현실과 개인적 성격에 맞는 테마와 문체와 언어를 선택해야 한다는 것이다. 유행, 모범, 상황에의 지나친 순응은 바람직하지 않다. 릴케의 말대로 얼마나 영원성을 지닐 수 있는 작품을 쓰느냐가 중요한 것이다. 이상주의적이면서도 현실적인 의미심장한 세계관을 견지하고서 인간 및 주변 환경과 관련된 문제에 마음을 열고 그것을 적합한 시적 형태로 그려내는 것은 시인들이 수행해야 할 영원한 사명이다.

자연에 바치는 비가悲歌

독일의 생태시

시는 죽음을 위로하는 장소도 아니요
배고픔을 달래거나 희망을 꾸미는 장소도 아니다.

시는 치명적인 상처를 입은 진실을 위한 장소다.
날개! 날개! 천사가 떨어진다, 깃털들이
역사의 폭풍 속에 하나씩 피 흘리며 흩날린다!

시는 천사를 보호하는 장소가 아니다.
—크리스토프 메켈

1. 생태시 발생의 당위성

캄캄한 밤 멀리 등대처럼 반짝이는 미래에서 모든 꿈의 실현을 기대하던 시대는 이미 지나갔다. 꿈의 실현을 위한 직접적인 조건들만을 생각하던 시대는 이제 만날 수 없다. 그 조건들의 튼튼한 배경이 되어 주던 자연이 이제는 병들어 버렸기 때문이다. 숲과 들판의 새들 그리고 짐승들과 대화를 나누며 다른 형제들과 풀밭 길을 거닐던 걸인 수도사 프란체스코의 겸허함으로 깨끗이 비어 있던 위장은 이제 없다. 이 모든 결과에는 눈에 보이지 않는 원인이 배후에 자리 잡고 있다. 현대의 문명이 인간의 무한한 욕망에서 비롯되고 발전을 이룩했음은 부인할 수 없는 사실이다. 하지만 기술과 욕망의 부메랑을 무책임하게 던져놓은 인류는 전 지구적으로 생명에 위협을 받고 있다. 알래스카의 유조선 침몰, 인도 보팔의 가스 사고, 아프리카와 남미 그리고 유고슬라비아의 내전, 체르노빌 원전 사고 등은 앞으로 본격적으로 시작될 생태학적, 정치적 그리고 사회적 종말론적 현상의 몇 가지 징후들이라고 할 것이다. 숲이 죽어 가고 지구를 감싸고 있는 오존층에는 큰 구멍이 생기고 있는데도 사람들은 여전히 아무런 죄의식 없이 환경을 오염시키고 있다. 물론 인간이 문명의 폐해에 대해 눈을 뜬 것은 이미 오래 된 일이다. 그것은 이른바 루소의 "자연으로 돌아가라!"는 말로부터 시작되어 그 후로 많은 추종자들을 낳았다. 에리히 프롬Erich Fromm(1900-1980)은 그의 저서 《소유냐 존재냐》에서 "기술의 발전은 생태학적 위기와 핵전쟁의 위험을 낳고, 이 중 하나 또는 둘이 합세하여 모든 문명, 어쩌면 모든 생명에 종지부를 찍게 될지도 모른다"고 밝히고 있다.

이러한 상황에서 독일의 '생태시', 즉 'Ökolyrik'은 1981년 C. P. 마이어-타쉬C.P. Mayer-Tasch가 편찬한 《직선들의 뇌우 속에서. 독일의 생태시》라는 사화집으로 그 첫 결실을 보고 또한 생태시라는 용어 역시 이때 처음으로 세상에 선을 보였다. '생태시'를 뜻하는 독일어 'Ökolyrik'은 Ökologie, 즉 생명체와 그 주변 환경과의 관계를 구명하는 학문인 생태학과, Lyrik 즉 서정시의 합성어로서 비판적인 생태학적 인식을 바탕으로 전개되는 서정시의 한 장르를 의미한다. 생태시 사화집이 처음 발간된 것이 1981년이듯 독일에서 생태시의 본격적인 전개는 70년대 말에 이루어졌다. 에리히 프리트Erich Fried(1921-1988), 한스 마그누스 엔첸스베르거Hans Magnus Enzensberger(1929-), 귄터 쿠네르트Günter Kunert(1929-), 그리고 자라 키르쉬Sarah Kirsch(1935-) 등이 초창기 생태시를 이끌어 간 주역들이다. 이들의 시는 그 소재나 테마, 모티프 그리고 이미지들을 기술

문명에 의해 파괴된 현실에서 구하고 있다.

생태시는 자연을 주 대상으로 삼음으로써 역시 자연시Naturlyrik의 영역에 속하나 그 시적 속성은 종래의 개인적인 것에서 전체적인 것 쪽으로 변질되어 가고 있다. 이에 따라 시에서 사용되는 기법 역시 전통적인 자연시와는 다르게 나타난다. 독일의 생태시에서 다루는 주된 테마는 산업기술의 발달에 따른 폐해를 고발하는 현상적인 것으로부터 인간의 의식 깊은 곳에 자리 잡은 욕망, 즉 기술의 발달을 뒤에서 밀어 온 계몽적, 합리적 사고에 대한 비판, 그리고 대안 세계의 제시에 이르기까지 다양한 스펙트럼에 걸쳐 있다.

2. 자연의 비가

프리드리히 횔덜린Friedrich Hölderlin(1770-1843)을 비롯한 독일 고전, 낭만주의 시대의 시인들이 사라져 버린 옛 그리스 시절의 예술적 영화를 그리워하면서 고대 그리스를 유토피아의 세계로 삼아 애틋한 비가를 지어 불렀다면, 이제 우리는 불과 얼마 전만 해도 우리 곁에서 우리와 함께 자리를 하면서 마치 어머니의 품처럼 포근하게 우리를 품어 주던 파괴된 자연을 기려 눈물을 흘리며 비가를 불러야 할는지도 모른다. 실제로 문학 현장에서는 자연에 대한 비가가 시의 한 영역으로 자리 잡아가고 있는 듯한 모습이다. 지난날 자연은 시인의 애틋한 슬픔의 정조를 담아내는 눈물 단지이자 생의 기쁨을 느끼게 해 주는 환희의 샘이었다. 자연은 늘 인간 곁에 건강한 모습으로 있었기에 누구도 자연의 순수성과 순진무구함, 전지전능함 그리고 신성을 믿어 의심치 않았다. 자연은 결코 '지금 이곳에 없는 것'을 아쉬워하는 비가의 대상이 아니었던 것이다. 이러한 과거의 전통서정시에서 시적 주체는 실존적으로 시의 중심을 차지하고 앉아 나름의 희로애락을 자연에서 가져온 다채로운 메타포와 상징에 실어 표현했다. 그것은 자연과의 관계에 문제가 없었기 때문에 가능했다. 이에 따라 에밀 슈타이거Emil Staiger가 주장한 서정시의 본질을 더없이 적절하게 구가한 것이 자연시였다. 그는 서정시의 가장 큰 본질로 주체와 객체 사이의 거리의 부재를 꼽았다. 그만큼 주체와 객체 사이의 조화스럽고 합일에 가까운 관계가 서정시의 특징을 이룬다. 괴테(1749-1832)는 단편斷片으로 남은 〈자연〉이라는 짧은 글에서 다음 같이 말한다.

> 자연! 우리는 자연에 둘러싸여 있고 자연에 휘감겨 있다. 우리는 자연에서 벗어날 수 없으며 자연 속으로 더욱 깊이 들어갈 수도 없다. 자연은 우리의 부탁이나 경고와는 상관없이 우리를 자연의 춤의 순환 속으로 끌어들여 우리와 함께 떠돈다. 우리가 지쳐서 자연의 팔에서 떨어져 나올 때까지. 〔…〕 우리는 자연의 한가운데에서 살지만 자연과는 낯설다. 자연은 우리와 끊임없이 대화를 나누지만 우리에게 제 비밀을 털어놓는 법이 없다. 우리는 자연을 향해 영향을 미치지만 결코 자연을 우리 손아귀에 넣을 수는 없다.

"자연"은 인간이 살아가는 데 꼭 필요한 동반사이지만, 결코 인간이 겁탈할 수 있는 만만한 대상은 아니라고 괴테는 말한다. 이것은 인간이 자연에 대해 겸허한 태도를 지녀야 함을 의미한다. 그가 말하는 자연은 신의 창조물로서가 아니라 그냥 그대로 있는 것으로서의 자연, 바로 그것이다. 이처럼 조화롭던 관계의 해체, 즉 시적 주체와 자연 사이의 엄격한 분리는 자연을 이용 가능한 대상으로 보는 착취적 사고에 눈을 뜨게 하여 사람들은 자연에 대해 탐욕을 갖게 되었고 그 결과 자연과 인간의 조화롭고 순수한 관계는 대결과 핍박의 구도로 바뀌었다. 에리히 프롬에 따르면 18세기 이전에는 경제적 행동에 나름대로 윤리적, 인간적 가치가 개입되었으나 18세기를 지나면서 산업혁명과 급속한 자본주의의 발달은 이 두 가지의 분리를 가져왔다. 그 결과 인간의 행동은 자신의 이익을 추구하는 쪽으로만 치닫게 되었다. 따라서 근원적이고 원초적인 자연현상들에 대해서 기술적이고 문명적인 현상들이 대비되는 결과를 낳았다. 그것은 인간에 의한 자연 착취의 한 현상이다. 산업과 기술의 발전으로 인해 이제 바야흐로 자연이 사라질 운명에 처해 있다는 인식은 일단의 젊은 시인들에게 자연에 대한 비탄의 시를 쓰도록 만들었다. 자연이 바야흐로 정치적 호소의 대상이 된 것이다. 인간이 살아가는 환경과 생태계의 파괴에 대한 인식이 시의 주요 테마로 부상하였다. 인간에 의한 자연 파괴 현상에 대한 인식이 점증함에 따라 시의 역할이 시인 자신의 주관에 대한 정서적 고백에서 사회에 대한 고발로 바뀌고 따라서 서정시에서 자신의 독특한 정서를 확인하던 시적 주체는 사라지고 말았다. 생태시에서 하나의 인격체로서 주체가 살아 있다고 해도 그것은 개성이 두드러진 시적 주체가 아니라 집단적 주체로서 주변 환경을 보존하고 이러한 원인을 제공한 원인 제공자들에게 집단적 항거를 외치는 심급으로 나타난다. 20세기 초엽 이래로 시에서의 자연의 모습은 밝은 쪽에서 어두운 쪽으로 그 무게 중심이 이동하였다. 자연은 이제 세기말적 황폐를 나타내는 상징적인 표현의 역할을 하기에 이르렀다. 그것은 독일 표현주의가 묵시록적으로 그리고 종말론적으로 보여 준 현실 고발의 한 가능성이기도 하다. 자연은 과거엔 시대의 환란에 직면하여 정신적 피난처 역할을 하였다. 사람들은 자연 속으로 도피할 수 있었다. 사실 이때의 도피는 인간사의 다난함으로부터의 도피였다.

그것은 구체적으로 오스카 뢰르케Oskar Loerke(1884-1941)와 빌헬름 레만Wilhelm Lehmann(1882-1968)의 자연 마술적 자연시에서 구현되었는데, 이들은 나치의 정치적 억압으로부터의 도피처로서 자연을 선택했던 것이다. 19세기로 거슬러 올라가면 횔덜린에게 있어서도 자연은 어두운 현실로부터 이상향으로의 도피처 역할을 한다. 나무의 관점에서, 그리고 나무를 나름대로 인간 친화적인 요소로 노래한 횔덜린의 시 〈참나무 숲〉을 보자.

> 정원에서 나와 나는 너희들에게로 간다, 너희 산의 자식들이여!
> 정원, 그곳은 자연이 모든 것을 꾹 참고, 가정적으로 사는 곳,
> 남을 돌보며, 또 보살핌을 받으며 부지런한 사람과 함께 사는 곳.
> 그러나, 너희들 찬란한 존재들!, 너희들은 마치 거인들처럼
> 보다 참된 세계 속에 서서, 너희들 스스로에게 속하며, 또
> 너희들을 키우고 가르친 하늘과 너희들을 낳아 준 땅에 속한다.
> 너희들 중 어느 누구도 인간들의 학교에 가 본 적이 없다.
> 그리고 너희들은 즐겁고 자유롭게 돌진하며, 힘찬 뿌리를 박차고
> 뒤섞여 하늘로 치솟아, 독수리가 먹이를 낚아채듯,
> 억센 팔로 공간을 움켜쥔다. 그리고 너희들은 구름에 대항해
> 즐겁고 커다란 모습으로 햇살 빛나는 우듬지를 치켜세운다.
> 너희들은 모두 각자가 하나의 세계다, 하늘의 별들처럼
> 너희들은, 각자가 하나의 신이 되어, 자유로운 동맹 속에 산다.
> 내가 예속관계를 참을 수 있다면, 나는 결코 이러한 숲을
> 열망하지 않고, 공동생활에 기꺼이 순응했으리라.
> 사랑을 포기하지 못하는 마음이 나를 공동의 생활에
> 묶어 놓지 않는다면, 나는 기꺼이 너희들 속에 살겠노라!

횔덜린은 사람들의 학교에서 인위적인 것의 총체 개념을 읽고 "참나무 숲"으로 대변되는 자연에서 근원적인 것과 자유 그 자체를 보고 있으나, 현재의 생태시에서 다루는 자연은 일그러진 모습이다. 이것은 주변 세계에 대해 눈을 뜬 시인들의 환경 의식에서 기인한다. 여기에 일조를 한 것이 시민단체나 정당 등에 의해 제기된 녹색 항거의 움직임이었다. 역설적이게도 자연이 피폐 상태에 빠진 지난 2, 30년 동안 독일시에서 가장 많이 다루어진 영역이 바로 자연이었다. 이것은 68학생운동의 반권위주의적 사고에서 비롯된 합리주의적 사고방식에 대한 비판과 맥을 같이한다. 선진 산업국가의 자연의 모습을 전형적으로 구현하고 있는 독일의 "숲"은 70년대부터 시작되어 현재까지 산성비로 인해 점점 죽음에 직면하여 있다. 횔덜린의 "참나무 숲"에 대한 감정이입 대신에 이제는 망가진 자연과 그 속에서 허우적대는 시적 자아의 모습이 전면에 부상하였다. 이것을 고발하는 시인들의 머릿속에 난해하고 복잡한 시적 장치에 대한 생각은 끼어들 여유가 없다. 그 결과 독일 생태시에서는 현실을 고발하는 조서 같은 진술, 기록물, 풍자와 냉소 등이 자주 나타난다. 그러나 우리가 여기서 경계해야 할 점은 자연이 피폐하게 된 원인과 책임을 간단하게 지금까지 인류 발전의 동인이 되어온 계몽이라든가 과학, 기술 그리고 합리성 따위로 돌리는 행위이다. 이러한 이성주의에 대한 맹목적 비판은 실제의 주변 환경을 도외시한 호소력 없는 공허한 어휘의 외침에 지나지 않기 때문이다.

자연시는 이제 저항 문학이 되었으며 무분별한 환경오염에 대한 공동체적인 방어의 선전자가 되었다. 이제 성서의 생명生命의 나무로부터 시작하여 자연의 대표적 상징물이 된 나무가 시의 주된 테마로 자리 잡게 되었다.

3. "나무"에 대하여

베르톨트 브레히트Bertolt Brecht(1898-1956)는 정치적 현실을 고발한 시 〈후손들에게〉에서 "나무에 대해서 이야기하는 것이 거의 범죄가 되는 이 시대가 도대체 무슨 시대인가?"라고 묻는다. 그는 여기서 자연을 인간이 자신을 안전하게 맡길 수 있는 도피처로 해석하면서 종래의 자연이나 노래하던 시들에 대한 비판을 행하고 있다. 즉 이것은 자연에 대해 초시대적 존재의 근거를 부여함으로써 사회적 부패현상으로부터 사람들의 눈을 돌리게 하는 자연 서정시인들에 대한 비판에 다름 아니다. 이러한 서정시적 전통은 제2차 세계대전이 끝나고 대다수의 시인들이 마음에 받은 상처를 달래기 위해 자연의 품으로 자신을 던졌던 것과 맥을 같이 한다. 1939년 당시에는 "나무에 대해서" 이야기하는 것은 브레히트가 볼 때 "거의 범죄"나 다름없었다. 왜냐하면 그것은 나치가 저지른 "수많은 범죄 행위에 대한 침묵"이기 때문이다. 브레히트풍을 빌려서, 즉 브레히트의 시를 적절히 본문 변형하는 방식으로 에리히 프리트는 시 〈나무에 대한 대화〉에서 자연이 입는 피해와 인간과의 관계를 담담하게 그려내고 있다. 이제는 자연의 황폐화가 진전될 대로 진전된 상황에서 "나무에 대해서" 이야기하지 않는 것이 거의 범죄나 다름없는 시대가 된 것이다.

정원사가 잔가지들을 쳐 준 뒤로
나의 사과들은 알이 굵어졌다
그러나 배나무의 잎사귀들은
병이 들었다. 잎들이 말려 들어간다

베트남에서는 나뭇잎들이 모두 졌다

나의 아이들은 모두 건강하다
하지만 둘째 아들이 걱정이다
그 아이는 새 학교에
적응하지 못하고 있다

　　베트남에서는 아이들이 죽었다

우리 집 지붕은 수리가 잘 되었다
이제 창틀들을 불로 부식 처리하여
칠만 하면 된다. 집값이 올라
화재보험료도 예전보다 올랐다

　　베트남에서는 집들이 폐허가 되었다

이 얼마나 지긋지긋한 녀석인가?
우리가 아무리 다른 이야기를 꺼내도
그는 늘 베트남 이야기로 돌아간다!
우리는 이 세상에서 남에게 안식을 베풀어야 한다.

　　베트남에서는 벌써 많은 이들이 안식을 취하고 있다
　　너희들이 그들에게 안식을 베풀었다

자연과 사회적인 것을 절묘하게 결합하여 보여 주고 있는 이 시는 대화 형태를 취하고 있다. 그중 한 사람은 인간으로서 아주 당연한 사적인 근심거리에 대해서 말하고, 또 한 사람은 우리가 잊을 수 없는 정치적인 경악에 대해서 언급한다. 이로써 시인은 우리의 의식이 늘 개인적인 것을 넘어서 사회적인 것 쪽에 가 있어야 함을 주장한다. 그것은 사회적인 사건에 대한 우리의 감각을 예리하게 만듦으로써 가능하다. 시적 화자가 개인적인 영역에 기울이는 농도 짙은 관심이 오히려 이를 반증한다. 시인이 주안점을 두어 기술하는 것은 민주주의를 수호한다는 미명 아래 저질러진 미국의 베트남 전쟁 개입이다. 특히 시인은 나중에 태어난 어린 아이들이 살아갈 터전마저도 앗아간, 일명 "오렌지 작전"으로 지칭된 미국의 고엽제 사용에 대해 강력하게 항의하고 있다. 우리는 고엽제의 폐해를 익히 잘 알고 있다. 정글 깊은 곳에 숨어 있는 베트콩을 찾아내기 위하여 미군이 무자비하게 사용했던 고엽제, 한순간 목전의 적들을 죽이기 위해 사용되었던 무기가 그 후유증과 상처를 자연은 물론 승자와 패자 모두에게 뚜렷하게 남겨 놓았다. 1994년 6월 베트남 정부는 베트남군인 및 민간인 2백만 명이 고엽제의 후유증으로 고통받고 있다고 밝힌 바 있다. 이 시의 시적 진술은 고엽제와 관련되어 이미지와 메타포들이 선택되고 있다. 이런 관점에서 보면 가정의 기쁨과 근심을 배치한 것은 고엽제의 폐해와 고통을 보다 두드러지게 보여 주고 느끼게 하기 위한 시적 장치로 보인다. 대화의 형식은 일종의 역할시로 되어 있어 그 역할만 바꾸면 둘 중 하나는 사회적인 것 쪽을 맡게 된다. 이를 통해 시인이 노리는 것은 우리 모두 직접 저지르지는 않았지만 그와 같은 끔찍한 사건에 대해 공동의 책임이 있다는 것을 알리는 것이다. 우리는 우리가 모르는 사이에 많은 사건의 공범자가 되어 있으며 이에 대한 책임은 우리 스스로가 져야 한다고 에리히 프리트는 말한다.

이 시에서 보듯이 우리는 브레히트의 "나무에 대한 대화" 이후로 자연시의 많은 것이 본질적으로 변했음을 보게 된다. 자연시의 참여시화化는 시의 기법상으로도 많은 변화를 가져왔다. 그중 가장 두드러진 것은 자연시의 정치화로 난해한 시적 장치들의 사용으로 인한 모호성을 가급적 줄이는 방향으로 시가 전개되었다는 것이다. 그 까닭은 과거의 시에서 역설과 상징 등으로 나타나던 시적 처리 방식이 독자에게 효과를 유발하는 데 있어서 비효율적인 것으로 드러났기 때문이다. 그렇다면 현실의 폐해를 고발하는 시가 택하는 시적 방식은 무엇인가? 그것은 바로 시적 언술의 직접성이다. 그것은 68학생운동의 여파로 과거의 모호한 암호화된 시가 대중화되면서 일체의 메타포를 배제하고 언술의 직접성을 택한 것과 맥락을 같이 한다고 볼 수 있다. 이와 같은 직접성은 이전의 시가 요구하던 시적 교양을 필요로 하지 않는다. 누구나 읽어도 쉽게 알 수 있는 내용을 담고 있기 때문이다. 그렇기 때문에 이러한 시들은 외부세계에 대한 감지 방식이 극히 정확하고 날카롭다. 개별적인 사항들을 포착하여 그것들의 냄새와 맛, 색깔 그리고 목소리들을 응축시켜 보여 주기 때문이다.

정치화된 자연시의 또 다른 특징은 시적 언술이 개인적인 관심사에서 공동의 관심사로 전이되었다는 것이다. 자신이 살고 있는 주변 환경에 대한 역사 시간적 고찰이 시의 주된 대상이다. 자신에게 불쾌감을 주는 주변 환경적인 것들, 그것의 눈에 보이는 원인, 삶의 복잡한 조건들, 정치적으로 개인에게 해를 입힐 수 있는 것들에 대한 분석과 이에 대한 고발이 시의 내용을 이루게 되었다. 현대의 참여적인 자연시에서는 따라서 과거의 위대한 시가 집착했던 아우라가 탈락되고 만다. 이렇게 독일시에서 자연에 대한 감지 방식이 바뀐 것은 1970년대부터라고 할 수 있다. 이때 자연은 결국 치유자로서의 역할을 상실한다. 자연에 대한 찬양과 찬사 자리에 비탄과 비판이 들어선다. 크리스토프 메켈Christoph Meckel(1935-)의 시 작품 〈다른 지구〉를 보자.

나무들의 수를 헤아리고 나뭇잎까지도
낱낱이 세어 기관에 가져가야 할 때가 되어서야
우린 이 지구가 얼마나 소중한 것이었는지 알게 되리라.
출렁이는 강물에 몸을 담그는 것,
그리고 6월의 어느 아침에 버찌를 따는 것도
누구나 할 수 없는 특권이 되리라.
우리는 즐겨 이미 다 소모해 버린 세계를
회상하리라, 시간이 괴물 그리고 천사들과
뒤섞여 있던 시절을, 하늘이 연기를 위한
확 트인 배기장치이던 시절을,
그리고 새들이 떼를 지어 고속도로 위를 날던 시절을
(우리는 정원에 서 있었고, 우리의 대화는
가는 시간을 막았다, 나무들의 죽음
쐐기풀의 덧없는 전설).

셧업. 다른 지구, 다른 집.
(옷장 속의 보라매 날개. 낙엽 하나. 물방울 하나.)

진정한 자연은 모두 인간의 기억 속으로 사라졌다. 아무리 날씨가 푹푹 찌다고 해도 공장에서 흘러나온 화학물질 폐수로 인하여 물고기들이 더 이상 살지 못하는 강물 속으로 과감하게 뛰어들 사람은 아무도 없다. 국가가 나무는 물론 나뭇잎 하나까지 일일이 관리하고 통제해야 하는 시대에 대해서 이 시는 말하고 있다. 생각만 해도 이 얼마나 황량한 시대인가? 조지 오웰George Orwell(1903-1950)이 《1984년》에서 예언한 바대로 엄청난 통제사회 속에서 개인이 자연과 접할 수 있는 여지도 없이 살아야 한다는 것은 고통이 아닐 수 없으리라. 우리가 지금 그래도 크게 개의치 않고 행할 수 있는 일들이 마치 "특권"처럼 되는 시대가 머지않아 도래하리라는 시인의 예언이 남의 일로만 보이지 않는다. 시인의 시선은 이미 파멸된 지구의 미래에 가 있다. 그곳, 모든 게 파괴된 미래의 관점에서 보면 현재 우리가 살고 있는 이 시대의 자연이 오히려 이상향으로 보일 것이다. 이상향은 아니더라도 미래의 모습과 비교해 볼 때 그런대로 덜 나쁜 시대로 회상된다. 그러나 여기서 문제는 우리가 이처럼 두려운 미래의 일로 제쳐 두고 있는 일이 이미 오래전에 우리 곁에 와 있지 않은가 하는 점이다. 그것은 이미 우리 주변의 환경단체에서 도로 건설이나 활주로 건설 등으로 나무들이 베어질 운명에 있을 때 이에 대해 강도 높은 비판을 행하는 데에서도 확인된다. 실제로 독일의 녹색당은 자연을 국가적으로 등록하여 관리해야 한다는 주장을 펼치고 있다. 그렇게 해야만 자연의 무분별한 훼손을 막을 수 있기 때문이다.

이 시에서 보면 희망과 불안이 동시적으로 교차하고 있음을 알 수 있다. 그것은 이미지상으로는 하늘과 그것을 배기구로 삼아 올라가는 연기의 모습에서 극명하게 드러난다. 하늘은 아직 우리에겐 구원의 희망으로 여겨지는 대상이지만, 연기는 우리 인간들의 욕망의 산물이다. 아직 인간들의 파괴 행위에 따른 커다란 재앙은 우리 앞에 와 있지 않은 시대, 그것이 바로 우리들이 살고 있는 시대이다. 그러나 인간들은 지구를 죽이기 위해 독을 놓고 있다. 이제 남은 것은 하늘, 사람들은 하늘을 향해서도 스모그를 비롯한 각종 독을 놓고 있는 것이다.

이 시의 괄호 속에는 시적 화자의 또 다른 기억이 들어 있다. 이것은 이미 재앙이 시작된 단계에서 보이는 인간들의 의식과 행동을 보여 준다. 즉 이들은 자신들의 개인적인 문제에 사로잡혀 있어 시대 감각을 상실한 까닭에 나무들이 실제로 죽어서 사라지고 있다는 사실을 느끼지 못하고 있다. 그들의 시대 감각은 옷장 속에 들어 있는 박제된 “보라매 날개”와 “낙엽”으로 표현된다. 박제된 자연을 통해 그들은 자신들의 영속성을 보장받으려 한다. 바로 여기에 다가오는 재앙을 막지 못할 수밖에 없는 원인이 들어 있다. 자연의 자연적인 무상성을 인정하지 않으려는 인간들의 의식이 현실의 직면한 문제를 직시하는 것을 가로막는 장애가 된다.

또 하나, 우리는 이 시에서 재앙의 진전에 필연적으로 따를 수밖에 없는 시간의 문제를 접하게 된다. 시인은 여기서 세 가지의 시간의 차원을 선보이고 있다. 그 첫 번째는 지구가 파멸된 미래의 시점이고, 다른 하나는 회상의 과거이다. 그러나 우리는 이 두 가지 시제가 모두 현재의 인간들의 환경에 대한 무감각을 일깨우기 위한 장치임을 어렵지 않게 알아차릴 수 있다. 이런 상태로 나가다 보면 지구의 모습은 결국 완전히 딴판으로 바뀔 수밖에 없다. 그래서 지구는 “다른 지구”가 된다. “다른 지구”는 사람이 거의 살 수 없는 지구이다. 하지만 우리는 그 지구를 어쩔 수 없이 받아들여야 한다. 괄호 안에 들어 있는 마지막 말, 즉 “옷장 속”의 “물방울 하나”는 우리에게 많은 것을 생각게 한다. “물”은 우리의 생존에 필수불가결한 요소인데, 그것을 “옷장 속”에 하나의 추억의 징표로 간직해 두어야 하는 것이다.

4. 기술 진보에 대한 믿음의 파산

콘크리트 건물들뿐인 주변 환경은 구원과 희망의 보고寶庫로서 자연의 메타포의 계속적인 사용을 허락하지 않는다. 앙겔리카 메히텔Angelika Mechtel(1943-)은 시집 《우리는 사일로 같은 주거지에 산다》 중에 실린 시 〈아이들은〉이라는 시에서 주변 환경의 변화에 따른 삶의 질의 상실에 대해서 다음 같이 날카로운 시선을 던진다.

그들이 네모난 모래상자에서
키우는
아이들은
정사각형 모양일 거라고
나는 생각한다
도시 변두리 불임의
사각형에 맞추어져
언제나 똑같은
신축 주거지 속에 매장되어
그 유용성에 대해 늘 떠벌이는 소리를 듣지만
한 번도 제대로 이해한 적이 없는
일자리들의 틀에 매여
정리카드의
오른쪽 구석에 기록되어
마이크로필름에 저장되어
호흡하는 공기에서 매년
20톤의 납을 거푸 들이마시며
가로수들의 유충흑사병은
일간지에
더 이상 언급되지 않고
유충들은
정사각형 모양일 거라고
나는 생각한다
그리고 누군가

모래상자를 더 이상
제조하지 않을 생각을 갖고 있다

이 시는 우리의 주변 환경 속에 늘 자리하고 있지만 평소 우리의 무관심으로 인해 미처 인식하지 못한 하나의 사물로부터 촉발된 시인의 상상력을 통해 대도시 현실 속에 파묻혀 있는 현대산업사회의 그릇된 발전 방향에 대해 비판을 가하고 있다. 그것을 시인은 자연의 메타포뿐만 아니라 모든 아름다운 시적인 수사가 일체 배제된 냉정한 언어로 기술한다. 여기의 시적 화자는 나쁘게 변한 주변 환경에 대해서 어떻게 무엇을 개선하자고 소리 높여 외치기보다는 조용히 자신의 주변 환경을 정확하게 감지하여 보여 준다. 그 주된 대상은 바로 도회지 놀이터 어디에서나 볼 수 있는 "네모난 모래상자"이다. 유기체처럼 곡선으로 둥글지 않고 네 개의 "직선"으로 이루어진 "네모난 모래상자"는 무엇보다 규격화되고 기능화된 현대사회를 대변하는 상징물이다. 이러한 환경 속에서 살며 거기에 적응해야 하는 아이들은 "정사각형 모양일 거"라는 시인의 상상력은 인간을 규격화된 주변 환경 속에 살게 하여 그 환경 속의 하나의 부품으로 전락시키는 삶의 조건들에 대한 풍자적 고발로서 우리에게 충격을 준다. 따라서 현대사회 속에서 산다는 것은 하나의 부품으로 기능하면서 그 기능성에 의해 평가받는 것을 의미한다. 이러한 삶 속에서 소위 말하는 개인적 창의성이 도대체 무슨 의미를 지닐 수 있는가? 그것은 모두 직업적인 고려에서 나온 망상적인 허사일 뿐이다. 그러기에 시인은 일자리의 유용성에 대해서는 늘 듣지만 그것을 한 번도 제대로 이해한 적은 없다고 말하는 것이다. 대도시 현실 속의 피동적인 인간 행태를 시인은 또 많은 수동태 구문의 열거를 통해 표현한다.

즉 아이들은 고정되고 매장되고 입력되고 기록된다. 이로써 창조적 개인을 하나의 규제 가능한 객체로 격하시키는 현실에 대한 고발이 이루어지는 것이다. 이것은 소위 말하는 인간의 사물화에 대한 고발이다. 그런데 문제의 속성은 이러한 사물화가 단발적이 아닌 전체 조직에 의해 조직적으로 이루어진다는 데 있다. 사물화의 첫 단계는 누군가에 의해 처음 도입된 도시의 규격에 의해 저질러진다. 그 결과 주거의 질보다는 산업적 편의성이 우선한다. 인간은 거기에 몸을 맞추어야 한다. 게다가 문제는 일간지는 물론이고 일반 대중이 생태계의 유해한 상태에 대해 거의 무감각하다는 데 있다. 유충흑사병 따위는 이제 더 이상 언급할 가치가 없다고 여긴다. 또한 사람들은 대기 중의 높은 납 함유율에도 적응이 되어 있다. 이 시는 이러한 여러 가지 사실을 간략하게 요약함으로써 점증하는 인간의 무감각증에 일침을 놓고자 한다.

이 시의 장점은 독자에게 무언가를 가르치려 들지 않고, 기술화된 후기 산업사회 속의 일상을 전혀 꾸미지 않은 일상의 언어로 담담하게 기술하면서도 전혀 천박함으로 전락하지 않는다는 데 있다. 시인은 네모난 모래상자에서 놀며 자라는 아이들은 물론 도회지 가로수의 유충들 역시 네모 모양일 거라는 상상을 통해 우리에게 기술 지배론적 사고의 부조리함을 극명하게 보여 준다. 이때 시적 화자는 그것을 상상하는 주체의 역할만을 함으로써 진술의 사실성에 아무런 흠집도 내지 않는다.

5. 대안 세계의 건설

생태시는 전통적인 자연시에서 파생되어 나온 것이기는 하지만 위안과 체념의 문학이 아니라 저항의 문학이다. 폐해를 고발하고 이에 대한 시정을 요구하는 데 있어서 과거의 자연시에서 보이던 자연과의 영적인 합일이라든가 유토피아적 해결에 대한 전망은 그 어디에서도 찾아볼 수 없다. 이제 우리 앞에는 희망 없는 미래가 푸른빛을 잃고 잿빛으로 펼쳐져 있을 뿐이다. 이에 대해 엘케 외르트겐Elke Oertgen은 "우리 뒤에는 대홍수가 오리라"라고 예언한다. 이러한 예언으로부터 우리의 미래를 지켜내는 일이 무엇인지는 자명하다. 크리스토프 메켈은 〈브레멘 문학상 수상 연설〉(1981)에서 지구의 황폐화에 대해서 결론적으로 다음 같이 말한다. "내적, 외적인 부담과 오염 그리고 각종 기형화, 그리고 세계와 삶의 의도적인 파괴의 규모는 이제 한눈에 볼 수 없을 정도의 전 세계적인 트라우마가 되었습니다. 앞을 내다볼 줄 아는 사람들을 염세주의자들이라고 부르며 그들의 진단을 불길한 예견으로 몰아대던 시절이 있었습니다. 그것은 지금으로부터 불과 얼마 되지 않은 시절이었습니다. 그리고 인간들의 희망이 맹목적으로 계속 전진하고 사태의 진전을 눈여겨보지 않으며 사실들(이를테면 군비 확장이나 생태계 문제 같은 것)을 부정하는 것을 볼 때마다 나로서는 늘 놀라지 않을 수 없습니다. 〔…〕 현실이 그 무엇을 뜻하든, 현실은 이제 우리에게 괴물이 되어 버렸습니다. 이 괴물을 어디부터 다루어야 하는가요?"

엔첸스베르거는 〈타이타닉호號의 침몰〉(1978)에서 기술 진보에 대한 무조건적인 믿음을 위험한 것으로 경고한다. 타이타닉호는 영국의 초호화 유람선으로 당시의 기술로 가장 견고하게 만들어졌기 때문에 이 배의 침몰을 상상한 사람은 아무도 없었다. 그렇지만 이 배는 1912년 사우스햄프톤에서 뉴욕으로 가는 처녀항해에서 캐나다의 뉴펀들랜드 근해에서 빙산과 충돌하여 2,208명의 승선자 중 1,513명이 사망하는 엄청난 인명 피해를 내면서 수장되고 말았다. 엔첸스베르거는 이 배의 침몰과 함께 인간들의 기술 진보에 대한 믿음 역시 침몰했음을 알리고

리적으로 표현한다. 살상용 기술의 총화인 핵전쟁이 가져올 핵겨울이 시사하듯 "빙산", "빙결", "빙하시대" 등은 70년대에서 80년대로 넘어가는 독일시에서 폭넓게 찾아볼 수 있는 메타포들로서 계몽적 사고의 종말, 모든 진보에 대한 믿음의 파산을 상징한다. 프로메테우스에 의해 붙여진 기술의 불은 이제 "얼음"에 의해 꺼지는 삭은 불로 간주되고, 이에 따라 역사는 정체된 것으로, 아니 오히려 후퇴하고 있는 것으로 여겨진다. 이러한 역사적 진보에 대한 염세적 사고를 우리는 쿠네르트의 시에서 찾아볼 수 있다. 그의 시집 《박멸법》(1980)은 그러한 기술만능주의를 고발하는 종말론적 환시幻視의 이미지들로 가득 차 있다. 시 〈진화〉를 보자.

흙과 돌
모래와 돌더미
벽돌과 마름돌
시멘트와 콘크리트
그리고 언제나 다시
우리는

담 사이로 행군한다는 것은
일이 잘 되고 있음을 뜻한다
하지만 우리가 있는 곳엔
이제 불빛이 비치지 않는다
그리고 어둠은
우리 자신들에게서 나온다
손이
허공을 휘젓기 전

멀어 버린 눈에서
어둠이 떨어진다.

반어의 기법이 두드러진 이 시는 인간의 "진화", 기술의 진보를 말하는 것 같지만 "그리고 언제나 우리는"이라는 말에서 감지할 수 있듯이 사실 시멘트와 콘크리트는 그 외양만 다를 뿐 성분은 태초의 흙과 돌멩이로 이루어진 것이며 그 까닭에 인류에게 진보란 없다고 단언한다. 쿠네르트는 이로써 인간의 역사 발전의 정체성停滯性을 강변한다. 그의 이러한 사고는 곧 생태계의 위기로 인한 종말론적 환시로 이어진다. 우리에게는 불빛이 비치지 않는다. 그러나 어둠을 만들어 내는 것은 우리들 자신이다. 시인은 이러한 종말론적 상황에서 살아남은 자들에게 사고의 전환을 요구한다. 이때 그가 강조하는 것이 시의 역할이다. 그것은 시가 지금의 현실과 다른 하나의 대응상을 만들어 보여 줌으로써 가능하다. 최근의 많은 자연시들은 경고의 목소리와 함께 하나의 대안으로서 새로운, 자연스런 환경, 가치있고 아름다운 환경을 요구하고 이를 시에 반영하고 있다. 그것은 지금까지 위세를 떨쳐 온 인간의 의지의 전도顚倒를 의미한다. 즉 자연에게 파괴적이고 우리가 극복해야 할 속성이 아닌, 우리의 삶을 유지시켜 주는 긍정적이고 친근한 대상의 성격을 부여할 때 자연의 보존으로 향한 첫걸음이 가능할 것이다. 역사적—사회적 그리고 기술적—생태환경적 과정들에 의해 깨어지고 부서진 자연이나 인간관계를 감지하고 전달함에 있어서 주변의 분위기에 사로잡히지 않고 얼음과 같은 냉정함으로 이것들을 낱낱이 보여 주고 있는 자라 키르쉬의 시적 자아는 이미 다다른 자연 및 사회 상태의 변화를 희망하는 태도를 은밀하게 취한다. 이러한 관점에서 비록 1964년에 쓰여진 것이기는 하지만 잉에보르크 바흐만Ingeborg Bachmann(1926-1973)의 시 〈자유통행권〉은 이에 대한 하나의 답변이 될 수 있을 것이다.

잠에 취한 새들과 함께 그리고
바람에 관통된 나무들과 함께
낮은 잠자리에서 일어나고, 바다는
낮을 위해 거품 이는 잔을 비운다.

강물들은 큰 바다로 물결치고,
육지는 갓 피어난 꽃들과
깨끗한 공기에게서
사랑의 약속을 받아낸다.

지구는 어떤 버섯구름도 짊어지지 않고
하늘 앞에서 어떤 피조물도 뱉으려 하지 않으며,
전대미문의 부패의 목소리들일랑
비와 분노의 번개로 없애 버리려 한다.

지구는 우리와 함께 색색의 형제들과
회색의 자매들이 깨어남을 보려 한다,
물고기 왕과, 나이팅게일 폐하와,
불의 후작 도롱뇽이 깨어나는 것을.

지구는 우리를 위해 바다에 산호를 심고,
숲들에게는 조용하라고 명하고,
대리석에는 아름다운 힘줄이 돋게 하고,

이슬에게 다시 한번 재 위로 가라 명한다.

지구는 삼라만상으로 통하는 자유통행권을
밤에서 솟는 낮이 올 때마다 갖고 싶어한다,
그리하여 천 하나의 아침이
옛 아름다움의 젊은 은총을 받도록.

여기의 시적 자아는 그 바탕에 건강성을 깔고 있다. 이러한 시는 후기 자본주의 사회의 현실로부터 도피하는 것이 아니라 산업문명이 우리에게 끼친 폐해를 드러내 주는 역할을 한다. 염세주의와 체념, 희망의 상실과 절망으로만 일관하지 않고 하나의 비전을 제시할 때 문학의 참기능이 성취될 수 있다. 이 시는 인위적인 것이 떨어져 나간 상태에서 태초의 자연스런 모습을, 그 조화로운 시원적 관계를 회복하는 것에서 구원의 가능성을 찾고 있다. 이 구원의 가능성은 모든 것을 합목적성의 관점에서 그리고 이기주의적 관점에서 파악하는 의식을 인간이 버릴 때 찾아올 수 있다. 그러나 이것이 그렇게 쉽지는 않다. 왜냐하면 우리가 만들어 낸 수많은 제도가 우리를 해침에도 불구하고 우리는 이러한 제도들에 의존할 수밖에 없기 때문이다.

이것이 현실의 한계라면, 생태시는 사실에 바탕을 둔 저항문학으로서 신문이나 다른 방송매체로 보도하는 것과는 다른 효과를 불러일으킬 수 있어야 한다. 유희적이고 피상적인 시적 전개로는 문제의 핵심을 정확하게 찌를 수 없다. 현재 시급한 환경문제에 대해서 신중하게 그 원인을 짚어본 다음 이에 대한 정확한 판단과 호소력 있는 시적 장치의 동원이 문제가 될 것이다. 호소력이란 독자가 작품을 읽었을 때 무릎을 치며 감동할 수 있는 시적인 진술에서 나온다. 공허한 구호나 허튼 맹세 따위로는 현 상태에 대한 변화를 이끌어 낼 수 없다. 자신의 주변 환경에 대한 인간의 의식의 변화를 유도할 수 있는 시적 태도가 필요하다는 말이다. 그러나 이러한 시적 장치보다 더 중요한 것은 각자 자신의 개인적 욕구를 돌이켜 생각해 보고 서로 조화롭게 살 수 있는 공동체 의식의 고양일 것이다.

릴케 고유의 "앞세우기" 이론을 통한 "사물시" 분석

1.들어가는 말

최근의 연구에서 릴케는 완전히 모더니즘 시인으로 평가되고 있다. 그 근거를 제공해 준 시집은 다름 아닌 《신시집*Neue Gedichte*》(1907/1908)이다.[10] 《신시집》은 종래의 연구에서 다른 작품들에 비해 상대적으로 조명을 받지 못하다가 최근에 이르러 집중적인 탐구의 대상이 되고 있다. 독일시 문학사상으로 《신시집》의 시들이 갖는 혁신적인 성격이 그러한 연구 분위기에 대한 근거를 제공한다. 모더니즘 시의 특성으로 간주되는 구성 요건들을 우리는 《신시집》의 시에서 발견할 수 있다. 이른바 "사물시das Dinggedicht"[11]로 일컬어지는 《신시집》의 대표적인 시들은 구체적

---

10 Vgl. Ulrich Fülleborn: Rilke 1906 bis 1910: Ein Durchbruch zur Moderne. In: Ulrich Fülleborn(Hrsg.): Rilke heute. Der Ort des Dichters in der Moderne. Frankfurt am Main 1997. S. 160-180. 후고 프리드리히Hugo Friedrich는 유럽 현대 서정시의 역사를 추적한 그의 기념비적인 저작 《현대시의 구조》에서 현대시의 근원을 프랑스의 상징주의 시인들에게서 찾으면서 릴케의 현대성을 철저하게 부정한 바 있다. 그는 릴케라는 이름을 직접적으로 거론하지는 않았지만, 몇 가지 근거를 들어 릴케를 모더니즘 시인 계열에 넣지 않고 있다. "밤의 폭풍"처럼 다가오는 시를 "떨리는 손으로" 받아적었다든지, 시의 사명을 "부여받았다든지", 막연하게 "어딘가에" 같은 표현을 수없이 쓴다든지 하는 릴케의 시적 태도를 문제로 삼고 있다. Hugo Friedrich: Die Struktur der modernen Lyrik. Hamburg 1956. S. 61f.

11 이 개념을 문예학에 처음으로 도입한 사람은 오페르트Oppert이다. 그는 1926년의 한 논문에서 뫼리케, 마이어, 릴케의 시를 비교하면서 이 개념을 제안하였다. Vgl. Kurt

인 사물을 대상으로 하여 대상에 대한 객관적 묘사를 위주로 한 시 작품들로 알려져 있다. 그런데 우리는 모더니즘의 출발점을 반사실주의적이고 추상적인 서술 방식에서 우선 찾을 수 있다. 따라서 《신시집》에서 보이는 릴케의 구체적인 서술 방식과 추상적인 서술방식 사이에서의 요동은 사물시의 정체를 잡는 데 어려움을 준다. 그의 사물시는 모더니즘의 범주에 속하면서도 또 다른 측면에서의 고찰이 가능하다는 말이다.

《신시집》은 지금까지 대체적으로 두 가지 방향에서 연구되어 왔다. 그중 하나는, 사물시는 사물에 대한 객관적인 묘사에 치중하는 비인격적인 시로서 그 자체로서 사물의 본질을 파악하는 데 중점을 두며 시인 자신과는 아무런 관계도 없다는 것이고, 다른 하나는 이에 대한 반박으로 릴케의 사물시 배후에서 시인 자신의 모습을 읽을 수 있다는 것이다. 전자를 대변하는 연구자는 로버트 파에지[12]이고, 후자의 견해는 베른하르트 블루메에 의해 대변된다. 대부분의 연구자들이 사물시에서 대상에 대한 객관적 묘사의 방식과 작품의 자율적 구조를 보는 반면, 블루메는 《신시집》에 등장하는 시적 대상들을 시인의 다른 의도를 위한 하나의 비유 또는 상징으로 간주한다.[13]

릴케는 1898년의 〈현대 서정시*Moderne Lyrik*〉와 〈예술에 대하여*Über Kunst*〉라는 글에서 현대 서정시의 특징과 "현대적" 시인이 갖추어야 할 시적 태도에 대해 말하면서 이른바 "앞세우기Vorwand"[14]와 "고백Geständnisse"이

Oppert: Das Dinggedicht. Eine Kunstform bei Mörike, Meyer und Rilke. DVjs 4, 1926. S. 747ff. Jacob Steiner: Rilke. Vorträge und Aufsätze. Karlsruhe 1986. S. 167에서 재인용.

12 Vgl. Robert Faesi: Rainer Maria Rilke. Zürich, Leipzig, Wien 1919. S. 18.

13 Vgl. Bernhard Blume: Ding und Ich in den Neuen Gedichten: In: Bernhard Blume : Existenz und Dichtung. Frankfurt am Main 1980. S. 87-94.

14 원래 "der Vorwand"라는 말은 사전적 정의대로라면 "구실"로 번역해야 마땅하나 릴케는 일상에서 쓰이는 이 용어를 자신의 문학관을 논하는 데 사용하고 있어, 이 단어가 지니는 일상의 부정적인 이미지에서 벗어나 있고, "구실"로 번역할 경우 릴케가 다양한 뜻

라는 나름대로의 미학적 이론[15]을 제시한다. 이 이론은 프랑스 상징주의의 영향 아래 쓰여진 감이 없지 않으나 릴케에게 있어서 항상 등장하는 그 개인의 실존적 상황의 측면을 고려할 때[16] 이것을 단순히 상징주의 이론의 무비판적 수용으로 받아들이기는 어렵다. 지금까지 거의 소개되지 않은 이 이론을 통해 릴케 자신의 작품을 분석할 경우 작품 해석상의 결실을 가져올 것으로 여겨진다. 이 이론의 적용이 가능한 까닭은 릴케의 사물시들이 대체로 이 이론이 제시하는 것과 같은 이중적 구조를 보이고 있기 때문이다. 시기상으로 이 이론을 적용할 수 있는 가능성에 대해서는 스티픈스가 그 타당성을 이미 검증한 바 있다. 릴케의 전체 문학적 발전 과정을 단절이 아니라 하나의 연속으로 파악할 때, 초기의 이론을 중기의 작품에 적용할 수 있는 것이다.[17]

구체적 현실로부터 눈을 돌려 정신적인 것을 추구하는 상징주의와 비교해 볼 때 객관적 사실을 중시하는 것으로 알려진 릴케의 사물시는 상징주의와 엄격한 거리를 갖는 것으로 보인다. 일반적으로 볼 때 사물시는 묘사된 대상에만 모든 시선이 집중되고 있는 것처럼 보이기 때문

을 함축하고 있는 것으로 제시하고 있는 이 말을 적절히 대변할 수 없기 때문에 그의 의도에 근사치로서 "앞세우기"로 번역하였다.

15 여기서 "앞세우기"와 "고백"으로 정리되는 릴케의 견해를 "앞세우기 '미학'"이라고 명명한 이유는 릴케가 "앞세우기"와 "고백"의 관계를 중점적으로 설명하고 있는 자신의 〈예술에 대하여*Über Kunst*〉를 "다소간 새로운 미학으로서 예술적 세계관 같은 것"을 보여 줄 글이라고 주장한 데 근거한다. Vgl. Rainer Maria Rilke: Briefe und Tagebücher aus der Frühzeit. 1899-1902. Leipzig 1931. S. 150. 릴케 연구권에서는 릴케의 이 미학을 "앞세우기 이론" 또는 "앞세우기 미학"이라고 정의하고 있으며, 이런 관점에서 이 용어의 사용은 보편화되어 있다.

16 Vgl. Reiner Max: "Hab ich nicht recht?" Frankfurt am Main 1984. 이 논문은 릴케 전체 작품의 자기 변명적 구조를 실존적 차원에서 증명하고 있다.

17 Anthony Stephens: Ästhetik und Existenzentwurf beim frühen Rilke. In: Rilke heute. Beziehungen und Wirkungen. 2.Bd. Frankfurt am Main 1976, S. 95-114. S. 105. 그는 "릴케의 앞세우기 미학은 《신시집》 시기까지 분명해져 오다가, 《말테의 수기》에 이르러 그대로 적용된다"고 주장한다.

이다. 그렇다면 어떻게 그의 "앞세우기" 이론을 사물시에 적용할 것이냐 하는 문제가 대두된다. 이것은 시인이 주목한 대상에서 눈을 떼서 그 대상 너머로 또 다른 의미를 넘겨다 볼 수 있느냐 하는 문제와 연관된다.

따라서 본 연구는 "사물시"로 불리는 릴케의《신시집》의 시들이 과연 시인 자신의 관여를 배제한 채 사물 자체만을 정확하게 관찰하여 사물의 본질을 서술하는 데 역점을 두고 있는지, 즉 순수한 아름다움만을 추구하고 있는지, 아니면 그 뒤에 어떤 일정한 "고백"을 내포하고 있는지 여부를 "앞세우기" 이론을 통해서 살펴보고 이 이론의 타당성과 고유성을 검증하는 데에 그 궁극적인 목표를 둔다. 이 과정에서 역시 언어의 조형성과 상징성에 많은 관심을 쏟은 상징주의자들의 이론과 비교함으로써 상징주의의 영향을 많이 받은 것으로 평가되는 릴케에게 있어서 그 고유의 특징을 보다 선명하게 드러나게 하고, 동시에 "앞세우기" 이론을 그의 작품 분석을 위한 하나의 보편적인 틀로 정립하고자 한다. 그것은 "앞세우기"와 "고백"으로 정리되는 두 가지 요소 사이의 편차와 긴장관계, 그리고 시인 자신의 연상Assoziation 작업에 의거하여 가능할 것이다. 여기서 "앞세우기"의 배후에 창작의 과정, 예술의 문제가 과연 얼마나 내재되어 있는가 하는 점을 밝히면, 예술가로서 릴케가 추구하고자 했던 삶의 내용에 비추어 어느 정도 실존적인 측면을 읽는 것이 될 수 있을 것이다. 이를 위해 "사물에서 자신의 영혼의 모습을 읽는다"[18]는 〈현대 서정시〉에서 행한 릴케의 언급을 직접적인 논의의 근거로 삼고자 한다.

---

18 Rainer Maria Rilke: Sämtliche Werke. Hrsg. v. Rilke-Archiv in Verbindung mit Ruth Sieber-Rilke, besorgt durch Ernst Zinn. Frankfurt am Main 1955-1966.〔이하 SW로 약칭함. SW5,366.(앞의 숫자는 전집의 권수, 뒤쪽의 숫자는 페이지 수를 표시함)〕

2. "앞세우기" 이론과 사물시

1) "앞세우기" 이론과 현대시

릴케는 1898년 3월에 프라하에서 행한 〈현대 서정시〉라는 제목의 강연에서 자기 고유의 미학에 대해서 성찰한다. 지금까지 청중이 생각하고 있던 시의 개념과는 다른 것을 말하겠다고 그는 선언한다. 릴케가 말하는 "현대시"의 개념은 무엇인가? 이 글에서 릴케는 현대시에 대해 나름대로 접근을 시도하면서 다음 같이 현대시의 생성 배경에 대해서 설명하고 있다.

> 보십시오. 스쳐 지나가는 사건들의 홍수 속에서 자기 자신을 찾으려는 개인의 첫 시도가 있은 이래로, 일상의 소음 한가운데에서 자신의 존재의 가장 깊은 고독을 엿들으려는 첫 시도가 있은 이래로, 현대 서정시는 존재하게 된 것입니다.
>
> Sehen Sie: seit den ersten Versuchen des Einzelnen, unter der Flut flüchtiger Ereignisse sich selbst zu finden, seit dem ersten Bestreben, mitten im Gelärm des Tages hineinzuhorchen bis in die tiefsten Einsamkeiten des eigenes Wesens,—giebt es eine Moderne Lyrik.(SW5, 360)

릴케는 "현대시"의 출발점을 "일상의 소음", 즉 외부의 사건들로부터 눈을 돌려 내면을 직시하는 것에서 찾고 있다. 고독의 강조는 다른 말로 일상에 대한 침묵을 뜻하며 리얼리즘적 태도로부터의 결별이라는 의미에서 릴케의 시학에서 중요성을 갖는다. 이렇게 보면 그의 시학은 주관성이라는 내면의 현실 속에 몰입하는 것이 된다. 이렇게 해서 시인은 지금까지 아무도 엿들은 적이 없는 많은 것을 엿듣게 된다(SW5,

371). 릴케의 주장에 따르면 "현대시"는 우선적으로 객관적 사실주의에서 벗어나는 데 있다. 여기에는 외부의 사물을 있는 그대로 그럴듯하게 그려낼 수 있느냐는 의문이 개재되어 있는 것이다. 그러나 내면을 정확하게 묘사하기 위해서는 외부의 사물에 대한 정확한 묘사가 전제가 된다. 그것의 전제로 릴케는 다음 같은 주장을 펼친다.

> 예술이란 내가 보기에는 협소함과 어둠을 넘어서 크건 작건 모든 사물들과 의사소통을 하고, 또 그와 같은 지속적인 대화를 통해서 모든 생의 궁극적인 고요한 원천에 가까이 다가가려는 개개인의 노력입니다. 사물들의 비밀은 그의 내면 속에서 그 자신의 깊은 느낌들과 녹아서 하나가 되고, 마치 그 자신의 동경이라도 되는 것처럼 그에게 뚜렷해집니다. 이 같은 은밀한 고백의 풍요로운 언어가 아름다움입니다.
>
> Kunst erscheint mir als das Bestreben eines Einzelnen, über das Enge und Dunkle hin, eine Verständigung zu finden mit allen Dingen, mit den kleinsten, wie mit den größten, und in solchen beständigen Zwiegesprächen näher zu kommen zu den letzten leisen Quellen alles Lebens. Die Geheimnisse der Dinge verschmelzen in seinem Innern mit seinen eigenen tiefsten Empfindungen und werden ihm, so als ob es eigene Sehnsüchte wären, laut. Die reiche Sprache dieser intimen Geständnisse ist die Schönheit.(SW5, 365)

시인은 현실의 협소함과 막막함을 초월해서 사물과의 끈질긴 대화를 통해서 보편적인 생의 원천에 도달할 수 있다. 사물과의 의사소통을 통해 사물의 본질에 도달하고, 이로써 만물의 근원에까지 이를 수 있다는 말이다. 그러므로 사물은 시인이 자신의 생의 원천을 파악하기 위한 하나의 길이 되는 것이다. 이것은 내면의 깊은 고독 속으로의 침잠을 전제로 한다. 릴케가 말하는 "현대시"는 프랑스 상징주의와 긴밀한 관련이 있음이 드러난다.

릴케는 아내에게 쓴 편지에서 "보들레르의 믿어지지 않는 시 〈썩은 사체Une Charogne〉가 없었더라면" "객관적인 말하기로의 모든 발전 과정은 이루어지지 않았을 것"[19]이라고 말한 바 있다. 숲 속에 썩어 문드러져 있는 짐승의 몸뚱어리를 전혀 거리낌 없이 아주 정확하고도 세세하게 묘사해 낸 보들레르의 솜씨에 릴케는 경탄을 보내고 있다. 이렇게 볼 때 릴케의 사물시 역시 보들레르의 상징주의 문학과 보들레르의 뒤를 이어 나온 모더니즘 시 계열의 시인들의 작품과 연관 관계에 있는 것은 사실이다.[20] 이것은 상징주의 시에서 사물시적 경향을 발견하는 일과 관련된다. 보들레르의 시에서 모든 직접적인 언술을 제하고 나면 사물시적인 측면을 발견할 수 있다는 말이다. 이 시에서의 직접적인 언술은 시적 화자인 "나"의 아름다운 애인도 언젠가는 그런 모습으로 전락할 것이라는 내용이다. 이것을 제외한 다른 묘사는 철저하게 사실성을 띠고 있다.

따라서 기본적으로 상징주의와의 연관성을 릴케의 "앞세우기" 이론에서 확인하고 또한 동시에 양자간의 차이점을 추적하는 일이 중요하다. 에세이 〈예술에 대하여〉에서 릴케는 이렇게 말한다.

> 그러므로 예술작품이란 깊은 내적 고백으로서 회상, 경험 또는 사건 등의 앞세우기 아래 전개되는 것이며, 작가의 손을 떠나서는 홀로 존재할 수 있

19 Rainer Maria Rilke: Briefe aus den Jahren 1906 bis 1907. Hrsg. von Ruth Sieber-Rilke und Carl Sieber. Leipzig 1930. S. 393.

20 Wolfgang G. Müller: Rilke, Husserl und die Dinglyrik der Moderne. In: Manfred Engel/ Dieter Lamping (Hrsg.): Rilke und die Weltliteratur. Düsseldorf/ Zürich 1999. S. 214-235. S. 215.

는 것으로 설명될 수 있다.

> Das Kunstwerk möchte man also erklären: als ein tiefinneres Geständnis, das unter dem Vorwand einer Erinnerung, einer Erfahrung oder eines Ereignisses sich ausgiebt und, losgelöst von seinem Urheber, allein bestehen kann.(SW5,428)

이 글에서 중심이 되는 낱말은 "앞세우기"와 "고백"이다. "앞세우기" 이론의 본질은 외부의 사물을 빌어서 시인 자신의 내면세계를 시화詩化하는 데 있다. 여기서 상징주의 시론에서 볼 때 "앞세우기"는 객관적 외관을 획득하기 위한 방식이다. 객관적 외관을 획득함으로써 시의 진술 내용은 시인의 인격적 자아와 구별된다. 인격적 자아와의 구별을 통해서 작품 자체가 하나의 자율적 존재를 누리게 되는 것이다. 그러나 릴케가 "고백"이라는 낱말을 사용하는 것만 보아도 그의 시에 내재되어 있는 실존적 내용의 특성을 읽어 내기는 어렵지 않다. 릴케 자신도 초기의 일기에서 "그 어떤 인간도 자신을 완전히 감출 수 있을 정도의 미를 자신에게서 창출해 낼 수는 없다. 그의 본성의 일부는 언제나 배후에서 드러나게 된다"[21]고 밝힘으로써 작가와 작품 사이의 뗄 수 없는 관계를 인정하고 있다. 상징주의에서도 역시 중요시되는 것은 감추어진 주체이다. 주체는 외부의 사물이라든가, 환경, 순간, 그리고 분위기와 관계를 맺는다. 개인은 모든 것을 측정하는 주체라는 얘기다. 그러므로 중요한 것은 주체 자신의 인상이다.

그러나 릴케는 시라는 장르를 다른 여타 장르보다 실존적인 측면에

21 Rainer Maria Rilke: Tagebücher aus der Frühzeit. Hrsg. von Ruth Sieber-Rilke und Carl Sieber. Frankfurt am Main 1942. S. 30.

서 고찰하고 있다. "앞세우기"는 우선적으로 소재를 나타낸다. 소재는 영혼의 움직임을 나타낼 수 있도록 동적이고 변화 가능하다. 따라서 "앞세우기"는 시인의 내면에서 일어나는 감동을 표현하기 위한 계기의 역할을 한다. 시인의 눈길은 자신의 영혼을 풀어 줄 수 있는 소재를 찾기 위해 외부에 머문다. 소재를 찾은 뒤 영혼의 어스름을 뚫고 나온 개별적인 느낌들이 소재 속으로 "투사"(SW5, 366)되는 것이다. 소재는 그러므로 시적 "등가물"(SW5, 366)이 된다. 등가물이란 서로 다른 두 진술 사이의 진리가치의 동격을 의미한다. "앞세우기"와 "내적 고백"이 내적으로 동등한 연관성을 지닌다는 뜻이다. 그러나 소재에서 시인의 의도가 그치는 것은 아니다. 시인의 "내적 고백"의 내용은 "앞세우기"를 초월한다. 고백의 내용은 시인 자신에 대한 것 그리고 그와 세계와의 관계에 대한 것이다.

> 시인들은 이제 사물들에 대해서가 아니라 사물들과 대화를 하기 시작했습니다. 다시 말해서 "주체적인" 존재가 된 것입니다. 그리하여 이제 주관주의에서도 객관적 세계인식에서처럼 나름대로 병행적인 발전이 이루어지게 된 것입니다. 즉 시인들은 이전에 외부의 환경에 대해서 그랬던 것처럼 이젠 자신의 영혼을 관찰하게 되었습니다. 시인들은 예전에 외부의 사건들에 대해서 그랬던 것처럼 여기서도 자신의 내면의 은밀한 사건들에 대해서 리얼리스트요 자연주의자가 된 것입니다. 그리고 예전에 세계에 대해서 그랬던 것처럼 이젠 아주 정확하게 자신의 영혼에 대해서 알게 되었습니다. 즉 시인들은 객관을 중시하는 습작 시절에 자기 자신의 외부에서 찾았던 모든 것들을 자신의 내면에서 더 풍요롭고 다양한 모습으로 다시 발견하게 된 것입니다.

> Dass man leise begann, statt von den Dingen, mit den Dingen zu sprechen, also: 'subjektiv' zu werden. Und nun folgte im Subjektivismus eine Parallelentwicklung wie seinerseits innerhalb der objektiven Welterkenntnis: Man lernte die eigene Seele betrachten, wie früher die äußere Umgebung, man wurde auch hier Realist und Naturalist den intimen, inneren Sensationen, wie vorher den äußeren Ereignissen gegenüber und lernte wie früher die Welt, nun ebenso genau die eigene Seele kennen, das heißt man fand in sich selbst Alles reicher und vielgestaltiger wieder, was man in der objektiven Schulzeit außerhalb der eigenen Persönlichkeit gesucht hatte. (SW5, 370)

시인은 고독을 사물과의 대화를 위한 기본 태도로 내세운다. 상징주의 시인들이 말하는 신비주의적 특성은 릴케에게서도 확인된다. 엿듣기와 고독이 그러므로 새로운 시인들의 공통적인 특징이 된다. 릴케는 주체와 객체 사이의 "경계가 이처럼 무너졌다는 느낌"이 "모든 창작의 기본 성격"(SW5, 370)이라고 본다. 시인은 사물들과의 진지한 대화 속에서 모든 존재의 근원에 도달한다. 이것은 보들레르가 시 〈조응Correspondances〉에서 말한 것과 같은, 모든 존재가 하나로 연결되어 있다는 사고와 일맥 상통한다. 이렇게 본다면 릴케 문학에 있어서 중기의 사물시에서도 "사물에 대해서" 이야기하는 것이 아니라, 엄격하게 보면 그것은 시인이 "사물과" 이야기를 나누는 것이다.

이것은 언어에 대한 믿음에 바탕을 둔다. 이때 언어의 모험이 행해지는 것이다. 따라서 사물시의 언어는 예전의 사실주의자나 자연주의자들이 사용하던 미메시스의 언어가 아니라 새로운 모험의 언어이다. 관습적인 언어와 문체를 떠나 새로운 기법으로 현실의 대상을, 사물들을 묘사하는 것이다. 그 때문에 사물시의 언어는 구체적 대상을 묘사하면서도 추상적인 색채를 띠게 된다.

릴케는 《신시집》과 같은 시기에 쓴 《말테의 수기*Die Aufzeichnungen des Malte Laurids Brigge*》의 26번째 수기에서 헨리 입센의 글쓰기 방식에 대해서 말하면서 현시대에 들어와서 글쓰기가 어떤 문제에 봉착해 있는가에 대해 숙고한다. 그것은 결국 외적인 상관물을 더 이상 찾기 힘들 때 어떻게 하면 내면에서 벌어지는 사건들을 제대로 전달할 수 있을까 하는 문제와 연결된다. 릴케에 있어서 "앞세우기"와 "고백"이 어떤 관련을 지니고 있는가를 잘 드러내 주는 대목이다. 자신의 내면의 모습을 "자연주의자"나 "리얼리스트"처럼 정확하게 묘사하는 것이 문제시되고 있는 것이다.

2) 릴케와 상징주의—시 〈청수국Blaue Hortensie〉 분석

앞에서도 어느 정도 이야기가 나왔지만, 릴케가 프랑스 상징주의를 초창기에 독일에 많이 소개한 슈테판 게오르게 및 후고 폰 호프만스탈Hugo von Hofmannsthal과 교류를 갖고 만년에는 프랑스의 상징주의 시인 폴 발레리Paul Valéry와 사귀면서 그의 《해변의 묘지》를 독일어로 번역했다는 사실에서 이미 우리는 릴케와 프랑스 상징주의자들과의 밀접한 관계를 감지할 수 있다. 또한 〈보들레르Baudelaire〉라는 시에서 보들레르의 시인됨에 대해서 릴케는 이렇게 말한다.

> 그는 전체에서 뿔뿔이 떨어져 나가고 있는
> 세계를 유일하게 통합한 시인이다.
> 그는 아름다움을 그 누구보다도 멋지게 그리면서도

자신을 괴롭히는 것을 몸소 칭송했기에,
파멸을 끝없이 순화하기에 이르렀다.

그리하여 파괴적인 것마저도 세계가 되었다.

Der Dichter einzig hat die Welt geeinigt,
die weit in jedem auseinanderfällt.
Das Schöne hat er unerhört bescheinigt,
doch da er selbst noch feiert, was ihn peinigt,
hat er unendlich den Ruin gereinigt:

und auch noch das Vernichtende wird Welt.(SW2, 246)

릴케는 1921년 4월 14일 이 시를 독일 인젤출판사에서 1920년에 출간된 보들레르의 시집《악의 꽃*Les Fleurs du Mal*》안쪽에다 써서 아니타 포러Anita Forrer라는 아가씨에게 선물로 주었다. 이 시에서 이야기되는 것은 외적인 현실에서 부정적인 것을 순수하게 정화시키고, 자신의 내면에서 일어나는 고통까지도 시에서 받아들여 순화시키는 시인의 피나는 노력이다. 조각난 현실의 모습을 가지고 전체를 보여 주려는 의도이다. 프랑스의 상징주의자들은 시의 소재가 되는 모든 대상으로부터 온갖 불순물을 제거하여 순수한 신적인 요소를 드러내 보이려 한다. 모든 물질적 요소를 제거하여 사물 속에 깃들여 있는 순수한 의미를 해방시키는 것을 상징주의자들은 랭보Rimbaud적 의미로 견자voyant로서 자신의 사명으로 삼는다. 그들은 또한 말라르메Mallarmé의 경우에서 두드러지듯이 말의 연금술사로서 성스러운 하프를 든 오르페우스 같은 존재를 꿈꾼다. 오르페우스처럼 물질을 순수한 것으로 변용시키는 것이 시인이 할 일이다. 사실 릴케의 사물시에서 우리는 이러한 측면을 확인할 수 있다. 이것은 〈현대 서정시〉에서도 천명된다. 주변의 "'감정의 소재'를 보다 섬세하고 완전히 개인적인 고백을 위한 앞세우기"로 사용하는 것, 그리하여 "이 고백들이 시인의 영혼 속에서 녹아서 독립적인 존재가 되는 것"(SW5, 366)이라는 대목이 그것을 표현한다. 이렇게 된다면 릴케 역시 그들과 같은 관점으로 상징주의의 기법과 이상을 그대로 답습한 것이 된다. 릴케에게 있어서 역시 모두 주관적으로 느낀 것을 객관적으로 맑게 순화된 언어로 표현하는 것이 일면 사물시[22]의 본질인 것처럼 보이기 때문이다. 여기서 릴케는 자신의 내면의 고백을 표현하기 위하여 외부 현실에서 상징을 찾은 것인가 하는, 시 창작의 근본적 의도의 문제가 대두된다. 일단 릴케의 사물시는 상징주의자들의 시보다 대상 자체에 집중하는 것처럼 보인다. 다시 말해 객관적으로 사물을 묘사하는 것이 가장 절박한 목표처럼 보이기 때문이다. 그러면 릴케의 경우 대상에 대한 묘사가 묘사 자체로 끝나는 것인지 여부를 추적하기 위해 《신시집》의 사물시 중에서 널리 알려진 시 〈청수국Blaue Hortensie〉을 살펴보기로 하자.

팔레트에 마지막 남은 초록빛 같다,
이 이파리들은, 마르고 투박하고 거칠다,
파란빛을 스스로 띠지 않고 그저 멀리서
반사시키는 산형繖形 꽃차례들 뒤편에서.

그것들은 울어 지친 듯 파란빛을 대충 반사한다,
파란빛을 일부러 다시 잃어버리려는 것 같다,
그리고 오래된 파란 편지지들처럼 그것들 속에는

22 물론《신시집》의 모든 시 작품이 "사물시"로 분류될 수 있는 것은 아니다.

노랑, 보랏빛 그리고 잿빛이 깃들여 있다,

어린아이의 앞치마에 어리는 것 같은 퇴색한 빛깔,
더 이상 해어질 게 없어 아무 일도 일어나지 않는 것:
우리는 한 작은 생의 짧음을 어떻게 느끼는가.

하지만 산형 꽃차례들 중 하나에서 갑자기
파란빛이 새로워지는 것 같다, 초록 앞에서
감동적인 파란빛이 즐거워하는 게 보인다.

So wie das letzte Grün in Farbentiegeln
sind diese Blätter, trocken, stumpf und rauh,
hinter den Blütendolden, die ein Blau
nicht auf sich tragen, nur von ferne spiegeln.

Sie spiegeln es verweint und ungenau,
als wollten sie es wiederum verlieren,
und wie in alten blauen Briefpapieren
ist Gelb in ihnen, Violett und Grau;

Verwaschnes wie an einer Kinderschürze,
Nichtmehrgetragnes, dem nichts mehr geschieht:
wie fühlt man eines kleine Lebens Kürze.

Doch plötzlich scheint das Blau sich zu verneuen
in einer von den Dolden, und man sieht
ein rührend Blaues sich vor Grünem freuen.(SW1, 519)

이 시의 동기가 된 것은 아내 클라라Clara에게 보낸 1907년 6월 7일자 편지에서 말한 수국일 가능성이 크다. "나의 수국은 도라의 집에서 겨울을 잘 났다오. 지금은 다시 부쩍 자라서 맨 꼭대기 잎새들 아래쪽에는 많은 산형 꽃차례 꽃봉오리들을 달고 있소. 그것은 디스코폴리의 코르틸레에 있던 것과 같은 모양이라오. 그래서 나는 기분이 좋다오."[23] 실제로 청수국을 접하고서 그것을 시로 형상화했다는 말이다.

시의 첫머리부터 제2연까지의 색채 묘사는 언어로 포착할 수 없는 극히 섬세한 사항을 정확하게 묘사하려는 시도이다. 릴케의 시에서 자주 등장하는 "처럼"이나 "같은"이라는 직유의 형태가 우리의 특별한 관심을 끈다. 사물시에서도 역시 사물의 모습을 구체적으로 드러내 보이기 위해서 사용하는 문체 수단이 무엇보다도 직유 또는 은유인 것이다. 직유는 비유 대상과 비유 주체의 동일시를 통해 양자에 대해 상호 간 동격의 위치를 부여한다. 이러한 직유는 얼핏 보면 초보적인 시적 수단인 것처럼 보이지만 실제로는 대상의 모습을 효과적으로 정확하게 묘사하는데 큰 몫을 한다. 대상을 정확하게 묘사하기 위해 릴케는 주관적인 이미지들을 대량 투입하고 있다. 이때 전제가 되는 것은 사물로서의 청수국에 대한 시인의 깊은 이해이다. 사물에서 일어나는 사건을 정확하게 기술하려면 사물을 먼저 깊이 인식해야 하기 때문이다.

직유와 은유, 이미지 등을 통해서 시인은 사물을 눈에 보이도록 묘사하고자 한다. 사물시에서는 분명히 사물이라는 대상에 시인의 시선이 맞추어져 있다. 짧은 순간 동안 시인은 사물의 본질에 도달한다. 그것은 양자 사이의 본원적 일치에 의하지 않고는 불가능하다. 우리는 이런 시

23 Rainer Maria Rilke: Briefe aus den Jahren 1906 bis 1907. Hrsg. von Ruth Sieber-Rilke und Carl Sieber. Leipzig 1930. S. 263.

적 영감의 순간을 부인하기 힘들 것이다. 신비주의적 합일의 감정이 릴케의 기본적 정서임은 이미 그의 《기도시집*Das Stunden-Buch*》[24]에서도 드러난다. 〈현대 서정시〉에서 말한 것처럼 그는 "사물들에 대해서"가 아니라 "사물들과 이야기하려고" 하는 것이다. 사물과의 거리감의 부재에서 시인은 사물의 본질을 파악할 수 있다고 본다. 그러한 거리감의 부재는 사물에의 영혼의 몰입을 전제로 하고, 그러한 몰입에서 시인의 정신이 사물에 묻어 나오게 된다. 이렇게 해서 예전에는 주목받지 못했던, 사물과 인간 사이의 유사성이 도출되는 것이다. 이때 전제가 되는 것은 물론 본질을 주시할 수 있는 관찰법이다. 인간과 사물 사이의 친족성이나 유사성을 감지하는 일이 사물시의 프로그램이다.[25] 이런 태도를 견지하는 가운데 시인은 사물의 본질, 그 핵심을 드러내 보이려고 한다. 다시 말해 상징주의자들처럼 현실적 소재에서 불순물을 제거하는 것이다. 〈청수국〉에서도 청수국의 색채에 집중함으로써 청수국의 본질에 도달하려고 한다. 이것은 보들레르가 들라크루아Delacroix의 그림을 시로써 평하면서 그림의 전체적인 외관보다는 색채에 집중한 것과 같다. 색채가 갖는 표현 가치에 더 의미를 두는 것이다.[26]

시의 첫머리에서 시인은 착실하게 청수국의 외양에 시선을 집중하는 것처럼 보인다. 시인의 시선은 청수국에서 아주 가까운 곳에 있다. 청수국의 이파리와 꽃이 여러 가지의 사물에 비유되고 있다. 그러나 자세히 보면 이 시는 두 가지 색깔 사이의 놀이이다. 그 하나는 이파리들의 탁한 초록색이고, 다른 하나는 꽃잎의 창백한 파란빛이다. 이 시는 전통적

---

24 특히 《기도시집》 제1부 〈수도사 생활의 서Das Buch vom mönchischen Leben〉는 이러한 유기적 총체성의 증거처럼 보인다.

25 Dieter Lamping: Moderne Lyrik. Eine Einführung. Göttingen 1991. S. 28f.

26 Vgl. Dieter Lamping: a.a.O., S. 77.

인 종류의 체험시가 아니다. 구체적인 시적 화자도 나타나지 않는다. 시의 초반에는 이파리의 초록빛에 집중하고, 시의 끝 부분으로 가면 꽃잎의 파란빛에 초점이 맞추어져 있다. 이파리들을 팔레트에 남은 초록빛에 비유함으로써 시들어 가는 청수국의 이파리가 띤 빛깔이 확연하게 연상된다. 그 다음부터는 산형 꽃차례의 꽃잎들이 여러 가지 사물에 비유된다. 꽃잎들이 띤 파란빛은 원래 자체 내에서 나오는 것이 아니라 먼 데 것을 반사하는 것 같다는 것이다. 그러면서 "오래된 파란 편지지"라든가 "어린아이의" 해어진 "앞치마"의 빛깔 같다고 언급된다. 이러한 인간적인 영역에서 가져온 비유들이 일깨우는 것은 대상의 의인화에 앞서 대상에 대한 시적 주체의 개인적인 감정이다. 그러므로 후설Husserl의 현상학이 주장하는 바, 즉 사물에 대한 판단 중지와는 반대되는 결과를 릴케의 시는 가져온다. 함부르거는 릴케가 현상학적으로 끝에 나오는 파란색 자체를 하나의 이데아로 표현하려고 한 것으로 이 시를 해석한다. 그러나 이 견해에 무조건적으로 동의하기는 힘들다. 왜냐하면 함부르거는 시인이 "청수국"의 본질을 드러내 보이는 것을 주된 목표로 하고 있다고 주장하면서 시의 해석에서 대상의 일반화를 통한 객관적 세계의 제시에 중점을 둘 뿐 시인 자신의 실존적 측면은 배제하고 있기 때문이다.[27]

"우리는 한 작은 생의 짧음을 어떻게 느끼는가"라는 구절에서 상징주의자들과는 달리 시인 자신의 개인적 체험 혹은 느낌이 드러난다. 퇴색한 파란색에서 시인은 인생의 짧음 혹은 덧없음을 감지하고 있다. 이 시를 자세히 살펴보면 청수국의 색상이 정신적인 것, 혹은 영혼적인 것을

27 Vgl. Käte Hamburger: Die phänomenologische Struktur der Dichtung Rilkes. In: Käte Hamburger(Hrsg): Rilke in neuer Sicht. Stuttgart/ Berlin/ Köln/ Mainz 1971. S. 83-158. S. 99.

나타내는 상징으로 드러나고 있음이 파악된다. 시인의 실존적 측면이 개입되고 있는 것이다.

공감각의 사용도 사물시에서 찾아볼 수 있는 특징이다. 이를 통해 시인은 사물의 전체 모습을 파악하고자 한다. 이 시에서는 색채로 표현된 청수국의 울음을 듣는 시인의 감각이 서로 조응하며 하나의 전체를 만들어 내고 있다. 이러한 공감각의 사용은 프랑스 상징주의 시의 특징으로서 세상을 파악하는 한 방식이다. 그러나 릴케는 공감각의 사용을 통해 대상을 정확히 묘사하면서 동시에 자신의 내적 목소리를 대상에 실어서 보여 준다.

이 시는 릴케가 《로댕론*Rodin*》에서 로댕의 여러 조각들을 평하면서 말한 표면에 대한 애정을 드러낸다. 청수국의 표면을 정확히 묘사함으로써 그 본질을 보여 주는 것이다. 표면의 정확한 묘사를 위해 인간의 삶의 영역에서 가져온 여러 가지 비유들이 사용되고 있다. 그렇다면 그 본질만을 릴케는 묘사하려 하는 것인가? 그렇지 않다. 인간들의 삶의 영역에서 가져온 비유들이 그것을 증거한다. 편지지, 앞치마 등의 비유를 통해 릴케는 청수국의 색깔에서 인간의 영혼과 관련된 것을 읽고 있는 것이다. 청수국의 색깔이 갖는 의미는 청수국의 상태를 일단 드러내면서, 거기에 쓰인 비유를 통해 인간, 특히 청수국을 관찰하는 시인의 마음 상태를 반영한다. "앞세우기" 미학에서 주장하듯이, "앞세우기" 뒤에서 그 "고백"의 내용이 어렴풋이 드러난다. 릴케는 청수국에서 특이하게도 인간적인 특성을 읽고 있다. 릴케의 이러한 비교 방식과 내용은 지금까지의 시에서 사용되지 않은 것이다. 청수국의 내면과 인간 사이의 낯섦을 제거하는 것이 릴케의 직관의 내용이다.[28]

---

28 Dieter Lamping: a.a.O., S. 27.

"초록 앞에서/감동적인 파란빛이 즐거워하는 게 보인다"는 구절은 청수국이 인간적인 것에 대한 상징을 나타내는 것처럼 여겨진다. 이 구절은 릴케의 사물시에서 자주 등장하는 급변의 과정을 드러낸다. 이것은 사물 속에서 진행되는 것이 아니라, 시적 주체의 내면 속에서 벌어지는 과정이다. 그러나 그 감지의 과정이 이전의 작품에서와는 비교가 되지 않을 정도로 집요하다.

전체적으로 볼 때 릴케는 묘사 대상에 집중하면서 그 묘사 과정 속에 자신의 생각을 얼비치도록 집어넣고 있다. 릴케는 이것에 대해 〈현대 서정시〉에서 '앞세우기 속에서 시인의 고백의 내용이 비쳐 나온다'고 표현한다. 청수국이 하나의 독립된 상징으로 사용된 것이 아니라, 청수국을 묘사하는 과정 속에 시인은 거기서 인간적 실존의 내용을 읽고 있는 것이다. 얼핏 보면 인간의 영혼이 아니라 청수국의 영혼 자체를 다루려는 것처럼 보인다. 케테 함부르거의 주장에 따르면 이 시에 등장하는 인간적인 요소들은 어떤 지시 대상이 아니라 청수국의 모습을 자세하게 그려내기 위해 쓰인 직유의 대상들이다.[29] 그러나 다시 한번 변증법적으로 이 직유의 대상들은 시인의 마음속에서 대상을 보는 가운데 벌어지는 변용의 과정을 정확하게 보여 준다. 그것이 외적으로는 엄격한 언어의 힘을 빌려 아주 객관적인 이야기를 하는 것처럼 보이지만, 실제로는 청수국을 관찰하는 가운데 시인의 실존적 입장이 토로되고 있는 것이다.

3) 대상에 대한 감지 작업—주체와 객체의 문제

사물시에서 문제시되는 것은 시인이 대상을 관찰하는 과정이다. 왜냐하면 이 관찰 과정이 시로 화하기 때문이다. 그러므로 사물시에는 시인

---

29 Vgl. Käte Hamburger: a.a.O., S. 99.

의 영혼의 전개 과정이 기록되어 있는 것이 아니냐 하는 것이 주된 문제가 된다. 대상을 이른바 객관적으로 묘사하는 과정에서 일어나는 시인의 내면의 모습이 우리의 고찰의 대상이 되는 것이다. 한마디로 사물이 시인의 영혼에 투영되는 과정이 중요하다. 이것을 릴케는 "Umschlag", 즉 "급변"이라는 말로 표현하고 있다. 급변은 사물의 본질을 드러내는 데 있어서 순간적으로 생기는 현상이다. 일상적인 것이 순수한 상태로 구현되는 것이다. 〈현대 서정시〉에서 릴케가 말한 만물과의 일치감이 중기의 사물시의 전제가 된다. 나아가서 만물과의 일치감을 위해서 시인이 갖추어야 할 자세로 내세우는 것은 "어린애와 같은 신뢰 가득한 순진성"(SW5, 379)이다. 어린애와 같은 상태에 접어듦으로써 의식의 구속에서 벗어나게 된다. 대상을 파악함에 있어서 어느 쪽에도 치우침이 없는 상태가 가장 중요한 것이다. 사물과 하나가 되는 순간 시인은 극도의 행복감을 맛본다. 그러므로 그의 사물시는 처음에는 어두운 곳을 헤매는 듯이 보이다가 순간적으로 뚜렷한 윤곽을 획득한다. 그것은 사물의 가장 핵심이 되는 특징으로서 명쾌하게 묘사된다. 〈회전목마Das Karussell〉의 다음 대목을 보자.

빨강, 초록, 잿빛 다 지나보내고 나서,
이제 막 시작된 조그만 옆모습 하나—.
그리고 이따금 이쪽을 바라보는 미소 하나,
이 숨가쁜 눈먼 놀이에 흠뻑 빠져
환희에 차 빛나는 그 미소…

Ein Rot, ein Grün, ein Grau vorbeigesendet,
ein kleines kaum begonnenes Profil—.

Und manchesmal ein Lächeln, hergewendet,
ein seliges, das blendet und verschwendet
an dieses atemlose blinde Spiel…(SW1, 530)

시적 화자는 회전목마라는 대상 속에 완전히 몰입해 있다. 그러던 중 그는 회전목마가 “빨강, 초록, 잿빛”으로 뒤섞여 돌아가는 과정의 정점에서 하나의 “미소”를 발견한다. 이로써 시적 화자는 일상의 세계에서 벗어나 다른 세계로 진입한다.[30] 대상을 바라보는 시인의 시각은 “이쪽을 바라보는 미소 하나”라는 표현에서 명확하게 드러난다. 사물시가 시적 화자의 철저한 배제를 모토로 내걸었음에도 은연중에 시인의 모습이 드러나는 것이다. 분명히 시인은 이쪽 편에 있다. 그것은 미소를 발견하는 순간 느끼는 환희에 젖은 모습이다.

대상이 주체에게 무언가를 강요하는 순간에 급변이 일어난다. 이것은 주체 내부에서 일어나는 변화이지만, 그 동기는 외부의 사물이다. 그와 같은 역동성은 “앞세우기”의 종류와 성격에 따라 다르다. 시 작품 〈원화창Die Fensterrose〉에서는 원화창圓華窓의 “장미 문양”이 그와 같은 역할을 한다. 대상이 주체를 향해 던지는 “눈길”이 주체의 내면에 변화를 일으키는 계기가 되는 것이다. 그러나 대상이 던지는 강렬한 눈길 속에서 주체는 대상 속으로 완전히 흡수되고 만다. 이것이 바로 시인 자신의 본질이 사물 속으로 투입되는 과정이다. “새로운 인간에게 있어서는 아름다움이란 무언가 비자의적인 것이어야 합니다. 그것을 그는 어떤 승화가 아니라 궁극적으로 그 자신의 본질의 정상적인 움직임이요 표현으로 느끼는 것입니다”(SW5, 380)라고 릴케는 〈현대 서정시〉에서 말한다. 여

30 Vgl. Wolfgang G. Müller: a.a.O., S. 228.

기서 "자신의 본질의 정상적인 움직임이요 표현"이라는 말이 중요성을 갖는다. 아름다움은 결국 시인 자신의 본질에서 출현한 것이라는 뜻이다. 이것이 릴케의 사물시가 현상학적인 관찰과 다른 점이다. 물론 여기서 이야기되는 것도 현상학에서처럼 대상과의 편견 없는 대면이다. 이를 통해 사물의 무질서에 질서를 부여하는 행위가 창작 행위이다. 문제는 사물시가 시인이 외적으로 내세운 의식에 의한 시라는 주장이다. 그러나 시인은 대상에 대한 순진무구한 태도를 강조한다. 무의식의 상태에 접어들기 위해 시인이 가져야 할 태도는 고독과 침묵의 자세이다. 사물시에서 시적 주체의 섬세한 내면의 움직임을 파악하는 것은 따라서 불가능한 것만은 아니다. 그것은 무엇보다도 사물시에 쓰인 언어의 흔들림에서 파악할 수 있다. 릴케는 사물시에서 언어의 농담濃淡을 구별해 가면서 사용한다. 그림을 그리듯이 사물을 시적 언어로 채색하는 것이다.

사물이 하나의 예술사물로 태어날 수 있는 것은 주체의 행위가 있기 때문이다. 이때 중요한 것은 물론 사물을 보는 눈길이지만, 실제로 여기서 작용하는 것은 시인의 상상력이다. 이것의 원천을 우리는 릴케의 초기 연작시《기도시집》에서 찾아볼 수 있다. 중요한 것은 그러므로 다른 감각이 아닌 눈길이다. 그러나 관찰의 과정에서 변화를 겪는 것은 대상, 즉 사물이 아니라 시인의 내면의 모습이다. 그러므로 사물을 묘사하는 가운데 자신도 모르게 시인은 자신의 내면의 모습을 그리는 것이다. 시인은 상상력을 통해서 사물의 알려지지 않은 측면을 표현한다.

> 내가 바라보기 전에는 완성된 것은 아무것도 없었습니다.
> 모든 생성은 멎어 있었습니다.
> 나의 시선視線은 이제 무르익어, 보내는 눈길마다

원하는 사물이 마치 신부新婦처럼 다가옵니다.

Nichts war noch vollendet, eh ich es erschaut,
ein jedes Werden stand still.
Meine Blicke sind reif, und wie eine Braut
kommt jedem das Ding, das er will.(SW1, 253)

릴케에게 있어서 중요한 것은 사물 속으로 자신의 존재를 집어넣는 것이다. 이것은 시 〈레이스Die Spitze〉에서 레이스를 짜는 여인이 자신의 모든 존재를 레이스 속에다 집어넣는 가운데 차차 눈이 멀게 되는 것과 같다. 어느 순간에 이르면 급변이 일어난다. 이것은 존재의 비극이 환희로 전환되는 순간이다. 이 시를 보면 시의 대상인 "레이스"가 아니라 레이스를 만든 여인에게 초점이 맞추어져 있음을 알 수 있다. 그녀는 인생을 체념하는 가운데 레이스를 만들고 거기에 자신의 모든 존재를 짜 넣은 것이다. 그 대가는 아름다운 예술품이다. 릴케는 레이스를 짜는 여자의 모습을 상상하면서 그녀와 자신을 심정적으로 일치시키고 있다. 그러므로 사물시에 있어서도 중심은 여전히 시적 주체이다. 사물을 바라보고 묘사하는 것은 절대적인 인식의 주체를 전제로 하기 때문이다. 사물시에서, 보는 관점이 시적 주체로부터 사물 쪽으로 옮겨졌다고는 하지만, 여기에는 주체적 요소의 절대적 우위가 자리 잡고 있다. 다시 말해 시 〈레이스〉의 레이스를 뜨는 여인처럼 예술가의 문제가 은근히 시 자체에 스며 있는 것이다.

사물시는 따라서 리얼리즘적 묘사의 시가 아니다. 묘사의 시에서 어떻게 사물에 대한 판단뿐만 아니라 시적 주체에 대한 실존적 주문이 행해질 수 있겠는가. 리얼리즘적인 시라면 《신시집》 제2권을 여는 첫 시

〈고대 아폴로의 토르소Archaischer Torso Apollos〉에서 어떻게 보이지 않는 부분을 묘사할 수 있겠는가. 이 시에서도 상징주의에서 많이 사용하는 일그러뜨리기가 행해지고 있다. 릴케가 사용하는 시어는 대상을 다룰 때 지금까지 사용되지 않았던 것들이다. 그리고 대상에 대한 어떤 미리 파악된 개념도 시의 내용에 허락하지 않는다. 그러기에 여러 가지 양식 수단이 동원된다. 그것은 우리의 감각 기관이 사물의 모든 것을 전체적으로 파악할 수 없기 때문이다. 이것을 그는 〈현대 서정시〉에서 "우리의 제한된 감각 기관은 언제나 현실의 조각들만을 감지할 수 있기 때문" (SW5, 384)이라고 표현한다. 그러나 시 〈고대의 아폴로의 토르소〉에서 토르소가 몸의 일부분으로 전체를 상상케 하는 것처럼, 시인은 제한된 감각을 사용하여 존재 전체의 모습을 보여 주려고 한다.

그러므로 대상과 시인 자신과의 관계를 설정하고, 창작상의 진정한 과정을 고려할 때, 시에서 묘사된 대상은 하나의 "사물"이 될 수 있는 것이다. 대상과 주체와의 상호작용이 진정한 사물을 낳는 데 있어서 관건이 된다. 따라서 릴케적 의미의 사물이란 시적 대상이 그의 내면에서 다시 태어난 것을 뜻한다. 외부의 사물이 그의 내면의 현을 건드릴 때, 창작이 이루어진다. 그의 내면으로 들어가 새로운 모습으로 변용되어 나타난 것이 곧 사물이다. 그렇다면 주관에서 완전히 벗어난 것이 사물시인가? 그렇지 않다. 대상과 주체와의 상호 친화과정이 작품을 낳는 것이다. 릴케가 후기에 쓴 시 작품 〈스페인 삼부작Die spanische Trilogie〉에 이 과정을 잘 드러낸 대목이 있다.

저 구름으로부터, 보라, 방금까지 있던 저 별을
그리도 거칠게 덮어 버린 저 구름으로부터—(그리고 나로부터),

이젠 밤과 밤바람을 한동안 품고 있는
저 산악 지역으로부터—(그리고 나로부터)
찢어진 하늘의 빈터가 던지는 빛살을
잡아 두는 저 계곡의 저 강물로부터—(그리고 나로부터),
나와 그 밖의 모든 것으로부터 단 하나의 사물을
만드는 것, 주여. 나로부터 그리고 우리에 들어가
이 세상의 어둡고 큰 비존재를 숨을 내쉬면서 감내하는
짐승들의 감정으로부터—, 나로부터 그리고 많은 집들의
어둠을 밝히는 모든 등불로부터, 주여.
하나의 사물을 만드는 것; 내가 전혀 알지 못하는
낯선 이들로부터, 주여, 그리고 나로부터 그리고 나로부터
하나의 사물을 만드는 것, 잠들어 있는 자들로부터,
순례자 숙박소에 묵으면서 침대에서 짐짓
쿨룩대는 낯선 늙은이들로부터,
낯선 젖가슴을 물고서 잠에 취해 있는 아이들로부터,
그토록 많은 막연한 것들로부터 그리고 언제나 나로부터,
다름 아닌 나로부터 그리고 내가 알지 못하는 모든 것들로부터,
사물을 만드는 것, 주여 주여 주여, 사물을,

Aus dieser Wolke, siehe: die den Stern
So wild verdeckt, der eben war—(und mir),
Aus diesem Bergland drüben, das jetzt Nacht,
Nachtwinde hat für eine Zeit—(und mir),
Aus diesem Fluß im Talgrund, der den Schein
Zerrissner Himmels-Lichtung fängt—(und mir);
Aus mir und alledem ein einzig Ding
Zu machen, Herr: aus mir und dem Gefühl,

Mit dem die Herde, eingekehrt im Pferch,
Das große dunkle Nichtmehrsein der Welt
Ausatmend hinnimmt—, mir und jedem Licht
Im Finstersein der vielen Häuser, Herr:
Ein Ding zu machen; aus den Fremden, denn
Nicht Einen kenn ich, Herr, und mir und mir
Ein Ding zu machen; aus den Schlafenden,
Den fremden alten Männern im Hospiz,
Die wichtig in den Betten husten, aus
Schlaftrunkenen Kindern an so fremder Brust,
Aus vielen Ungenaun und immer mir,
Aus nichts als mir und dem, was ich nicht kenn,
Das Ding zu machen, Herr Herr Herr, das Ding,(SW2,43f.)

이 시는 시 창작 과정을 형상화하고 있다.《말테의 수기》에서 말한 시적 변용에 대한 구절처럼 시인은 모든 체험 내용을 내면에 모았다가 어느 한순간에 하나의 시구절을 만들 수 있다는 것이다. 대상과의 생산적인 교류를 통해 마음속에 그려진 이미지가 곧 릴케에게 있어서는 사물이 되는 것이다. 대상에 대해서 지속적으로 느낀 여러 가지 느낌을 한순간에 하나로 합치는 것이 중요하다. 시인의 입장에서는 주변의 모든 것을 내면화하여 만들어 낸 것이 사물이다.

자아의 순수한 의도는, 자아가 '조응', 즉 경험의 구성요소들과 본질적인 관계를 수용하여 주체와 객체라는 전통적인 대척 관계를 초월함으로써 실현된다.[31] 따라서 사물을 보는 주체는 시인 자신이다. 그렇다

31 "Dieter Saalmann: Symbolistisches in R. M. Rilkes Essay 'Moderne Lyrik'", Neophilologus 59 (1975). S. 277-286, S. 280.

면 사물시 역시 사물을 묘사하지만 실제로는 상당히 주관적인 관점에서 쓰여진 시라고 하지 않을 수 없다. 사실 릴케의 사물 개념은 엘리엇Eliot이 셰익스피어의 《햄릿》에 대해서 1919년에 쓴 논문에서 말한 "객관적 상관물"과 관련을 지닌다. 엘리엇은 예술의 감정은 객관적 상관물을 통해서만 표현될 수 있다고 말한다. "예술 형식에서 감정을 표현할 수 있는 유일한 방식은 객관적 상관물을 찾는 데 있다."[32] 이것은 개인적인 것을 예술작품 속으로 투입한다는 그의 견해와도 관련이 있다. 예술작품과 예술가의 의식 사이에는 상관성이 존재한다는 것이다.[33] 릴케 역시 인간의 내면에서 일어나는 모든 것에 대한 상관물을 자연에서 발견할 수 있다고 생각한다. 영혼의 투사로 사물시는 그 윤곽을 갖게 되는 것이다. 따라서 사물시는 결국 시인 자신의 영혼의 투사를 위한 "앞세우기"이다. 사물이 자신을 인식하는 계기를 만들어 준다는 말이다. 《말테의 수기》의 초반부 묘사에서 파리의 불쾌한 현실이 시인 자신의 내면을 성찰하는 구실이 되는 것이다. 사물을 보고 거기서 자신의 마음 상태를 인식하는 것이다. 대상에 대한 감지 과정 중 어떠한 심리적 계제가 미적인 외양을 띠고 나타나느냐를 파악하는 문제가 중요하다. 1908년에 쓴 〈볼프 그라프 폰 칼크로이트를 위한 진혼곡Requiem für Wolf Graf von Kalckreuth〉에서 릴케는 보통 시인들이 "성당을 짓는 석공이 고통을 꾹 참고/자신을 돌의 태연함으로 바꾸듯이/가혹하게 자신을 말로 변용시키지 못한다"(SW1, 663)고 비판한다. 다른 것이 아닌 자신의 내면을 사물로 변화시키는 것이 릴케에게는 관건이 되는 것이다.

릴케에게 있어서는 시적 표현의 적절성의 문제가 곧 예술 속에 자신

32 T. S. Eliot: Selected Essays. London 1963. S. 145.
33 Vgl. Wolfgang G. Müller: a.a.O., S. 231.

의 모든 것을 얼마나 투입하느냐의 문제와 직결된다.[34] 이것의 성공 여부는《신시집》의 경우 시를 통해 대상적인 측면이 얼마나 시각적으로 부각되느냐에 달려 있다. 사물시에서 중요시되는 것은 감지의 방식이다. 감지를 통해서 시인은 독자 또는 그 자신에게 무언가를 요구한다. 사물에 대한 감지 작업과 이를 예술 사물로 변형시키는 창조의 과정이 사물시의 큰 부분을 이룬다. 이것을 릴케는 "사물들의 비밀은 시인의 내면 속에서 그 자신의 깊은 느낌들과 녹아서 하나가 되고, 마치 그 자신의 동경이라도 되는 것처럼 그에게 뚜렷해집니다. 이 같은 은밀한 고백의 풍요로운 언어가 아름다움입니다"(SW5, 365)는 말로 표현하고 있다.

릴케에게 있어서 감정적인 것, 경험적인 것에서 출발하여 언어 자체에 대한 관심으로의 전이는 상징주의자들의 세계관과 일치한다. 릴케 역시 감정으로부터, 다른 말로 "불안으로부터 사물을 만들기"[35] 때문이다. 여기의 "불안"은 극단적인 체험의 총체 개념일 뿐만 아니라, "예술작품이란 언제나 그 어느 인간도 더 이상 갈 수 없을 정도로 갈 때까지 간 경험, 즉 극도의 위험에 처한 것의 산물이다"[36]라는 릴케의 말이 반증해 주듯이 예술가로서의 시인이 예술작품을 창조하는 데 겪는 고통을 말한다. 이렇게 해서 시인은 순수한 언어의 조각을 만들려고 한다. 언어를 하나의 질료로 사용하는 것이다. 그러나 이때 릴케는 "주관적인 것을 예술작품 속으로 가라앉혀, 예술작품 속에서 그 고유의 것, 그와 나눌

34 Ralph Freedman: Krisis und schöpferische Gestaltung. Zwei entscheidende Begegnungen Rilkes. In: Sigrid Bauschinger/ Susan L. Cocalis(Hrsg.): Rilke-Rezeption. Rilke Reconsidered. Tübingen 1995. S. 49-62. S. 49.

35 1903년 7월 18일자 루 살로메에게 보낸 편지. Rainer Maria Rilke/ Lou Andreas-Salomé: Briefwechsel. Hrsg. von Ernst Pfeiffer. Zürich und Wiesbaden 1952. S. 64.

36 Rainer Maria Rilke: Briefe. 1 Band. Hrsg. v. Rilke-Archiv in Weimar. In Verbindung mit Ruth Sieber-Rilke. Besorgt durch Karl Altheim. Wiesbaden 1950. S. 162.

수 없는 것이 다시 나타나도록"[37] 하는 것이다.

4) 사물시의 이중구조—사물시에서 하는 "고백"의 내용

사물시는《신시집》의 대표적인 몇 작품에서 볼 때 두 개의 구조로 나뉜다. 하나는 대상을 객관적으로 감지하여 묘사하는 부분이고, 다른 하나는 그에 대한 해석을 내리는 부분이다. 보들레르의 〈알바트로스〉[38]에서도 엿볼 수 있는 이런 기법은 릴케의 〈고대 아폴로의 토르소〉 같은 시에서 대표적으로 나타난다.

릴케는 고대의 아폴로의 토르소라는 구체적인 대상을 보이는 부분에서 시작하여 결국은 추상화하여 보여 준다. 일반인들의 눈에 보이지 않는 부분까지 그는 마음의 눈으로 읽어 내고 있기 때문이다. 급변 또는 변용의 과정을 거쳐서 객체는 주체 안으로 들어온다. 따라서 객체는 그 자체로 존재하는 것이 아니라 시적 주체의 의식 속에서 존재한다. 시인은 시의 전개 과정에서 전혀 눈치 채지 못할 방식으로 독자 또는 자신에게 무언가를 요구하고 있다. 그것은 동시에 대상이 시인에게 촉구하는 실존적 요구이기도 하다.

고대 아폴로의 토르소

그 안에서는 눈망울이 무르익어 갔을,

---

37 Hartmut Engelhardt: Der Versuch, wirklich zu sein. Zu Rilkes sachlichem Sagen. Frankfurt am Main 1973. S. 48.

38 보들레르는 시 〈알바트로스〉에서 선원들에 의해 붙잡혀 배의 갑판 위에서 뒤뚱대는 커다란 바닷새 알바트로스의 모습을 시의 전반부에서 상세하게 묘사한 뒤, 시의 마지막에 가서 이것을 현대 시인의 속성으로 전이시키고 있다. 전반부가 대상에 대한 묘사라면, 후반부는 그것에 대한 철학적 성찰이라고 할 수 있다.

들어 보지 못한 머리를 우린 보지 못했다. 그러나
그의 시선이 뒤틀려 박혀 가만히 빛을 발하고 있는
그의 몸뚱어리는 가로등처럼 여전히

불타오르고 있다. 그렇지 않고서야 어찌 그 가슴의
만곡이 너의 눈을 부시게 할까, 또 살포시 뒤틀린
허리로부터 어찌 한 가닥 미소가
생식을 품은 가운데 쪽으로 번질 수 있을까.

그렇지 않다면 이 돌덩이는 어깨의 투명한 추락
아래, 짤막하고 볼품없는 모습으로 서 있었으리라.
또 맹수의 가죽처럼 그렇게 반짝이지는 못하리라,

또 별처럼 그렇게 제 모든 가장자리에서 빛을
내지도 못했으리라. 너를 바라보지 않는 곳이란
한 군데도 없으니까. 너는 너의 삶을 바꿔야 한다.

Wir kannten nicht sein unerhörtes Haupt,
darin die Augenäpfel reiften. Aber
sein Torso glüht noch wie ein Kandelaber,
in dem sein Schauen, nur zurückgeschraubt,

sich hält und glänzt. Sonst könnte nicht der Bug
der Brust dich blenden, und im leisen Drehen
der Lenden könnte nicht ein Lächeln gehen
zu jener Mitte, die die Zeugung trug.

Sonst stünde dieser Stein entstellt und kurz
unter der Schultern durchsichtigem Sturz
und flimmerte nicht so wie Raubtierfelle;

und bräche nicht aus allen seinen Rändern
aus wie ein Stern: denn da ist keine Stelle,
die dich nicht sieht. Du mußt dein Leben ändern.(SW1, 557)

외부의 사물은 시인의 영혼이 제 모습을 들여다보는 계기가 된다. 시인과 대상 사이의 조응을 통해서 급변이 일어난다. 예술작품은 감상자의 내면이 무언가로 변하게 만드는 작용을 한다. 사물에 대한 충실한 묘사로만 끝났다면, 이 시는 객관적인 리얼리즘 시와 다를 것이 없을 것이다. 그러나 마지막에 가서 시인은 사물에 대한 해석을 통해서 스스로에게 일종의 명령을 내리고 있다. 시 〈청수국〉에서도 시의 끝부분에 가서 이러한 급변이 일어나고 있다. 그 급변을 통해서 시인은 사물이 갖는 내용에 대한 철학적 해석을 시도하고 있다. 묘사와 성찰, 묘사와 해석이 사물시에 깃들어 있는 시적 방식이다. 이 과정에서 가장 크게 작용하는 것은 물론 시인의 연상, 또는 상상력이다. 급변은 사물이 시인의 내면에서 구원되는 순간이다.

사물시의 "고백"의 내용은 릴케의 예술관과 관련된다. 그것은 자신의 내면에 침잠한 존재의 문제이다. 그것은 암시로 이루어진다. "너는 너의 삶을 바꿔야 한다"고. 그리고 그 "고백"의 내용은 예술적 태도의 문제를 벗어나 시인 자신에 대한 하나의 정언적 명령으로서 실존적 무게까지 지니게 되는 것이다.

3. 사물시의 내재적 의미

지금까지 릴케 자신이 초기에 전개한 "앞세우기" 이론을 통하여 사물시를 분석해 보았다.[39] "앞세우기"와 "고백"의 측면에서 우리는 릴케가 언어를 선택할 때 가졌던 고민을 파악할 수 있었으며, 여기서 양자 간의 관계에서 단순한 시적 문체 양식 이상의 실존적 의미를 읽을 수 있었다. 릴케가《신시집》의 시 〈고대 아폴로의 토르소〉에서 "너는 너의 삶을 바꿔야 한다"고 충격적인 언급을 했을 때 여기서 실존적 의미 아닌 그 무엇을 읽겠는가? 이렇게 릴케의 시는 객관적 외증을 내세우면서도 늘 자신의 인생에 대한 내적인 고백으로 점철되어 있다고 할 것이다.

베른하르트 블루메 역시 사물시에서 시적 자아의 문제에 대한 논의를 통해 시인의 실존적 내용을 읽고 있으나 그의 분석 방법은 대체로 피상적이고 전기적인 것에 국한되고 있다. 다시 말해 그는 릴케 자신의 이론을 분석의 도구로 삼고 있지 않다. 우리의 논의의 대상이 되는 텍스트에 대해서 작가 자신의 견해나 이론보다 더 설득력 있는 자료는 없을 것이기 때문이다.

릴케의 사물시는 일단은 외부의 구체적 사물을 묘사하는 데 집중하는 것처럼 보인다. 객관적으로 묘사된 사물에서는 시적 자아의 모습은 사라질 수밖에 없다. 이땐 내면의 세계와 외부의 세계 사이의 종합을 발견하는 것이 시인에겐 가장 중요한 일이다. 개인적인 체험의 외관을 제거하는 것이 문제가 된다. 그러나 "고백"의 과정은 사물을 적극적으로 해석하는 과정에서 나타난다. 릴케는 사물시의 시기에도 나르시스적 시

39 Anthony Stephens은 그의 말테 연구서에서 "앞세우기" 이론을 분석의 틀로 삼아《말테의 수기》를 시인의 내적 의식 구조에 대한 "앞세우기"로 분석한 바 있다. Vgl. Anthony Stephens: Rilkes Malte Laurids Brigge. Strukturanalyse des erzählerischen Bewußtseins. Bern/Frankfurt am Main 1974.

인의 특징을 저버리지 않는다. 고독에 대한 강조라든가 사물에 대한 내적 해석이 이를 뒷받침해 준다.

사물의 표현은 곧 시인의 정신의 표현인 것이다. 왜냐하면 모든 표현의 근원은 시인의 영혼 깊은 곳에서 연유하기 때문이다. 현실의 객관적 묘사라면, 리얼리스트들이 쓰는 방식에 의존했겠지만, 릴케의《신시집》의 시들은 철저히 상상력에 기반을 두고 있다. 사물에 대한 묘사는 사물에 대한 해석 작업으로 이어지고, 그것은 결국엔 자신에 대한 실존적 해석을 낳는다. 그렇기 때문에 사물시들의 사물은 시인의 "내적 고백"을 위한 "앞세우기"의 역할을 한다. "앞세우기"의 선택 과정이 하나의 해석 과정이기 때문이다. 회화에 비유하자면 사물시는 사물의 시각적 재현에 힘쓴 인상주의 그림이 아니라 자신의 내면의 모습을 강렬한 색채를 빌려서 표현한 표현주의 그림에 가깝다고 할 수 있다. 왜냐하면 릴케의 사물시는 사물에 대한 객관적 묘사에 충실하려는 시인의 의도와 달리 시의 전개 과정에서 시인의 상상력에 의해 상당히 추상화 과정을 겪고 있기 때문이다. 이런 면에서 사물시는 물질의 정신화를 주장하는 프랑스 상징주의자들과 맥을 같이 하나, 궁극적으로는 사물에 대한 해석을 통해 시인 자신의 내면의 실존적 풍경을 드러내 보임으로써 이들과 결정적인 차이점을 보인다.

따라서 "앞세우기"와 "고백"의 이중적 틀은 사물시를 해석함에 있어서 중요한 근거를 제공해 준다. 이것은 "앞세우기"와 "고백" 사이의 긴장 관계에 의해서 가능한 것이다. 양자 사이에서 창작 과정에 있어서 일종의 피드백 현상이 벌어지고 있다고 볼 수 있다. 따라서 사물시가 전적으로 하나의 상징은 아니지만, 시인은 사물시에서 하나의 구체적인 "앞세우기"를 내세워 자신의 은밀한 "고백"을 하고 있는 것이다. 은밀한 "고백"의 내용은 대체로 예술 또는 예술가로서의 삶에 대한 각성과 깊은 관련이 있다. 때때로 그것은 창작 과정 중에 느끼는 환희로 나타나기도 한다. 릴케는 "예술은 목표가 아니라 길"(SW5, 362f.)이라고 주장하면서 예술을 통한 예술가의 자기 성숙 과정을 강조한다.

릴케 문학에 있어서 성性

1. 들어가는 말

볼프강 레프만Wolfgang Leppmann은 그의 방대한 릴케 전기에서, "릴케는 위대한 연애 시인이었을 뿐만 아니라 구체적으로 성적인 것, 즉 사랑 행위 장면을 타의 추종을 불허할 정도로 아주 자연스럽게, 다시 말해서 외설스러움이나 감추는 듯한 느낌이 들지 않도록 칭송하는 능력을 갖고 있었다"[40]고 말하면서 연애 시인으로서의 릴케의 면모뿐만 아니라 시인의 타고난 시적 표현 능력을 높이 평가하고 있다. H. W. 벨모어Belmore 역시 〈릴케의 시에 나타난 성적인 요소들〉이라는 논문에서, "릴케는 성적인 생각을 개진하는 데 있어서 대체로 그리 자유롭지 못했다"는 프랭크 우드Frank Wood의 주장을 반박하고 초기부터 후기까지 이르는 시 작품의 예를 들어—특히 노골적으로 성적인 묘사를 드러내는 시 구절들을 열거하면서—릴케의 사고가 성적인 부분에 있어서도 얼마나 자유로웠는가를 증명해 보이고 있다.[41]

그러나 필자가 보기에 릴케가 행한 성적인 서술에 있어서 중요한 것

40 Wolfgang Leppmann: Rainer Maria Rilke. Sein Leben, seine Welt, sein Werk. Bern und München 1993. S. 103.

41 Vgl. H. W. Belmore: Sexual Elements in Rilke's Poetry. In: German Life & Letters NS, vol. XIX, No. 4. Oxford 1965/66, S. 252-261. S. 252.

은 묘사의 자유스러움이냐 아니냐의 여부가 아니라 성적인 것 그 자체와 성적인 표현 사이의 관계 문제 그리고 이 사이에서 파생되는 시인의 숨겨진 의도의 문제라고 여겨진다. 이것은 성에 대한 언급이 있을 경우 성 자체가 문제가 아니라, 그것이 사회적인 억압이든 아니면 다른 것을 염두에 두든 은밀한 시적 의도의 문제가 강하게 개입됨을 의미한다. 따라서 우리는 릴케의 성에 대한 언급을 성이 중심이 되는 경우와 다른 실체를 적절히 드러내기 위해 성적인 표현이 쓰이는 경우의 두 가지로 대별해서 고찰할 수 있을 것이다. 그것은 어디까지를 상징으로 보고, 무엇을 성 그 자체에 대한 언급으로 보느냐의 문제와 직결된다. 일례로 릴케는 《기도시집*Das Stunden-Buch*》의 신이라는 존재 앞에서도 전체적인 맥락을 깨뜨리지 않고 성적인 요소들을 과감하게 사용하여 자신의 견해를 밝히고 있다. 이것은 성적인 용어와 관련하여 독일어가 지닌 모호하고 보편적인 특성 때문에 가능한 경우라고 할 수 있다. 독일어의 이 단어들 속에는 글자 그대로 성적인 것을 뜻하면서도 또 다른 추상적이고 고상한 의미가 들어 있기 때문이다. 이를테면 "Scham"이라는 낱말은 추상적으로는 부끄러움, 겸손함, 수치 등을 뜻하지만 육체와 관련되면 "은밀한 부분", "생식기", "음부" 등을 뜻한다.[42] 따라서 성적인 용어는 그때 그때의 논리적 맥락에 따라 어느 한쪽으로 해석될 수밖에 없다. 다른 시어와 같이 쓰였을 때 거기서 나오는 긴장관계가 시의 전체 내용을 규정짓기 때문이다.

이러한 상황에서 이 장에서는 릴케 문학에 등장하는 성적 표현에 내재되어 있는 여러 가지 의미를 살펴보고 그것이 그의 사회적 의식과 창작관 및 미학적 관점 그리고 나아가서 그의 전체 세계관과 어떠한 관련

42 Vgl. H. W. Belmore: a.a.O., S. 252f.

이 있는가를 분석하려 한다.

2. 본론

1) 해방 의식의 표현으로서의 성—사회 비판 기능

릴케는 인간사의 다른 모든 영역에서도 "변화를 위한 가장 강력하고도 전혀 모순이 없는 계명"[43]을 옹호하였는데 성에 대한 거침없는 묘사 역시 같은 맥락에서 모든 고정된 것, 고인 것, 즉 관습적인 사고로부터의 적극적인 해방 의식을 내포한다. 우선, 성과 관련하여 그가 비판하고자 하는 대상은 기독교에서 연유하는 육체에 대한 경시 풍조이다.

기독교적인 억압과 도덕적 요구에 대항하여 감각적인 사랑을 강조하려는 릴케의 자세는 〈젊은 노동자의 편지*Der Brief des jungen Arbeiters*〉에서 가장 직접적으로 잘 드러난다. "여기에 기독교가 이승적인 것에 대해서 행한 경멸들 중에서 가장 고약한 영향이 들어 있는 것 같습니다. 이곳에서는 모든 것이 왜곡이요 억압입니다. […] 사람들은 왜 성의 고향을 빼앗아버린 걸까요? 우리가 주인인 축제를 왜 그 방향으로 가져가지 못하는 걸까요? […] 왜 우리는 바로 이곳에서부터 신에 속하지 못하는 걸까요?"[44] 릴케는 기독교가 이승과 현실을 경시하고 모든 것을 내세로 미루어 버리려 한다는 점에서 허구의 화자[45]를 내세워 성에 대한 기독교적인

43 1917년 8월 (31)일자 카타리나 키펜베르크Katharina Kippenberg에게 보낸 편지. 릴케는 제1차 대전 중이던 1917년 11월에 러시아의 10월혁명을 계기로 당시 벌어지던 전쟁에서 제국주의적 음모를 읽고 이것과 대립되는 미래지향적인 사회주의적 혁명의 깨끗함과 신선함 그리고 새로움을 옹호하면서 이것이 인간사의 모든 영역에 속속들이 뿌리를 뻗기를 기대한다.

44 Rainer Maria Rilke: Sämtliche Werke. Hrsg. Rilke-Archiv in Verbindung mit Ruth Sieber-Rilke, besorgt durch Ernst Zinn. Frankfurt am Main1955-1966. 이하 SW로 약칭함. SW6,1123f.

45 릴케가 허구의 화자를 내세운 것은 실제의 편지 수신자를 상대할 때보다 훨씬 더 강한 정도로 자신의 견해의 고백적 성격을 강화시키기 위한 것으로 이해할 수 있다. Vgl.

편견을 비판하고 성 그 자체를 칭송하고 있다.

릴케는 성을 사회적 관습의 족쇄로부터 해방시켜 인간의 중심에 놓으려 한다. 라틴어로 "해방"을 뜻하는 "emancipare"는 로마법에서 "노예나 아들을 아버지의 권능으로부터 형식적으로 자유롭게 해 주는 것"[46]을 의미하였는데, 이것이 릴케의 경우는 기독교라는 초개인적 제도와 연결되고 있다. 기독교 역시 억압적인 가부장제의 모범을 구현한다는 면에서 자유를 갈망하는 예술가 릴케에게 있어서는 극복의 대상이다.

릴케는 성에 대한 해방적 사고를 피력하는《젊은 시인에게 보내는 편지》의 한 대목에서 인상주의 시인 데멜Dehmel의 시가 지닌 터질 것 같은 폭발력을 성적인 것에 비유하여 설명하고 있다. 그러나 데멜의 예술이 얼핏 보기에 순수하고 꾸밈이 없는 듯한 시적 태도를 취하고 있는 것 같지만 속을 자세히 들여다보면 거기에도 무언가 억압적인 요소가 들어 있다면서 릴케는 자신의 주장에 보충을 가한다. 데멜의 결함은 너무나 편협할 정도로 남성 지향적인 세계관에서 나온다는 것이다. 그 결과 성을 순수하게 구현할 남성은 이 세상에 존재하지 않으며 그러한 편견에서 나오는 예술 역시 순수하지 못하다는 것이 그의 생각이다. 따라서 그의 해방의식은 가부장적 사회조건하에서 늘 피압박의 대상이었던 여성의 해방까지도 포함한다.

> 이 세상에는 완전히 성숙하고 순수한 성의 세계는 존재하지 않습니다. 이 세상에는 충분히 인간적이지 못한 성의 세계, 다시 말해서 오로지 남성적

Joachim W. Storck: Emanzipatorische Aspekte im Werk und Leben Rilkes. In: Rilke heute. Beziehungen und Wirkungen. 1.Bd. Frankfurt am Main 1975, S. 277.

46 Friedrich Kluge, Etymologisches Wörterbuch der deutschen Sprache. 22.Aufl. Berlin 1989, S. 176.

> 인 성의 세계만이 있을 뿐입니다. 이 같은 성의 세계는 발정과 도취와 흥분의 세계로서 오래된 편견과 오만함으로 가득 차 있습니다. 데멜은 이 같은 태도로 사랑을 일그러뜨리고 사랑에 짐을 지웠습니다. 그는 인간이 아니라 오로지 남자로서 사랑을 하기 때문에 성에 대한 그의 감정 속에는 무언가 편협한 것, 거칠어 보이는 것, 악의에 찬 것, 시간에 종속된 것, 비영속적인 것이 자리 잡고 있습니다. 바로 이러한 것들이 그의 예술을 축소시키고 모호하고 의심스럽게 만드는 것입니다.[47]

릴케는 데멜의 한계를 남성 우월적인 사랑 방식에서 찾으면서 서구사회에 거의 일반화된 그 같은 사고방식을 비판하고 있다. 릴케의 해방의식은 "변화를 위한 동기로서 순수하고 위대하고 그리고 자유롭게"[48] 사고하는 것을 전제로 한다. 따라서 그가 말하는 순수성은 인간들의 관습에 의해 잘못 일그러진 성을 지양하고 인류의 시원부터 내려온 유전적 인자를 전혀 훼손하지 않은 상태에서 구현하는 것을 의미한다. 이러한 릴케의 성 의식은 윤리적인 의식에 사로잡히지 않고 성 자체를 일단 적나라하게 그려 내는 쪽으로 나아간다. 여기서 요구되는 것은 사랑과 성 문제에 있어서 편견에 사로잡히지 않은 순수성이다.[49] 순수성에의 요구는 남녀 관계의 인간주의적인 진정성에 대한 요구이기도 하다.

> 줄곧 고통과 굴욕을 견디어 온 이 여자라는 인간은 자신의 외적인 지위의 변화를 통하여 단지 여자일 뿐이라는 인습을 떨쳐 버리게 되는 날 세상의 빛을 보게 될 것입니다. 그리고 이러한 여자라는 인간이 다가오고 있다는 사실을 아직도 깨닫지 못하고 있는 남자들은 그때 가서 깜짝 놀라 뒤통수

47 Rainer Maria Rilke: Briefe an einen jungen Dichter. 39. Aufl. Frankfurt am Main 1991. S. 18.
48 Rainer Maria Rilke: Briefe aus den Jahren 1914 bis 1921. Hrsg. von Ruth Sieber-Rilke und Carl Sieber. Leipzig 1937. S. 50.
49 Vgl. Joachim W. Storck: a.a.O., S. 268.

를 한 방 얻어맞은 꼴이 되고 말 것입니다. (…) 언젠가 여자들의 명칭이 더 이상 단순히 남성에 대한 반대쪽을 나타내지 않고 그 자체로서 무언가를 나타내는, 즉 보충과 경계가 아니라 삶과 존재를, 즉 인간으로서의 여성을 생각하게 하는 처녀들과 부인들이 나타날 것입니다.[50]

릴케는 여기서 남성적 특성을 비본질적인 것으로 간주하고 이것을 극복하는 것이 문제라는 점을 분명히 하고 있다. 그는 종래의 남성과 여성 관계가 아니라 성적인 구별을 떠난 인간 대 인간의 관계를 역설한다. 그의 견해는 반시민성 혹은 비시민성의 사고와 결합된다. 그는 성도덕에 의해 왜곡된 부정적인 성 개념의 해방을 외치는 것이다. 이러한 견해를 피력하는 릴케의 자세에 인류구원의 사고가 개입되어 있음을 우리는 어느 정도 미루어 짐작할 수 있을 것이다.

이러한 성에 대한 억압이 구체적으로 시에서 어떠한 방식으로 표현되는지 살펴보자. 〈시련Die Versuchung〉은 한 기독교 성자의 금욕적인 고난을 다룬 작품이다.

그의 그림자는 허벅지처럼 따뜻했고
포옹을 하려 한껏 부풀어올랐다.(SW1, 576)

릴케는 성자의 "그림자"에서 안으로 감추어진 욕정을 읽고 있다. "그의 그림자"는 성자의 마음의 표현이다. 억압의 한 양상 속에 깃들인 해방에의 욕구가 이렇게 표현된 것이라고 할 수 있다. 성자의 "그림자"는 마치 남근처럼 부풀어 오른다. 금욕의 강도가 강하면 강할수록 그에게는 모든 것이 음란한 대상으로 보인다. 여기서 릴케의 경우 성적 욕구에

50 Rainer Maria Rilke: Briefe an einen jungen Dichter, S. 39.

시달리는 것이 거의 남성이라는 점에 주목할 필요가 있다. 오히려 여성의 경우는 남성의 욕구를 만족시켜 주는 더 우월한 위치에 있다. 이것 역시 가부장적 남성 우월적인 사고방식에 대한 릴케의 비판이다.

2) 활력성의 동기로서의 성

모든 억압으로부터의 해방의식은 활력성으로 나아가는 길의 출발점이다. 릴케에게 있어서 성이 갖는 활력성의 강조 측면에서 우리는 니체의 생철학과 월트 휘트먼Walt Whitman의 《풀잎*Leaves of Grass*》에 나타나는 생의 기쁨으로 가득 찬 태도, 에밀 베라렌Emile Verhaeren의 찬가적-황홀경적 삶의 긍정, 앙드레 지드André Gide의 생의 도취로 가득한 초기 작품《지상의 양식*Les Nourritures terrestres*》, 그리고 마지막으로 D. H. 로렌스Lawrence의 산문 작품의 영향을 배제할 수 없다.[51] 같은 관점에서 보들레르Baudelaire의 시 〈썩은 사체Une Charogne〉의 영향 역시 간과할 수 없다. 전래의 판에 박힌 미의 기준에서 벗어나 역겨운 것 역시 시에서 나름대로의 위치를 차지할 수 있다는 보들레르의 잘 알려진 주장은《말테의 수기*Die Aufzeichnungen des Malte Laurids Brigge*》에서도 그대로 언급되고 있는데, 여기서 눈여겨보아야 할 점은 릴케나 보들레르의 경우 그러한 역겨운 것 자체가 과연 문제가 되었겠느냐 하는 것이다. 오히려 역겨운 것의 "그 배후에 숨겨져 있는 강력한 느낌"[52]이 무엇을 말하려는 의도에서 행해졌느냐를 파악해 내는 것이 우리에게 주어진 과제라고 여겨진다. 이것이 우리가 릴케의 성을 보는 시각에서도 고려해야 할 대목이다.《신시집》에 들어 있는 〈창녀들의 무덤Hetären-Gräber〉이라는 시의 일부를 보자.

51 Vgl. Joachim W. Storck: a.a.O., S. 275.
52 Vgl. Herbert W. Belmore: a.a.O., S. 252f.

그녀들은 강바닥,
(다음 삶으로 가고픈)
잔물결이 찰싹일 때마다 그 위로
많은 젊은이들이 몸뚱어리를 던졌으며,
거기서 사내들의 물살이 쏴쏴 소리를 질렀다.
그리고 때로는 소년들이 어린 시절의 산을 깨치고
멈칫거리며 아래로 떨어져 내려와
바닥에 이르러 물건들을 가지고 놀았다,
물의 흐름이 그들의 감정을 사로잡을 때까지.(SW1, 541f.)

이 시는 릴케가 고대의 창녀들의 무덤을 보고 난 뒤 쓴 시이다. 창녀들을 소재로 삼았다는 점이 새로울 뿐만 아니라 시적 전개 과정이 어떻게 보면 외설적이라고까지 할 수 있다. 시인은 창녀들을 강바닥으로 표현하고 창녀들이 남자들을 받아들이는 것을 강바닥 위로 물살이 쏴쏴 소리를 지르며 흐르는 것에 비유하고 있다. 정액을 연상시키는 이 물살의 흐름은 급기야 어린 소년들에게까지 들려 그들의 욕망을 부추긴다. 그들의 성적 욕망을 풀어 주는 주체는 다름 아닌 창녀들이다. 그렇다면 시에 받아들이기 어려운 소재를 사용하여 릴케가 말하려는 바는 무엇인가? 그것은 다름 아닌 인간 본래의 활력성과 진실성의 재획득이라고 할 수 있다. 멈추어 있지 않고 잔물결 치며 흐르는 물이 갖는 또 다른 역할로서 정화와 카타르시스의 이미지가 그것을 잘 말해 준다.

그러면 이러한 활력성과 진실성이 궁극적으로 무엇을 지향하는지 살펴보자. 중기의《신시집》의 시 〈라우테Die Laute〉는 여성의 음부와 라우테의 생김새를 정확히 비교하면서 두 가지의 연관성에서 오는 과감한 연상작용을 독자에게 촉구하고 있다.

나는 라우테. 그대가 나의 몸뚱어리,
그 아름다운 선의 몸체를 기술하려거든
자랄 대로 자란 무화과 열매를 이야기하듯
그렇게 말해 다오. 내게서 보는

어둠을 강조해 다오. 그것은
툴리아의 어둠. 그녀의 음부에는
지나침이 없었고, 그녀의 밝은 머리칼은
밝은 방과 같았다. 때때로 그녀는

나의 거죽에서 약간의 음향을 취해
제 얼굴로 가져가 나를 향해 노래했다.
그러면 나는 그녀의 가냘픔을 향해 몸을 펴고
마침내 나의 마음은 그녀 가슴속에 있었다.(SW1, 611f.)

여기서 "무화과 열매"로 번역한 "Feige"는 여성의 음부라는 뜻도 함께 지니고 있어 릴케가 성적인 묘사를 위해서 이중, 삼중의 의미를 지닌 시어를 택하고 있음을 알 수 있다. 더욱이 "Feige"라는 말은 일반인들이 여성을 상대로 "갈보"라는 욕설로 사용하는 상스러운 말로서 점잖은 모임에서는 전혀 사용될 수가 없는 것이다. 벨모어는 여기서 라우테가 중심이 아니라 여성의 음부를 묘사하기 위해서 오히려 시인이 라우테를 구실로 내세운 것이라는 주장을 펼치나,[53] 여기에는 설득력이 약하다. 예술가로서 릴케가 선호하여 창작의 대상으로 삼은 라우테는 예술 창작의 상징으로서 여성의 은밀한 부위처럼 그곳으로부터 생산적인 작업이 이루어진다는 데 중심적인 의도가 있기 때문이다. 라우테는

53 Vgl. Herbert W. Belmore: a.a.O., S. 257.

곧 툴리아의 음부와 동격으로 노래된다. 여기서 툴리아 다라고나Tullia d'Aragona는 16세기에 실존했던 베네치아의 유명한 쿠르티자네Kurtisane, 즉 창녀 이름이다. 라우테 속의 어둠이 창녀 툴리아의 은밀한 어둠에 비유되면서 어둠이라는 공통분모에 강조점이 들어간다. 어둠이 릴케에게 있어서 창조의 근원을 의미한다는 것은 《기도시집》을 비롯하여 여러 작품을 통해서 이미 밝혀진 바 있다. 물론 여기에 등장하는 둥근 모양의 라우테, 잘 익은 무화과 열매, 툴리아의 검은빛의 은밀한 부위 등에서 "복잡한 관능성"[54]이 느껴지지 않는 것은 아니다. 그러나 시를 잘 살펴보면 툴리아가 라우테를 쳐서 소리를 내는 주체적 입장임이 마지막 연에서 드러난다. 툴리아의 애잔한 마음이 그대로 라우테에 전해지면 라우테는 그녀의 "가슴속에" 들어가 그녀의 마음을 소리로 전하는 것이다. 따라서 여기서 중요한 것은 관능성 그 자체보다는 관능성의 이면에 놓인 외로움과 그것을 노래로 부르고자 하는 여인의 쓸쓸한 마음, 그리고 거기서 저절로 생겨나는 시적 창작 등이다. 라우테와 툴리아, 두 존재는 하나로 합일되어 하나의 노래를 부르는 것이다. 《두이노의 비가》의 제3비가에서 "죄 많아 숨은 피의 하신"이라는 구절처럼 관능성이 어떤 죄책감이나 공포스런 충동을 유발할 수 있음도 사실이다. 그러나 이 시에서의 관능성은 전체적인 맥락을 넘어서지 않는 범위 내에서 하나의 구성요소로서 묘사되기 때문에 창조성의 강조라는 측면을 전혀 손상시키지 않으며, 기독교적인 관점에서 관능성이 죄로 간주되지도 않는다. 전혀 죄의식을 느끼지 않고 성에 대한 이야기를 할 수 있을 때 비로소 시인의 해방적 의식이 작동하고 진정한 창작이 이루어지는 것이다.

54 Ebd.

3) 추상적인 것의 감각적 표현을 위한 성—이미지로 쓰인 성

시적 표현의 절실함과 표현 강도의 상승효과를 위해서도 릴케는 성적인 용어의 사용을 서슴지 않는다. 민감한 성적 욕구가 릴케의 경우 시적 고백과 결합되어 표현이 구체성과 뚜렷한 이미지를 획득한다. 《젊은 시인에게 보내는 편지》의 다음 구절은 성적인 것이 세계에 대한 인식과 어떠한 관계를 지니는지 잘 보여 준다.

> 육체적인 쾌감은 감각적인 체험으로서, 이것은 순수한 직관 혹은 우리의 혀를 가득 채워 주는 달콤한 과일의 순수한 느낌과 다르지 않습니다. 그것은 우리에게 부여된 크고 무한한 경험이며, 세계에 대한 인식이며, 이러한 모든 인식의 충만이자 광휘입니다.[55]

성서적 의미로 상대방의 몸을 속속들이 안다는 뜻으로의 "인식 Erkennen"이 세계와 사물에 대한 앎의 전제가 되고 있다. 여기에 근거하여 릴케는 성적인 이미지들이 독자의 눈에 선하게 드러나도록 절묘하게 그려내는 재주를 구사한다. 그것은 직접적으로 명명되기도 하고 또 암시적으로 행해지기도 한다. 추상적인 개념을 표현할 때에도 릴케는 성적인 것을 사용한다. 삶과 죽음의 표상을 과일의 감각적인 단맛에 비유하는 예는 《기도시집》에서뿐만 아니라 《오르페우스에게 바치는 소네트 *Die Sonette an Orpheus*》에서도 찾아볼 수 있다.

> 말해 보라, 그대들이 사과라고 부르는 것을.
> 이 단맛, 빽빽하게 들어차 있다가
> 맛보는 사이에 소르르 일어나

55 Rainer Maria Rilke: Briefe an einen jungen Dichter. a.a.O., S. 22.

깨끗해지는, 깨어 있는 투명한 그 맛,
두 가지 뜻을 지닌, 태양과 흙과 이승의 맛—
오오 체험이여, 느낌이여, 기쁨이여—, 놀랍다!(SW1, 739)

1연에서 2연으로 넘어가면서 이루어지는 "사과"의 변용 과정이 연을 뛰어넘어 절묘하게 서술되고 있다. 사과의 상큼한 맛이 해맑은 정신적인 체험으로 고양된다. 따라서 그의 언어는 그 자체에 육체적인 면을 지니고 있다고 할 수 있다.[56] 육체적인 언어에 대한 언급에서 빼놓을 수 없는 인물은 중기의 릴케에게 많은 영향을 준 조각가 로댕이다. 로댕은 추상적이고 환상적인 릴케의 초기 시적 언어가 구체적 육체성을 갖는데 큰 역할을 했다. 성에서 감지한 육감적인 표상은 삶과 죽음의 동일성을 말할 때도 그 모습을 드러낸다. 다른 한편으로 이것은 D. H. 로렌스를 연상시키는 활력주의의 일단이라고도 볼 수 있다.[57] 이러한 활력주의는 무엇보다도 1915년에 쓴 시 작품 〈일곱 편의 시Sieben Gedichte〉와 〈벨만에게 바치는 송가Ode an Bellmann〉, 그리고 〈젊은 노동자의 편지〉(1922)에서 분명하게 전개된다.

3. 자웅동체와 완성에의 열망

1) 성 프란체스코와 "죽음을 낳는 자"

릴케의 글에서는 이를테면 "잉태하다", "산달까지 참고 기다리다", "분만하다" 등과 같은 여성적인 어휘들이 많이 등장하지만《기도시집》3부에서 칭송되는 성자 프란체스코는 남근의 형상을 구현한다.

56 Vgl. Klaus Kanzog: Wortbild und phallisches Motiv bei R. M. Rilke. In: Zeitschrift für Deutsche Philologie. 76. Bd. 1957. S. 203-228. S. 210.

57 Vgl. James C. Cowan: D.H. Lawrence and the Trembling Banlance. The Pennsylvania State University Press 1990. S. 117.

〔…〕그의 씨는 냇물을 따라
흘러내렸고, 나무들 사이에서 노래 불렀으며
꽃 속에서 그를 조용히 바라보았습니다.
그는 누워서 노래 부르고 있었습니다. 자매들은 와서
사랑하는 그들의 남자를 위해 실컷 울어 주었습니다.(SW1, 366)

신의 남근적 성격은《기도시집》의 "그는 성벽을 부수는 자, 묵묵히 일할 뿐입니다"(SW1, 285f.)와 "그리고 나의 영혼은 당신 앞에 서 있는 여인입니다"(SW1, 313)라는 대목에서도 간접적으로 시사된다. 남근에 대한 릴케의 묘사는 1915년에 쓰여졌으나 미발표로 남은 〈일곱 편의 시〉에서 모범적으로 구현된다. 미발표여서 그런지 모르나 여기서 시인은 남근에 대해서 노골적인 묘사를 감행하고 있다. 남근에 대한 이보다 적나라한 묘사는 독일 문학사상으로 그 전례를 갖고 있지 않다. 시인은 여기서 남근을 우듬지가 무성한 나무에, 둥근 기둥에, 식물의 수술에, 탑에, 신에 그리고 군대에 비유한다. 특히 탑에 대한 릴케의 선호 성향은 남근과의 관련성을 분명하게 보여 주는 것이다. 나아가서 성적인 것이 우주적 차원을 획득한다. 그러나 이처럼 노골적인 성적 묘사가 종교적인 직유와 결합되어 나타나는 까닭은 무엇인가? 이 시들 속에는 그리스도의 부활이나 성모 마리아의 몽소승천 그리고 천국 등의 종교 용어가 들어 있다. 남근뿐만 아니라 여성의 성기 그리고 남녀간의 정사 장면까지 거침없이 묘사하고 있는 이 시는 릴케에게 있어서 어떤 의미를 지니는가? 릴케는 성적인 체험을 신적인 지위로까지 격상시키려는 것이다. 이것을 그는 "이 세상에서 처음 존재하게 될 남근 신"[58]으로 구체화한

58 Rainer Maria Rilke: Briefe aus Muzot. 1921 bis 1926. Hrsg. von Ruth Sieber-Rilke und Carl Sieber. Leipzig 1937. S. 126f.

다. 성적인 것에 대한 종교적 격상 의도는 기독교에 의한 억압에 대한 보상심리에서 출발하는 것이기도 하지만, 다른 한편으로 진정으로 우리 인간에게 중요한 것이 무엇인지를 알려 주려는 의도도 내포하고 있다고 하겠다.

《기도시집》 제3부의 "죽음을 낳는 자"는 우선은 남근의 성격을 강하게 띤 거인 형상으로 등장한다. 그러나 세계의 급진적인 변혁을 끌어낼 수 있는 존재로서의 "죽음을 낳는 자"는 동시에 프란체스코와 차원을 달리한다. 그것은 신화적인 차원을 이른다. 신화적인 차원은 "죽음을 낳는 자"가 자웅동체의 양성적인 인물이라는 데에서 절정에 달한다.

> 주여, 한 사람을 거대하게 해 주소서.
> 그의 삶에 훌륭한 자궁 하나를 만들어 주시고,
> 싱그러운 금발의 깊은 숲 속에
> 그의 음부를 문처럼 장식하시어
> 어찌 이를 수 없는 그 음경으로
> 무수한 전사를, 흰 군사의 무리를,
> 그 수 없는 정자를 지나게 하소서.(SWI, 349)

여기의 어느 한 존재는 음경뿐만 아니라 자궁까지도 한 몸에 지니고 있다. 그는 자신의 삶에 훌륭한 자궁을 갖고 있으며 그리로 자신의 정자를 통과시킨다. 이 자웅동체의 존재에 대한 묘사에 있어서도 성적인 표현이 지극히 많이 동원되고 있다. "죽음을 낳는 자"는 생식을 자체 내에서 해결하는 존재로 나타나며 현실적이지 않고 이상화되어 있다. 이 시의 맥락을 잘 보면 여기에 왜 릴케가 종교적인 것과 성적인 것을 연결시키는가 하는 이유를 알 수 있다. 그것은 바로 "그리스도의 구세의 복음에 대한 거부와 남근 모티프를 통한 그것의 대체"[59]에 목적이 있다. 그래서 신을 낳는 존재로서의 마리아가 아니라 죽음을 낳는 신화적 존재가 칭송된다. 물론 여기에는 자신의 주장을 종교적 메타포를 통해 보다 절실하게 정당화하고자 하는 의도도 들어 있다.

3-2. 예술가의 자기완성의 상징으로서의 자웅동체

릴케가 이처럼 양성이 하나로 합쳐진 신화적 형상을 칭송하는 이유는 무엇인가? 그는 실제로 아주 빈번하게 인간적인 체험 영역에 있어서건 아니면 우주적인 총체성의 입장에서건 전체성을 표현하기 위해 두 개의 상호 보완적인 절반으로 이루어진 공의 형상을 이용한다.[60] 그러므로 자웅동체는 두 개의 성이 서로 나뉘기 이전의 전체성의 표징이다. 그는 공처럼 생긴 양성적인 인류 최초의 인간을 알고 있었다. 먼저 양성이 합쳐진 전체성에 대한 릴케의 묘사를 보자.

> 그래, 소망이 아직 미약한 한에 있어서는 그것은 마치 반쪽과 같으며 나머지 반쪽처럼 하나로 합쳐질 필요가 있습니다.〔…〕 그러나 소망들이 아주 놀랍도록 커져서 하나의 전체로, 가득 찬 것으로, 온전한 것으로 자라날 수 있습니다. 이것은 더 이상 보충을 필요로 하지 않으며 스스로로부터 증가하고 만들어지고 가득 차는 것입니다.[61]

공처럼 생긴 양성적인 첫 인간의 출처는 플라톤의 《향연*Symposion*》이

59 Klaus Kanzog: a.a.O., S. 212.

60 Vgl. Anthony Stephens: Zur Funktion sexueller Metaphorik in der Dichtung Rilkes. In: Egon Schwarz(Hrsg.): Zu Rainer Maria Rilke. Stuttgart 1983. S. 69-89. S. 72.

61 Rainer Maria Rilke: Briefe. 1 Band. Hrsg. Rilke-Archiv in Weimar. In Verbindung mit Ruth Sieber-Rilke, besorgt durch Karl Altheim. Wiesbaden 1950. S. 264.

다. 이미 낭만주의 시인 노발리스Novalis의 경우에서도 그랬지만 금세기의 많은 사회적 사상가들에게 있어서 자웅동체의 형상은 인간의 잃어버린 원초적 상태뿐만 아니라 미래에 도래할 완벽성을 대변한다.[62] 제한된 의식의 한계를 뛰어넘을 수 있는 계기를 자웅동체라는 신화적 형상이 부여하기 때문이다. 그에게 있어서 이러한 생각의 근원은 1897년에 쓴 산문 〈비밀Das Geheimnis〉에서 발견할 수 있다. "우리가 날마다 서로를 곁에 두고 함께 살면서 낮에는 똑같은 포도주를 마시고 똑같은 소금을 먹고 똑같은 배고픔을 느끼고 밤에는 똑같이 코를 골아 상대방의 잠을 방해한다면, 이 두 사람은—하나의 인간이 되지는 않는다고 해도 반쪽이 남김없이 들어맞는 하나의 보완적인 전체는 될 수 있을 것이다"(SW4, 26). 불완전한 인간 현존재와 관련하여 이러한 "온전한 황금의 공"(SW6, 929)에 대한 이야기는 《말테의 수기》에서도 발견된다.

1898년 5월에 쓴 《피렌체 일기*Das Florenzer Tagebuch*》의 다음 대목은 릴케에게 있어서 자웅동체적 사고방식의 출발점을 보여 준다.

> 자꾸만 나는 나를 향한 너무나도 큰 그리움을 느낍니다. 나는 그 길이 아직 머나멀다는 것을 알고 있습니다. 그러나 나는 나의 가장 멋진 꿈들 속에서 내가 나를 받아들일 날을 봅니다.[63]

시인의 그리움은 자신을 받아들일 날에 대한 그리움이다. 자신을 받아들인다는 것은 무엇인가? 이 표현에는 하나의 완벽한 자웅동체적 의미가 깃들여 있다. 이것은 인간의 본능적 합일 의지와 다를 바가 없다.

62 Vgl. Anthony Stephens: a.a.O., S. 73.

63 Rainer Maria Rilke: Tagebücher aus der Frühzeit. Hrsg. von Ruth Sieber-Rilke und Carl Sieber. Frankfurt am Main, S. 34f.

본능적 합일 의지는 또한 예술가 릴케에게 있어서는 하나의 자기 해방 과정이다. 이것은 자신의 "감정과 피를 완전히 자기 것으로 만듦으로써"[64] 이루어진다. 이 모든 것의 배후에는 초기 릴케의 예술가적 공명성이 자리 잡고 있다.

자웅동체의 표상은 여기서 궁극적으로는 성적인 것을 넘어서는 의미를 획득하여 고독의 신화로 바뀐다. 이것은 자신의 작품과 더불어 하나의 세계를 형성하고픈 예술가의 욕망과 결합된다.[65] 예술가의 소망은 자신과 주변 사람들의 희생을 대가로 하여 자기 자신을 완성시키는 것, 완전한 존재가 되는 것, 적어도 창작을 하는 동안엔 완전한 존재가 되는 것이다.[66] 상호 부족한, 그렇지만 두 개가 합쳐서 하나로 될 수 있는 상황을 릴케는 상정하고 있다.《기도시집》의 시기에도 그랬지만 이때 중요한 역할을 하는 존재가 바로 신이다. 신은 양자의 변증법적 합일을 보증해 준다. 이때 더 이상의 것이 필요 없는 상태가 되어 신과 예술가 그리고 예술작품은 자체만의 고독을 누릴 수 있게 된다. 이런 의미에서 자웅동체의 성격에서 자기 도취적, 순환적 존재로서의 나르시스 모티프를 발견하는 것도 무리는 아니다. 양성의 대립을 하나로 합일시켜 주는 존재로서 나르시스가 칭송되는 것이다.[67]

3) 자웅동체와 예술작품의 자율성

사랑하는 대상과의 합일을 통해서 창조적 엔텔레키아를 고양한다는 것이 릴케의 초기의 사고이다.《피렌체 일기》에서 언급한, 자기를 받아

64 Rilkes Brief an. F. Huch vom 16. 12. 1902.
65 Vgl. Anthony Stephens: a.a.O., S. 74.
66 Vgl. Richard Exner/ Ingrid Stipa: Das Phänomen der Androgynie des Schaffensprozesses im späten Rilke: Das Ballspiel "Solang du Selbstgeworfenes fängst..." S. 357.
67 Vgl. O. F. Bollnow: Rilke. Zweite, erweiterte Auflage. Stuttgart 1956. S. 265.

들이는 행위는 곧 자웅동체적 행위에 다름 아니며, 이것은 나아가서 창조적 행위의 구체적, 이미지적 표현이다. 다음 시는 만년의 대작《두이노의 비가》의 마무리 직전인 1922년 1월 31일에 쓰여진 것으로서 릴케 자신의 창작 과정을 잘 담아서 보여 주고 있다.

네가 네 스스로 던진 것을 다시 받는 한, 모든 것은
재주요 보잘것없는 이득일 뿐이다—,
영원히 함께 공 던지기 하는 여인이
너를 향해, 너의 중심을 향해, 아주 노련하게 원을 그리며,
신의 거대한 다리-구조물을 따라 내려오는 원들 중의
하나를 그리며 던진
공을 느닷없이 잡는 존재가 될 때 비로소 너는,
공을 잡는 것이 비로소 네 것이 아닌 능력이,
한 세계의 능력이 된다. 그리고 네가 공을
되던질 힘과 용기를 가지고 있다면,
아니, 이보다 놀랍게, 그런 용기와 힘을 잊어버린다면,
그리고 어느 새 공을 던져 버렸다면… (세월이
새들을, 철새 떼들을,
갓 따스해진 온기들 중 그래도 오래된 것을
바다 위로 집어던지듯이—), 너는
이런 모험 속에 진짜 당당하게 들어선 것이다.
너의 던짐을 더 이상 쉽게 하지도 말고. 너무
힘들게 만들지도 말라. 너의 두 손에서
유성은 빠져나와 저만의 공간을 향해 질주한다…(SW2, 132)

겉으로 보기에 이 시는 두 사람이 하는 공놀이를 다루고 있는 듯한

인상을 준다. 여기서 공놀이를 릴케는 두 가지로 나누어서, 하나는 열등한 것이고 다른 하나는 아주 훌륭한 것이라고 주장한다. 전자는 "네가 네 스스로 던진 것을 잡는 한"이라는 표현이 보여 주듯 혼자서 하는 공놀이로서 그저 "보잘것없는 이득"에 불과할 뿐이라고 시인은 언명하면서, 두 번에 걸쳐 쓰인 "—할 때 비로소"라는 표현을 통해 진정한 공놀이는 어떻게 이루어지는가를 설명한다. 혼자 하는 공놀이의 보잘것없음을 강조하고 조건문을 씀으로써 진정한 공놀이의 중요성을 부각시키고 있다.

"영원히"라는 말에서 암시되는 신적인 존재와의 공놀이는 초기의《기도시집》에서도 발견된다. "신"이라는 말의 등장과 더불어 시적 자아의 공놀이는 우주적인 차원으로 상승된다. 신과의 공놀이 장면을 시인은《기도시집》에서 이렇게 노래한다. "마치 공처럼,/파도치는 기쁨 속으로 내가 당신을/던져 올리면, 누군가 당신을 잡았을 것입니다./당신의 낙하에/빈손을 내밀어 주었을 것입니다,/그대 사물 중의 사물이시여" (SW1, 265). 이러한 신적인 존재가 보증을 서 주는 공놀이가 진정한 공놀이라는 것이다. 진실되고 타당한 공 던지기와 잡기는 결국 창조의 행위로 넘어간다.[68]

"신의 거대한 다리-구조물"에서 나온 공을 잡는다는 말은 시인이 그러한 거대한 구조 속으로 편입되고 싶은 소망을 드러낸 것이라고 할 수 있다. 그러나 그 속으로 들어가기 위해서는 무언가가 외부로부터 그에게로 날아와야 한다. 그것을 받는 것은 그의 힘으로만은 되지 않는다. "한 세계" 전체의 힘이 필요하다. 진정한 창작을 뜻하는, "함께 하는 진정한 놀이"는 정신상으로 무조건적이고 맹목적인 순종을 요구한다. 그

68 Vgl. Richard Exner/ Ingrid Stipa: a.a.O., S. 360.

렇기 때문에 되던지기 행위에 요구되는 "힘과 용기" 따위는 전혀 문제의 대상이 되지 않는다.[69] 진정한 공 던지기를 위해서는 일단 "힘과 용기"가 필요하다고 해 놓고 나서 시인은 이를 곧 부정한다. "힘과 용기"를 가지고 있다는 사실조차도 창작의 순간에는 망각해야 한다. 이것이 창작을 위한 전제조건으로 제시된다.

지금까지의 이야기를 창작과 관련시켜 보면 시 쓰기에 있어서 감정을 덜어 내는 문제가 이 시의 핵심을 이룸을 알 수 있다.[70] 시인의 감정적인 차원은 이 시에서 첫 두 행에 잘 언급되어 있다. "재주"와 "보잘것없는 이득"이라는 시어가 그것이다. 여기에는 인위적 조작이 들어갔다는 뜻이다. 마지막 행에 이르러 시적 주체로부터 독립적인 존재가 되어 "저만의 공간을 향해 질주하는" "유성"은 바로 시를 상징한다. 릴케는 이 유성을 하나의 형상으로 응축된 정신적 열화로 본다.[71] 그것은 장인처럼 손일을 통해서 씌어진 그의 시적 언어가 "보다 꽉 차고, 보다 촘촘하고, 보다 확고하고, 보다 묵직하기"[72]를 바라는 소망이나 "시적 총합"[73]에 대한 열망과 맥을 같이 하는 것이다. 이러한 시 작품은 교제나 의사소통을 목적으로 하는 일상의 언어와 본질적으로 궤도를 달리하면서 모든 세속적인 상실이나 덧없음에서 벗어나 "저만의 공간을 찾아" 우주 공간 속에 하나의 곡선 운동으로 위치한다. 이것을 우리는《오르페우스에게 바치는 소네트》에 등장하는 말로 "순수한 연관"(SW1, 759)으로 들어갔다고 이해할 수 있다.

그런데 이 시에서 어떻게 자웅동체의 존재를 확인할 수 있는가? 그것

69 Vgl. Ulrich Fülleborn: a.a.O., S. 128.
70 Vgl. Ulrich Fülleborn: a.a.O., S. 126.
71 Vgl. Ulrich Fülleborn: a.a.O., S. 129.
72 Rainer Maria Rilke: Briefe. 1 Band. S. 298.
73 Rainer Maria Rilke: Briefe. 1 Band. S. 852.

은 바로 릴케의 정신적 태도가 자웅동체적임을 뜻한다. "영원히 함께 공 던지기하는 여인"은 릴케 자신의 영혼의 한 측면을 말하는 것이다. 왜냐하면 릴케는 자신의 내면에 두 가지 존재가 있어 그 두 존재가 창작을 가능케 한다고 믿고 있기 때문이다. 1914년에 쓴 유명한 시 〈전향 Wendung〉에서 릴케는 "내면의 남자여, 너의 내면의 아가씨를 보라,/이 수천의 자연으로부터/얻은 존재를,/이제 비로소 얻었을 뿐,/아직 한 번도 사랑하지 않은 피조물을"이라고 말하면서 모든 것을 내면화하여 자신의 어두운 무의식 속에 둔 존재를 "내면의 아가씨"로 표현한다. "내면의 아가씨"는 모든 것을 관찰하여 얻는 작업에 의해 생겨난다. 이러한 자웅동체적인 상황에 의해서 릴케는 시를 만들어 낸다. 두 존재의 합일은 앞서 언급한 "황금의 공"을 연상시킨다. 물론 이때 주도적인 역할을 하는 것은 "함께 공놀이 하는 여인"이다. 그 존재에 의해 인식되고 그 존재가 시적 주체를 향해 공을 던져 주어야만 비로소 진정한 창작이 가능하게 된다. 이때 중요한 것은 마음속의 두 존재가 서로의 마음을 주고받고 서로를 인식하면서 하나가 되는 것이다. 디터 바서만은 이것이 시적 주체와 세계 사이의 진정하고도 살아 있는 왕래를 통해 가능한 것이라고 말한다.[74] 여기서 자웅동체의 의미가 뚜렷이 드러난다. 정신적인 자웅동체 상황이 창작에 많은 결실을 가져다주는 것이다.

자웅동체에 대한 릴케의 긍정적인 태도는 결국 예술사물에 대한 그의 숭배적 자세와 연관을 맺는다. 여기서 성적인 메타포들이 급변을 겪는 과정이 연출된다. 이것은 그의 문학의 이해를 위해서 상당히 중요하다. 1908년 8월 9일자 아내 클라라에게 쓴 편지를 보자.

74 Vgl. Dieter Bassermann: Der späte Rilke. Essen und Freiburg/Br. 1948. S. 515.

로댕은 감각적인 것이 모든 사물의 모든 부위에서 균등하게 강하고 달콤하고 유혹적이 될 만큼 속속들이 퍼지고 변용되어야 한다고 생각하오. 모든 사물이 성적인 것을 넘어서서 가장 감각적으로 넘치는 부위에서조차 정신적으로 급변할 때 비로소 신과 함께 누울 수 있다고 그는 말하고 있소.[75]

창작의 과정은 성적인 요소를 띠지만 이것은 결국에는 극복되어 정신적인 것으로 변용되어야 한다. 다시 말해서 창작은 성적인 것에서 시작되지만 이것의 산물인 예술작품은 초시대적, 전체적인 것이 되어야 한다는 것이다. 이것이 《기도시집》 이후로 릴케에게서 관찰할 수 있는 보다 높은 등급의 현실로의 추상화 작업이다.[76] 이렇게 해서 성적인 연상은 결국 성스런 예술작품과 연결되는 것이다. 이러한 연상이 시인의 개인적 체험과 표현 방식에 그 기본을 두고 있음은 물론이다. 성적인 표현에 대한 릴케의 감수성과 표현력이 그의 문학에 생기와 섬세함을 주는 동인이다. 성적인 표현이 그의 내면의 풍경을 나타내 주는 등가물이 될 수 있다. 여기에 물질적인 것, 물리적인 것이 하나의 정신화 과정을 통하여 상징으로 한 단계 고양되는 계기가 들어 있다. 그 뿌리를 우리는 릴케가 초기에 한 젊은 시인에게 보낸 창작의 비밀인 "왜냐하면 정신적인 창조 역시 육체적인 창조에서 비롯하며 육체적 창조와 본질을 같이 하기 때문이지요. 다만 정신적인 창조는 육체적인 쾌감의 좀더 은근하고 좀더 황홀경적이고 좀더 지속적인 반복일 따름입니다"[77]라는 구절에서 찾을 수 있다. 정신화 과정은 무엇보다도 현실적인 언어가 시의 공

75 Rainer Maria Rilke: Briefe. 1 Band. S. 228.

76 Klaus Kanzog: a.a.O., S. 203.

77 Rainer Maria Rilke: Briefe an einen jungen Dichter. S. 23.

간에서 독자적인 의미를 획득함을 뜻한다. 이러한 정신화 과정을 통해서 시 작품은 영원성을 보장받는다. 따라서 위의 시에서 벌어진 공놀이는 1909년 여름에 쓴 〈분수들Fontäne〉이라는 제목의 짧은 시의 "상승과 하강으로부터/내 가슴속에도 마냥 존재하는 것이 생겨났으면./오, 손도 없는 올림과 받아들임,/가장 정신적인 머무름. 공 없는 공놀이여"라는 구절이 분명히 알려 주듯이 다름 아닌 시인의 내면의식의 반영이요 그 자체로서 창작의 한 과정이다. 공을 던지고 받고 하는 과정은 곧 구상에서 완성으로 나아가는 도정을 이른다. 마음속의 또 하나의 자아와 던지고 받고 되던지고 하는 과정이 하나의 균형을 이룰 때 릴케가 말하는 완벽한 작품이 창조될 수 있다.

3. 성性 메타포의 다의성

우리는 지금까지의 논의로 릴케에게 있어서 성이 억눌림에 대한 반기를 위한 거론 그 자체로서 끝나는 것이 아니라, 이를테면 사회적 비판, "죽음을 낳는 자"라는 신화, 고독, 삶과 죽음 그리고 예술 창작 등의 모티프를 중개해 주는 중요한 역할을 담당한다는 사실을 확인할 수 있었다. 따라서 남녀간의 성적인 관계를 하나의 생리학적인 충족으로 그리지 않는 데서 릴케 문학에 나타나는 성적인 요소들은 단순한 저질적 성애문학의 한계를 뛰어넘는다. 어떻게 보면 릴케는 감각적인 성을 시적인 창조성으로 변용시켰다고 할 수 있다. 이때의 변용은 출구가 없는 성적인 욕망을 정신적인 것으로 다스림으로써 그것을 극복한 것으로 보인다. 그러한 변용의 출발점은 시인이 현실에서 느낀 여러 가지 갈등들에 있다. 이 충동적인 갈등이 외부에서 그 객관적 상관물을 찾았을 때 시에서는 성적인 메타포들로 나타나는 것이다. 때문에 릴케의 문학에 나타나는 성적인 것들을 무조건적으로 그대로 받아들이는 것은 무리한 일이라고 하지 않을 수 없다. 성적인 표현은 릴케의 경우 때에 따라서는 그 본래의 의미대로 쓰이기도 하지만 대체로 다른 무엇을 지칭하는 적절한 표현 수단이기 때문이다.

우리는 자웅동체에 대한 릴케의 생각이 창작 과정에 있어서 감정을 덜어 내는 문제와 긴밀하게 연결된다는 것을 확인하였는데, 다른 한편으로 우리는 자웅동체의 상징적 의미에서 "절대적인 사회적 평등"[78]의 상징을 발견할 수도 있을 것이다.

78 A.J.L. Busst: The Image of the Androgyne in the Nineteenth Century, in: Romantic Mythologies, hrsg. v. I. Fletcher, London 1967, S. 1-95. S. 9.

표현주의 시인 게오르크 하임의 시 〈전쟁 I〉

1. 전쟁의 예언

비평가들이 초기 표현주의 시인 게오르크 하임Georg Heym(1887-1912)의 문학작품에 대한 글을 쓰기 시작한 1911년 이래로 하임의 문학은 환시幻視/Visionen, 예언豫言/Prophetie 그리고 계시록啓視錄/Apokalypse과 동일시되었다.[79] 환시란 원래 "무언가를 직관하고 감지해서 형상화할 수 있는 매우 비상한 재주"[80]를 일컫는데, 이 환시의 개념이 시인의 요절 후(1912년, 당시 나이 25세)에 그 본래의 의미보다 더 확대되어 그의 문학을 논하는 데 있어서 결정적인 차원을 획득한다. 하임에 대한 이러한 평가의 예를 들어 보자.

> 게오르크 하임에게 있어서는 환시적幻視的인 것이 모든 것이다.[81]

> 여기서는 그 무언가 악마적인 것이, 그 무언가를 알고 있는, 죽음을 갈구하는 욕망의 바람이 우리에게로 불어온다.[82]

---

79 Hermann Korte: Georg Heym, Sammlung Metzler 203, Stuttgart 1982, S. 43.
80 Ebd.
81 Oskar Maurus Fontana: Georg Heym. In : Dokumente zu seinem Leben und Werk. Hrsg. von Karl Ludwig Schneider und Burckhardt: Verlag Heinrich Ellermann 1968, S. 120.
82 Julius Bab: Theatrum lyricum. III. In: Georg Heym: Dokumente zu seinem Leben und Werk. Hrsg. von Karl Ludwig Schneider und Burckhardt, Verlag Heinrich Ellermann 1968, S. 254.

하임에 대한 이러한 평가가 등장하게 된 직접적인 동기를 우리는 그의 시 작품 〈전쟁 I Der Krieg I〉과 관련시켜서 추론해 볼 수 있을 것이다.

일어났도다. 오랫동안 잠자던 그가,
일어났도다. 저 깊은 움 밑바닥으로부터.
땅거미 속에 거대한 모습으로 남모르게 우뚝 서더니,
검은 손아귀로 달을 으깨 버린다.

도시들의 저녁 소음 속으로 넓게,
낯선 어둠의 서리와 그늘이 깔린다.
그리고 시장의 둥근 소용돌이가 얼음이 되어 굳어 버린다.
사방이 고요하다. 그들은 두리번거릴 뿐. 그 누구도 알지 못한다.

골목길에서 무언가 그들의 어깨를 슬며시 붙잡는다.
질문만 있을 뿐, 대답이 없다. 얼굴 하나가 파랗게 질린다.
멀리서 한 가닥 종소리가 희미하게 "흐느낀다"
그리고 그들의 뾰족한 턱에 매달린 수염이 바르르 떤다.

산꼭대기에서 그가 벌써 춤을 추기 시작한다.
그리고 외친다. 너희들 전사戰士들이여 모두 일어나 나아가자.
그리고 수천의 해골의 덜거덕 사슬이 매달려 있는
그 검은 머리를 흔들 때마다 요란한 소리가 울린다.

마지막 작열을 지질러 끄며 그가 탑처럼 우뚝 서니,
낮은 도망쳐 버리고 강은 이미 피로 넘쳐흐르고 있다.
헤아릴 수 없는 시체들이 어느덧 갈대밭에 널려 있고,
죽음의 세찬 새들로 하얗게 덮여 있다.

둥근 성벽의 푸른 불꽃 홍수 위에,
검은 거리의 무기 소리 위에 그는 서 있다.
"파수병들이 즐비하게 나자빠져 있는 성문 위쪽에,
산더미 같은 시체로 무거워진 다리 위쪽에".

밤속으로 그는 들판을 가로질러 불길을 휘몰아 댄다.
사나운 입 벌려 울부짖는 새빨간 개를.
어둠 속을 뚫고 밤의 검은 세계가 뛰쳐 오르고,
이 밤의 가장자리는 화산들로 무시무시하게 빛을 발한다.

그리고 수천의 빨간 뾰족 모자들로
넓게 칠흑 같은 평원이 한들거리며 뒤덮이고,
그리고 저 아래 거리에서 이리저리 방황하는 것들을
"그는 긁어모아 더욱더 불길을 돋운다".

그리고 불꽃은 타들어가며 숲을 차례차례 집어삼키니,
무성한 잎 속으로 톱날 발톱 곧추세우고 있는 노란 두더지 같다.
그는 숯쟁이 머슴처럼 불이 제대로
타도록 부지깽이로 나무들을 헤집는다.

커다란 도시 하나가 황금빛 연기 속으로 침몰해 버렸다.
소리 없이 심연의 배 속으로 떨어졌다.
그러나 그자는 타오르는 폐허 위에 거인처럼 서서
거친 하늘을 향해 손에 든 횃불을 세 번 휘두른다.

폭풍에 찢길 대로 찢긴 구름이 되비치는 곳 위쪽에
죽어 없어진 어둠의 차가운 사막에 남아서,

큰 불로 밤을 온통 바싹바싹 말리는 자가 있다.
역청과 불덩이가 아래쪽 고모라 위로 뚝뚝 떨어지고 있다.

Aufgestanden ist er, welcher lange schlief,
Aufgestanden unten aus Gewölben tief.
In der Dämmerung steht er, groß und unerkannt,
Und den Mond zerdrückt er in der schwarzen Hand.

In den Abendlärm der Städte fällt es weit,
Frost und Schatten einer fremden Dunkelheit,
Und der Märkte runder Wirbel stockt zu Eis.
Es wird still. Sie sehn sich um. Und keiner weiß.

In den Gassen faßt es ihre Schulter leicht.
Eine Frage. Keine Antwort. Ein Gesicht erbleicht.
In der Ferne "wimmert ein Geläute dünn."
Und die Bärte zittern um ihr spitzes Kinn.

Auf den Bergen hebt er schon zu tanzen an.
Und er schreit: Ihr Krieger alle, auf und an.
Und es schallt, wenn das schwarze Haupt er schwenkt,
Drum von tausend Schädeln laute Kette hängt.

Einem Turm gleich tritt er aus die letzte Glut,
Wo der Tag flieht, sind die Ströme schon voll Blut.
Zahllos sind die Leichen schon im Schilf gestreckt,
Von des Todes starken Vögeln weiß bedeckt.

Über runder Mauern blauem Flammenschwall
Steht er, über schwarzer Gassen Waffenschall.
"Über Toren, wo die Wächter liegen quer,
Über Brücken, die von Bergen Toter schwer."

In die Nacht er jagt das Feuer querfeldein
Einen roten Hund mit wilder Mäuler Schrein.
Aus dem Dunkel springt der Nächte schwarze Welt,
Von Vulkanen furchtbar ist ihr Rand erhellt.

Und mit tausend roten Zipfelmützen weit
Sind die finstren Ebnen flackend überstreut,
Und was unten auf den Straßen wimmelt hin und her,
"Fegt er in die Feuerhaufen, daß die Flamme brenne mehr"

Und die Flammen fressen brennend Wald um Wald,
Gelbe Feldermäuse zackig in das Laub gekrallt.
Seine Stange haut er wie ein Köhlerknecht
In die Bäume, daß das Feuer brause recht.

Eine große Stadt versank in gelbem Rauch,
Warf sich lautlos in des Abgrundes Bauch.
Aber riesig über glühnden Trümmern steht
Der in wilde Himmel dreimal seine Fackel dreht.

Über sturmzerfetzter Wolken Widerschein,
In des toten Dunkels kalten Wüstenein,

Daß er mit dem Brande weit die Nacht verdorr,

Pech und Feuer träufet unten auf Gomorrh.[83]

이 작품은 1911년 9월에 씌어졌으며, 시인의 사후 그의 친구들이 그의 많은 유고 중에서 선별해서 출간한 시집 《삶의 그림자*Umbra vitae*》의 두 번째 시로 실렸다. 여기서 우리가 주목해야 할 것은 이 작품이 씌어진 지 3년 후에 제1차 세계대전이 발발했다는 사실이다. 이 가공스런 세계대전의 발발로 인해서 시 〈전쟁 I〉을 쓴 하임은 예언적 환시자로 승급된다. 즉, 시 〈전쟁 I〉은 시인의 예언적 권능에 대한 증거가 되고, 그의 시구는 투시력 있는 예언가의 절실한 암호로 읽히게 되는 것이다.[84] 그 한 예로 안젤름 뤼스트Anselm Ruest는 1915년에 "전쟁을 노래하다 죽은 시인Ein toter Sänger des Krieges"[85]이라는 제목의 글에서 하임을 평하여 "동시대인들보다 더 멀리 내다보는 예언자적인 시인"[86]이라고 말하면서 시인의 거의 "고대적古代的인 진정한 예견력豫見力"[87]을 칭송하고 있다. 즉 제1차 세계대전은 하임의 시가 이미 오래전에 선취한 것에 대한 사실 확증이 된다는 것이다. 이리하여 하임의 환시적 조망의 명제, 즉 그의 예언적 능력의 테제가 확정된다. 예감을 하지 못하는 주위 세계를 위해서 다가오

---

83 Georg Heym: Dichtung und Schriften. Bd. I. Lyrik. Hrsg. von Karl Ludwig Schneider, Verlag Heinrich Ellermann 1964, S. 346f.

84 이러한 주장을 한 사람으로 다음을 들 수 있다.
Rudolf Kayser: 〈Georg Hyem〉. - Bohemia (Prag), 30. 11. 1922. In: Georg Heym: Dokumente zu seinem Leben und Werk. Hrsg. von Karl Ludwig Schneider: Verlag Heirich Ellermann 1964, S. 303-306. ; Hans Martin Elster: 〈Georg Heym. Zu seinem 20. Todestag(1932)〉. In : Georg Heym, Dokumente zu seinem Leben und Werk. Hrsg. von Ludwig Schneider, Verlag Heinrich Ellermann 1964, S. 182-185.

85 Anselm Ruest: 〈Ein toter Sänger des Krieges〉. In : Georg Heym, Dokumente zu seinem Leben und Werk. Hrsg. von Karl Ludwig Schneider, Verlag Heinrich Ellermann 1964, S. 124-131.

86 Ebd., S. 126.

87 Ebd., S. 130.

는 재앙을 예언해 준다는 이러한 명제는 1914년 이후 문학사에서 주도적으로 등장하는, 시인에 대한 신비화의 토대가 되었으며[88] 이러한 역설적인 신비화를 통해서 사후 그에게 주어진 명성은 물론 그의 전작품의 다른 영역들을 평가하는 데도 영향을 미치게 된다.[89] 그 결과 시 〈전쟁 I〉이 하임의 전체 문학작품의 모범으로 간주되고, 이 작품을 통해서 확인된 예언적 환시의 명제가 그의 작품을 평가하는 데 있어서 주도적인 개념으로 등장하는 것이다. 즉 하임이 도시의 몰락,[90] 겨울 풍경의 파노라마,[91] 맹인[92]과 미치광이의 고통,[93] 억압받는 대중의 백일몽,[94] 죽음의 고통, 오필리아의 끝없는 죽음의 여행[95] 혹은 마뎅고의 전투[96] 등을 말할 때, 이 모든 것은 아무런 구별 없이 환시幻視라고 명명되었다. 이러한 상황에서 시 〈전쟁 I〉의 예견적 성격에 대한 지속적인 테제가 이 작품에 대한 연구를 역사적 경험의 영역으로까지 끌어들이는 것을 방해하였다.[97] 즉 하임이 먼저 〈전쟁 I〉이라는 시를 썼고, 이를 반증하듯 3년 후에 세계대전이 일어났다는 사실에만 집착한 나머지, 마치 아주 평화로운 시기에도 시인에게 전쟁의 유령이 현시되는 양으로 그를 예언자로서 칭송했을

88 Hermann Korte: a. a. O., S. 44.

89 Joachim Schöberl: Georg Heyms Gedicht Der Krieg I und die Geschichte seiner Deutung. In: Günter Dammann / Karl Ludwig Schneider / Joachim Schöberl: Georg Heyms Gedicht "Der Kreig". Handschriften und Dokumente, Untersuchungen zur Entstehungsgeschichte und zur Rezeption. Heidelberg 1978. S. 77.

90 Vgl. Georg Heym: Dichtungen und Schriften. Bd. I. Lyrik, S. 654-656.

91 Vgl. ebd., S. 438.

92 Vgl. ebd., S. 230, 394.

93 Vgl. ebd., S. 402, 449.

94 Vgl. ebd., S. 349.

95 Vgl. ebd., S. 160.

96 Vgl. ebd., S. 165.

97 Karl Ludwig Schneider: Georg Heyms Gedicht 〈Der Krieg〉 und die Marokko-Krise von 1911. In: Günter Dammann / Karl Ludwig Schneider / Joachim Schöberl: Georg Heyms Gedicht "Der Krieg". Handschriften und Dokumente, Untersuchungen zur Entstehungsgeschichte und zur Rezeption. Heidelberg 1978, S. 41.

뿐, 이 시 작품을 논하는 데 있어서 이 시가 씌어지게 된 시대사적 배경이 전혀 고려되지 않았으며, 이 작품의 전체 인상을 특징 지우는 데만 급급했고 작품에 대한 철저한 연구가 없었다는 것이다.

그러던 중, 1945년 이후 표현주의에 대한 재발견의 기류 속에서 하임의 시 〈전쟁 I〉이 다시 한번 관심의 대상이 되어 이에 대한 수많은 해석이 나오게 되었을 때, 특히 이 작품과 제1차 세계대전 전의 일반 문화적, 정신사적 그리고 사회적인 위기 상황과의 관계의 문제가 철저하게 그리고 다방면으로 언급되었다. 더 나아가서 이 텍스트의 시대사적, 정치적, 현실 분위기적 연관 관계에 대한 자료가 제시되기도 했다.[98] 1945년 이전의 하임 문학연구, 특히 시 작품 〈전쟁 I〉에 대한 연구에서 등한시되었던 부분이 새로이 조명을 받게 된 것이다.

이에 따라서 이 글에서는 이 시가 발생하게 된 당시의 시대배경의 고찰을 이 시 작품 분석의 뒷받침으로 사용하고자 한다. 하나의 작품을 작품 발생 시의 시대사적 배경과 연관해서 세세하게 분석해 봄으로써, 작품에 대한 보다 정확한 이해가 가능하게 될 것이며 시대적 흐름 속에서의 시인의 개성 내지 위치를 알아볼 수 있을 것이다. 이러한 관점에서 이글에서는 이 작품에 나타난 신화적 요소가 어떤 기능을 하고 있는가, 당시의 시대적 배경과 관련해 볼 때 작품 의도가 얼마만큼 시대·사회 비판적인 차원을 담고 있는가, 하임의 이 시가 역사적·사회적 현실에 대해서 일반적으로 어떠한 관계를 보여 주고 있는가, 이것이 시 작품상으로 어떻게 나타나고 있는가, 활력주의적 요소가 어떤 기능을 하고 있는가 등을 고찰해 보고자 한다.

---

98 Günter Dammann / Karl Ludwig Schneider / Joachim Schöberl: Georg Heyms Gedicht "Der Kreig". Handschriften und Dokumente, Untersuchungen zur Entstehungsgeschichte und zur Rezeption. Heildelberg 1978.

2. 전쟁의 신화화

이 시와 당시의 사회 상황과의 직접적인 연관성을 추적해 보고자 하는 시도의 하나로서, 먼저 독일과 프랑스 사이에 형성된 제2차 모로코 위기[99] 당시인 1911년 9월 7일자 《베를린 일간지*Berliner Tagesblatt*》의 〈선동자들Die Hetzer〉이라는 표제 아래 쓰인 기사의 첫머리를 보자.

> 잠자고 있는 거대한 판Pan을 깨우지 마라. 이것을 옛날 그리스 사람들은 아주 잘 알고 있었다. 그가 깨어나게 된다면, 그는 사람들을 예전에 페르시아 사람들이 마라톤에서 경험했던 그 공포 속으로, 예기치 못한 직접적인 전율과 경악 속으로 몰고 갈 것이다. 이러한 것을 나타내기 위해 사람들은 판의 경악이라는 표현을 만들어 냈다. 우리는 그 사이에 여러 가지 점에서 그리스·로마인들보다 훨씬 도를 넘고 있다. 세상엔 오래전에 신神이 사라졌다. 〔…〕 오늘날에도 미지未知의 것, 신비스러운 것 그리고 그 때문에 특히 공포스러운 것에 대한 전율과 경악은 결코 공허한 망상이 아니다. 그리고 판의 경악의 개념을 고대古代로부터 전해 받지 않았더라면, 이 개념은 바로 최근에 만들어졌을 것임에 틀림이 없다.[100]

---

99 제2차 모로코 위기는 1911년 7월 1일 독일 함대가 아가디르Agadir로 출격하는 것으로 시작되어 1911년 11월 4일에 체결된 프랑스와 독일 사이의 모로코-콩고 협약 조인 때까지 계속되었다. 알게키라스Algeciras조약에 의거 외국 군대의 출입이 금지된 항구인 아가디르로의 독일 전함 '판터Panther'의 파견은 독일에서나 외국에서나 공히 전쟁의 위험을 배제하지 않은 시위로 평가되었다. 1911년 7월 9일에 독일 외무장관 알프레드 폰 킨덜렌-베히터Alfred von Kinderlen-Waechter와 프랑스 대사 줄레 캉봉Jules Cambon 사이에 논의된 모로코-콩고 협약의 결정사항이 여러 달 동안 대중에게 완전히 불확실한 채로 남아 있었기 때문에, 1911년 가을에 이르러 점점 더 위기 분위기와 동요가 심화되어 갔다. 이것은 독일 정부의 지속적인 침묵에 기인한 것이었다.

100 Günter Dammann und Karl Ludwig Schneider: Dokumentation zur "Marokko-Panik" im September 1911. In: Günter Dammann / Karl Ludwig Schneider / Joachim Schöberl: Georg Heyms Gedicht "Der Kreig". Handschriften und Dokumente, Untersuchungen zur Entstehungsgeschichte und zur Rezeption. Heidelberg 1978, S. 53.

위 기사는 같은 해 9월에 씌어진 하임의 시와 상당히 유사성을 보여주고 있는데, 당시 베를린에 살고 있던 그가 이 기사를 읽었을 가능성을 우리는 예상할 수 있다. 하임의 시의 첫머리와 이 기사의 첫머리 사이에는 두 가지의 본질적인 점에서 일치점이 존재하는데, 그것은 이 두 텍스트의 중심을 이루는 갑자기 깨어난 원초적인 힘과 이것이 일으키는 판의 경악의 형상이다.[101] 이 점에서 이 시의 시대 상황에 대한 직접적인 관계를 찾아볼 수 있다. 특히 "잠을 자다가 깨어난"이라는 표현 면에서 두 텍스트 사이의 유사성을 감지할 수 있으며, 하임은 이 기사에서처럼 전쟁이라는 현상을 의인화시켜 놓고 있다. 즉 전쟁은 잠을 자다가 깨어나서는 원초적인 힘으로 공포를 불러일으키고 있다. 이 시에서 우리가 눈여겨보아야 할 것은 전쟁이라는 현상이 구체적인 모습을 통해서보다는 제스처, 행동 그리고 영향 등으로 의인화되고 있다는 것이다.[102] 전쟁은 그 깊이를 알 수 없는 심연으로부터 터져 나와, 모든 족쇄를 깨뜨리고, 탑처럼 현기증 날 정도로 높이 솟아오른다. 전쟁의 본래의 거처는 저 땅 밑 움으로, 전쟁은 본질적으로 지하의 힘으로 묘사되고 있다. 그는 지하감옥소를 부수고, 위로 기지개를 켜며 일어나, 지하로부터 저 "거친 하늘"(40행)에 이르기까지 엄청난 크기로 자라난다. 즉 상부로부터 신적인 것이 강림하는 것이 아니라, 저 깊은 곳, 컴컴한 곳으로부터 악마적인 것이 위를 향해 치솟는 것이다. 하임은 이러한 엄청난 것을 거대한 의인화를 통해서 파악하고 있으며, 하나의 무한대의 것이 이 의인화의 최고도의 고조 속에 농축되어 나타난다.[103] 전쟁은 통제할 수도 없고 길

101 Karl Ludiwg Schneider: a. a. O., S. 46.

102 Ronald Salter: Georg Heyms Lyrik. Ein Vergleich von Wortkunst und Bildkunst. München 1972. S. 178.

103 Fritz Martini: Georg Heym: Der Krieg. In: Die deutsche Lyrik, Form und Geschichte. Interpretationen. Bd. 2. Hrsg. von Benno von Wiese. Düsseldorf 1956, S. 432.

들일 수도 없는, 신적인 존재로 등장한다.[104]

제1행의 "그는 일어났다"에서 보듯이, 전쟁은 "그"로 불리고 있는데, 이 "그"가 바로 역동적 행위의 근원이며, 이 시 전체를 섬뜩한 구체성으로 채우는 재앙을 불러일으킨다.[105] 전쟁은 신으로 나타난다. 왜냐하면 그는 초인적으로 크고, 눈에 보이지 않으며, 편재하고 전지전능하기 때문이다. 그렇지만 그는 모든 신적인 본질이 박탈된, 자체로만 존재하는 무한한 폭력의 총체 개념이다.[106] 제3행에서 보듯이 그는 거대하고 눈에 띄지 않는다. 전쟁은 우선적으로 거대한 모습으로 등장하며, 이것은 전쟁에 대해서는 어떠한 저항도 불가능함을 보여 주는 것이다. 이 거대한 전쟁의 모습에서 나오는 전쟁의 또 다른 특성은 바로 잔인무도함이다. 이것은 그가 "머리에 두르고 있는 수천 개의 해골"(15-16행)에서 직접적으로 간파할 수 있다. 전쟁은 어떤 동정도 연민도 알지 못한다. 그의 길을 방해하는 자는 모두 전멸당할 뿐이다. 전쟁은 "남모르게unerkannt"라는 말에 의해서 섬뜩한 위협으로 특징 지워진다.[107] 그는 어떤 얼굴 모습도 하고 있지 않으며, 단지 그 움직임의 에너지 속에서만 육체가 있는 것으로 나타난다. 그에게는 어떤 장소도 어떤 공간도 폐쇄되어 있지 않다. 시장과 골목길이 있는 도시, 산꼭대기, 갈대로 덮인 강가, 어두운 평원 그리고 숲속 등 그 어디건 눈 깜짝할 사이에 나타난다. 이 모든 장소에 그는 거의 동시에 나타나기 때문에 전쟁에게는 시간 개념도 타당성을 갖지 못한다. 전쟁은 절대적으로 편재하는 것이다.[108] 전쟁은 이처럼 위

---

104 Ebd., S. 431.

105 Ebd., S. 432.

106 Ebd., S. 433.

107 Friedrich Leiner: Georg Heym: Der Krieg. In: Interpretationen moderner Lyrik. Frankfurt am Main, Berlin, Bonn 1959, S. 47.

108 Ebd., S. 44.

협적인 것, 섬뜩한 것, 악마적인 것의 형상으로 등장한다. 하임은 전쟁을 의인화하되, 악마적인 것으로 의인화하고 있다. 제우스가 이다산 꼭대기에서 아래쪽을 향해 번개를 내던지듯, 그는 이러한 신화적인 인물의 형상을 빌려서 위협적인 파괴를 형상화하고 있다.[109] 그는 신화적인 모티프를 취해서 이를 야수화한 것이다.

이상과 같이 전쟁의 악마가 신화적 차원의 형상으로 등장하는데, 이러한 전쟁의 모습이 본래 실제적인 현실적 구성요소를 갖고 있지 않은가의 문제를 살펴보자.

전쟁은 검은 색깔로 묘사되고 있다. 즉 주먹도 "검은 색"(4행)이고, 머리도 "검은 머리"(15행)이며, "숯장이"(35행)처럼 그을음으로 뒤덮여 있다. 이 점에 착안해서 이 전쟁의 신의 모습의 시대사적 연관성을 규명해 보자. 이 시의 초고에서는 전쟁이 흑인으로 묘사되고 있다. 전쟁의 신과 흑인과의 동일시는 모로코 위기의 수개월 동안 신문과 잡지에 의해 논의된 문제와 관련이 있다. 그것은 바로 프랑스 측의 흑인 군대 구성의 문제이다. 막스밀리안 하르덴Maxmilian Harden의 《미래*Zukunft*》에서는 기사記事 〈검은 군대Schwarze Truppen〉에서 흑인들의 "원초적으로 건강한 힘urgesunde Kraft"과 이들의 "호전적인 성향性向"에 대해서 언급하였다. 그리고 이미 독일로의 검은 군대의 파견에 대한 놀라운 그림을 게재하였다.[110] 시 〈전쟁 I〉에서는 이 흑인의 형상이 주로 그 원초적인 생활력의 측면에서, 흑인의 힘의 호전적인 파괴의 잠재력과 괴멸의 분노의 관점에서 고려되고 있다.[111] 하임은 이 시의 구상에 있어서 우선 이러한 실제적인 악마의 형

---

109 Silvio Vietta/Hans-Georg Kemper: Expressionismus. München 1975(=Deutsche Literatur im 20). Jarhundert. Bd. 3, S. 52.

110 Karl Ludwig Schneider: a. a. O., S. 48.

111 Ebd., S. 47.

상을 이용하고, 그의 전쟁의 신의 초차원적인 활력성이라는 면에서 우선 공포스런 "자연의 아들Natursohn", 즉 흑인의 모습을 부여한 것이다.[112] 시의 마지막 원고에서는 악마의 형상적인 윤곽이 고의적으로 모호하게 나타나고 있음을 알 수 있다. 그렇지만 그의 "검은 손", "검은 대가리" 그리고 "해골 꾸러미"의 속성은 고대의 전쟁 의식을 보여 주는 것이다.[113]

이렇게 검은 속성을 부여받은 전쟁은 어둠 일반으로 등장하며, 황혼녘에 일어났으나 그의 고유한 원초적 요소는 "밤의 검은 세계der Nächte schwarze Welt"이다. 그래서 그는 인간으로부터 암흑 속의 마지막 위안의 빛인 달을 빼앗아 간다(4행). 달은 괴테 이래로 수많은 정취에 찬 체험시의 테마인데, 이러한 달을 파괴하는 행위, 즉 전원적-위안적인 것을 파괴하는 행위에서 악마의 사악성, 그의 조롱하는 듯한 찡그린 얼굴을 볼 수 있다.[114] 그가 인간에게서 달을 빼앗아 감으로써 낯선 어둠의 서리와 그늘이 도시 위로 내리 덮친다. 그리하여 도시 내의 삶이 모두 응고되어 버린다(6-7행). 따라서 이 시의 끝에 가서 완전히 자리 잡은 밤은 이 치명적인 신의 시대이다.

다음 장에서는 하임이 이렇게 전쟁을 의인화·신화화해서 파괴의 파노라마를 만들어 내는 이유에 대해서 살펴보겠다.

3. 대도시 현상과 활력주의

의인화되고 신화神化·악마화惡魔化된 전쟁의 행동이 이 시에서는 세 단계로 행해지고 있다. 첫 연은 그 서곡을 이루는 것으로, 전쟁이 자신의 지하의 움에서 일어나, 달을 부수어 버림으로써, 세상엔 절대적인 밤이

112 Ebd., S. 48.
113 Ebd., S. 47.
114 Fritz Martini: a. a. O., S. 435.

시작된다. 그가 등장함에 따라 모든 삶의 움직임이 응고되어 버린다. 즉 전쟁은 자기의 분노를 터뜨리기 위해서 어둠과 움직임 없는 고요를 필요로 한다.

제4연에서부터 9연까지의 두 번째 부분에서는 힘찬 상승 가운데 미지의 것, 즉 전쟁의 파괴적 전능全能이 발휘된다. 이 부분에서는 전쟁의 파괴 작업의 섬뜩한 세세한 내용까지 자세히 묘사되고 있다. 먼저 산정山頂에서의 전쟁의 춤이 도입부를 이룬다. 왜냐하면 고삐 풀린 춤과 파괴 행위 사이에는 하나의 내적인 연관관계가 존재하기 때문이다. 그 다음에 전쟁은 전사들을 부추긴다. 그는 세상으로 불을 내던지고 도망자들을 불 속으로 밀쳐 넣는다. 숲 속에서 그는 막대기로 불씨를 헤쳐 일으킨다. 제6연 이후 인간들은 이러한 신화적이고 웅대한 죽음의 풍경에서 거의 완전히 사라진다.

끝으로, 두 개의 마지막 연은 완전히 끝난 파괴 작업으로 승리감에 젖어 있는 전쟁의 모습을 보여 준다. 그 주위로는 아직도 벌겋게 타고 있는 잔해들만이 솟아 있을 뿐이다. 전쟁은 하늘을 향해 횃불을 세 번 세차게 휘두른다. 이 마지막 두 연은 도시라는 공간상의 출발점으로 회귀하여, 차가운 황야의 죽은 어둠만이 남은 도시의 파괴 풍경을 적나라하게 묘사하고 있다. 이는 "역청과 불덩이가 아래 쪽 고모라 위로 뚝뚝 떨어지고 있다"[115](44행)라는 대목이 잘 보여 준다.

"전쟁"이라는 테마가 왜 이러한 식으로 형상화되었는가? 이에 대한 답변은 시 자체로부터, 즉 시 전체의 마지막 행으로부터 찾을 수 있다. 즉 하임이 전쟁에 의해 파괴된 도시를 "고모라"로 지칭하는 것은 현대

---

115 이 "떨어지"는 운동은 제1행의 "일어났도다"에 대한 종결 내지 반대 운동을 형성하는 것으로, 이로써 운동의 순환이 완결된다.

세계, 즉 대도시 세계가 현대의 모순들이 마치 요면경에 모이듯 집중되어 있는 현실 영역이기 때문이다.[116] 그러므로 하임이 도시 공간을 그의 묵시록적 파괴 풍경의 출발점으로 삼은 것은 우연이 아니다. 대도시는 현대의 기술·물질문명의 밀집 지역이며, 이 속에서 비참, 대중성, 파괴, 시기猜忌, 생의 무의미, 기계문명의 메커니즘 등의 시대의 병이 자라고 있다. 도시는 현대적 현실의 독특한 현상 형태로서 문명 및 기술과 동일시되며, 이 도시의 현상에서 재앙의 상상과 사회적 현실의 연관관계가 제시될 수 있다. 대도시는 현대적 실존의 극단화와 죽음의 타락의 상징이 된다.[117] 도시는 현대의 죽음의 풍경의 구체적 현실이다. 이제 전체 세계가 죽음의 풍경이 되어 버렸다. 성서에 나오는 도시 소돔과 고모라[118]처럼 현대의 도시들은 악의 장소이며, 그 결과 파멸되어 마땅하다. 그러므로 하임의 경우 전쟁은 사디스트적, 파괴적 형상의 도취적인 힘으로써 현대의 문명 및 대도시 세계를 파괴하는 것이다.

하임은 성경의 요한계시록의 파멸의 모티프를 취하고 있을 뿐만 아니라, 그의 문명비판의 이데올로기적 입장 역시 형이상학적이다. 게오르크 루카치Georg Lukăcs가 그의 《소설의 이론》에서 현대의 징표로 본 "선험적 무숙성無宿性/transzendentale Obdachlosigkeit"[119]이라는 말에 걸맞게 하임의 시는 영원한 죽음·얼음·겨울 풍경으로 얼어붙은 세계를 묘사하고

116 Hermann Korte: a. a. O., S. 53. 〈도시의 신Der Gott der Stadt〉, 〈도시들의 저주Verfluchung der Städte〉, 〈고통의 도시Die Stadt der Qual〉, 〈도시들Die Städte〉 등의 시 작품은 악마적으로 타오르는 불꽃놀이와 지옥적 몰락의 혼합을 보여 주는 하임의 가상적 재앙-미토스의 증거물들이다.

117 Fritz Martini: a. a. O., S. 434.

118 소돔과 고모라는 구약성서에 따르면 너무나 사악한 무리들로 넘쳤던 까닭에 신에 의해 파멸되었던 도시들이다. 신은 이 도시들을 유황비로 괴멸시켰는데, 이 도시에서 살아남은 유일한 정의의 사나이 롯의 부인은 이 광경을 돌아보지 말라는 신의 경고를 어겨 소금 기둥으로 굳어 버렸다.

119 Georg Lukăcs: Die Theorie des RomanS. Darmstadt 1977, S. 32.

있다. 이러한 풍경 속에서는 시간까지도 얼어붙고, 주체도 이리저리 지향 없이 헤매며, 몰락의 위험에 처하게 된다.[120] 여기에는 젊은 표현주의 시인들의 세대에 일반적인, 니체Nietzsche의 영향 외에도, 지옥적인 것의 장소로서의 도시에 대한 보들레르Baudelaire의 경험, 그리고 랭보Rimbaud의 《지옥에서 보낸 한 계절Une saison en enfer》의 영향이 개재되어 있는 것이다.[121]

이 시에서 전쟁이 언제나 "그er"로 불리듯이, 마찬가지로 결코 "인간"이라는 말이 나오지 않는다. 단지 "그들sie"이라고 불릴 뿐이다. 도시의 인간들은 개성을 상실하였다. 즉 그들은 얼굴 없는 무리에 불과하며, 자신의 자아, 즉 자신의 얼굴 모습을 잃어버린 것이다.[122] 삶은 자체로부터 소외되고, 둥근 것과 움직이는 것은 자기 주위를 맴돌다 멈추어 서서는 갑작스럽게 굳어 버린다(7행). 시장의 소음으로부터 인간은 대답 없는 낯섦 속으로 떨어진다. 그 누구도 알지 못한다(8행). 갑자기 고독, 무원고립감, 무기력감이 찾아든다.

하임은 군데군데서 복수 형태를 사용하고 있다(die Städte, die Märkte, die Bärte 등). 이것은 군집·집합적인 것을 묘사하는 것으로, 도시에는 무리를 지은 것이 모여 있고, 이 도시 속에서 기술 세계의 중심에 있는 인간은 악마적인 것에 몸을 드러내 놓고 있는 것이다.[123] 제2연의 끝부분의 짧은 문장들의 쇄도하는 듯한 충돌은 질서 잡힌 세계의 파멸을 반

---

120 Vgl. Silvio Vietta/Hans-Georg Kemper: a. a. O., S. 57. 시 〈사람들Die Menschen〉의 "사람들은 유령처럼 빙빙 돌아다닌다Die Menschen gehen schattenhaft im Kreise"의 대목에서 엿볼 수 있듯이 사람들은 응고된 세계 속에서 지향점 없이 헤매고 있다. 시 〈한겨울Mitte des Winters〉도 세계의 응고와 주체의 무지향성을 보여 준다.

121 Ebd., S. 59.

122 Fritz Martini: a. a. O., S. 436.

123 Ebd.

영한다.[124] 이어서 멀리서 들리는, 방어의 도리 없이 희미한 종소리는 교회적·기독교적 구원의 세계의 굴복을 상기시킨다(11행). 도시의 묘사된 세계는 개개인의 고독화, 고립, 집단적 불안, 무어라 말할 수 없는 위협, 파산 등을 표현해 주는 형상들을 전해 준다.[125]

이 시에서 시인은 얼굴의 특정 부위만이 과장되게 묘사된 창백한 얼굴, 즉 뾰족한 턱 주위에 매달려 떨고 있는 턱수염을 보여 주고 있다(12행). 인간에게 남은 것은 불안에 떠는 유령 같고 그로테스크한 얼굴의 찡그림뿐이다.

겉으로 볼 때만 움직임과 발전이 대도시의 특징이다. 실제로 대도시 속에는 정체와 단조로움이 지배한다.[126] 이 정체와 협착은 삶을 위협하는 것으로 이해된 질서 체계의 징후적인 현상 형태이다.[127] 어마어마한 폭력의 지배 아래서 의미가 없어져 버린 삶의 과정, 비활동적인 것으로 그리고 무감각한 것으로 감지된 세계 속에서의 단조로움[128]과 옥죄임이 문제가 되는 것이다. 하임은 이러한 도시생활 속의 "지루함", "무사건無事件", "진부함"에 대한 비탄을 토로하고 있다. 1911년 6월 19일 《행동*Aktion*》지에 발표한 스케치 〈찡그린 얼굴Eine Fratze〉에서 현실의 "무감각한 권태"와 "혐오스러운 황량함" 그리고 황폐한 시대의 극도로 날카로워진 고통에 대해서 시인은 말하고 있다.

우리의 기분이 좋지 않음은 세계의 날의 종말에 살고 있음에 있다. 숨 막

124 Ebd.
125 Hermann Korte: a. a. O., S. 53.
126 "Und ewig stumpfer Ton von stumpfen sein/Eintönig kommt heraus in Stille matt"(I, 452).
127 Hermann Korte: a. a. O., S. 48.
128 Silvio Viette / Hans-Georg Kemper: a. a. O., S. 56. 단조로움, 황량함, 존재의 무목적성 등의 감정, 심적 상태의 불안 그리고 현대문명 세계의 위압적인 힘에 대한 두려움 등은 하임의 문학에서 차츰 증명되는 것들로서, 이것은 "현대적인" 의식상 태의 특징들이다.

힐 정도로 썩은 냄새가 가득 차서 이제 인간이 참을 수 없게 된 그러한 저녁에 살고 있는 것이다. 열광, 위대함, 영웅주의, 옛날엔 세상 사람들이 지평선에 나타난 이 신神들의 그림자를 때때로 보았었다. 오늘날 이들은 극장의 인형들일 뿐이다. 전쟁은 세상에서 사라졌고 영원한 평화가 가엾게도 이 전쟁을 이어 받았다.[129]

또한 모로코 위기 당시의 1911년 9월 15일자 일기는 하임의 힘찬 외적 자극에 대한 요구와 황폐한 시대를 덮고 있는 체념과의 밀접한 관계를 보여 준다.

〔…〕—나는 이 썩어 빠진 시대에 터질 줄 모르는 나의 열광으로 인해 숨이 막혀 죽을 지경이다. 왜냐하면 행복해지려면 커다란 외적 자극이 필요하기 때문이다. 〔…〕 나는 지금 적어도 전쟁을 바란다.[130]

이것은 당시 젊은 세대의 들끓는 행위에의 부르짖음이며, 표현주의 세대의 일반적 특성인 내면적 극단성의 표현이다.[131] 또한 이 글의 마지막 문장은 직접적으로 모로코 위기와 관련을 맺고 있다. 왜냐하면 하임이 전쟁에 대한 전망이 없음을 한탄한다면, 이것은 독일 정부가 시인에게 커다란 자극의 동기를 부여한 공포스런 경악의 시기 후에 모로코 협정의 성공을 약속하는, 전쟁에 대해 안심을 시켜 주는 공표를 통해 흥분상태를 삭혀 버린 데 기인하기 때문이다.[132] 이와 같이 일기, 시 작품,

129 Georg Heym: Dichtungen und Schriften. Bd. 2. Prosa und Dramen, Hrsg. von Karl Ludwig Schneider, Verlag Heinrich Ellermann 1962, S. 173.

130 Georg Heym: Dichtungen und Schriften. Bd. 3. Tagebücher, Träume, Briefe. Hrsg. von Karl Ludwig Schneider, Verlag Heinrich Ellermann 1960, S. 164.

131 Fritz Martini: a. a. O., S. 429.

132 Karl Ludwig Schneider: a. a. O., S. 50.

〈희화〉 등에서 볼 수 있듯이 전쟁의 커다란 자극에 대한 소망이 당시의 평화의 질식할 듯한 분위기에 대한 비탄과 스테레오 타입으로 결합되고 있다. 그러므로 하임의 시 〈전쟁 I〉은 경고조의 예언이 아니라, 희망상이라는 사실이 분명해졌다.[133] 즉 하임의 이 시에 나타나는 파괴 및 몰락의 현상은 현대문명 세계의 위압과 단조로움과 경직된 생활방식에 짓눌려 이 세계로부터의 탈출을 꿈꾼 그러한 의식 상태, 즉 하나의 탈출 욕구를 표현하는 것이다. 이러한 의미에서 이 시는 도취적인 활력주의活力主義, 즉 열광주의熱狂主義의 증거라고 할 수 있다.[134] 이 열광주의는 현대의 일상사의 단조로움과 무감각한 권태, 혐오스러운 황량감 등에 질식할 것 같아, 이 단조로운 세계를—폭력을 써서라도—파괴시키고자 한다. 그러므로 "전쟁"은 실제의 전쟁이 아니라, "삭막한 시대"의 종말을 알리는 불, 폭풍, 파괴 그리고 몰락 등의 공격적인 형상 폭포 중의 하나인 "활력주의적 극복"[135]의 은유에 속하는 것이다. 물론 모로코 위기라는 실제의 위기 상황이 공격적 역동화의 계기를 강화시켰을 수도 있다. 그러나 하임의 작품 맥락에서 볼 때 활력주의 테마의 연속성은 그대로 유지되어 있다.[136] 하임은 당시 베를린의 법률학도로서 혁명적 분위기의 젊은 문학가·예술가들의 모임에 참가했으며, 그들과 마찬가지로 물질주의, 시민화된 문명의 협소함과 권태감에 항거한 것이다. 이것은 그의 세대 전체가 느낀 흥분의 표현이다.

이러한 활력주의를 표현해 주는 이 시의 여러 요소들을 살펴보기로

133 〈All Alchimisten brennen voll Rauch〉의 초고에서도 이 같은 면이 나타난다. 이 초고에서는"커다란 전쟁의 관管 위에" 앉아 있는 바람의 신神 아이올로스에 대한 주문에 이어, 폭풍, 죽음, 혁명 그리고 전쟁을 풀어 달라는 기도가 행해진다.

134 Silvio Vietta / Hans-Georg Kemper: a. a. O., S. 56.

135 Hermann Korte: a. a. O., S. 60.

136 Ebd., S. 61.

하자.

먼저, 수많은 동사 형태로 이루어진 말의 활성화는 움직임 또는 힘찬 행동을 묘사한다. 즉 으깨 버리다zerdrücken(4행), 떨어지다fallen(5행), 춤추다tanzen(13행), 흔들다schwenken(15행), 짓밟다austreten(17행), 몰아 대다jagen(25행), 튀어나오다springen(27행), 도망치다fliehen(18행), 휘두르다hauen(35행), 돌리다drehen(40행), 방울져 떨어지다träufen(44행) 등이 그것이다. 그리고 이 시의 정점에서는 "팔딱거리는flackernd"(30행), "우글거리는wimmelnd"(31행), "타오르는brennend"(33행) 등의 분사들이 나타난다.

전쟁의 파괴적 행동은 직관적 묘사를 통해서뿐만 아니라, 시어의 중첩에 의해서 점점 가속화된다. 이것은 각 시행의 첫머리에 쓰인 "그리고"에 의해서 표현되며, 하나의 점층법으로서 그만큼 운동 진행도 더 빠르고 조급해진다.[137] 처음에 전쟁은 땅거미 속에서 위협하며 서 있다가, 춤을 춘다. 하지만 아직 같은 장소에 머물러 있다. 이제 바야흐로 행동이 시작된다. '그는 빠져나와, 몰아 대고, 내리친다.' 전쟁은 파괴의 환락과 운동의 환희 속에 몰입한다. "그는 긁어모아, 더욱더 불길을 돋운다", "그는 숯장이 머슴처럼, 불이 제대로 타도록 부지깽이로 나무들을 헤집는다." 마지막 연에 가서야 전쟁은 휴식을 취한다. 그러면서도 그는 또다시 타오르는 폐허 위에 서 있으며, 아직도 계속해서 횃불을 거칠게 빙빙 돌리고 있다.

그 밖에도 시인은 개별적인 모음의 음향 함축성을 이용해서 전쟁의 공격성을 보여 주고 있다. 이것은 그가 "ü, äu, i" 등의 첨모음을 사용한 데서 찾아볼 수 있다.[138] "In der Ferne 'wimmert ein Geläute dünn'/

137 Friedrich Leiner: a. a. O., S. 48.
138 Ebd.

Und die Bärte zittern um ihr spitzes Kinn"이 그것이다.

또한 하임은 두어첩용을 빈번하게 사용해서 직관적 효과를 얻고 있다. " Und es schallt, wenn das schwarze Haupt er schwenkt"(15행), "Sind die finstren Ebnen flackend überstreut"(30행) 등.

전쟁의 행위의 결과를 나타내기 위해서, 즉 섬뜩한 공격성을 보여 주기 위해서 시각적 표현이 많이 등장한다. 갈대밭의 시체들은 "죽음의 새로 하얗게 덮여 있다"(19-20행). 전쟁은 불을 흡사 "붉은 개"인 양 들로 몰아 댄다(25-26행), "황금빛 박쥐들"(34행)처럼 불꽃은 나무들의 잎사귀를 할퀴고(34행), 거대한 도시는 "황금빛 연기"(37행) 속으로 침몰한다. 또한 많은 다른 말들이 색채 인상을 지니고 있다. 땅거미는 회색, 달은 황금빛, 그림자는 검은색, 창백한 얼굴은 흰색, 불, 작열, 피, 화산 등은 붉은색, 그리고 역청과 죽은 폐허는 검은색이다. 이러한 모든 것은 불과 암흑과 파괴의 동일한 영역을 의미하는 것이다. 이때 빨간 색은 폭력의 격정을, 검정과 흰색은 죽음을, 황금색은 파괴의 비웃음을 각각 의미하며, 이와 같이 색깔이 자체의 고유한 절대성을 획득하고 있다.[139] 공격성을 의미하는 또 다른 말들로는 뾰족한 창끝 모양을 한 형상들을 묘사해 주는 "뾰족 모자"(29행), "톱날 같은"(34행), "폭풍에 찢길 대로 찢긴"(41행) 등이 있으며, 이러한 것들은 잠재적인 힘의 기능과 작용에 대한 직관화된 표현이다.[140] 이러한 파괴의 악마에 대한, 즉 미지의 것에 대한 공포를 하임은 또한 동물 의인화의 기법으로 나타내 주고 있다. 즉 "죽음의 세찬 새들", "사나운 입 벌려 울부짖는 새빨간 개들" 등의 표현이 그것이다. 그런데 이러한 동물 의인화의 수법은 하임의 시에서 자주

139 Fritz Martini: a. a. O., S. 440.
140 Ronald Salter: a. a. O., S. 175.

등장하는 탐욕, 고삐 풀린 갈망을 표현하는 데 쓰이며, 동물 의인화 역시 역동적 활성화를 노린 것이다.[141]

이상에서 살펴본 전쟁에 대한 형상들은 파괴 자체에 대한 비인간적 쾌감보다는 무용한 질서의 파괴에 대한 소망을 기록하고 있다. 전쟁은 우선 평화로부터의 도피를 의미하는데, 이때의 평화는 참을 수 없는 정체와 치명적인 경직화의 형상들 속에서 근본적으로 전쟁보다 더 큰 위험으로 등장한다. 역사적 맥락에서 볼 때, 초시대적·신화적 형상을 통해서 말하는 곳에서도 시인은 구체적이고 역사적이고 시대사적인 상황에 대해서 반응한다.[142] 계시록적-종말론적 형상 요소들은 해방적인 파괴의 이념, 즉 현재의 삶에 적대적인 모든 힘에 대한 원초적인 삶의 힘의 그림으로 그려진 승리의 이념을 표현하고 있다. 파멸에 대한 매혹적인 투시 속에서 이 시는 삶을 해방하는 극복의 형상을 그려 내고 있는데, 이 극복의 승리를 도취적이고 열광적인 마지막 연이 보여 주고 있다.[143]

전쟁의 상징적 의미

지금까지 하임의 시 〈전쟁 I〉을 작품 발생시의 시대사적 배경과 함께 고찰해 보았다. 그 결과 시 작품 〈전쟁 I〉이 제1차 세계대전에 대한 예견이 아니라는 점이 보다 분명해졌다. 그리고 제2차 모로코 위기 당시인 1911년 9월의 상황을 이 작품이 어느 정도 반영하고 있음을 파악할 수 있었다. 그러나 이 시는 전적으로 모로코 위기 상황의 반영이기 이전에, 하임의 일기와 〈찡그린 얼굴〉에서 알 수 있는 대로 당시의 시대 상황, 즉 대도시문명과 이 속에서의 단조롭고 정체된 삶으로부터의 탈출 욕구의

141 Fritz Martini: a. a. O., S. 440.
142 Karl Ludwig Schneider: a. a. O., S. 51.
143 Hermann Korte: a. a. O., S. 61.

표현임을 알 수 있었다. 물론 이때 모로코위기가 시인의 그러한 욕구의 분출을 가속화시키는 촉매 역할을 했음은 부인할 수 없다.

마지막 연의 "고모라"는 현대 도시문명 세계에 대한 하임의 입장을 분명하게 밝혀 주는 표현이다. 구약성경에 등장하는 도시 소돔과 고모라처럼 대도시는 파괴되어 마땅할 정도로 기술·물질문명의 밀집지역이며, 이곳에서 비참, 대중성, 삶의 무의미 등이 자라나고 있는 것이다.

이렇게 삶이 정체되고 부패된 현대 도시 세계를 파괴하고자 하임은 전쟁의 신을 이 도시에로 불러들인 것이다. 하임은 이 전쟁의 파괴 작업을 보다 역동화시키기 위해서 전쟁을 의인화·신화화하였는데, 특히 악마의 모습으로 의인화하였다. 시에 나오는 수많은 동사 형태와 분사 등이 전쟁의 행동의 힘찬 모습을 강화시켜 주고 있으며 전쟁의 행동과 결과의 섬뜩함을 여러 가지 색상 묘사를 통해 적나라하게 보여 주고 있다.

앞서 말했듯이, 하임이 그리고 있는 "전쟁"은 실제의 전쟁이 아니라, 지루함, 진부함, 무사건 등으로 채워진 현대 세계로부터의 탈출 욕구의 심적 표현이며, 이것은 또한 젊은 표현주의 세대의 일반적 특성인 행위에의 호소이자 내면적인 극단성의 표출이고, 하임의 시에서 자주 등장하는바, 불, 폭풍, 파괴 그리고 몰락 등의 공격적인 형상 폭포 중의 하나로서 활력주의적 극복의 은유에 속하는 것이다. 또한 시 〈전쟁 I〉은 파괴 자체에 대한 비인간적 쾌감보다는 무용하고 참을 수 없게 되어 버린 대도시 질서의 파괴에 대한 소망을 기록한 것이라 하겠다.

2

매력적인 시와 시인들

궁핍한 시대의 시인, 프리드리히 횔덜린

〈빵과 포도주〉와 몇 편의 시와 성찰들

빵과 포도주

—하인제에게 바침

1.

도시의 사방이 잠잠하다, 불 켜진 골목에는 침묵이 깔리고,
　횃불로 장식한 마차들은 덜커덩 소리를 내며 멀어져 간다.
낮의 즐거움을 실컷 맛본 사람들은 집으로 돌아가 쉬면서,
　흡족한 기분으로 곰곰이 그날의 득과 실을 헤아린다.
포도가게도 꽃가게도 텅 비고, 분주하던 장터마저
　일손을 멈춘 채 편히 쉬고 있다.
그러나 멀리 어느 뜰에선가 들려오는 현금弦琴 소리. 어쩌면
　거기 사랑하는 사람이 켜는 걸까, 아니면 외로운 사람이
멀리 있는 친구들과 청춘 시절을 생각하는 걸까, 꽃향기
　가득한 화단 곁에선 맑은 샘물 소리 끝없이 졸졸대는데.
땅거미 지는 하늘에 종소리 은은히 울려 퍼지면,
　야경꾼은 시간을 잊지 않고 숫자를 외쳐 대고,
바람 한 줄기 불어와 작은 숲의 우듬지를 흔들어 놓는다.
　보라! 우리가 사는 지구의 그림자, 달이 살며시

떠오르는구나, 도취에 빠진 존재, 밤이 다가오고 있다,
별들 가득 품은 채 우리에겐 조금도 신경 쓰지 않으며,
저기 놀라운 밤이, 인간들에겐 낯선 여인 같은 존재가
산 꼭대기 위로 슬프고도 찬란하게 빛을 던지며 펼쳐진다.

2.

놀랍구나, 숭고한 밤의 은총이여, 밤의 손길에 의해
어디서 누구에게 무슨 일이 일어날지 그 누가 알까.
밤이 세상과 희망 품은 인간들의 영혼을 흔들어 놓지만,
그 밤이 무슨 일을 마련하고 있는지는 현자도 모르리라.
그게 그대를 끔찍이 사랑하는 가장 높은 신의 뜻이므로.
그러기에 그대는 밤보다 분별 있는 낮을 더 좋아한다.
그러나 때로는 티 없이 맑은 눈도 그늘을 좋아하여
꼭 필요치 않다 해도 기쁘게 잠을 청한다.
혹은 정직한 사람이라면 기꺼이 밤의 깊이를 응시한다,
그래, 밤을 향해 화환과 노래를 바치지 않을 수 없다.
밤은 헤매는 자, 죽은 자들에게 신성하게 바쳐진 것이기에.
더없이 자유로운 정신 속에도 밤은 영원히 깃들어 있다.
그러나 밤은 머뭇거리는 이 순간을 위해 우리에게도
어둠 속에서 우리가 의지할 수 있는 몇 가지를,
그래 망각과 성스러운 도취를 허락해 주어야 하며,
사랑하는 사람들처럼 잠 없이 쏟아져 나오는 말을,
더욱 가득 찬 술잔을, 더욱 대담한 인생을, 성스러운 기억을
그리고 밤에도 자지 않고 깨어 있는 것을 허락해 주어야 한다.

3.

우리, 거장이자 소년인 우리, 가슴속에 심장을 감추는 것도

끓어오르는 용기를 억누르는 것도 소용없는 일이다. 그 누가
그것을 막고, 우리로 하여 기쁨을 누리지 못하게 할 것인가?
밤이고 낮이고 신성의 불꽃은 자꾸만 솟구치려 하는데.
그러니 어서 우리 열린 세계를 바라보자,
아무리 먼 데 있더라도 우리 자신의 것을 찾아보자.
한 가지는 언제나 변함이 없으니, 때가 대낮이나
한밤중이더라도 언제나 하나의 척도가 존재한다,
그것은 모든 이에게 공통되면서도 고유한 성격을 지닌 것,
원하는 자 누구나 그것을 찾을 수 있으리라.
그러기에! 기뻐 날뛰는 광기가 성스러운 한밤중에 갑자기
노래꾼을 사로잡으면, 그는 조롱을 조롱하고 싶어진다.
그러니 이스트모스로 가자! 파르나스 산 옆 광활한 대양이
철썩거리고 흰 눈이 델피의 바윗돌을 환히 비추는 그곳으로,
그곳 올림푸스의 나라로, 그곳 키테론의 산꼭대기로,
그 곳 가문비나무 아래로, 포도송이 늘어진 아래로,
테베가 사는 카트모스 나라의 이스메노스 강으로,
다가오는 신이 고개 돌려 가리키는 그곳으로.

4.

천복天福을 입은 그리스여, 그대 모든 천상의 신들의 집이여,
우리가 젊은 시절에 들었던 말이 정말이란 말인가?
축제의 홀이여! 바다가 바닥이요, 산들이 식탁이구나,
참으로 남다른 쓰임새를 위해 그 옛날에 지어졌구나!
그러나 왕좌들은 어디에? 신전들, 신주神酒로 가득 찼던
그릇들, 신들을 즐겁게 해 주던 그 노래는 어디로 갔는가?
어디서, 먼 곳을 맞추던 예언들은 어디서 반짝이고 있는가?
델피 신전은 졸고 있으니, 그 위대한 섭리는 어디서 울리는가?

그 빠른 섭리는 어디로 갔는가? 곳곳마다 행복을 뿌리면서
맑은 대기를 가르며 천둥처럼 눈 위로 들이닥치던 그 섭리는?
아버지 에테르여! 외치는 소리 수천의 입에서 입으로 번졌고,
그때는 인생을 혼자서 견디어 내는 이 아무도 없었다.
그땐 그런 재산을 기뻐하며 모두들 남들과 나누어 가졌지,
그것은 환호가 되었고, 외치는 말의 힘은 자면서도 자라났다.
아버지여! 기쁨이여! 그 태고의 표시는 조상으로부터 이어져
그들의 가슴을 치며 창조적으로 마음껏 울리며 내려왔구나.
그리하여 천상의 신들이 찾아왔고, 그렇게 요동을 치며
그들의 낮이 그늘을 빠져나와 인간들에게로 내려왔다.

5.

신들은 처음 올 때 아무도 모르게 온다, 아이들이 그들을 맞아
나가지만, 그 행복은 너무나 찬란하고 너무나 눈이 부시다.
그러므로 인간은 그들을 두려워하고, 선물 가지고 다가오는
그들의 이름이 무엇인지는 반신半神조차도 알지 못한다.
그들이 숱한 예감을 뿌리고, 그들의 즐거움이 인간의 심장을
가득 채워 준다고 해도, 인간은 그 재산을 쓸 줄 모른다.
받아서는 탕진해 버리며, 오히려 성스럽지 못한 것을 성스럽게
여겨 어리석고 착하게도 그것을 축복의 손으로 어루만진다.
천상의 신들은 이를 꾹 참고 본다. 그러다가 그들 자신이 곧
모습을 드러내, 인간들은 그 행복에, 낮에 익숙해지며
그들 앞에 나타난 신들, 그들의 얼굴을 보는 데에 익숙해진다.
옛날부터 하나이자 모두라고 불렸던 그 신들, 그들은
말 없는 가슴 깊이 넘치도록 기쁨을 가득 채워 주었으며,
처음으로 혼자서 모든 욕구를 만족시켜 주었었다.
인간이란 이런 존재, 행복이 곁에 있고, 또 신이 몸소 그를

선물들로 보살피지만, 인간은 그것을 알지도 보지도 못한다.
인간은 가슴속에 간직했던 그의 사랑을 이제는 불러야 하리.
이제는, 이제는 사랑을 위한 말들이 꽃처럼 피어나야 하리라.

6.
이제 우리 축복의 신들에게 진심 어린 경의를 바치려 하나니,
정말이지 모든 이가 신들을 찬미하지 않을 수 없구나.
신들의 마음에 들지 않는 자, 그 누구도 빛을 보아서는 안되고,
최선을 다 하지 않는 자는 에테르 앞에 나설 자격이 없다.
그러니 신들 앞에 서기에 부끄러움이 없기 위해
민족들은 서로 간에 멋지게 질서를 잡아가면서,
튼튼하고 고귀하게 아름다운 신전들과 도시들을
세우니, 그 모습 해안 위로 우뚝 치솟는구나—
그러나 그것들은 어디 있는가? 이름난 도시들, 축제의 화관들은
어디서 꽃피고 있는가? 테베도 아테네도 시들고, 올림피아엔
무기들 부딪치는 소리도 경기하는 황금마차 소리도 울리지 않고,
코린트의 배들도 왜 이제는 꽃 장식을 하지 않는가?
왜 성스럽던 옛 극장들마저 침묵을 지키고 있는가?
왜 주신酒神을 위한 춤은 더 이상 기쁘게 행해지지 않는가?
왜 신은 인간의 이마에다 옛날처럼 표시를 하지 않는가?
왜 신탁을 받은 자에게 옛날처럼 성인聖印을 찍지 않는가?
아니면 그 신 자신이 몸소 와서 인간의 모습을 하고서
위안하며 천상의 축제를 마무리지어 끝내 버린 것인가?

7.
그러나 친구여! 우리는 너무 늦게 왔다. 신들이 살아 있어도
우리의 머리 위 저쪽 다른 세계에 살고 있다.

그들은 거기서 끝없이 힘을 미치며 우리 따위엔 관심도 없다,
　우리를 무척 아끼는 그들이기는 하지만.
우리가 우리의 약한 그릇으로는 그들을 늘 담아낼 수 없고,
　가끔씩이나 우리가 신들의 충만을 견뎌 낼 수 있기 때문.
그러기에 산다는 건 그들을 꿈꾸는 것일 뿐이다. 하지만 방황도
　수면처럼 도움이 되며, 고난과 밤은 우리를 강하게 해 준다.
그리하여 영웅들은 청동의 요람에서 튼튼하게 자라나고,
　심장들은 지난 날 천상의 신들처럼 강한 힘을 얻으리라.
그 뒤에 그들은 소리치며 내려오리라. 그동안 동료들도 없이
　혼자서 기다리는 것보다는 잠이나 자는 편이 더 나을 것 같다.
무엇을 행하고 무엇을 말해야 할지 나는 모르겠다.
　궁핍한 시대에 시인들은 무엇을 위해 존재하는가.
하지만 그대는 말한다, 그들은 성스러운 밤에 이 나라에서
　저 나라로 원정을 한 주신酒神의 성스러운 사제들 같다고.

8.

그러니까, 얼마 전에, 우리들 생각으로는 오래전에,
　우리 생에 기쁨을 주던 신들이 모두 하늘로 올라갔을 때,
아버지께서 인간들에게서 얼굴을 돌려 버리시어,
　그 길로 이 지상에 슬픔이 시작되었을 때,
끝으로 한 조용한 분이 나타나 하늘의 신처럼
　위안하며 낮의 세계의 종말을 알리고 사라져 갔을 때,
언젠가 이 지상에 왔었으며 또다시 오리라는 표시로
　천상의 합창대는 선물 몇 가지를 남겨 두고 떠났으니,
그 선물을 우리는 옛날처럼 즐겁게 받아들일 수 있으리라.
　신을 통해 얻는 보다 큰 즐거움은 인간세계에서는
너무나 큰 것이 되어 버렸고, 최상의 기쁨을 누릴 강한 자들은

나타나지 않았기 때문이다. 그러나 감사할 것 아직 있다.
빵은 지상의 열매이나 천상의 빛의 축복을 받은 것이며,
포도주의 기쁨 역시 천둥의 신에게서 오는 것.
그러므로 우리는 빵과 포도주를 먹으며 신들을 생각한다,
한때 지상에 왔었고 때가 되면 다시 돌아올 신들을.
그 때문에 가인歌人들도 마음에서 우러나 주신酒神을 찬양하니,
칭송의 노래, 주신에게 꾸민 듯 공허하게 들리지 않으리라.

9.
그렇다! 그들은 노래한다, 주신이 낮과 밤을 화해시키며,
영원히 하늘의 별들을 높은 곳, 낮은 곳으로 인도한다고.
그가 사랑하는 늘 푸른 가문비나무의 잎사귀처럼,
가려 뽑아 만든 송악의 화환처럼, 언제나 즐거운 마음으로.
그것은 그가 끝까지 남아, 사라져 버린 신들의 흔적까지도
신을 잃어 어둠에 휩싸인 인간들에게 보내 주기 때문이다.
옛 사람들이 신의 자식들이라고 노래로 예언했던 존재,
보라! 그것은 바로 우리들이다, 서양의 열매인 우리들이다!
그것은 놀랍고도 거의 틀림없이 우리들에게서 실현되리라.
이를 확인한 자는 믿어라! 그러나 그렇게 많은 일이 일어나도,
어느 것도 작용하지 못하니, 우리가 심장 없는 그림자인 까닭이다,
우리의 아버지 에테르가 우리를 알아보고 받아들이기 전까지는.
그러나 그러는 동안 가장 높으신 분의 아들, 그
시리아인이 횃불잡이가 되어 그늘의 세계로 내려오리라.
천복을 입은 현자들은 그것을 알리라, 사로잡힌 영혼으로부터
한 점 미소 반짝이고, 굳었던 눈도 빛 받아 다시 풀리리라.
거인은 대지의 팔에 안기어 꿈에 취해 쿨쿨 잠자고,
시기심 많은 지옥의 개 케르베로스마저도 술 마시고 잠들리라.

횔덜린의〈빵과 포도주〉와 시인의 사명

시인의 사명을 논하기에는 너무나 파편화되어 버린 세계 속에 우리는 살고 있다. 오늘날 어느 시인이 아무리 큰 소리로 외친다 해도 거기에 귀 기울일 사람은 아무도 없을 것이다. 정점이 없어지고 모래알처럼 부서진 세계 속을, 허둥대며 각개전투하는 개체들의 바다 위를 이른바 현대인은 기름의 부유물처럼 떠다닌다. 자정이 되어도 거리는 환하게 밝혀져 있지만 늘 캄캄한 세상, 지금이야말로 "궁핍한 시대"가 아닐까? 주인이 "빵과 포도주"를 앞에 내놓아도 그것이 무엇에 소용되는 것인지 우리는 모른다. 그러기에 시인의 사명을 운운할 수 있었던 때는 행복했을 것이다.

독일 문학의 거성인 괴테와 프리드리히 실러의 높은 벽을 넘어 보려고 했던 프리드리히 횔덜린(1770-1843), 신학을 공부한 후 은행가 집안의 가정교사를 하면서 그 집의 젊은 부인과 열렬한 사랑을 나누고 그녀의 이른 죽음의 충격으로 남은 긴 평생을 정신병의 그늘 속에서 살았던 시인, 그는 "빵과 포도주"라는 비가를 아직은 맑았던 정신적 시기의 한 정점에서 우리를 위해 남겨 놓았다. 그러나 비가라는 시 형식은 그에게도 무언가가 아쉬움으로 남았음을 전해 준다. 6운각과 5보격의 2행시로 이어지는 형식의 "비가"는 지금 여기에 없는 것을 아쉬워하고 그리워하는데 사용되는 시 형식이기 때문이다. 그 같은 궁핍을 덜어 줄 수 있는 상징으로 횔덜린이 제시하고 있는 것이 바로 "빵과 포도주"이다.

"빵과 포도주", 두 가지는 인류의 역사만큼이나 오래된 식료품이다. 그중 하나는 생존을 위해 꼭 필요한 것이고, 다른 하나는 여흥의 목적으로 사용되어 왔다. 예수의 최후의 만찬 장면에서 차용해 온 이 시의 제목의 이미지는 기독교적인 것에 국한되지 않는다. 그것은 이 시의 원제가 "주신酒神"이었었다는 사실로도 뒷받침된다. "빵"은 지상의 양식으로 이 땅에 현현한 신의 아들, 예수를 뜻하지만, "포도주"는 예수의 피와 관련되기보다는 주신 디오니소스를 상징한다. 디오니소스를 암시하는 말로 이 시에서 "가문비나무"와 "송악"이 발견된다. 디오니소스의 지팡이 끝에는 가문비나무의 솔방울이 달려 있고, 디오니스소뿐만 아니라 그 축제에 참가하는 자들은 모두 송악으로 만든 화환을 둘렀다. 디오니소스는 포도주로써 경직되어 있는 현재의 몽매한 인간들의 정신을 일깨운다. 포도주는 사람들의 잠들어 있는 열광을, 그리하여 천상의 신들에 대한 기억을 일깨우는 매체이다. 비가의 끝 부분에 가서 "포도주"는 저승을 지키는 개 케르베레스를 잠재우는 역할을 한다. 지하세계의 악마적인 힘도 디오니소스에 의해 잠재워지는 것이다. 디오니소스는 포도주를 통해 밤과 낮 사이의 화해를 꾀한다. 그는 늘푸른 상록수처럼 늘 즐거운 존재이다. 그것은 신을 잃은 자들에게 위안을 가져다주기 위한 것이다. 빵과 포도주는 예수가 최후의 만찬에서 제자들에게 자신의 재림을 상기시키기 위해 나누어 준 것이듯 여기서는 디오니소스의 재림을 무지한 민중에게 기억시키기 위한 "선물"이다. 비가 전편에 걸쳐서 "포도주"는 그러므로 신들이 도래할 때까지 고통에 겨워하는 시인에게 위안을 준다. 시인의 입장에서 이 "포도주"는 시 작품에 다름 아니다.

이 시는 총 9개 연이 3개 부분으로 나뉘어진 3단 논법적 형식을 취하고 있으며, 내용도 이에 따라 3단계로 전개된다. 빵과 포도주의 계시를 전하는 이 시는 "밤"과 "낮"의 대비적인 두 개의 기본 메타포를 축으로 하여 전개된다. 밤과 낮 사이에는 현재로서는 커다란 거리가 존재한다.

제1연은 밤이 시작되는 모습을 자연의 순리대로 묘사한다. 땅거미 지는 가을 저녁을 묘사하던 시인은 밤을 "놀라운 밤", "낯선 여인"이라고 부르며 이에 대한 경외감을 표한다. 제2연에 접어들면서 시인은 "밤의 은총"이라는 말까지 사용한다. 그렇다면 밤이 어찌해서 은총이 되는 것인가? 그것은 밤이 그 자체 내에 신성을 지니고 있기 때문이다. 그러므로 밤은 우리로 하여금 신성의 손길을 느끼게 해 준다. 이에 따라 밤은 현상적인 위치를 떠나 형이상학적 가치를 부여받는다. 이렇게 메타포로 변용된 밤은 깨어 있는 시인을 위한 밤이며, 그 속에서 시인은 신성의 은총을 받아 잠들어 있는 뭇 백성들을 위해 노래를 불러야 하는 사명을 부여받는다. 신성을 일깨우는 노래를. 횔덜린은 자신이 살던 시대를 신이 사라진 시대, 아니 있어도 우리의 머리 위 닿지 않은 곳에 존재하는 시대로 규정한다. 그것을 그는 "궁핍한 시대"라고 단언한다. 그러나 궁핍한 시대는 단순히 신의 위력이 약해졌다는 뜻을 넘어서 우리 인간들의 공동체 의식이 결여된 시대를 상징한다. 그것은 당시 프랑스 대혁명의 물결 속에서 아직도 후진 봉건 영주체제하에 시달리던 독일의 정치적 상황을 빗대서 한 말이다.

횔덜린이 이에 대안으로 내세우는 곳은 바로 그리스의 문화의 세계이다. 이것이 이 시의 제4연에서 6연까지의 내용을 구성한다. 횔덜린은 그리스의 세계에서 하나의 이상향을 본다. 옛 그리스인들은 자연 속에 섭리하는 신의 존재를 믿고, 또 그들을 숭상했다. 횔덜린은 신들 앞에서 나름대로 인간으로서의 몫을 다해 보려 했던 그리스 사람들의 태도가 문화의 부흥과 행복한 생활을 가능케 해 주었다고 믿는 것이다. 그러나 시인이 그리스의 세계를 동경하는 그 기본 동기는 그 세계가 지녔던 인간 공동체적 삶 때문이다(제4연). 이러한 하나된 마음가짐이 신들을 인간의 세계로 다시 모셔 올 수 있는 힘이다. 이 연에서 여덟 번에 걸쳐 쓰인 "어디에"라는 의문부사는 과거를 찾는 시인의 비감과 초조함을 애절하게 반영한다. 그러기에 당시의 현재는 밤의 세계로, 그리스는 광명이 내리쬐던 빛의 세계로 각각 노래된다. 이 시에서 쓰여진 밤과 낮의 메타포는 상반성뿐만 아니라 거기에 스며 있는 이중적 의미에 그 특성이 있다. 이렇게 볼 때 밤은 우선 부정적인 세계로 그려진다. 그것은 신들이 사라진 어두운 시대라는 말이다. 그러나 밤이 부정의 의미만을 지니는 것은 아니다. 밤에는 시인이 신과의 교통이 가능하다. 그리고 밤은 낮을 준비하는 시간이다. 밤은 또한 결핍과 궁핍의 시간으로 이것이 오히려 시인을 시인답게 만들어 준다. 밤은 신비스럽고 성스러운 존재로 칭송된다. 그러나 횔덜린은 낭만주의자가 아니다. 그의 밤은 다른 사람들이 다 잠들어도 그만은 깨어 있는 밤이기 때문이다. 그러기에 시인은 어려운 직업이다. 시인은 또 불같은 신의 말을 맨몸으로 받아들여야 한다. 신, 즉 디오니소스는 "횃불"을 들고 이 땅에 왕림한다. 그리하여 어둡던 밤의 세계가 대낮으로 환해지는 것이다(7, 8, 9연). 시인은 여타 사람들과는 구별된다. 횔덜린은 이것들을 시간적이며 공간적인 차원에서 언급하고 있는데, 실제로 중요한 것은 우리 인간들의 마음자세이다. 우리 인간은 새로운 사회를 건설하기 위한 각성을 해야 한다. 시인은 이때 대속적代贖的인 존재로서 백성을 위하여 깨어 있다. 그가 할 일은 잃어버린 신과 일반 백성 사이의 관계를 회복시켜 주는 일이다. 이 일을 위해 그는 반신적半神的인 존재가 된다. 그의 사명은 신의 목소리를 몸과 마음으로 받아들여 이를 민중에게 예언해 주는 데 있다.

정신의 방랑자로서 시인이 찾아가야 할 곳은 어디인가? 그것은 신과 인간이 조화를 이루었던 시절에 대한 성스러운 "기억"이다. 그러기에 시인은 근원을 찾아가는 방랑자가 된다. 시인은 일반 백성에게 방랑에서 찾은 신의 목소리를 전하는 전달자이다. 시인은 횔덜린에게 있어서 신에 의해 "이마에 표식"을 부여받은 자, 즉 신의 부름을 받은 자이다. 그는 자신에게 주어진 사명을 끝까지 완수해야 한다. 예술을 통한 민중에 대한 의식의 개혁의 사명을.

몇 편의 시와 성찰들

참나무

정원에서 나와 나는 너희들에게로 간다, 너희 산의 자식들이여!
정원, 그곳은 자연이 모든 것을 꾹 참고, 가정적으로 사는 곳,
남을 돌보며, 또 보살핌을 받으며 부지런한 사람과 함께 사는 곳.
그러나, 너희들 찬란한 존재들!, 너희들은 마치 거인들처럼
보다 참된 세계 속에 서서, 너희들 스스로에게 속하며, 또
너희들을 키우고 가르친 하늘과 너희들을 낳아 준 땅에 속한다.
너희들 중 어느 누구도 인간들의 학교에 가 본 적이 없다.
그리고 너희들은 즐겁고 자유롭게 돌진하며, 힘찬 뿌리를 박차고
뒤섞여 하늘로 치솟아, 독수리가 먹이를 낚아채듯,
억센 팔로 공간을 움켜쥔다. 그리고 너희들은 구름에 대항해
즐겁고 커다란 모습으로 햇살 빛나는 우듬지를 치켜세운다.
너희들은 모두 각자가 하나의 세계다, 하늘의 별들처럼
너희들은 각자가 하나의 신이 되어, 자유로운 동맹 속에 산다.
내가 예속관계를 참을 수 있다면, 나는 결코 이러한 숲을
열망하지 않고, 공동 생활에 기꺼이 순응했으리라.
사랑을 포기하지 못하는 가슴이 나를 공동의 생활에
묶어 놓지 않는다면, 나는 기꺼이 너희들 속에 살겠노라!

사죄

성스러운 존재여! 그대의 거룩한 황금빛
평온을 나 그리도 자주 깨뜨렸지요. 인생의
남모르는 너무나 깊은 고뇌를
그대 내게서 많이도 배웠군요.

오, 잊으세요, 용서하세요! 저기 평화로운 달 앞에
떠있는 구름처럼 나 사라져 버린다고 해도 그대는
그대의 아름다움 속에 편히 쉬면서
다시 빛날테니까요, 그대 달콤한 빛이여!

휘페리온의 운명의 노래

그대들은 천상의 빛 속을 거닌다,
부드러운 땅 밟으며, 복된 수호신들이여!
반짝이는 신들의 입김이
그대들을 가볍게 스치니,
여류 예술가의 손가락이
성스러운 현을 건드리는 것 같다.

잠자는 젖먹이처럼 운명에서 해방되어
천상의 존재들은 숨을 쉰다.
수줍은 꽃봉오리 속에
살짝 몸을 숨긴 채
그들의 정신은

영원히 꽃핀다.
그리고 복된 눈동자는
고요하고 영원한
맑음 속을 응시한다.

하지만 우리에게는
그 어디에도 쉴 곳이 없다.
고통에 사무친 인간들은
앞을 보지 못한 채
이 시간에서 저 시간으로
떨어지며 사라진다,
벼랑에서 벼랑으로
떨어지는 물처럼
끝없는 세월 동안 막막함 속으로.

운명의 여신들에게

단 한 번만 여름을 허락해 주소서, 힘센 존재들이여!
나의 노래를 익혀 줄 가을 하나만 허락해 주소서!
그러면 나의 가슴은 감미로운 유희에
흠뻑 취할 테니 나 죽어도 좋겠습니다.

살아서 성스러운 권리를 맛보지 못한 영혼,
그 영혼은 저 깊은 명부에서도 쉬지 못합니다.
하지만 내게 무엇보다 소중하고 성스러운 것,
그래 시가 언젠가 내게 성취되는 날,

그날, 나는 저승의 정적도 기꺼이 맞이하겠습니다!
나의 현악이 더 이상 나를 동반하지 못한다 해도
나는 만족합니다. 이 세상에서 나
한번 신들처럼 살았으니, 아무것도 더 바랄 것이 없어요.

고향

사공은 한 아름의 수확물을 안고 먼 섬에서
바람 잔잔한 강가로 즐거이 귀향하는데,
나도 다시 고향으로 돌아가고 싶어라,
하지만 내가 거두어들인 것은 고뇌뿐.

나를 키워 준 그대 사랑스러운 강변들이여,
그대들이 내 사랑의 고통을 달래 줄까? 아! 그대들,
내 어린 시절의 숲들이여, 내가 돌아가면
그 옛날의 평온을 내게 다시 전해 줄까?

반평생

누렇게 익은 배들 주렁주렁,
들장미 흐드러진 뭍이
호수 쪽으로 드리워져 있다.
너희들 사랑스런 백조들이여,
너희들은 입맞춤에 취해
성스러이 맑은 물속에

머리를 적시는구나.

슬프구나, 겨울이 오면, 나
어디서 꽃을 구할까, 어디서
햇볕과 지상의
그늘을 찾을 것인가?
담벼락들은 할 말을 잊은 채
썰렁한 모습으로 서 있고,
풍향계만이 바람에 덜거덕대는구나.

이 세상의 유쾌한 일을…

이 세상의 유쾌한 일들을 나 마음껏 즐겼네,
젊은 시절은 얼마나 길게! 길게! 흘러갔던가,
사월과 오월 그리고 유월은 이미 지나갔다네,
나 이제 아무런 의미도 없으니, 더 이상 살고 싶지 않네!

*

열광에는 정도에 따라 여러 가지가 있다. 가장 낮은 수준에 있디고 할 수 있는 일반적인 즐거움에서부터 전투의 한중간에서도 냉철함을 잃지 않고 천재적 정신을 옹골차게 지켜 나가는 야전사령관의 열광에 이르기까지 끝없는 사다리가 있다. 이러한 사다리 위를 올라갔다 내려갔다 하는 것이 시인의 직업이요 더할 나위 없는 기쁨일 것이다.

*

사람마다 타고난 열광의 정도는 다르다. 어떤 사람은 커다란 격정을 맞이해서도 자신에게 필요한 만큼의 분별력을 잃지 않지만, 어떤 이는 아주 미약한 격정 앞에서도 분별력을 상실한다. 분별력이 당신을 떠나는 그곳에 당신의 열광의 한계가 있다. 자기가 원하는 대로 자기 자신 위로 드높이 솟아오른다 해도, 위대한 시인은 결코 자기 자신을 벗어나지 않는다. 시인은 심연을 향해 떨어지듯, 높은 곳을 향해 **떨어질 수도 있다**. 깊은 곳으로 떨어지는 것을 막아 주는 것은 탄력적인 정신이요, 높은 곳으로 떨어지는 것을 방지해 주는 것은 냉철한 사고 속에 자리 잡고 있는 중력의 힘이다. 감정이 올바르고, 따뜻하고, 분명하고, 그리고 힘차다면, 감정이 아마도 시인의 가장 훌륭한 분별력이요 사려가 될 것이다. 감정은 정신을 위한 고삐이자 박차이다. 따뜻함을 통해서 감정은 정신을 더욱 독려하고, 온화함과 올바름 그리고 분명함을 통해서 감정은 정신에게 경계를 정해 주며, 정신이 스스로를 잃지 않도록 붙잡아 준다. 그러므로 감정은 오성이자 의지력이다. 그러나 감정이 너무 연약하고 여성적인 쪽으로 흐를 때, 감정은 치명적이 된다. 즉 우리를 조금씩 갉아먹는 벌레가 된다. 정신이 제한되게 되면, 감정은 너무도 불안스레 순간적인 제한을 느끼고, 너무 따뜻해지면, 감정은 분명함을 잃고 이해할 수 없는 불안감으로 정신을 무한한 곳으로 몰아 댄다. 정신이 보다 자유롭게 되어 순간적으로 규칙과 소재 위로 떠오르게 되면, 감정은 정신이 스스로를 잃을 위험성을 두려워한다. 지나친 제한은 감정을 얼어붙게 그리고 둔감하게 만들고, 나아가서 정신을 지치게 하여, 정신으로 하여 가라앉고 멎게 그리고 쓸데없는 의혹에 빠지게 만든다.

*

그밖에도 철학과 정치에 대한 관심이 현재의 그것보다 훨씬 더 일반적이고 진지해진다 해도, 그것은 우리 국민의 교육을 위해 결코 충분한 것이 될 수는 없다. 그렇기 때문에 예술, 그중에서도 특히 문학을 추구하는 사람이나 그것을 향유하는 사람들에게서 나타나는 예술 경시의 끝없는 오해가 사라지기를 바랄 뿐이다. 물론 사람들은 손수 예술이 인간의 교육에 미치는 영향에 대해서 누차 말해 왔다. 그렇지만 이때 사람들은 진지성을 갖고 말한 것이 아님이 밝혀졌다. 이것은 당연한 일이었다. 왜냐하면 사람들은 예술, 특히 문학이 그 본질상으로 무엇인지에 대해서 진지하게 생각해 보지 않았기 때문이다. 사람들은 그저 문학이 보이는 소박한 외면에만 관심을 보였다. 물론 문학의 외면이 그 본질과 불가분의 것이지만 결코 문학의 전체적 성격은 아니다. 사람들은 문학이 외양상 유희의 소박한 모습으로 나타나기 때문에 문학을 유희로 간주했고, 그 결과 당연하게도 문학으로부터는 유희 효과 이외의 그 어떤 다른 효과도 생겨날 수 없었던 것이다. 그 유희 효과라는 것은 정신의 분산에 불과한 것이다. 그러나 이것은 바로 문학이 그 진정한 성격을 유지할 때 발할 수 있는 효과의 정반대의 것이다. 문학이 본래의 성격을 보일 때 인간은 문학작품 앞에 앉아 정신을 집중하게 되고, 문학은 그에게 정신적 안정을 주기 때문이다. 이때의 안정이란 공허한 안정이 아니라 생동감 넘치는 안정이다. 이러한 안정의 상태 속에서는 모든 힘들이 활발하게 움직이고 있는데, 그것이 외면상으로 움직이지 않는 것처럼 보이는 것은 이 힘들이 내적으로 조화를 이루고 있기 때문이다. 문학은 사람들 사이의 관계를 긴밀하게 해 주지만, 유희가 하는 방식과는 근본적으로 방향이 다르다. 유희과정에서도 사람들은 하나로 합쳐지지만, 이때 그것이 가능한 것은 각자가 자신을 망각하고, 그 누구도 자신의 고유한 특성을 겉으로 드러내지 않게 되기 때문이다. 〔…〕

문학은 유희와는 다른 방식으로 인간들을 합일시켜 준다고 나는 말한 바 있다. 즉 문학은 그것이 진정하고 또 진정하게 영향을 미칠 때 인간들을 합일시켜 준다. 인간들 사이에서 전개되는 다양한 고통과 행복과 노력과 희망과 두려움, 그들의 모든 의견과 실수들, 그들의 모든 미덕과 이념들, 어린아이나 어른들의 모든 모습을 통해 문학은 그들을 언제나 하나의 생동감 넘치고, 수천 가지로 갈라진, 하나의 내적인 전체로 통합시켜 준다. 왜냐하면 이것이 바로 문학 자체요, 그 원인이자 결과이기 때문이다.

―1799년 1월 1일자 동생에게 쓴 편지.

프리드리히 니체

〈바보여! 시인이여!〉

바보여! 시인이여!

맑은 대기 속
이슬의 위안이 벌써
—세상에서 가장 부드러운 위안자인 양
이슬은 고요한 신발을 신고 있어—
보이지 않게, 들리지 않게
땅으로 졸졸 떨어질 때,
그대 뜨거운 심장이여, 그대는
지난날 하늘의 눈물과
꼭 필요한 이슬방울을
햇빛에 그을리고 피곤한 모습으로
애타게 목말라 하던 일을 기억하는가,
그대는 기억하는가, 누렇게 물든 풀길에
심술궂은 저녁 햇살의 눈길이
검은 나무들 사이로 뛰어와 그대를 에워싸던 일을,
눈부신 태양의 타는 눈길이, 음흉한 눈길이.
진리의 청혼자인가, 그대는? 그렇게 그들은 놀렸다

아니다! 그저 시인일 뿐이다!
간교하고 약탈을 일삼는 잠행성 짐승이다,
거짓말을 해야 하는
알면서 고의로 속여야 하는
노획을 노리는 한 마리 짐승이다.
온갖 색깔로 위장하고
스스로 가면이 되기도 하고,
스스로 먹이가 되기도 하는
짐승, 그대가 진리의 청혼자인가?…
바보요! 시인일 뿐이다!
색색가지를 이야기하면서,
바보의 가면을 쓰고 마구 지껄이면서,
거짓말의 다리를 타고 오르면서,
거짓말의 무지개 위,
그릇된 하늘들 사이를
거닐면서, 기어 다니면서—
바보여! 시인이여!

그대가—진리의 청혼자인가?

조용히, 가만히, 매끄럽게, 차갑게
형상이 되지 않고,
신의 기둥이 되지 않고,
신전神殿 앞에 세워진
신의 문지기도 아니다.
그렇다! 그러한 미덕의 입상을 증오하며,
사원보다는 거친 황야에서 더 안락감을 느끼며,

고양이와 같은 방종으로 가득 차,
모든 창문으로 뛰어들며,
휙! 모든 우연 속으로,
모든 원초의 숲의 냄새를 맡으며,
원초의 숲 속에서
얼룩덜룩한 맹수들 사이에서
죄지어 건강하고, 멋지게, 다채롭게 뛰어다니며,
탐욕적인 입술을 하고,
복되이—조롱하며, 복되이—지옥 같으며, 복되이 피를 탐하며
빼앗고, 잠행하며, 속이며 뛰어다녔다…

혹은 참으로 오랫동안 뚫어지게 계곡을
자신의 계곡을
응시하는 독수리처럼…
—오 그 양들이 여기 아래로,
아래로, 이 속으로,
이 점점 더 깊어가는 계곡으로 둥글게 모인다!
그 다음,
갑자기,
곧장 날개를 펼쳐
단숨에
어린 양들을 덮친다,
잽싸게 내려와, 굶주림에 불타,
어린 양들을 탐하며,
모든 양의 영혼에 원한이 되고,
또 도덕적이고, 양과 같고, 곱슬곱슬한 양털 같고,
어리석고, 양의 젖처럼 호의롭게 보이는

모든 것에 잔인하게 원한이 된다…
그러므로
그대 시인의 동경은
독수리 같고, 표범 같고,
그대의 동경은 수천의 탈을 쓰고 있다,
그대 바보여! 그대 시인이여!…

그대는 사람들을 바라본다
양 같은 신을 바라다본다—,
사람들의 가슴속의 신을,
사람들의 가슴속의 양을 찢는다,
찢으며 웃는다—

그것, 그것이 그대의 지복이다,
표범의 지복이요 독수리의 지복이다,
시인과 바보의 지복이다!…

맑은 대기 속,
낫 모양의 달이
진홍빛 노을 사이를 푸른 빛으로,
시기하며 서서히 흘러갈 때,
—낮에 적대심을 품고
발자국마다 소리를 죽여
장미—그물침대 곁을 살그머니 지나,
완전히 떨어질 때,
밤을 향해 창백하게 떨어질 때,
나도 언젠가 함께 떨어졌다,

나의 진리의 광기로부터,
나의 낮의 동경으로부터,
낮에 지치고, 빛에 병들어,
아래로, 저녁을 향해, 그림자를 향해 떨어졌다,
하나의 진리로
애타게 목이 탔다.
—그대는 아직도 기억하는가, 뜨거운 심장이여,
그때 그대가 목말라 하던 일을?
내가 모든 진리로부터
추방당한 일을!
바보여! 시인이여!…

니체(1844-1900)가 독일시 문학사에서 차지하는 위치를 말하라고 하면, 대개의 사람들은 철학적인 사상에 찬란하게 시적인 형상의 옷을 입힌 철학자라는 부정적인 판단을 내릴지도 모른다. 이러한 판단이 틀린 것은 아닐지라도 시인으로서의 니체의 전체적인 측면을 말하지는 못했다고 할 것이다. 왜냐하면 그의 시는 그 자체로서 충분히 논의의 가치가 있기 때문이다. 개성 있는 문체를 구사하는 스타일리스트로서의 그를 고찰할 때에도 그렇지만—니체가 사용한 상징과 이미지들은 독일시 문학사에서 전례가 없는 것으로 그 이후로 많은 시인들에게 강력한 영향을 끼쳤다—, 시적인 테마와 관련될 때는 더욱 그러하다. 그렇다면 그가 주창하는 시적인 테마의 요체는 어디에 있는가?

니체는 이 시에서 단호하게 "바보여! 시인이여!"라고 외친다. 이때의 그의 어조는 온통 의문부호와 조롱, 재치 그리고 과감성 등으로 휩싸여 있다. 그렇지만 나는 그의 어조에서 장난이나 객기가 아닌 진지함을 읽는다. 일찍이 독일의 종교적 감상주의 시인 클롭슈토크(1724-1803)는 시인을 영감에 찬 예언자로 노래하였거니와, 고전주의와 낭만주의 시대에 걸쳐서 살다간 횔덜린(1770-1843)은 시인의 존재를, 위험을 감지하지 못하는 주변 세계를 향해 예언의 말을 이끌어 내는 선각적인 존재로 정의하고서 몸소 이러한 존재가 되고자 노력하였다. 총 아홉 편으로 이루어진 〈디오니소스 송가〉(1888년 완성)의 첫 번째 시 작품인 〈바보여! 시인이여!〉는 이미 그 제목에서부터 그러한 견해를 정면으로 반박하고 있다. 니체가 정신병의 문턱으로 들어서기 직전에 쓴 이 시는 시인의 존재에 대한 니체의 견해를 잘 드러내 주는 시론적인 시로 평가된다. 시인을 무엇보다도 익살꾼, 거짓말쟁이, 어릿광대, 바보로 묘사하는 것은, 신의 부름에 따라 받아쓰기를 하는 예언자적 시인에 대한 조롱이요 나아가서 그러한 신적 존재에 대한 거부인 것이다.

시인을 예언자로 보던 낭만주의자들의 견해와 달리 시인이란 "바보"요 "어릿광대"라는 생각은 독일 시문학사상에서 그 전례를 낭만주의와 조국 독일의 고루함에 대해 신랄한 비판을 하고 나선 청년독일파 시인 하인리히 하이네(1797-1856)의 시에서 찾아볼 수 있다. 그러나 서구의 정신사를 좀더 거슬러 올라가면, 거짓말을 하는 시인의 이야기는 그리스의 플라톤에게서 발견된다. 플라톤은 시인을 그의 이상국가에서 추방해야 할 존재로 묘사한 바 있다. 시인이 이상국가로부터 추방되어야 하는 이유는 현상계는 이념의 모사에 불과하고 예술은 이 현상계를 모사하는 것에 지나지 않으므로 이것을 주업으로 삼는 예술가 역시 진리가 아닌 "가상"만을 모사하는 존재이기 때문이다. 니체 역시 이 시에서 시인의 존재에 대해 플라톤과 거의 동일한 생각을 가지고 일단은 예술가의 존재를 의심에 찬 눈으로 비판하는 듯이 보인다. 그러나 니체는 무조건 플라톤의 견해에 따르고 있지는 않다. 1884년 가을에 쓴 그의 미완성 시 작품을 보자.

> 알면서도 고의로
> 거짓말을 할 줄 아는 시인,
> 그만이 진리를 말할 수 있다.

니체의 이러한 주장의 밑바탕에는 인식하고 감지하는 존재의 조건으로서의 광기와 망상에 대한 긍정적인 통찰이 자리 잡고 있다. "가상"을 향한 예술의 훌륭한 의지를 니체는 끝까지 포기하지 않았다. 그렇다면 니체는 예술이 갖는 중요한 역할을 부정하지 않는 것이 된다. 니체가 예술의 존재 의의를 부정하지 않는 이유는 어디에 있는가? 그것은 예술이 현실의 데카당스에 대항해서 삶을 삶으로서 가치 있게 해 주는 역할을 하기 때문이다. 니체가 증오하는 예술은 이러한 데카당스를 조장하는 예술이다. 한때 가까웠다가 그 후로 멀어진 작곡가 바그너와의 관계에서 이 면은 잘 드러난다.

예술에서 나타나는 진리와 가상에 대한 성찰은《즐거운 지식》과《차라투스트라는 이렇게 말했다》의 주된 부분을 차지한다. 사실, "시인은 거짓말을 너무 많이 한다"고 말하는 장본인인 차라투스트라—여기서 우리는 니체 자신의 모습을 읽을 수 있다—역시 시인이라고 할 수 있다. 따라서 니체는 예술가는 거짓말쟁이라는 사실을 변호하는 것과 그것을 비판하는 사이에서 일종의 균형 같은 것을 취하고자 한다. 우리 인간이 아는 것이 너무나 적기 때문에 시인들은 거짓말을 할 수밖에 없다고 니체는 생각한다. 그러나 또다시 니체는 "나는 옛날의 시인들뿐만 아니라 근세의 시인들에게도 넌덜머리가 난다. 내가 보기에 그들은 모두 너무 표피적이고 얕은 바닷물 같다", "시인들은 가짜 포도주를 만든다"고 비판을 가한다. 이 대목을 우리는 어떻게 이해할 것인가? 여기서 우리는 시인 전체에 대한 비판을 니체의 자기 자신에 대한 비판으로 받아들여야 할 것이다. 시인의 지위에 대한 자기 비하는 전통적인 시인의 이미지와 관련된 일체의 광휘를 부수고 일거에 벗겨 버린다. 이런 관점에서 이 시에서 우리는 시적 주체를 표현하기 위해 니체가 끌어다 쓰고 있는 일련의 비유들에 주목해야 한다. 그것은 맹수와 가면 메타포 그리고 부정적인 무지개 형상 등 종래의 시에서 보지 못한 화려한 비유로 나타난다. 시인은 이제 더 이상 신의 신전을 지키는 문지기가 아니라 기존의 기독교적 입장에 대한 무자비한 적이며, 서구의 문화로부터 멀리 떨어진 원시림 속에 사는 죄의 냄새를 풍기는 맹수이다. 그런데 자세히 살펴보면, 앞에서 이야기했던 시인에 대한 비판과 옹호의 모순되는 측면이 동일한 텍스트 부분에서 거의 병렬적으로 전개되고 있음을 알 수 있다. 시인은 알면서 거짓말을 하지만, 사실 거짓말을 할 수밖에 없으며, 노획물을 노리는 맹수이면서 동시에 스스로가 먹이가 되고, 스스로를 속이기 위해서 가면을 쓰는 존재이다. "바보"로서 거짓된 하늘 밑의 "거짓말—무지개" 위를 거닐면서 인간의 가슴속의 신을, 그리고 인간의 가슴속에 들어 있는 양을 찢어 내며, 찢어 내며 웃는 시인의 모습은 니체가 가슴속에 지닌 정신적 갈등과 오만의 일단을 잘 보여 주는 것이기는 하지만, 이 모든 것은 궁극적으로 니체의 개념대로 역할과 가면, 즉 "가상"에 대한 내적인 욕구로 수렴된다. 이것은 모든 것에 자유자재로 적응할 수 있는 예술가의 본능을 뜻한다. "가면"과 여러 가지로 다채롭게 변하는 시인의 모습은 정신의 자유로움을 표현하는 것에 다름아니다. 그는 어릿광대가 "가면"을 쓰고서 누릴 수 있는 자유를 동경하는 것이다.

이 시에서 쓰인 시어들과 거기에서 우러나오는 분위기는 얼핏 보기에 진지한 것과 사뭇 다른 장난스러움을 자체 안에 지니고 있는데, 이것 역시 정신의 자유로움을 구가하는 니체 특유의 한 방식이라고 할 수 있다.

여기서 우리는 "가면"을 쓰고 시인이 하는 거짓말의 의도에 대하여 진지하게 따져 보아야 한다. 그것이 니체의 말대로 "좋은 뜻에서 하는 거짓말"일 경우 시인의 거짓말은 결코 사회에 악이 되지 않는다. 시인은 거짓말을 하는 존재로서 부정적인 면을 지니나 그의 거짓말은 어쩔 수 없는 상황에서 하는 것이라 또한 긍정적인 면도 갖는다. 그렇게 볼 때 니체가 추구하는 것은 거짓말, 그의 말로 표현하여 "가상"과 "진리" 사이의 변증법이라고 할 수 있다. 이때 예술은 장난기가 아닌 인간 본연의 형이상학적 행동으로서 세계를 미학적으로 해석하는 행위가 된다. 그러므로 상상적이고 신화적이고 불확실한 것에 대한 선호가 예술가의 기본적인 특징이 된다. 여기서 본질적으로 니체의 "가상"에 대한 논의가 파생되어 나온다.

"가상"에 대한 논의는 헤겔의 견해뿐만 아니라 프리드리히 슐레겔의 견해를 이끌어 낸다. "예술이란 가상이다"라는 말은 이들의 경우 곧 예술의 자율성을 지칭하는 것이다. 신이 죽은 뒤에 그 자리를 차지해야 할 예술의 독자적인 지위, 그것을 니체는 "가상의 올림포스산"이라는 말로 표현한다. 도덕적 가치뿐만 아니라 모든 세속적 가치를 초월한 세계, 그것이 곧 니체가 추구하는 숭고한 미학적 세계이다. 모든 목적에서 벗어난 세계를 구가할 수 있는 존재는 누구인가? 그 문제는 곧 니체가 왜 여기 이 시에 "디오니소스 송가Dithyrambos"라는 명칭을 붙였는가?라는 질문으로 이어진다. 원래 디티람보스, 즉 디오니소스 송가는 고대 그리스에서 주신酒神 디오니소스를 향해 찬양의 노래를 부르는 데 쓰였던 확고한 형태의 절節 형식이었다. 니체가 풍요와 생산의 신인 디오니소스라는 인물로써 표현하고자 하는 바는 한마디로 모든 사상으로부터의 자유로움이다. 이와 같은 자유로움을 막는 것이 소크라테스로부터 유래하는 학문의 편협한 자기합리화이다. 니체는 반소크라테스적인 사고방식을 통하여—바그너와의 친교 당시 그는 이것을 음악의 정신에서 찾았다—서구의 논증적 사고방식을 해체하고자 한다. 니체에게 있어서는 영원히 절대 타당한 진리가 존재하지 않듯이 초월적 신 역시 존재하지 않는다. 기독교 역시 그에게는 소크라테스적 정신의 변형된 소산으로 여겨졌기 때문이다. 이와 같은 거부의 몸짓 이후에 남는 것은 결국 인간 자신의 자아뿐이다. 삶을 해방시키느냐 그렇지 못하느냐는 인간 자신의 결단에 달려 있다. 《차라투스트라는 이렇게 말했다》 중에 다음과 같은 대목이 있다.

> 내 그대들에게 말하노니, 춤추는 별을 낳을 수 있도록 인간은
> 지금도 제 마음속에 혼돈을 가지고 있지 않으면 안 된다.

니체가 그리는 삶은 조용히 흘러가는, 즉 사회적 가치와 도덕률의 궤도에 따르는 그렇고 그런 삶이 아니라 디오니소스적이고 파토스적이고 카오스적인 삶이다. 디오니소스적인 삶에 대한 그의 욕구는 "영원회귀"를 향한 몸부림으로 이어진다. 이 시의 화자는 잔인한 맹수로 등장한다. "독수리"나 "표범"처럼 길들여지지 않은 삶의 양식에서, 그들의 고독한 존재 양식에서 진정한 삶을 위한 창의력이 나올 수 있기 때문이다. 그렇다고 해서 니체가 조야하고 동물 같은 삶을 살라고 사주하는 것은 아니다. 그의 주장은 건강하고 인간다운 본래의 삶을 향한 의지를 말하는

것이다. 이 시에서 시인이 부정하고 공격하는 것들은 모든 기성적인 가치들이다. 그것도 감히 부정할 엄두조차 내지 못했던 서구 문화의 최고의 가치들이다. 그 결과 시인이 의지할 수 있는 확고한 지반이 이제는 없다. 그러한 부정의 현실 속에서 시인은 니힐리즘 쪽으로 빠질 수밖에 없다. 그러나 모든 것에 대한 부정은 철저히 자기 자신에 대한 부정까지도 이끌어내야 한다.《디오니소스 송가》중의 하나인 〈아리아드네의 비탄〉에서 이러한 측면은 잘 나타난다. 아리아드네는 애인 디오니소스를 향해 자신을 찢어 달라고 다음과 같은 절규를 퍼붓는다.

> 이렇게 나는 누워 있어요,
> 그 많은 영원한 고문에
> 괴롭힘을 당해
> 몸을 구부리고, 몸부림치며,
> 그대 앞에서, 그대 잔인한 사냥꾼이여,
> 그대 미지의 신이여!…
> 나를 더 심하게 찔러 주세요!
> 다시 한번 찔러 주세요!
> 나의 이 심장을 마구 찌르고, 부수어 주세요!
> 이빨처럼 무딘 화살로
> 고문하면 무슨 소용인가요?
> 그대는 왜 또다시
> 인간의 고통에 조금도 지치지 않은 채
> 심술궂은 신들의 번개 같은 눈으로 쳐다보는가요?
> 그대는 죽이기를 원치 않는가요?
> 계속해서 고문만 할 건가요?
> 무엇 때문에—나를 고문하는가요?

그대 심술궂은 미지의 신이여.

기성의 모든 가치와 이데올로기의 껍질을 벗겨내 파괴한 다음에야 오는 창조, 그것이야말로 니체가 추구해 간 진정한 예술가적 존재의 기본 모습이 아닐까. "십자가에 매달린 자" 대 "디오니소스"라는 극명한 대립을 통하여 니체는 "갈가리 찢긴 디오니소스는 삶의 약속이다. 삶은 파괴로부터 재생되어 영원히 반복된다"라고 천명한다. 시인은 거짓과 절망의 강바닥을 훑다가 문득 진리의 물고기를 손에 움켜쥐는 존재인지도 모른다.

하이네의 마지막 시집《로만체로》와 이야기 시

람프시니토스 왕

람프시니토스 왕이
딸의 황금실에 들어서자,
딸도 웃고,
그녀의 몸종들도 모두 웃었다.

검은 얼굴의 환관들도
따라 웃었고, 미라들도
웃었고, 스핑크스들도 웃었다,
웃는 통에 산산조각날 것만 같았다.

공주가 말했다. 저는 그 보물도둑을
드디어 붙잡았다고 생각했어요,
그런데 그자는 제 손에다
죽은 손만 남기고 달아났어요.

이제 알 것 같아요, 그 보물도둑이
어떻게 아버님의 보물창고에 들어가,

어떻게 보물들을 훔쳐 갔는지 말이에요,
아무리 자물쇠와 빗장과 걸쇠가 있어도.

그자는 마술 열쇠를 갖고 있어요,
그걸로 이 세상 어느 곳의 문이든
다 열 수 있어요, 아무리 튼튼한
문도 버틸 수가 없어요.

저는 튼튼한 문이 아니에요,
그래서 저는 버틸 수가 없었어요,
오늘 밤 보물을 지키고 있었는데
저의 작은 보물 하나가 없어졌어요.

공주는 웃으며 이렇게 말하고는
방안을 춤추듯 누비고 다녔다,
그러자 몸종들과 환관들은
또다시 웃음을 터뜨렸다.

같은 날 멤피스 시는 온통
웃음바다가 되었다, 악어들도
진흙 벌로 누런 나일 강에서
머리를 내밀고서 웃었다,

그때 그들은 북소리를 들었고
황실의 포고자가 강가에 나와
왕의 다음과 같은 칙서를
큰 소리로 읽는 것을 들었다.

신의 가호로 이집트의
왕이 된 람프시니토스,
나는 나의 충신들과 귀족들에게
안부와 우정의 말을 전하노라.

그리스도 탄생 전
천삼백이십사 년
유월 초사흘에서 초나흘로
넘어가는 밤에 이런 일이 있었노라,

도둑놈 하나가 나의 보물창고에
침입하여 많은 보석들을
훔쳐갔다, 그놈은 나중에도
또다시 도적질을 해 갔노라.

범인을 색출하기 위하여
나는 공주를 보물 곁에서
자게 하였다—그런데 그놈은
어찌나 교활한지 공주마저도 훔쳤노라.

이 같은 도둑질을 저지하고
동시에 그 도둑에게
나의 동정심과 나의 경외심과
나의 사랑을 보여 주기 위하여

나는 그자에게 나의 무남독녀를
평생 배필로 삼아 주고자 하며

그를 또한 왕위 계승자로서
후작의 지위에 봉하고자 하노라.

나는 지금으로서는
나의 사윗감의 소재를 알지
못하므로, 나의 은총의 기별이
이 칙서를 그에게 전해야 하노라.

그리스도 탄생 전
천삼백이십육 년
작성.—내가
서명함. 람프시니토스 왕.

람프시니토스 왕은 자신의 말대로
그 도둑을 사위로 삼았다,
왕이 죽은 뒤에 그 도둑은
이집트의 왕위까지 물려받았다.

그는 다른 왕들처럼 다스렸으며
무역과 인재를 보호하였다,
그가 통치하는 동안에는
보물 도난이 거의 없었다고 한다.

흰 코끼리

샴의 왕, 마하바산트는

인도의 절반을 다스리고 있으며,
열두 왕들, 심지어 위대한 무굴 왕까지도
그의 왕홀 앞에 조공을 바쳐야 한다.

해마다 북과 트럼펫과 깃발을 앞세우고
샴을 향해 조공 행렬이 이어진다,
높다란 봉의 수천 마리의 낙타가
귀중한 토산품들을 낑낑대며 나른다.

짐을 잔뜩 실은 낙타들을 볼 때마다
왕의 마음은 남몰래 미소를 짓는다,
그러나 겉으로는 그는 늘 투덜댄다,
그의 보물창고의 공간이 부족하다고.

하지만 그의 보물창고들은 아주 넓고,
아주 크며 찬란함으로 가득 차 있다.
이곳에서는 현실의 화려한 모습이
천일야화 이야기를 훨씬 능가한다.

“인드라의 성”이라고 불리는 방에는
모든 신들이 도열해 있다,
섬세한 금속 세공에다
보석으로 장식된 황금의 입상들이다.

그 숫자가 족히 삼천은 됨 직한데,
괴상하게 험상궂은 형상들이다,
수많은 손과 수많은 머리가 달린,

인간과 짐승이 뒤섞인 모양들이다.

"자실紫室"에는 놀랍게도
천삼백 그루의 산호초들이 있는데
야자수처럼 크고 이상한 모습에
구불구불한 가지들의 붉은 숲이다.

다락방은 순수정으로 되어 있어,
거기에 산호초들의 모습이 모두 비친다.
온갖 색깔의 반짝이는 깃털의 꿩들은
거기서 뒤뚱뒤뚱 이리저리 거닐고 있다.

마하바산트가 아끼는 원숭이는
목에 비단 리본을 달고 있는데,
거기에는 침실이라 불리는 방을
여는 열쇠가 매달려 있다.

아주 값진 보석들이
그곳 바닥에 완두콩처럼
잔뜩 쌓여 있는데, 달걀만 한
다이아몬드들도 볼 수 있다.

이곳에서 왕은 진주가 가득 든
잿빛 자루 위에 벌렁 드러눕곤 한다,
그러면 원숭이도 왕 옆에 눕고,
둘은 잠이 들어 코를 드르렁거린다.

그러나 왕의 모든 보물들 중에서도
가장 소중한 것, 왕의 행복이자 마음의 기쁨,
마하바산트의 즐거움이자 자랑,
그것은 바로 그의 흰 코끼리이다.

왕은 이 귀한 손님을 위하여
가장 멋진 궁전을 지어 주었다,
금박을 입힌 지붕은
연꽃 모양 기둥들로 받쳐졌다.

문 앞에는 삼백의 친위병들이
코끼리의 의장병으로 서 있고,
백 명의 검은 얼굴의 환관들이
무릎을 꿇고 허리를 굽혀 시중 든다.

그의 긴 코를 위하여 황금 사발에
이 세상에서 가장 맛진 것을 대령한다,
그는 가장 달콤한 향료를 친 포도주를
은제 통으로 홀짝 홀짝 들이마신다.

사람들은 말향고래 향료와 장미유를 발라 주고
그의 머리는 화환으로 장식해 준다,
그 고귀한 짐승의 발 덮개로는
카시미르의 값진 숄이 쓰인다.

그에겐 이 세상에서 가장 행복한 삶이 주어졌지만,
이 세상의 누구도 만족할 줄 모르는 법.

그 고매한 짐승은 어찌된 영문인지
깊은 우울 속으로 빠져들었다.

그 하얀 우울증 환자는
넘치는 풍요 한가운데 슬프게 서 있다.
기분을 돋우고 즐겁게 해 주려고 해 봤지만
아무리 기발한 시도도 모두 허사였다.

사원무희들의 화려한 춤과 노래도
소용없었고, 악사들의 칭크와 팀파니
연주도 아무 소용없었다,
어느 것도 코끼리를 즐겁게 하지 못했다.

날이 갈수록 상태가 나빠지자,
마하바산트의 마음은 침울해졌다,
왕은 왕좌의 계단 앞으로
나라에서 가장 현명한 점술사를 불렀다.

"이봐, 점술사, 내 너의 목을 치리라",
왕이 호통쳤다, "어서 말하지 못하겠는가,
나의 코끼리에게 무엇이 잘못되었는가,
왜 그의 마음이 그렇게 침울한 건가?"

하지만 점술사는 세 번 땅에 엎드린다,
마침내 진지한 태도로 입을 연다.
"오 왕이시여, 진실을 알려드리겠나이다,
그러면 폐하께선 고견대로 행동하십시오.

저 북쪽에 키가 크고 살결이 하얀
아름다운 여인이 하나 살고 있습니다,
폐하의 코끼리가 멋진 건 사실이오나,
그녀하고는 비교도 되지 않습니다.

그녀의 모습에 비하면, 폐하의 코끼리는
조그만 흰쥐에 불과합니다. 그녀의 신장은
라마야나의 여걸 빔하와 에베소의
거인 다이애나를 연상시킵니다.

몸매는 곡선으로 아주 잘 빠져서
멋진 건축물 같습니다! 이 건축물을
눈부시게 하얀 설화 석조의 큰 두 기둥이
우아하고 당당하게 떠받치고 있습니다.

그것은 아모르 신의 거대한 성당,
사랑의 성당입니다,
성궤 속에는 등불로서
결함 없는 심장이 켜져 있습니다.

시인들은 그녀의 하얀 살결을 그려 보려고
여러 상들을 찾지만 모두 헛된 일입니다,
고티에도 그 모습을 그릴 수 없습니다,—
오, 그 하얀 살결은 그 무엇도 거부합니다!

히말라야 꼭대기의 만년설마저도
그녀 곁에 있으면 잿빛으로 보입니다,

그녀의 손에 들린 백합은
질투심 혹은 대조로 누렇게 변합니다.

이 키 크고 살결 하얀 여인의 이름은
비앙카 백작부인입니다,
그녀는 프랑스의 파리에 살고 있습니다,
바로 이 여인을 코끼리는 사랑하고 있습니다.

놀라운 친화력으로 인해
꿈속에서 그는 그녀를 알게 되었습니다,
이 드높은 이상의 여인이 꿈결에
그의 가슴속으로 파고든 거지요.

그순간부터 그리움이 그를 병들게 하여,
예전에 그토록 명랑하고 건강하던 그가
이제는 네 발 달린 베르테르가 되어,
북쪽에 있는 로테만을 꿈꾸고 있나이다.

신비스런 마음의 끌림이여!
그는 한 번도 본 적 없는 그녀를 생각합니다.
그는 달빛 속을 자주 터벅터벅 거닐면서
한숨 짓습니다. 아 내가 한 마리 새라면!

그는 몸만 샴에 있을 뿐, 생각은
프랑스인들의 땅의 비앙카에게 가 있습니다,
하지만 몸과 마음의 이러한 분리는
위를 몹시 약하게 하고 목이 마르게 합니다.

아무리 맛있는 구운 고기도 싫다고 하고
그는 찐 국수와 오시안만을 좋아합니다,
벌써 잔기침을 하고 몸이 수척해졌습니다,
그리움이 그의 이른 무덤을 파고 있는 거죠.

그를 구하고, 그의 생명을 보존케 하고,
그를 포유동물의 세계로 돌려주고 싶다면,
오, 왕이시여, 한창 열병에 걸린 그를 어서
프랑스인들의 수도 파리로 보내소서.

꿈속에서 그리던 아름다운
그녀의 모습을 그곳 현실에서
직접 보며 즐거워할 수 있을 때,
그는 우울증에서 낫게 될 것입니다.

그의 아름다운 여인의 두 눈이 빛날 때
그의 마음의 고통도 사라질 것이며,
그녀의 미소가 그의 마음속에 깃들였던
마지막 그늘마저도 쫓아 버릴 것입니다.

마법의 노래 같은 그녀의 목소리는
그의 마음의 분열을 구원해 줄 것입니다,
그는 즐거워 다시 천 같은 두 귀를 번쩍 들며,
더 젊어진 듯, 다시 태어난 듯 느낄 겁니다.

도시 파리의 세느 강변에서 우리는
정말 사랑스럽게, 달콤하게 살 수 있습니다!

폐하의 코끼리도 그곳에서 문명화되어
삶을 실컷 즐기게 될 겁니다!

그러나 무엇보다, 왕이시여,
그에게 여비를 듬뿍 주십시오, 그리고
그에게 라피트 가의 로트쉴트 은행 앞으로
신용장을 하나 써 주십시오.

그래요, 약 백만 두카텐의 신용장을
말입니다, —그러면 로트쉴트가의
남작님은 이렇게 말할 겁니다.
"이 코끼리 정말 멋진 친구로군."

점술사는 이렇게 말을 마치고는 다시
세 번 땅을 향해 넙죽 엎드렸다.
왕은 많은 선물을 주어 그를 보내고는
몸을 쭉 뻗고 누워 생각에 잠겼다.

왕은 이렇게 생각하고 저렇게 생각해 보았다,
생각하는 게 왕들에겐 어려운 법이나.
왕의 원숭이도 그 옆에 와서 앉았고,
둘은 마침내 잠이 들어 버렸다.

왕이 무슨 결정을 내렸는지는 나중에나 말할 수
있을 것 같다, 인도발 우편은 오지 않았다.
최근에 우리에게 전달된 우편은
수에즈를 거쳐서 왔다.

한번 살았던 자

브루투스여, 너의 카시우스는 어디 있는가?
파수꾼이며 밤에 소리치던 자,
지난날 너와 함께 마음을 토로하면서
센 강변을 거닐던 그는 어디 있는가?

너희들은 가끔 하늘을 올려다보았지,
그곳엔 검은 구름이 달려가고 있었어—
그러나 너희들 가슴속에 품고 있던
생각은 훨씬 더 시커먼 먹구름이었지.

브루투스여, 너의 카시우스는 어디 있는가?
그는 이젠 암살할 생각을 하지 않는구나!
그는 넥카 강가의 전제군주를 위해
책 읽어 주는 사람이 되었다고 하더군.

그러나 브루투스는 대답한다. 너는 바보야,
시인들이 다 그렇듯이 너무 근시안적이야—
나의 카시우스가 전제군주에게 책을 읽어 주지만,
그건 그를 죽이기 위한 거라고.

그는 왕에게 마체라트의 시를 읽어 주지—
시행 하나 하나가 비수야!
그 불쌍한 전제군주는 조만간
지루해서 죽을 거야.

시든 장미

그녀는 한 송이 장미꽃 봉오리였네,
내 가슴은 꽃봉오리를 보며 애태웠지,
하지만 꽃봉오리는 자라나, 아름답게
꽃망울을 한껏 터뜨렸네.

세상에서 제일 예쁜 장미가 되었지,
나는 장미를 꺾고 싶었네,
하지만 장미는 가시로 나를
따끔하게 찌를 줄 알았네.

시들고, 바람과 비에 찢기고
할퀸 지금에 와서는—
사랑하는 하인리히 나 여기 있어,
그녀는 내게 다정하게 다가오네.

뒤에서도 하인리히, 앞에서도 하인리히,
이제는 달콤한 목소리가 들려오네,
이제 가시 같은 것이 나를 찔러서 보면,
그것은 아름답던 그녀의 턱이라네.

턱에 난 작은 사마귀를 장식하는
터럭들이 너무 뻣뻣하네—
수녀원에나 들어가, 사랑하는 그대여,
아니면 면도를 하던가.

유언

이제 나의 인생은 끝나간다,
나도 이제 유언장을 만든다,
기독교식으로 유언장에다
내 적들에게 유산을 남겨야지.

이 품위 있고 덕망 있는 적들은
나의 모든 질병과 몰락과
나의 모든 육체적 결함을
유산으로 물려받게 되리라.

나 너희들에게 배를 집게로
집어서 뒤트는 듯한 복통과,
방광염과 비열한 프로이센
치질도 유산으로 넘겨주리라.

너희들은 또한 나의 발작과,
타액루와 관절 경련과, 척추 뼈의
노쇠를 마땅히 물려받아야 한다,
하느님이 주신 멋진 선물들이다.

나는 유언장에 이렇게 추가한다.
하느님은 너희들에 대한
기억을 망각 속에 묻으리라,
그 분은 너희의 기억을 없애리라.

《로만체로》와 만년의 하이네

하이네(1797-1856)는《노래의 책》,《여행화첩》그리고《로만체로》를 "시인으로서의 자신의 명성의 세 기둥"이라고 부른 바 있다. 초창기에 쓴 시들을 묶은《노래의 책》이 기본적으로 민요조를 빌려서 사랑과 그리움을 서정적으로 노래한 시들의 모음집이라면,《로만체로》는 이야기 형식을 사용하여 역사와 히브리 전통에 대해서 서술하면서 현실에 대한 비판적 사고를 담은 시집이라고 할 수 있다.

하이네는《로만체로》의 맺음말에서 이렇게 말한다. "나는 이 책에 '로만체로'라는 제목을 붙였다. 그 까닭은 여기에 모은 시들이 대체로 로만체풍으로 되어 있기 때문이다." 로만체란 주로 기사의 영웅담과 사랑의 모험을 다룬 민요조의 설화시를 이른다. 하이네의《로만체로》는 주로 역사적 소재를 민요조의 리듬으로 변주한 시들로 이루어져 있다.

《로만체로》는 1851년 출간되자마자 그해에만 4판을 찍은 하이네의 대표적인 성공작이다. 이 시집은 오랫동안 써온 시들을 묶은 것이 아니라,〈옛 노래〉(1824)를 빼놓고는 1844년에서 1851년에 걸쳐 집중적으로 쓴 시 작품들의 모음집이다. 비교해서 말하자면 1844년에 출간된《신시집》에는 초기의 작품들도 실려 있는 반면,《로만체로》에는 집중적으로 후기에 쓴 시들만이 실려 있다. 그러므로《로만체로》는 하이네가 1931년 독일을 떠나 프랑스 파리에 거주하면서 죽음을 얼마 앞두지 않은 시기까지 쓴 시들을 묶은, 그의 세 번째 시집이자 만년의 대작인 것이다.

1848년 하이네는 척추결핵에 걸려 이른바 "이불 무덤" 상태에 틀어박히게 된다. 육체적인 고통에 더하여 그의 희망이던 1848-49년 혁명의 실패는 그를 끝없는 좌절감에 젖게 한다. 이제 정치적 진보에 대한 낙관주의는 그의 개인적 고통 속에서 더 이상 희망이 없는 것으로 전락한다. 이러한 주변 상황의 열악한 여건 속에서 쓰여진《로만체로》는 하나의 일관된 테마를 변주하여 보여 준다. 그것은 다름 아닌 병든 시인의 눈에 비친 지리멸렬한 세계의 모습이다. 세계사는 부조리와 폭력과 몰락과 고통의 무의미한 순환일 뿐이라는 것이다.

이 시집은 〈역사 이야기〉, 〈애가〉, 〈히브리의 노래〉의 총 3부로 나뉘어 그 구성에서 하나의 완결된 구조를 보여 준다. 원래는 무용극 〈파우스트 박사〉가 함께 묶여 있었으나 하이네는 최종적으로 이 작품을 제외하여 3부의 구성으로 출간하였다. 그렇게 해서 오히려 작품의 완결성이 더욱 견고해졌다. 역사적인 테마를 다루고 있는 제1부와 제3부가 가장 개인적인 내용을 담은 제2부를 마치 과일의 핵처럼 둘러싸고 있다. 그러나 그가 취급하는 역사는 역사 그 자체로서 작용하지 않는다. 다시 말해서 그는 자신의 입장에 하나의 틀을 부여하는 역사적 소재를 통해 시에서 보편성을 구사하고자 한다. 따라서《노래의 책》이 사랑의 감정을 진솔하게 노래한 시집이라면,《로만체로》는 역사적 사실들을 도입하여 기본적으로는 사랑의 그리움을 노래하는 가운데 시인 자신의 현실적 사고와 역사를 보는 눈을 보여 주는 시집이라고 할 수 있다. 현실에 대한 직접적인 말하기와 간접적으로 둘러서 말하기의 두 가지 양상이《로만체로》의 큰 특징이다.

제1부의 〈역사 이야기〉는 하이네에게 있어서 전형적인 사랑의 모티프를 역사적인 소재에서 취해 와 이를 새롭게 변주하여 들려준다. 이를테면 시 〈조프리 뤼델과 멜리산데 폰 트리폴리〉는 중세의 연애가요에 그 기본을 두고 있는 것이다. 그러므로 제1부의 시들의 기법상의 특징은 역사 속으로의 변장과 거리감 조성에 있다. 그 과정에서 하이네는 역사를 새롭게 해석한다. 〈람프시니토스 왕〉과 〈흰 코끼리〉에서는 역사를

우스꽝스럽게 일그러뜨려 보여 주고, 〈비츨리푸츨리〉에서는 중남미 아즈테카 왕국의 신 비츨리푸츨리가 스페인 사람들의 정복에 당하고만 있지 않고 급기야 악마가 되어 유럽 대륙에서 복수를 결심하는 모습을 보여 준다. 이 시에서 시인은 이교도의 각도에서 역사를 바라보고 있는 것이다. 이 가운데 하이네가 중심을 두고 있는 것은 역사에서 늘 형편없는 자가 승리한다는 아이러니이다. 이것을 뒤엎기 위해, 그러니까 올바른 역사의 정립을 위해 그는 정복당한 아즈테카 왕국의 신 비츨리푸츨리가 매독으로 유럽인들에게 복수를 하는 것으로 작품에 설정하고 있는 것이다.

이에 반해서 제2부 〈애가〉는 제목에 걸맞게 보다 시인의 직접적이고 고백적인 내용을 담고 있다. 내용도 내용이지만, 그 서술의 방식이 시인 자신의 모습을 보여 주는 방향에서 이루어지고 있다는 뜻이다. 이를테면 〈믿지 못하는 사람〉과 〈식어 버린 자〉 같은 시는 사랑에 대한 그리움을 어떤 가면도 쓰지 않은 상태로 그대로 보여 준다. 특히 제2부의 핵심 부분이라고 할 수 있는 〈나자로〉 연작시는 병상에 누워 있는 시인 자신의 처지를 직접적으로 묘사한다. "나자로"라는 제목은 하이네의 후기 시의 본질적인 측면을 알려 준다. 누가복음에 나오는 가난한 문둥병 환자 나자로의 비유 외에 이것은 하이네 자신의 전기적 측면과 관련된다. 성경의 모티프를 사용하고 있지만 그것은 겉으로 드러난 외관에 불과하다. 하이네가 말기에 "이불 무덤"에서 겪은 소외와 죽음의 고통이 나자로라는 인물에 투영되어 나타나는 것이다.

제3부 〈히브리의 노래〉에서 시인은 다시 역사적이고 객관적인 서술 방식으로 돌아간다. 시집의 가장자리를 감싸고 있는 이 제1부와 제3부의 역사 이야기는 유럽-독일의 시인이자 유대의 시인인 하이네의 이중

적인 위치를 보여 준다. 제1부의 〈역사 이야기〉가 독일과 유럽의 전설과 역사를 취급하고 있다면, 제3부 〈히브리의 노래〉는 하이네 자신의 개인적 혈통을 이야기하는 것이다. 이것은 지금까지의 그의 시에서 새롭게 등장한 테마 영역이라고 할 수 있다. 제3부의 시 〈예후다 벤 할레비〉는 멀리 있는 예루살렘을 향한 시인 예후다 벤 할레비의 불행한 사랑을 역사에서 취해 온 일화 형식으로 들려준다. 이 작품은 하이네 문학의 정점이라고 할 만하다. 이 시에서 하이네는 자신의 개인적 고백을 역사적인 소재의 틀에다 아주 절묘하게 실어서 보여 주고 있다. 그것은 유대민족과 시인의 역할을 세속적으로 동일시하는 데서 드러난다. 두 가지가 이렇게 서로 동일시 될 수 있는 까닭은 두 존재 모두 고통과 선민이라는 삶의 원칙에 따라 존재하기 때문이다.

1, 3부와 2부의 이러한 서로 대조되는 서술 방식은 이 시집의 거의 모든 시들에 사용된 역설과 대비의 구성 요소와 상응하는 것이다. 진지함과 아이러니, 고통과 미소, 체념과 조롱 등 그의 문학의 기본적인 동인들은 이 시집에서도 작용하고 있다. 현실적 세계와 시인이 꿈꾸는 세계는 서로 다를 수밖에 없다. 꿈속에서 옛날을 그리워하지만 눈을 뜨면 그는 병상에 누워 있다(〈나쁜 꿈〉). 이러한 풀리지 않는 긴장이 서로 병렬되어 등장한다. 시 〈흰 코끼리〉는 낭만주의적인 그리움과 멜랑콜리의 모티프가 아이러니컬하게도 "찐 국수와 오시안만"을 좋아한다는 주인공 흰 코끼리의 성향에 의해 그 환상이 벗겨진다. 여기서 우스꽝스러움이 발생한다. 하이네는 낭만주의의 모티프와 메타포들을 계속해서 사용하여, 끝내는 그것들이 시대에 걸맞지 않는다는 것을 보여 주고 있다. 이렇게 상이한 성질의 시적 요소들을 한 지평에 위치시킴으로써 하이네는 현대 서정시를 선취하고 있다. 동떨어진 연상과 이미지의 사용

이 그것에 대한 가장 두드러진 예이다. 이것을 우리는 시 〈예후다 벤 할레비〉에서 살펴볼 수 있다. 또는 시점의 급격한 변화가 한 시 작품에서 이루어지기도 한다(시 〈아폴로 신〉, 〈전에 야경꾼이었던 사람〉). 이렇게 볼 때 《로만체로》의 시들은 《노래의 책》 시들과 기법과 내용상으로 커다란 변화를 보이지 않고 오히려 이러한 요소들을 더욱 대가적으로 보여 준 시집으로 평가할 수 있다.

《로만체로》의 또 하나의 특징은 하이네가 초기부터 구사해 온 사랑시가 다른 각도에서 구가된다는 점과 종교적인 것에 대한 그의 관심의 집중이다. 이것은 그가 "이불 무덤"이라고 칭한 자신의 병상의 절망적인 상황에서 하나의 구원으로 창작을 했다는 것을 시사한다. 이 시집에서는 하이네의 개인적 고통뿐만 아니라 시대적인 고뇌도 더욱 심화되어 문학으로 형상화되고 있다. 그러나 하이네가 죽음을 앞두고서 이전의 범신론에서 그것이 유대의 신이든 기독교의 신이든 유일신에게로 귀의하는 듯한 느낌을 주지만 그의 입장은 주체적이고 중립적인 것이다. 〈나자로〉의 두 번째 시에서 그는 이렇게 말한다.

> 아 이제 무덤 속에서 한숨 돌리고 싶다.
> 잘들 있게! 그대들 기독교 형제들이여, 저 위에서,
> 그래, 당연하지, 저 위에서 우리 다시 만나세.

이것을 우리는 말 그대로 이해할 수 없다. 비록 그가 고통 속에서 죽음을 갈구하고 또 신에게 귀의하고 있지만, 이 신이 기독교의 신이라든가 아니면 유대교의 신이라고 확실하게 답하기는 어렵다. 오히려 자신이 평생 찾던 인생의 답을 자신만의 신과 대화하는 가운데 얻으려 한 것이 아닌가 싶다. 하이네의 글에서 가장 중요한 문체 기법으로 쓰인 것

은 아이러니이다. 정말로 그는 "저 위"의 세상을 설정하고 있는가? 《로만체로》의 〈맺음말〉에서 그의 관심을 끄는 듯 여겨지는 저승에 대한 호기심 역시 일반적인 상식을 비웃는 아이러니의 하나에 지나지 않는다는 말이다. 그는 〈나자로〉의 두 번째 시 〈부활〉에서도 최후의 심판을 비웃고 있다.

그곳은 요자팟 골짜기이다,
그곳에 초대된 무리들이 서 있다,
피고들의 수가 너무 많아,
이곳에선 약식 재판이 이루어진다.

염소는 왼편에, 양은 오른편에,
재빨리 구별되어 나뉘어진다,
믿음 깊고 얌전한 양들은 천국으로,
음탕한 염소는 지옥으로.

이런 내용 때문에 1851년 11월에 《로만체로》는 오스트리아와 프로이센 그리고 그 밖의 다른 독일 영주 국가들로부터 반도덕적이고 반종교적이라는 이유로 판매 금지 처분을 받았다. 이 세상을 살아가면서 가장 중요시할 수밖에 없는 물질과 감각을 도외시하고 기독교적 유심론만을 요구하고 주장하는 교회의 권위에 대해서 하이네는 초기와 다름없이 비판의 일격을 가하고 있는 것이다. 그렇다고 해서 그가 자신의 글로써 사후에 명성을 떨치기를 원하는 것도 아니다. 그가 바라는 것은 사후의 명성이 아니라 이승에서 한 잔의 포도주를 마시는 것이다. 그는 죽은 사자보다는 차라리 살아 있는 개가 되기를 원한다. 생의 마지막에 자신의 인생을 돌아보며 쓴 시 〈잃어버린 아이〉는 그가 왜 현실에 집착하는지를 잘 보여 준다.

해방 전쟁에서 끝내 빼앗긴 초소여,
나는 삼십 년 동안 충실하게 견디어 냈다.
승리에 대한 희망도 없이 나는 싸웠다,
몸 성히 집으로 돌아갈 생각은 접어 두었다.

나는 밤낮으로 깨어 있었다—잠들 수 없었다,
야전의 텐트 속에 함께 있던 다른 전우들처럼—
(또한 내가 잠깐 눈이라도 붙이려 하면, 그 잘난
친구들의 드렁드렁 코고는 소리가 나를 깨웠다).

그런 밤마다 지루함이 자꾸만 내게 밀려왔다,
공포와 함께—(바보만이 공포를 모르는 법)—
그것들을 쫓으려 나는 휘파람을 불었다,
풍자의 노래를 뻔뻔스런 운에 맞추어서.

그래, 나는 깨어 있었다, 총을 들고서,
그때 어떤 의심스런 녀석이 다가왔다,
나는 정확히 쏘아서 그 녀석의 배에
싱싱한 총알을 한 방 박아주었지.

물론 가끔 그런 형편없는 녀석도 나처럼
정확히 총을 쏠 줄 알 때가 있었다,
—아, 나는 그것을 부인할 수 없다—내 몸엔
상처가 나고—상처에서는 피가 철철 흐른다.

초소 하나가 비었다!—상처가 입을 벌린다,
하나가 쓰러지면, 다른 이들이 그 자리를 메운다,
그러나 나는 쓰러졌지만 패하지 않았다, 나의 총도
부서지지 않았다—부서진 건 다만 내 마음뿐.

1840년 《뵈르네 회고록》을 발표한 뒤로 얼핏 하이네는 정치적 이슈로부터 벗어나 그 자신이 젊었을 때 비판의 화살을 쏘았던 대상인 괴테와 마찬가지로 모든 목적으로부터 자유로운 자율적 예술관을 지향하는 것처럼 보인다. 그러나 우리는 《로만체로》를 통해서 그의 이런 예술관이 현실 정치적 요소를 한 단계 끌어올린 차원에서 행해지고 있음을 확인할 수 있다. 이 시에서 보듯이 그는 삼십 년 넘게 싸웠다. 그가 싸워서 얻으려 한 것은 모든 악습으로부터의 민중의 해방이었다. 그는 저 하늘이 아닌 이 세상에다 모든 사람이 행복하게 살 수 있는 하늘나라를 건설하려고 하였다. 그것이 그의 삶과 문학의 존재 이유였다. 이 시는 하이네의 정치시의 모범으로 가장 많이 인용되고 또 후세에 가장 많은 영향을 끼친 작품이다. 《로만체로》 중에서 가장 중요한 위치에 놓여 있다. 즉 제2부 〈애가〉를 마무리 짓는 〈나자로〉 연작시의 마지막 자리를 장식하고 있다. 우리는 이 시의 전기적 성격을 뚜렷하게 확인할 수 있다. 병들어 병상에 누워 있는 시인의 망명 생활 모습이 잘 드러나기 때문이다. 이제 그는 건강한 모습으로 고향으로 돌아갈 생각을 접었다. 그러나 그의 마음은 시대적 소명을 지닌 예술을 지향하며 그에 대한 생각을 굽히지 않고 있다. 죽음에 임박해서도 자유에 대한 자신의 이념을 꺾지 않고 있다. 그는 자유와 민중의 행복을 가로막는 모든 복고 세력들과의 싸움으로 심신이 지쳤지만, 예술을 통한 현실 개혁에의 꿈은 아직도 가슴에 품고 있다. 그의 문학은 그렇기 때문에 현실에 대해 날카로운 시선을 던지면서도 예술로서의 가치를 버리지 않는 자율적 예술관에 근거를 두고 있다. 빵과 장미를 함께 추구하는 하이네는 현실을 저버린 모든 공허한 예술을 지양하면서도 모든 과격한 현실주의적 급진론을 거부한다. 그의 문학작품이 전 세계적으로 아직도 사랑을 받는 근거도 여기에 있다고 할 것이다.

'장미왕국'의 '왕'을 위하여

릴케의 초기 시집《나의 축제를 위하여》

보통 위대한 시인의 하찮은 출발로 일컬어지는 라이너 마리아 릴케의 시적 인생에서 아주 초창기에 쓴《인생과 노래》등의 시들을 부정하고 시인 스스로 자신의 "첫 번째 시집"이라고 자신 있게 언급한 시집으로 우리는 서슴없이《나의 축제를 위하여》를 떠올린다. 제목에서부터 시인의 성숙한 자의식을 보여 주고 있는 이 시집은 바로 직전에 씌어진《그대의 축제를 위하여》, 즉 루 살로메에게 바친 사랑 시집과 한 쌍을 이루는 것으로 여겨진다.

그러면 그가 말하는 '나의 축제'는 어떤 축제인가? 이 시집에 앞서 1898년에 출간된 이탈리아 여행기록《피렌체 일기》에서 릴케는, "순례자인 내가 삶의 이 조용한 빛살 속에서 장미 왕국의 왕이며, 영원의 삶 한가운데에 여름 왕관을 쓰고 있는 또 다른 나를 향해 나아가는 것"에 자신의 인생의 의미를 부여하고 있다. 바로 이 '미래의 나'를 위해서 '축제'가 준비되는 것이다. 그만한 자신감이 시인의 가슴에 움트고 있다.

"수천 갈래의 뿌리로/삶 깊숙이 어루만지며"라는, 바로 이 전 시집《강림절》(1897년)의 시 구절에서 시인이 느끼고 기록한 길이《나의 축제를 위하여》의 출발 상황이 된다. 시인의 감각은 열매를 맺기 위해 몸을 떠는 꽃봉오리처럼 지극히 민감하다. 그의 자아는 스스로를 삼라만상 속의 생성, 존재 그리고 재생성의 수많은 형성과정과 진행들 중의 하나로 여긴다. 그래서 그는 "나는 내 곁을 스치는 모든 소리에 바르르 떨며 내 몸을 바치겠습니다."라고 혹은 "내가 많은 가지로 꽃피고 싶음은 /만물과 함께 하나의 조화 속으로/빙빙 춤추며 들어가고 싶기 때문이다."라고 노래하는 것이다. 그의 현존재와 사라짐의 모든 충동은 하나로 용해되어 어머니처럼 생명을 만들어 내는 그 위대한 전체적인 존재와 생성 일반 속으로 흘러 들어가고 싶어한다.

나의 삶이 어디까지 이를지
그 누가 말해 줄 수 있을까?
나는 아직도 폭풍 속을 거닐고 있는가,
물결이 되어 연못 속에 살고 있는가?
아니면, 아직도 나는 이른 봄의 추위에
얼어붙은 창백한 자작나무일 뿐인가?

이와 같은 예술가로서의 자의식 이외에 이 시집에는 구체적으로 릴케의 고유한 사고의 생성을 엿볼 수 있는 여러 가지 테마들이 등장한다. 그것은 시인의 자아, 사물, 신 그리고 언어의 문제이다. 이것들을 시인은 자신의 고유한 목소리로 개성 있게 다루기 시작한다. 이것들은 점차 시인의 세계 속에서 더욱 큰 소리를 내며 큰 강줄기를 형성한다. 특히 〈천사들의 노래〉에서는 비록 아직은 어린아이의 수호천사의 측면이 강하기는 하지만, 후기의 대작인 《두이노의 비가》에서 결정적인 형상인 천사가 미리 선보이고 있다. 그리고 〈소녀들의 노래〉의 소녀들의 형상은 미래로 흘러가는 삶의 형식, 즉 시인의 동경과 기대를 구현한다. '소녀들'에게서 나타나는 아이와 여인 사이의 경계의 불분명함 속에서 이 소녀들은 릴케 자신의 시적 독자성으로의 전환과정을 반영한다.

시인은 언어와 사물 사이의 진정한 연관관계를 다시 살려 내고, 말이 갖는 단순한 명칭 부여 기능으로부터 말을 구해 내 예술작품을 통해 말에게 근원적인 의미와 음향을 되돌려 주려 한다. 사물들의 신비로운 외관을 벗겨 버리는 진부한 일상이나, 일상어에서 말의 상징적 특성이 지워지는 것을 피하라고 하면서 릴케는 변용의 시적 사명을 이렇게 강조한다.

> 일상 속에 굶주리는 가련한 말들,
> 그 초라한 말들을 나는 너무도 사랑한다.
> 나의 축제에 내가 그들에게 색깔을 선사하면,
> 그 말들은 미소 짓다 천천히 웃음을 터뜨리리라.
> 가슴 깊이 불안스레 억누른 그들의 본질은
> 모두가 알아볼 만큼 또렷이 새로워지리라.
> 그들은 여태껏 노래 속으로 들어가 본 적 없어
> 내 노래 속으로 들어와 바르르 떨며 거닐리라.

릴케의 시를 지배하는, 말의 근원에 다다르려는 욕구가 두드러지게 나타난다. 모든 낱말은 원래 특정한 존재를 위한 형상이자 상징이다. 관습적이고 추상적이며 도식화된 일상어에서는 말의 이러한 상징적 특성이 거의 지워져 있으며, 말의 형상과 그 속에 상징화된 존재 사이의 생동감 있는 연관관계가 정의와 이름붙이기에 의해서 대개 경색되고 파괴된다. 이러한 가장 기본적이고 동시에 어려운 과제를 릴케 스스로 의식하고, 이를 시인으로서 감당하려 한다.

1899년 말에 출간된 이 시집의 표지 그림은 보르프스베데 화가촌의 화가 하인리히 포겔러가 그렸으며, 시집 전체는 110편의 시를 싣고 있다. 몇 편을 빼놓고는 1897년 11월 초에서 1898년 5월 말 사이의 기간에 베를린, 아르코, 피렌체 그리고 비아레지오 등지에서 씌어진 것들로 1898/99년 겨울에 릴케가 한 권의 시집으로 묶었다.

릴케의 초기시집《나의 축제를 위하여》는 독일 시문학사에서 개성 있는 시인으로 자리를 잡아 가고 있는 릴케의 시 세계를 이해할 수 있는 좋은 자료이다. 릴케가 원래 이름인 체코식의 르네를 버리고, 루 살로메가 지어 준 독일식 이름인 라이너를 써서 라이너 마리아 릴케라고 서명한 것이 바로 이 시집부터이다. 이렇게 보면 이 시집《나의 축제를 위하여》는 루 살로메에게 바친 시집《그대의 축제를 위하여》와 릴케의 마음속에서 정확히 하나의 쌍을 이루는 것으로 파악할 수 있다. 젊은 시절 루 살로메와 나누어 가진 커플반지라고나 할까.

헤세가 부른 인생의 노래

헤세(1877-1962)에게 세계적인 명성을 가져다준 것은 《데미안》(1919), 《황야의 늑대》(1927), 《싯다르타》(1922) 같은 소설이지만, 그가 쓴 많은 수의 시 작품들 역시 그의 문학 세계에서 중요한 위치를 차지한다. 헤세는 평생 동안 시를 스스로를 위해 중요한 매개체로 생각했다. 그는 시를, 자신의 인생의 위기를 극복하는 수단으로 삼아 왔다. 따라서 그의 시는 어떤 문학적 야망을 가지고 쓴 것이 아니라, 시인이 인생을 살아가며 자신을 돌이켜보고 쓴 삶의 진실의 기록이라고 할 것이다. 이런 면에서 보면, 헤세의 시는 어쩌면 윤동주의 시와 비슷하다. 윤동주가 〈서시〉에서 노래한 삶의 자세가 헤세에게서도 엿보인다. 헤세는 시적으로 완성된 작품을 쓰겠다는 생각보다는 어떻게 살아갈까 하는 인생의 문제를 가장 중요한 테마로 삼고 있기 때문이다. 그는 변화된 현실을 형식 미학적으로 반영하는 모더니즘 시와는 거리를 두고 있다. 이에 대해 헤세는 이렇게 밝히고 있다. "몇 가지 예외를 제외하고 나는 전래된 형식이나 세간에서 널리 쓰이는 시작법 또는 도식에 만족해 왔다. 내게는 새로운 것을 만들어 내거나 내 스스로 아방가르드가 되거나 시의 개척자가 되는 것은 중요치 않았다." 전통적인 어법에 기댄 그의 시에서는 강한 이미지와 인상주의적 기법, 그리고 독일 낭만주의와 고전주의 시대의 체험시적 요소가 많이 등장한다. 이러한 요소는 나중에 수채화를 직접 그린 그의 소질과 어우러지며 우리가 그의 시를 읽을 때 작품 한편 한편이 하나의 그림으로 우리의 영혼에 아로새겨지는 계기가 된다. 그의 인생은 고독하다.

혼자서

이 세상에는
이런 길 저런 길이 많이 있다.
그러나
목적지는 모두 하나뿐.

말을 타고 갈 수도, 차를 타고 갈 수도,
둘이서 갈 수도, 셋이서 갈 수도 있지만,
마지막 한 걸음을 너는
혼자서 떼어 놓아야 한다.

그러므로 어떤 지혜나
능력도 그다지 도움이 되지 않는다,
모든 어려움을
혼자서 하는 수밖에는.

인생의 문제를 논하면서 헤세가 가장 많이 사용하는 색상은 하양과 검정이다.《데미안》에서 주인공 싱클레어는 자신의 진정한 삶을 찾아가는 과정에서 밝음과 어둠을 골고루 체험하고 드디어 삶의 진리에 눈을 뜨기에 이른다. 삶이 하나로 완성되기 위하여서는 양친의 따스한 품뿐만 아니라 어두운 삶의 굴곡도 필요하다는 말이다. 헤세에게 있어서 어둠은 개인사적으로는 아들과 아내의 질병 그리고 이혼을, 그리고 시대사적으로는 두 번에 걸친 불행한 전쟁을 이야기할 수 있다. 그의 섬세한 영혼에 이러한 불행한 체험들은 암각화로 각인된다. 급기야 헤세는 정신과 치료를 받기에 이른다. 그러므로 우리는 헤세의 시에서 전기적이고 자서전적인 요소를 발견할 수 있다. 이것은 테마상으로는 개인의 고독과 진정한 자아 찾기로 이어진다. 그는 인생무상人生無常과 죽음을 이야기하면서도 결국엔 낙관적 사고를 펼쳐 보인다. 그의 시에는 시대를 읽는 리트머스지가 들어 있다. 그의 영혼은 시대의 아픔 앞에 시를 붉게 물들인다. 헤세는 변화된 시대 현실 속에서 고독한 개인의 감정 세계를 지키려 한다. 시 〈안개 속에서〉에서 헤세는 그러한 감정을 이렇게 고백한다.

안개 속을 거닐면 참으로 신기하다!
덤불과 돌들은 모두들 저마다 외롭고,
어떤 나무도 다른 나무를 보지 못한다.
모두가 다 혼자다.

나의 인생이 아직 환했던 시절엔
이 세상은 친구로 가득했었다.
그러나 안개가 내린 지금은
어느 한 사람 보이지 않는다.

모든 것에서, 피할 수 없이

인간을 가만히 떼어놓는
어둠을 알지 못하는 사람은
정말이지 현명하다고 할 수 없다.

안개 속을 거닐면 참으로 신기하다!
살아간다는 것은 고독한 것.
어떤 사람도 다른 사람을 알지 못한다.
모두가 다 혼자다.

기본적으로 헤세의 시는 낭만주의적 요소들로 가득하다. 처녀 시집의 제목이《낭만의 노래》(1898)인 것도 이를 말해 준다. 숲과 가슴의 떨림, 낯설면서도 친근함이 그의 기본적인 정조이다. 한곳에 얽매여 있지 않고 끊임없이 방랑하는 것, 즉 낭만주의자 아이헨도르프의 문학에서 자주 볼 수 있는 모티프가 헤세에게서도 발견된다. 하기야 시민적인 것에 스스로를 얽어매지 않고 구름처럼 떠도는 삶은 20세기 전환기를 살았던 시인이라면 누구나 바랐던 것이고 또 그런 삶의 태도를 견지하려고 노력했다. 고이지 않는 삶이 부패를 막아 주고 영혼의 신선한 샘물을 글로 만들어 주기 때문이다. 이를 통해 시인은 모든 것을 잃은 사람의 아픔을 역설적으로 달래 보려고 한다. 예수의 의미로 대속代贖적인 삶을 우리는 헤세에게서 발견할 수 있다. 떠도는 구름 같은 생이 그의 마음에 깃들기를 그는 시에서 이렇게 노래한다.

가벼운 구름

새파란 하늘에 가늘고 하얀

가벼운 솜털 같은
구름이 떠간다.
눈을 감고 느껴 보아라.
하얗고 서늘한 저 구름이 행복하게
너의 푸른 꿈속을 지나는 것을.

전쟁으로 얼룩진 암울한 독일을 떠나 스위스 몬타뇰라의 자연 풍광 속에서 살면서 헤세는 자신의 인생에 나름대로 의미를 부여해 보고자 한다. 헤세는 자신의 존재의 이유를 세상의 부질없는 사물들을 노래하여 예술로 영원화하는 데서 찾고 있다. 이때 자연은 가장 큰 메타포의 보고寶庫로 기능한다. 헤세는 이 보고의 보물들을 하나씩 꺼내서 자신의 마음속의 보물들을 나타내는 데 사용한다. 자연 풍경이 곧 시인의 영혼의 풍경이요, 영혼의 풍경은 곧 자연 풍경으로 나타난다. 헤세는 자연시를 쓰면서 거기에 역사적, 철학적 사고를 가미하여 보여 준다. 그의 자연시에는 아름다운 자연에 대한 칭송만이 아니라 인생에 대한 깊은 성찰이 담겨 있는 것이다. 이런 면에서 그는 아이헨도르프와 노발리스, 횔덜린 그리고 뫼리케의 후예라고 할 수 있다.

각박한 사회적 현실을 떠나 시인의 영혼은 가까운 곳이 아니라 먼 곳을 그리워한다. 먼 곳은 시간적으로는 과거와 미래로 나타난다. 과거는 즐겁고 유쾌하던 어린 시절의 고향의 모습으로, 미래는 고통스런 현실을 대체할 만한 유토피아적 모습으로 등장한다. 그러나 그의 시에서 유토피아는 공간적으로 등장하지는 않는다. 그는 항상 고향을 찾는 나그네이다. 그의 고향은 개인과 자연이 하나로 녹아 있는 마음의 고향이다. 시대의 고통을 극복하기 위해 그는 "내면으로의 길"을 택한다. 그에겐 항상 자아의 문제가 중요하다. 이러한 자아 찾기는 윤회전생이라는 동양적 사고와도 연결되며, 음악에 대한 칭송과도 맞물린다. 그는 음악에서 현실의 어둠과 잔인함을 극복할 수 있는 힘을 발견한다. 예술 속에서 현실에 대응하는 하나의 유토피아를 보고 있는 것이다. 그는 자연과 개인이 보다 높은 차원에서 합일되기를 바란다. 그러므로 그의 시는 하나의 맑은 영혼이 자연의 혼과 어울려 조화를 이루고 있는 장場인 것이다. 그는 생의 막바지에 서서 숲을 거닐다가 발견한 부러진 나뭇가지를 보고 이렇게 노래한다.

부러진 나뭇가지의 삐걱 소리
(세 번째 원고)

벌써 여러 해 동안 그대로 매달려,
바람 불면 삐걱대며 메마른 노래를 부른다,
잎사귀도 다 떨어지고, 껍질도 없이,
벌거벗고 창백한 모습, 기나긴 인생길에,
기나긴 죽음의 길에 이젠 피곤한가 보다.
그래도 단단하고 끈질기게 울리는 노랫소리,
버팅기는 소리, 하지만 남몰래 두려운 소리,
여름 한철만 더,
겨울 한철만 더.

헤세는 이 시를 고치고 그 다음 날 세상을 떴다. 나뭇가지는 벌써 몇 년째 부러져서 나무에 매달려 있다. 언제 떨어질지 모른다. 인생길에 마지막 잎새처럼 매달려 있는 자신의 모습을 헤세는 나무에게서 읽고 있다. 나무에 자신의 감정을 이입하여 "여름 한철만 더,/겨울 한철만 더" 하며 버티면서도, 궁극적으로는 자신의 죽음마저 담담한 어조로 받아들이려는 자세가, 바로 그 자신이 노래했던 "나무들" 같다. 자신의 죽음을 앞두고도 헤세는 이 시를 몇 번씩이나 다듬었다. 나무들에게서 헤세는 생의 법칙과 절제를 배우고자 한다.

나무들

나무는 내게 있어 언제나 감동적인 설교자였습니다. 나는 나무들이 큰 숲이나 작은 숲에서 무리를 지어 오손도손 사는 모습을 보면서 그들에게 숭배의 감정을 느낍니다. 그러나 나는 무엇보다 홀로 서 있는 나무들을 숭배합니다. 그런 나무들은 마치 고독한 사람들 같습니다. 무언가 자신의 나약함 때문에 세상을 등진 은둔자가 아니라 베토벤이나 니체처럼 스스로 고독의 길을 택한 위대한 사람들에 비길 만합니다. 그런 나무들의 우듬지에서는 세계가 살랑대고, 그들의 뿌리는 무한 속에 묻혀 있습니다. 그러나 나무들은 그런 상태로 파묻혀 있지 않고 생의 온 힘을 다해 한 가지를 추구합니다. 그것은 바로 그들 안에 존재하는 그들만의 법칙을 완수하는 것, 그들 자신의 모습을 완성하는 것, 그들 자신의 특성을 보여 주는 것입니다. 이 세상의 그 무엇도 아름답고 튼튼한 나무보다 더 신성하고 모범적인 것은 없습니다.

나무가 톱으로 베어져 가림 없는 죽음의 상처를 햇살에 드러낼 때 우리는 나무의 묘비라고 할 수 있는 그루터기의 환한 단면에서 나무가 살아온 모든 이력을 읽을 수 있습니다. 나이테와 아문 상처에는 싸움과 고뇌, 행복과 번창의 기록이 빠짐없이 충실하게 적혀 있습니다. 곤궁했던 해, 무성하게 우거졌던 해, 이겨 낸 온갖 시련과 버텨 낸 수많은 폭풍우들 등이 말입니다. 시골에서 자란 사람이라면 누구나 견고한 고급 목재일수록 나이테가 촘촘하다는 사실과, 높은 산속 시도 때도 없이 닥쳐오는 위험 속에서만 우리에게 모범이 되는 불굴의 억센 나무가 자란다는 사실을 알고 있습니다.

나무는 성전聖殿입니다. 나무와 이야기를 하고, 나무가 들려주는 말에 귀를 기울일 줄 아는 사람은 진리를 깨닫습니다. 나무는 어떤 교리나 처방을 설교하지 않습니다. 오히려 나무는 세세한 것에 매달리지 않고 인생의 가장 오랜 법칙을 알려 줍니다.

어떤 나무는 이렇게 말합니다. 내 안에는 씨앗 하나와 불씨 하나와 생각 하나가 숨겨져 있어요. 나는 영원한 생명을 먹고살아요. 영원한 어머니가 나를 통해 행한 시도는 오직 한 번뿐인 거예요. 나의 생김새와 내 껍질 속의 맥상脈相 역시 한 번뿐인 거예요. 나의 우듬지에서 이는 나뭇잎의 아주 작은 살랑거림 역시 한 번뿐인 거예요. 내 껍질에 생긴 아주 작은 상처 자국도 그렇고요. 내가 맡은 소임은 나의 이 두드러진 일회성을 통해 영원한 것을 만들어서 보여 주는 거예요.

어떤 나무는 이렇게 말합니다. 나의 힘은 믿음에서 나와요. 나는 나의 아버지들에 대해서도 아무것도 모르고, 해마다 내게서 생겨나는 수천의 자식들에 대해서도 아는 것이 전혀 없어요. 나는 씨앗 속에 숨겨진 비밀을 끝까지 살아갈 뿐이에요. 다른 것에는 전혀 신경을 쓰지 않아요. 나는 내 안에 하느님이 있다고 믿어요. 나는 나의 사명이 신성하다고 믿어요. 나는 이러한 믿음을 바탕으로 살고 있어요.

우리의 마음이 서글프고 삶이 더 이상 견디기가 힘들 때면 나무는 우리에게 이런 말을 해 줄 것입니다. 마음을 차분하게 가져요! 차분하게! 나를 봐요! 산다는 것은 쉽지도 않고 어렵지도 않아요. 그런 생각은 어린애들이나 하는 거예요. 당신 안의 하느님이 말씀하도록 해 봐요. 그러면 그런 생각은 입을 다물 거예요. 당신은 당신의 길이 자꾸만 어머니와 고향으로부터 멀어지고 있다고 생각하기 때문에 두려운 거예요. 그러나 하루하루 떼어 놓는 당신의 발걸음은 사실은 당신을 다시 당신의 어머니에게로 데려가고 있는 거예요. 고향은 이곳이나 저곳에 있지 않아요. 고향은 바로 당신 마음속에 있어요. 다른 어디에도 없어요.

저녁 무렵, 바람에 나뭇잎들이 흔들리는 소리를 들으면 나는 어디론가 떠나고 싶은 생각에 사로잡힙니다. 오랫동안 가만히 귀를 기울이고 있으면, 정처 없이 떠나고 싶은 생각의 뿌리가 어디에 있는지 저절로 알게 됩니다. 나의 방랑의 그리움은 얼핏 보이는 것처럼 그렇게 괴로움으로부터 도망치려는 것이 아닙니다. 오히려 그것은 고향에 대한, 어머니의 기억에 대한, 삶의 새로운 비유에 대한 그리움입니다. 그런 그리움은 우리를 고향으로 이끕니다. 모든 길은 고향으로 나 있습니다. 매번 내딛는 발걸음은 탄생이며 또한 죽음입니다. 그리고 모든 무덤은 어머니입니다.

우리가 어린애 같은 생각으로 두려움을 느끼는 저녁이면 나무는 그렇게 살랑대며 속삭입니다. 나무는 우리보다 훨씬 오래 살아서 그런지 생각의 호흡이 길고 차분합니다. 우리가 나무의 말에 귀를 기울이지 않는 한, 나무는 우리보다 훨씬 현명합니다. 그러나 나무가 들려주는 말에 귀 기울이는 법을 배우고 나면, 늘 어린애처럼 짧고 조급한 생각에 사로잡혀 있던 우리는 이루 말할 수 없는 기쁨을 얻게 됩니다. 나무의 말에 귀 기울이는 법을 배운 사람은 더 이상 나무가 되려 하지 않습니다. 그는 그 자신의 모습 이상의 것을 바라지 않습니다. 그것이 바로 고향이요, 그것이 바로 행복입니다.

전통 어법에 담은 새로운 사랑 노래

울라 한의 시 세계

겨울 노래

그대와 헤어지던 오늘
첫눈이 내렸다네
머릿속에는 나도 모르게
고통의 운韻이 떠올랐네.

하지만 내가 두 눈으로
눈물을 주루룩 흘린 까닭은
추위 때문이 아니라네 미처
맞추지 못한 운 때문이라네

아, 그대 등 뒤를 향해 소리쳐
이제 그대의 운韻 속에서
한밤을 함께할 자 누구냐 물었을 때
그대는 벌써 누군가와 함께 있었네.

사실 나는 이 짧은, 그래서 더욱 아까운 지면에서 여류시인 울라 한 Ulla Hahn(1946-)의 작품 중 1945년 이래로 독일에서 가장 멋진 에로틱 시라는 평가를 받은 〈정숙한 소네트Anständiges Sonett〉를 소개하고 싶었다. 하지만 나의 고정관념이 그것을 허락하지 않았다. 여기서 "정숙한"이라는 말은 두 가지로 이해할 수 있다. 하나는 형식상으로 그야말로 "정숙한" 소네트라는 것이고 다른 하나는 내용에 있어서 그렇다는 것이다. 운Reim을 비롯한 모든 전래의 운문의 형식적 요소들이 사라져 버리고 자의적 형태의 시가 난무하는 시대에 까다롭기로 소문난 소네트 형식을 고집하여 그것을 자기 것으로 소화해 낸다는 것은 현대 시인에게는 고도의 기술과 노력이 필요한 일이 아닐 수 없다. 그렇지만 그녀는 이 일에 성공하고 있다. 두 개의 첫 4행 연에서 사건이 도입된 다음, 두 개의 3행 연에서 이것이 전개되어 마무리될 뿐만 아니라, 제1연과 2연 사이의 행걸침Zeilensprung을 통해 여성 시적 화자가 남성을 받아들이는 에로틱한 행위의 과정이 숨가쁘게 전개되고 있다. 내용상으로 볼 때 "정숙한"이라는 말에는 반어적인 의미가 들어가 있다. 과거에 교훈적거나 종교적인 내용을—물론 사랑 이야기를 담기도 했지만—정반합의 원칙에 따라 변증법적으로 담았던 소네트 형식을 빌어 에로틱한 내용을 '정숙하게' 표현한 것이다. 이 여류시인의 과감한 성적 표현은 그녀가 70년대 중반 이후의 성난 여성해방주의 성향의 여류작가에 속한다는 사실로도 설명된다. 이러한 성향은 그녀의 시에서뿐만 아니라 작품의 주인공이 여성으로서 당한 온갖 수모를 철저하게 복수해 나가는 과정 〔자신을 괴롭힌 남성을 집안 침대에 묶어놓고 괴롭히다가 추운 겨울 날 벌거벗겨 들판에 내동댕이침으로써〕 을 그린 그녀의 장편소설 《집에 있는 남자*Ein Mann im Haus*》에서도 잘 표현되어 있다. 여성의 성性에 대한 전통적인 고정관념을 파괴하기 위한 작업이 〈정숙한 소네트〉에서는 근엄한 소네트 형식에다 여성이 시적 화자가 되어 남자를 불러들이는 내용을 담는 수법으로 수행되고 있다고 볼 수 있다.

전통적 사고의 전환을 위한 그 같은 노력은 〈겨울노래Winterlied〉에서도 발견된다. 큰 성공을 거둔 그녀의 첫 시집 《머리 위의 심장*Herz über Kopf*》(1981)에 실려 있는 이 시는 한 연이 4행으로 되어 있을 뿐만 아니라 abab식의 교차운Kreuzreim을 사용한 데서 독일의 전통적인 시 형식인 민요das Volkslied의 연 형식을 따르고 있다. 민요는 원래 일반 대중의 애환, 이를테면 농사일과 그 사이사이에서 생기는 사랑과 죽음 등을 다루는 데 쓰여져 온 소박한 형식이다. "노래Lied"라는 말이 들어간 데서 알 수 있듯이 원래의 서정시의 개념을 구현하는 시 형식인 것이다. 울라 한은 민요조의 형식을 빌려 서정시의 본래 영역으로 돌아가고자 한다. 하지만 이와 같은 민요조의 전통으로의 회귀가 곧 병든 자본주의 현실에 대한 불만에서 오는, 농경 시절에 대한 동경내지 상실된 동질성에 대한 아쉬움만을 담고 있는 것이 아님은 이 시의 두 번째 연에서 운의 파괴가 일어나고 있다는 사실에서 드러난다. 실제 이 시의 "맞추지 못한 운"이라는 시어가 다른 시행과 운이 맞추어져 있지 않다. 헤어져 멀어지는 연인을 향해 전통적인 태도로 눈물만 글썽이는 것이 아니라 상대에 대한 실망의 빛을 숨김없이 드러내 보이는 진솔함이 여류시인 카린 키부스Karin Kiwus(1942-)를 연상시키기도 하지만 키부스의 시의 내용이 주로 주관적인 체험의 범주에 머무르고 있는 반면 울라 한의 시는 개인적인 것을 넘어선 사회적 저항의 차원으로 확산되고 있다. 그러기에 그녀는 자신의 감정을 숨기거나 복잡하게 나타내지 않고 진솔하게 표현하는 것이다. 진솔하다고 해서 꼭 진지하다는 얘기는 아니다. 이 시의 모든 것, 즉 형식과 내용은 유희적 성격을 띠고 있다. 그녀의 시집 중의 하나가 《노는 사람들》이라는 사실도 이것을 말해 준다. 놀이로 "운"을 주고받는 사이의 연인이 연상된다. "맞추지 못한 운"을 전통적인 어법으로 읽는다면 '다하지 못한 말'로 이해할 수도 있겠다. 여기의 "운"은 사랑 또는 거짓된 조화를 상징하는 것으로 보인다.

울라 한은 시어의 소박성, 민요조의 선호에서 오는 형식의 단순함, 조용한 아리아를 듣는 듯한 느낌, 표현의 시원스러움 등으로 지금까지 큰 성공을 거두었다. 그녀의 새로움은 전통 회귀에 그치지 않고 전통적인 시 형식 속에서 파괴를 꾀함으로써 사회적 저항의 메시지를 담아내는 데 있다.

그녀가 지목하고 있는 것이 나를 비롯한 남자들일 텐데, 나도 지금쯤은 고정관념을 깨뜨릴 때가 된 것 아닌지. 그렇다면 앞에서 그만두려 했던 시를 소개해야겠다.

정숙한 소네트

정숙한 소네트를
쓰기 바란다
St. H.

어서 꽉 물어 줘 술만 홀짝이는 건 싫어
그 일을 시작할 때면 적당한 곳에
세 번 키스를 해 줘. 입에서 입으로
내 몸 곳곳을 빠짐없이 재줘. 두 눈을

마주보며 내 목에 고리를 걸어 줘
나 너의 손길 아래서 팔딱이게 해 줘.
위에서 아래에서 어떻게 돼 가는지
보여 줘. 난 소리 지르다 잠잠해지고.

내 곁에 있어 줘. 기다려. 나 다시
내게로 너에게로 돌아갈 테니
"아름다운 옛 노래의 후렴구처럼".

내 배 위에 골고루 햇살의
희뿌연 고리를 만들어 줘 다시 한번. 나의
눈꺼풀은 열려 있어. 입술도 마찬가지야.

사랑시가 주종을 이루는 그녀의 시는 감정과 예술적 정교함, 아이러니와 슬픔 사이의 긴장이 특징이다. 지금까지 그녀는 성공적인 데뷔시집《머리 위의 심장》외에《노는 사람들*Spielende*》(1983),《기쁨의 불꽃*Freudensfeuer*》(1985),《천사들이 살기 좋은 풍광*Klima für Engel*》등의 시집과 소설《집에 있는 남자》를 출간하였으며, 현재 북독일의 브레멘에 살고 있다.

요하네스 보브롭스키

〈부르기Anruf〉와 "불안 없는 시대"

평원平原

호수.
호수의
허물어진
물가. 구름 아래
두루미. 하얗게 빛나는
유목민의
수천 년. 바람과 함께
나는 산에 올랐다.
나는 여기서 살리라. 사냥꾼이었다
나는, 그러나 나를 붙잡은 것은
풀.

내게 말하는 법을 가르쳐 다오, 풀이여,
내게 죽는 법과 듣는 법을,
그리고 말하는 법을, 언제까지나. 돌이여,
그대 내게 머무는 법을 가르쳐 다오, 물이여,
그리고 바람이여, 내게 묻지 말아 다오.

말오줌나무 꽃

이삭 바벨이
와서 말한다.
유대인을 학살하던
내 어린 시절에
사람들은 내 비둘기의
머리통을 잡아 뜯었다.

나무로 된 길가의 집들,
울타리 그 위엔 말오줌나무.
하얗게 쓸어 놓은 문턱,
아래쪽으로 난 작은 계단.

그때, 너는 알고 있었다
핏자국을.
사람들아, 너희들은 잊으라고 말한다.
젊은이들이 몰려온다,
그들의 웃음소리는 말오줌나무 덤불 같다.
사람들아, 말오줌나무는
죽으려 한다
너희들의 건망증 때문에.

십이월

우르르 몰려오는 캄캄한 어둠 속

키 작은 자작나무를 포근히 덮어 주려
내리는 눈 사이로 들리는 노랫소리.

날개,
새의 날개여, 너는
하얀 노래. 우리는 높은 달 아래
어둠 속에서 속삭였다,
달은 바람을 타고 떠나 버렸기에.

지상에 매인 나의 마음,
나는 지상으로 떨어진다, 중국의 그 늙은이는
지상을 떠나
그의 그림 속으로 올라갔건만.

언제나 명명하기

언제나 명명해 본다.
나무, 날아가는 새,
푸른 강물이 흐르는 곳에
붉은 바위, 그리고
숲 위로 어둠이 내릴 때마다
하얀 강무江霧 속의 물고기들을.

기호들, 색깔들, 그것은
하나의 유희, 나의 부르기가
제대로

마무리되지 못할까 걱정스럽다.

그리고 내가 잊은 것을
그 누가 가르쳐 주리오, 돌의
잠, 날아가는 새의
잠, 나무들의
잠을, 어둠 속에서 그들의
이야기는 속살대는가?

에속스의 시절

뿌리들이여,
나를 붙잡아 다오,
물푸레나무 뿌리여,
나 이승에서 떨어진다, 제비의 날개가 스치고
지나간 줄무늬 돌처럼! 하얀 가슴팍의 제비가
안개 낀 좁은 길 위로 날아간다.

쓰디 쓴 에속스를
바닥에서 떼어내
돌에다 내팽개쳤다,
그 푸른빛이 창백해지기 전에,
핏자국 주위로
나는 우엉나무 이파리를 덮어 주었다.

작은 배여,

나를 저편으로 태워다 주오.
하늘은 하얀 빛. 새소리로
만들어진 나무가 하늘의 눈을 번쩍 뜨이게 한다.

아이헨도르프

샘물과 뜰을 노래하던
시절이 있었다—숲은
저녁처럼 다가왔고
그 앞으로 담쟁이 넝쿨이 올라갔다
땅속 깊은 곳에는
흐르는 물소리 천둥 같아—외침 소리 하나
솟았으리라—뿔피리 소리
울려 퍼지고 잠결에 나는 몸을 틀었다.

잠에서 깨어났을 때 나는 무너진 산 주위로 난
길을 발견했다. 그곳엔 수풀이
있었고 나는 새 한 마리를 잡았다
그 새는 노래하지 않았다 나는 잠자고 있었다
그래 나는 깨어나리라
마침내
나는 깨어나리라.

아샤펜부르크의 브렌타노

기호들,
담벼락 밑
창살을 휘감고 들어간
복숭아나무 한 그루. 그토록
밝게 부서지는 돌.

아, 붉은 빛에 어른거리는
종이 한 장.
담벼락, 교회 그리고 정자.
계단. 아래로 뻗은 길.
밖에는 초원.

서늘함. 초원에서 부는 실바람.
탁 트인 하늘을 배경으로
잠자리를 편 냇물. 떨어져 내리는
바람결 속의 노호.

…
"슬프다, 제물이 없어…."
계단 위의 먼지는
붉은 빛, 한 남자가 온다,
뚱뚱한 체구, 손을 가슴에 얹고,
와서 사립문을 닫는다.

부르기

빌나, 떡갈나무들
그대—
나의 자작나무들,
노브고로드—
지난날의 숲에는
나의 봄날의 외침소리가 날아다녔고, 나의 시절의
발자국 소리가 강물 위로 울려 퍼졌다.

아, 여름밤의 별무리가
뿌려 주던 해맑은 빛살,
난롯가에는 동화를 들려주던
이야기꾼이 쪼그리고 앉아 있을 뿐,
밤새껏 그의 말에 귀 기울이던
젊은이들은 떠나 버렸다.

이야기꾼은 쓸쓸히 노래한다,
넓은 초원에는 늑대들이
달리고, 사냥꾼은
달빛에 활활 타오르는
황금빛 돌을 찾아 냈다고.

성스러운 것이 헤엄을 친다,
한 마리 물고기가,
오래된 계곡들 사이로 지금도, 수풀 우거진
계곡들 사이로 지금도 아버지들의

말씀소리가 울려 퍼진다,
낯선 사람들을 따뜻하게 맞으라.
너도 머지않아 이방인이 되리니.

Anruf

Wilna, Eiche
du—
meine Birke,
Nowgorod—
einst in Wäldern aufflog
meiner Frühlinge Schrei, meiner Tage
Schritt erscholl überm Fluß.

Ach, es ist der helle
Glanz, das Sommergestirn,
fortgeschenkt, am Feuer
hockt der Märchenerzähler,
die nachtlang ihm lauschten, die Jungen
zogen davon.

Einsam wird er singen:
Über die Steppe
fahren Wölfe, der Jäger
fand ein gelbes Gestein,
aufbrannt' es im Mondlicht.—

Heiliges schwimmt,
ein Fisch,
durch die alten Täler, die waldigen
Täler noch, der Väter
Rede tönt noch herauf:
Heiß willkommen die Fremden.
Du wirst ein Fremder sein. Bald.

전후 독일어권 전체에서 가장 뛰어난 시인의 위치를 차지하고 있는 요하네스 보브롭스키(1917-1965)의 시를 읽다 보면, 가슴을 저미는 듯한 칼날의 기운처럼 통렬한 파란 빛이 떠오른다. 이러한 섬뜩한 느낌이 독자에게 전해지는 까닭을 우리는 그의 역사적 체험 내용 및 이에 대한 예술적 형상화 과정과 관련해서 더듬어 볼 수 있을 것이다.

보브롭스키는 독일 민족과 슬라브 민족의 언어와 문화뿐만 아니라 독일인을 비롯해서 폴란드인, 리투아니아인, 러시아인 등 여러 민족들이 만나는 접경인 동유럽의 메멀 강가에서 자라났으며, "스스로 잘 알고 있는 사실들을 언급하고, 가능한 한 신빙성을 추구하려 한다"[144]는 그 자신의 말처럼 자신의 직접적인 체험을 바탕으로 해서, "독일인들이 이들에게 저지른 불행과 죄의 역사, 지울 수도 또 속죄할 수도 없는 이 역사를 독일어로 시를 써서 알리려는 것"[145]이 자신이 글을 쓰는 진정한 이유라고 밝힌 바 있다. 동구의 인접 민족들에 대한 독일인들의 생각은 "역사적으로 형성된 편견이나, 무지와 성마름에서 오는 악감정으로 덮

144 Johannes Bobrowski: Selbstzeugnisse und Beiträge über sein Werk. Ost-Berlin 1967, S. 31.
145 Ebd., s. 23.

여 있기 때문에",[146] 그들 피압박 민족들이 앓고 있는 깊은 상처를 글로 써 거짓 없이 세상에 드러내는 것을 자신의 문학적 사명으로 삼은 것이다. 그래서 빈번하게 자연의 여러 요소들을 작품에서 다루었음에도 보브롭스키는 스스로를 자연시인自然詩人으로 보지 않았다. 이것은 그가 특히 독일 자연시의 대표격인 빌헬름 레만Wilhelm Lehmann[147]풍의 탈사회화된 자연시로부터 거리를 취했음을 의미한다.

이처럼 자연시의 성격을 다분히 띠고 있으면서도 여기에 분명한 윤곽의 현실 참여적 노력이 가미된 그의 문학적 경향은 '자연과 현실의 넘나듦' 또는 '푸른 자연과 붉은 현실'이라는 말로 요약할 수 있을 것이다. 이러한 명제를 구체적으로 확인하는 작업의 하나로 그의 시 작품 〈부르기Anruf〉를 살펴보려 한다. 1944년에 보브롭스키의 다른 일곱 편의 시와 함께 잡지 《내적 왕국*Das innere Reich*》에 선보인 이 시는 그의 첫번째 시집 《사르마티아 시절*Sarmatische Zeit*》[148]의 첫머리에 놓여, 그의 문학적 출발의 초석이라고 할 수 있다. 이 시에 대한 고찰이 보브롭스키 문학의 줄기를 어느 정도 조명해 줄 것을 기대해 본다.

작품의 제목이기도 한 "부르기", 즉 "명명하기benennen"[149]는 보브롭스키 문학의 본질적 특징이다. 그는 기억 속에 잠겨 있는 자연 풍경을 신

---

146 Ebd., S. 31.

147 독일의 대표적 자연시인(1882-1968). 1947년까지 교사로 재직했으며, 이후 자유 저술가로 활동했다. 처음에는 산문〈주신酒神〉(1921)으로 독자에게 알려졌으며, 이 작품으로 1923년에 클라이스트 상을 수상했다. 현대 독일시에 끼친 그의 영향은 특히 엄격한 형식의 시 작품에서 드러난다. 여기서 그는 이미지가 풍부한 언어를 통해서 인간과 자연 사이의 밀접한 관계를 형상화하고 있다[〈초록의 신〉(1942)].

148 시집《사르마티아 시절》은 1961년에 먼저 서독에서, 나중에 비로소 동독에서 출간되었다.

149 시 작품〈언제나 명명하기Immer zu benennen〉 참조. "언제나 명명하는 것./나무, 날아가는 새,/푸른 강물이 흐르는 곳에/붉은 바위, 그리고/숲 위로 어둠이 내릴 때마다/하얀 강무江霧 속의 물고기들을."

화적인 존재방식, 다시 말해 원초적 존재의 모습으로 시적으로 변용시키는 것을 "불러내기Beschwörung"라고 이름 짓고 있는데, "부르기"라는 개념도 이 범주에 포함시킬 수 있다. "부르기"는 환기조의 명명 행위命名行爲에 의해서 이루어진다. 그런데 환기된 대상들은 이것들을 기억 속에서 끄집어내는 시인에게 있어 언어의 질서 속에 자리 잡기 전에 이미 시적 특성을 지니고 있다. 그대로 툭툭 던지는 말이 그에게는 그대로 시로 화하는 것이다. 여기에 바로 보브롭스키의 현대성이 있고 하겠다. 시 작품 〈부르기〉에서는 "떡갈나무", "자작나무", "숲", "강물", "별무리", "초원", "계곡" 등 시인의 어린 시절뿐만 아니라, 북러시아의 자연 풍경이 회상과 개관의 대상이 되고 있다. 그가 불러내는 자연풍경의 요소들은 강, 평원, 숲, 나무와 새, 물과 고기, 비와 눈, 안개와 얼음, 태양, 빛과 불, 바람과 폭풍 등으로, 이것들은 시에서 계속적으로 변형된 모습을 취하며 원초적 자연풍경을 구성한다. 그는 자연의 한 영역에서 세밀한 형상들을 모으거나 가려뽑지 않고, 시에 전체적인 골격을 주는 스케치로 만족한다. 자연풍경을 이른바 땅, 물, 불, 바람의 4대 원소의 전형적인 것으로 비유적으로 양식화하는 까닭에 우리는 그의 시 작품 전체를 통해서 비슷한 낱말들을 자주 만나게 된다.

전체적인 분위기에서 자연시적 특성을 느끼게 해 주는 이 시는 두 도시, 즉 "빌나"와 "노브고로드", 그리고 자연의 사물인 "떡갈나무들"과 "나의 자작나무들"이 시인의 기억 속에서 서로 간에 연상, 교차되는 가운데 이것들에 대한 사랑의 고백으로 시작된다. 보브롭스키는 1941년 6월 24일에 "빌나", 8월 15일에 "노브고로드"를 점령한 독일군의 일원으로 러시아 땅을 밟은 바 있으며, 그곳에서 8년간 러시아군 포로로 수감생활을 하였다. 이미 첫 구절에서 돌출하는 격정과 더불어 젊은 시절과 고향에 대한 기억이 '불러내지고', 시적 자아의 역사와 그의 자연풍경의 역사 속으로의 귀환 및 몰입이 현재화된다. "시란 다시금 마법의 말, 주문呪文 이상의 것이 되어야 한다"는 그의 말처럼, 보브롭스키는 언어의 마법에 대한 신뢰를 갖고, 그가 생각하기엔 의사소통의 신뢰할 만한 수단인 메타포가 충만한 언어를 구사하고 있다.

이에 따라 2연은 과거와 현재, 충만과 공허 등의 대비를 통해 시적 자아의 개인적인 기억의 공간을 확장시키는 가운데 현재적 상황의 암울함과 쓰라림을 확연하게 보여 주고 있다. "여름밤"의 "별무리"가 뿌려 주던, 잃어버린 "빛살"을 슬퍼하고, 외로움에 지친 이야기꾼의 처지를 한탄하는 데서 시적 주체의 쓰라림은 서글픔으로까지 번진다. 풍요롭던 젊은 날과 궁핍해진 현재가 극단적으로 대조된다. 계절은 각각 삶의 단계를 나타낸다. 즉 "여름"은 성취의 계절을, 그리고 "난로"라는 말 속에 깃들어 있는 겨울은 삶, 또는 시대의 어둠을 상징한다. 전쟁이 "젊은이들"을 불러냈는지, 아니면 과거의 역사와는 무관한 먼 곳에 대한 그리움이 그들을 꾀어냈는지에 대한 설명은 여기서도 또 나중에도 나오지 않는다. 이 짧은 시구는 오로지 결과만을 밝히고 있으며, 그 옛날의 전설과 동화의 상황을 다시 '불러내는 것'으로 만족하고 있다. 밤, "별무리", "이야기꾼", 지난날의 시적 잔상 등으로 이어지는 기억 저편의 시절은 지금은 되돌아갈 수 없는 아름답던 시절이다. 1연의 "날아다니던" "나의 봄날의 외침소리"라든가 "강물 위로" "울려 퍼지던" "나의 시절의 발자국 소리" 등에서 연상되는 활기活氣는 2연의 "난롯가에" "쪼그리고 앉아 있"는 "이야기꾼"의 형상에 이르러 동결凍結되고 말기 때문이다.

3연은 정치적 색채가 두드러지는 여러 가지 메타포의 사용을 통해서 보브롭스키의 참여 시인적 측면을 알려 준다. 라이너 쿤체Reiner Kunze[150]와 그 밖의 다른 동독 시인들의 시적 방식과는 달리 보브롭스키는 자연상을 한 번은 비유로, 한 번은 현실로 거듭 사용하여 단순한 기능적 이용에서 해방시킴으로써 당시의 정치적 상황을 직·간접적으로 교묘하게 독자들에게 고발하고 있다. 따라서 "늑대"와 "사냥꾼", "황금빛 돌" 등에 들어 있는 각각의 사회사적 의미를 추적해야 한다. "사냥꾼" 종족은 그 옛날 메멜 강 기슭에 살았던 원주민들의 영혼과 동일시할 수 있다. 그곳의 끝없이 펼쳐진 "초원"을 감안해 보면, "사냥꾼"은 그곳에 살던 유목민을 말함 직하다. "동화" "이야기꾼"의 "노래"는 "늑대"와 "사냥꾼"의 비유를 통해 강탈과 사냥, 폭력과 저항의 오래되고도 언제나 새로운 이야기를 변조하고 있다. 이 시 작품이 현실적인 생생한 묘사와는 상반된다 해도, "늑대들이 달리고"라는 시구는 히틀러의 '늑대의 요새Wolfsschanze'에 의해 주도되는 늑대의 시대가 지배하고 있음을 암시한다. 사냥꾼 종족이 이 시대를 견디어 낼 수 있는지의 문제는 얼핏 판단하기 힘들지만, "달빛에 활활 타오르는" "황금빛 돌", 즉 호박琥珀의 발견은 이들에게 위로와 희망을 준다. 호박은 밤과 역사의 어둠 속에서 반짝이는 빛의 반사反射이기 때문이다.

미래에 대한 희망의 징표로서의 호박과 연결되는 마지막 연은 보브롭스키의 믿음, 즉 가정적 환경에 의해 스스로 택하기도 했고 당시의 시대적 배경으로 인해 더욱 절실해진 기독교에 대한 믿음을 증거해 주고 있다. 이 결정적인 시구는 재앙의 시기에도 "성스러운 것"이 존재함을, 즉

150 동독 출신의 작가(1933-). 처음에는 민중적이면서도 브레히트 지향적인 정치시를 쓰다가, 1962년부터는 무엇보다도 사려깊은 반어로 특징지워지는 시 작품 및 많은 동화를 쓰고 있다〔〈사자 레오폴트〉(1970), 〈새끼고양이〉(1979), 〈도시가 다 아는 이야기〉(1982)〕.

유구한 자연의 자비로운 현재와 태초의 정신이 있음을 약속해 준다.[151] 이것은 특히 "성스러운 것"과 "수풀 우거진/계곡들"이라는 표현에서 확인할 수 있다. "성스러운 것이 헤엄을 친다,/한 마리 물고기가"라는 구절에서 보브롭스키는 그 옛날의 지혜를 좇고 있다. "물고기"를 뜻하는 그리스 말인 '이히티Ichthy'의 낱개 철자에서 지난날의 교회 장로들은 예수 그리스도Christ의 본질을 이끌어 낸 바 있다. 또 "물고기"를 잡는 어부의 형상은 신약에서 그리스도와 긴밀한 관계가 있다.[152] "물고기"의 이 대담한 형상은 그 밖에도 러시아의 국민적 성자聖者인 니콜라이의 성화聖畫가 키예프에서 노브고로드까지 물길로 "헤엄쳐" 갔다는 전설을 상기시켜 준다. 옛날의 러시아 사람들의 경건성, 즉 "아버지들의 말씀"은 폭력이 난무하는 시기에도 손님을 잘 대접할 것을 요구한다. 너와 나, 우리 종족과 너희 종족, 상대방의 입장에서 보면 모두 낯선 존재이다. 그렇지만 보브롭스키는 멀리 북러시아 및 기독교의 종교적 경건성에 근거하여 서로를 "따뜻하게" 맞아 줄 것을 시로써 웅변하고 있다. "지금도"라는 말이 두 번이나 연이어 사용된 점에 주목하면, 그 옛날 평화롭던 시절을 그리워하는 시적 화자의 열망이 얼마나 지극한지를 읽을 수 있다.

여러 종족이 이렇듯 서로 간에 갈등 없이 인간적으로 살아갈 수 있는 시공時空으로 보브롭스키는 "사르마티아 시절"을 상정하고 있다. 독일 후기 낭만주의와 전기 사실주의 사이에 위치한 시인 에두아르트 뫼리케Eduard Mörike(1804-1875)식의 이상의 땅 "오르플리트Orplid",[153] 그러니까 모두가 마음을 열고 사는 나라와 시절을 꿈꾸고 있는 것이다. "사르마티

151 신에 대한 이러한 믿음은 〈언제나 명명하기〉의 마지막 구절 "신이 있어/ 육체를 가져 /나를 불러준다면, 그러면 나/ 방랑하리, 얼마 간이라도/더 기다리리"에서 분명하게 제시된다.

152 누가복음 5장 참조.

153 시인 뫼리케와 극작가 바우어Bauer가 안출한 태평양상의 이상理想의 섬.

아 시절"은 공간 표상과 시간 표상의 결합을 의미한다. 그 옛날 로마 사람들은 아우구스투스 이래로 바익셀 강과 카르파티아 산맥 동쪽에 위치한 땅을 "사르마티아"라고 이름 지었으며, 보브롭스키는 이미 메멀 강 동쪽에서 시작되는, 자기가 자란 땅을 이렇게 불렀다. 이때 "사르마티아 시절"은 보브롭스키에게 지나간 과거의 시기가 아니라, 신화적인 시절이다. 즉 그 옛날 사르마티아의 시절일 뿐만 아니라, "사르마티아의" 신화가 살아 있는 시절로, 그의 시적인 고향이다. 시인은 이 신화를 시적으로 현재화함으로써 인간적 현실의 특성을 부여한다. 보브롭스키의 신화적 세계는 언제나 현재의 인간과 밀접하게 연관되어 있다. 사르마티아는 무엇보다도 자연과 인간이 하나의 신화적 통일체를 이루는 곳이다. 그는 "불안 없는 시대eine Zeit ohne Angst"[154]를 원한다. 사르마티아의 자연 풍경을 기억 속에서 불러낸다는 것은 그러한 통일성을 불러내는 것이다. 그곳은 인간을 포함한 모든 존재들이 근원적인 잠을 자며 모여 있는 곳이다. 그는 그 땅을 그늘진 땅, 기억의 땅, 강물과 끝없는 시간의 땅으로, 실제적이면서도 허구적인 땅으로, 역사를 배태한 땅으로, 그리고 하나의 본보기로 삼았다. "사르마티아"는 그에겐 드넓은 차원과 끝없는 평원의 땅이다. 물론 이때 그를 매료한 것은 그곳의 원초적 자연 요소들이 아니라, 인간과 관련을 맺으며, 인간의 활동 영역으로서의 자연 풍경이다. 보다 정확하게 말한다면, 많은 민족들의 동유럽의 고향이다.

이 송시는 그 표현주의적 "외침"과, 과거의 것과 조상들을 불러내는 몸짓 등이 뒤섞여 독특한 면모를 보여 주며, "이야기꾼"과 "사냥꾼" 그리고 신비화된 역사 과정의 신화적 배치를 통해서 일견 의아한 느낌을 준다. 그렇지만 여기서는 신화적인 것을 그대로 따르는 것이 신화적인

154 시 작품 〈거절Absage〉 참조.

것 그 자체만을 위해서 행해지는 것은 아니다. 현재 상황으로부터의 도피처럼 보이는 것이 실에 있어서는 현재의 위협에 대한 저항을 표현한다. 여기서 시인은 과거의 일의 현재성을 망각과 폭력으로부터 구하는 '노래하는 자'의 역할을 맡는다. "부르기"를 통해서, 과거에 행해진 폭력 및 최근까지의 여러 번의 전쟁을 포함한 독일인들의 죄과를 "건망증 Vergeßlichkeit"[155]에서 끄집어 내는 것, 진실이 망각 속으로 빠지지 않게 하고, 진실을 말하는 것이 시인 최고의 사명이다. 보브롭스키는 이것을 그의 문학이론적 강령으로 보고 시적으로 형상화하였다. 기억된 세계의 형상들은 자연 풍경, 역사적 존재, 그리고 인간에 대한 사명 사이에 연관관계를 만들어 내야 한다. 이 사명은 근본적으로 "불러내기"에 있다. 〈부르기〉로 시작되는 그의 첫 번째 시집《사마르티아 시절》을 보브롭스키는 자기 민족 전체적인 죄과에 대한 개인적 속죄로 파악하였다. 보브롭스키에 따르면, 시인은 주문적呪文的인 "부르기"를 통해서 잊힌 현실을 우리의 눈 앞에 보여 주어야 하는 것이다. 이미 존재하는 경악스러운 것을 언급함으로써 보다 나은 미래를 향한 전망이 밝아지리라는 희망을 품고 있다고 하겠다.

155 시 작품 〈말오줌나무 꽃Hollunderblüte〉 참조.

불투명한 주변 세계 속에서 씌어지는 자연시

페터 후헬의 시 세계

여름

오, 쿵쿵거리는 먼지여!
분화구 팔월,
연못을 후르륵 마시는구나!

바람의
날 빠진 낫은
갈대 속에서 달구어지고

무언가를 품고 있는 볏단의
바스락대는 그림자 속에는
여름이 웅크리고 앉아 있다,
갈라진 그루터기들의
맨발을 한 채.

대지여,
나는 너를 기리고 싶다,

돌 밑,
잠도 영속도 없이
침묵의 세계 아래 있는 너를.

겨울의 호수

너희들 물고기들, 은백색
지느러미의 너희들은 어디 있는가?
그 누가 안개를,
얼음을 쏘았는가?

화살이 비처럼
얼음을 깨뜨리며 쏟아져,
갈대가 선 채로
소리 내며 떨고 있구나.

소나무 아래서

귀 없는 바늘들,
안개는 하얀 실을
끌어당긴다.
모래 속에 파묻힌
물고기의 등뼈들.
고양이 앞발을 하고
담쟁이 덩굴이

줄기를 타고 올라간다.

겨울의 시편詩篇

한스 마이어를 위하여

그때 나는 하늘의 게으른 한기를 등에 지고
거리를 따라 강으로 내려갔다,
나는 눈 속의 함지를 보았다,
거기서 밤새 바람이
어깨를 깔고 누워 있었던 모양이다.
바람의 깨지는 듯한 목소리는
높은 곳에 있는 얼어붙은 가지들 사이로
하얀 대기의 허상에 가서 부딪쳤다.
땅속에 묻힌 모든 것이 나를 쳐다본다.
내가 그것을 먼지 속에서 주워서
재판관에게 보여야 하나? 나는 침묵한다.
나는 증인이 되고 싶지 않다.
밤바람의 중얼대는 소리는
어떤 불꽃의 도움도 받지 못해 그냥 꺼져 버렸다.

오 영혼이여, 너는 어디로 추락하는가,
밤은 그것을 알지 못한다. 여기엔 숱한 존재들의
말없는 불안밖에는 없으니까.
증인이 등장한다. 그것은 빛이다.

나는 하늘의 게으른 한기를 앞에 두고
다리 위에 서 있었다.
갈대 대공의 목구멍 사이로
아직도 약하게나마
얼어붙은 강물이 숨을 쉬고 있을까?

테오프라스트의 정원

나의 아들에게

한나절 시구들의 하얀 불꽃이
유골단지 위에서 춤출 때,
생각하라, 나의 아들아. 지난날
나무처럼 대화를 심던 사람들을.
정원은 죽었고, 나의 숨은 점점 가빠진다.
시간을 지켜라, 이곳에 테오프라스트[156]는
참나무 껍질 가루로 땅에 거름을 주고
상처난 나무 껍질을 속 껍질과 이어 주려 했다.
올리브 나무는 무른 장벽을 쪼개고
뜨거운 먼지 속에는 여전히 목소리가 배어 있다.
그들은 뿌리를 모조리 뽑아 버리도록 명령했다.
너의 빛은 도울 길 없는 나뭇잎처럼 떨어진다.

156 그리스의 철학자로 아리스토텔레스의 학우이자 문하이다(B.C.371?-287). 식물학의 원조라 일컬어지며《식물원인론》,《식물지》등의 저술이 있는데, 후헬이 이 철학자를 시에 등장시킨 이유는 바로 식물을 가꾸고 기르는 데서 보여 준 그의 애정 때문이다.

엉겅퀴의 뿌리 아래에는

엉겅퀴의 뿌리 아래에는
이제 언어가 살고 있다,
얼굴을 돌리지 않은 채
돌투성이 땅속에.
언어는 언제나
불을 위한 빗장이었다.

그대의 손을
이 바위 위에 얹으라.
금속의 단단한
나뭇가지가 떤다.
그러나 여름은
깨끗이 치워졌고,
기한도 끝났다.

교목 아래 잡초 속에는
그림자들이
포획의 그물을 쳐 놓고 있다.

잡초

석회칠이 몽글몽글
집 담벼락을 따라 떨어져,
석회칠의 암 같은 전이轉移가

넓은 줄 모양으로 뚜렷한 지금도,
나는 맨손가락으로
구멍이 송송 난 벽에다
나의 적들의 이름을 쓰지 않으리라.

뚝뚝 떨어지는 쇄석이 잡초를 키우고,
석회처럼 창백한 쐐기풀은
테라스의 금 간 가장자리 곁에 무성하다.
저녁마다 내게 남몰래
코크스를 대 주는,
지하창고까지 광주리를 질질 끄는
석탄 배달하는 사람들은 조심성이 없어
금달맞이꽃[157]을 밟아 버리고
나는 다시 일으켜 세운다.

잡초를 사랑하는 손님들,
잡초 우거진
작은 돌길을 꺼리지 않는 손님들,
그들을 나는 환영한다.
그러나 하나도 오지 않는다.

석탄 배달하는 사람들이 온다,
와서는 더러운 광주리에서
이 지상의 네모난 검은 슬픔을

157 원어의 'die Nachtkerzen'은 이중적으로, '야등夜燈'이라는 뜻과 함께 '금달맞이꽃'이라는 의미를 지니고 있다. 시의 문맥으로 볼 때, 이 두 가지가 다 통하는데, 두 가지 효과를 모두 노린 후헬의 의도가 엿보인다.

나의 지하실로 쏟아붓는다.

평화

철새들이 날아가는 시절.
타작한 이삭들의 가시 돋힌
까끄라기들 속에는 아직
여름의 부드러운 공허가 살고 있다.
저수탑의 포문 속에는
풀이 무성하다.

아홉 번째 시간

열기가 바위에다
예언자의 말을 새겨 넣는다.
한 사나이가 힘겹게
언덕을 오르고 있다,
그의 바랑 속에는
아홉 번째 시간과
못과 망치가 들어 있다.

염소 떼에게서 번지는 마른 빛이
공중에서 찢어지더니
재가 되어 지평선 뒤로 떨어진다.[158]

158 그리스도의 수난과 그의 죽음의 외마디 그리고 사원의 장막이 찢어지는 것을 포착하

겨울 창가에서 바라본 풍경

날리는 눈발 가운데 서 있는 고리버들,
안개를 쓸어 내는 빗자루다.
큰 가지와 불행이
밤새 자라난다.
나의 측정기
체온 곡선.

저기 빛도 입도
없이 가는 자 누군가,
얼음 위로 둥근 쇠덫을
끌고 가는 자 누구인가?

숲의 점쟁이들,
사악한 이빨의 여우들이
어둠의 한 켠에 앉아
불 속을 응시하고 있다.

낯선 사람이 떠나가며

낯선 사람이 떠나가며
되는대로 성급하게
담벼락에다 비와 이끼의
인장을 찍어 놓고 간다.

여, 환상적인 것으로 조옮김한 작품이다.

자갈밭 개암나무 열매 하나가
그를 하얀 눈으로 전송한다.

계절의 바뀜, 불운들, 과거장過去帳—
그런 것에 아랑곳없이 낯선 사람은 떠나간다.

페터 후헬(1903-1981)은 지금까지 국내에는 거의 소개가 되지 않은 상태에 있지만 독일 현대 시사적詩史的으로 중요한 위치를 차지하고 있는 문제 시인 중의 한 사람이다. 독일 비평계 및 연구계에서는 보통 그와 함께 우리에게 이미 잘 알려진 파울 첼란, 귄터 아이히, 카를 크롤로우, 그리고 잉에보르크 바흐만 등을 이야기한다.

작가 페터 후헬은 곧 시인 페터 후헬을 이른다. 이는 그의 얼마 안 되는 산문 작품과 방송극이 그의 젊은 시절의 친구 귄터 아이히라든가 잉에보르크 바흐만의 경우와는 달리 그의 전체 작품에서 단지 주변적인 위치를 차지할 뿐이기 때문이다. 바꾸어서 말하면 그는 오랜 문학 활동 기간을 통해서 줄곧 시인으로서의 길만을 걸었다는 뜻이다.

모든 시인들이 자신이 개성 있는 시인이라는 소리를 듣고 싶어하듯이, 후헬은 독특한 개성을 지닌 시인이다. 그는 결코 다른 사람들과 함께 하나의 유행을 만들어 내지 않았다. 그는 한때 독일 문단을 강타한 표현주의 동시대인들의 격정의 외침을 거부하였으며, 그의 고통은 결코 격정으로 표출되지 않는 조용한 것이었다. 이처럼 독특한 그의 문학세계는 독일의 문학비평계가 그에게 바쳐진 두 개의 상반되는 토포스를 언급하는 데서도 드러난다. 그 하나는 그가 이른바 자연시의 대표자라는 것이고, 다른 하나는 그를 자연시의 대표자로 보는 것은 만성적으로 널리 유포된 오해라는 것이다. 이러한 상반되는 견해가 등장하게 된 원인은 그의 작품이 지니는 양면성에서 찾을 수 있다. 실제 후헬의 시에서는 어린 시절 시골에서 경험한 전원 풍경에 기초한 '포근함'과, 제2차 세계 대전과 전쟁 후 동독의 정치체제하에서의 정신적 도피의 길에서 느낀 '집 없음의 상태'의 대위법적 구조가 발견된다. 따라서 후헬을 둘러싼 두 가지의 견해는 문학 비평의 영역에서는 각각 나름대로 타당성을 지닌다고 하겠다. 그러나 그의 작품을 어느 한쪽 방향으로만 일방적으로 보는 데는 무리가 따른다는 사실을 우리는 그의 자서전적인 언급에서 확인할 수 있다. 1974년에 행한 후헬의 중요한 언급을 보자.

> 나의 내면에 시골의 형상들, 어휘들, 개념들 그리고 메타포들이 엄청나게 집적되어 있는 것은 당연한 일이다. 오늘도 나는 그 자양분을 섭취하며 살고 있다. 〔…〕 나중에 대학생이 되었을 때, 나는 이러한 자연 메타포로부터 억지로 벗어나 보려고 하였지만, 별로 성과를 거두지 못했다. 심지어 사회, 굶주림, 억압 그리고 전쟁 등과 대결할 때도 나는 언제나 그때그때의 메타포의 잔해에 집착하고 있었다. 그렇다, 이 자연 메타포의 저장고가 내게는 창작의 본질적인 근원이었다.

후헬의 시 작품에서 자연상이 시적 표현 수단으로서 철저하게 영향력을 발휘하고 있다면, 그 반대로 후기에 분명하게 드러나는 정치적-사회적 테마 역시 이미 그의 초기 자연시에 싹을 숨기고 있음을 우리는 간파해야 한다. 즉 두 가지는 그의 시 작품에서 항존하는 요소로 수미일관하다는 얘기다.

빌헬름 레만이 우두머리로 있던 독일의 자연시파는 자연自然을 메타포로 보지 않고, 인간의 본질적인 존재의 공간으로 시화했다. 나아가서 레만은 자연은 신들과 지상적인 존재들의 영靈으로 가득 차 있다고 여기고, 자연을 시공을 초월한 현실로 보아 그 속으로 살아 있는 존재들이 융화되어 들어갈 수 있기를 희구했다. 즉 그는 자연을 인간과 동떨어진 성스러운 세계, 또는 도피의 공간으로 본 것이다. 이러한 종류의 시작詩作과 사고에 몇몇 중요한 시인들은 간혹 또는 지속적으로, 느슨하게 또는 강하게 스스로 연결되어 있다고 느꼈다. 귄터 아이히, 엘리자베트 랑게서, 오스카 뢰르케, 카를 크롤로우, 그리고 후헬도 한편으로 이러한 연관관계에 속한다. 후헬의 시 세계가 이렇게 자연시적 특성을 보이는 데는 그가 유년시절을 포츠담 근교에 있는 산업화 이전의 농촌 풍경 속에서 보냈다는 사실과 깊은 관련이 있다. 그러나 이것으로 페터 후헬의 시적 특성이 분류된 것은 아니다. 왜냐하면 후헬은 같은 자연시인으로서 앞에 예로 든 사람들과 구별되는 측면을 지니고 있기 때문이다. 다시 후헬의 말을 들어 보자.

> 어린 시절의 자연은 곳곳에 구멍이 숭숭 나 있었다. 나는 자연의 섬뜩한 측면을 보았다. 잡아먹음과 잡아먹힘이 그것이다. 그리고 자연은 일꾼들, 농사일 돕는 여자들, 벌목꾼들, 폴란드에서 온 곡식 베는 사람들의 세계였다. 〔…〕 그러므로 어린 시절의 자연은 지리적인 것에 국한된 것이 아니라, 사회적인 개념까지도 포괄하였다.

후헬에게는 식물적인 것과 동물적인 것의 자연물들과 피를 나누는 사이로까지 나아갈 정도의 자연에의 도취가 없다. 소박성을 지닌 자연은 그에게 있어서는 인간과 더불어 존재하는 주변 세계이다. 그리고 그 속에서 일어난 일이 어떠한 열광도 없이 정확하게 관찰되어 자신의 고유한 근원을 확인하고자 하는 그의 시의 일부가 된다. 즉 그에게 있어서 자연은 처음부터 "아름다운 장소locus amoenus", 5월의 즐거움, 겨울의 포근함, 가을의 충만, 영혼이 깃든 신비극 등의 공간이 아니라, 있는 그대로의 것으로 삶이 일어나는 공간이며, 거의 가치중립적인 대상이다.[159] 자연은 추위와 더위이며, 나쁘지도 좋지도 않으며, 위안도 아니고 낙담도 아니다. 자연은 근원이자 향토이다. 자연은 사회적 환경이기도 하며, 소박한 짐승들, 소박한 인간들, 고양이와 염소, 하녀와 풀 베는 사람, 땜장이, 벽돌공, 그리고 목동, 소박한 연장들, 즉 낫, 등에 지는 광주리, 멍에 등의 세계이다. 따라서 후헬의 시가 레만풍의 자연시가 아니라고 할 때, 위에서 언급한 그의 글에서 독자가 인식할지도 모를 사회주의 리얼리즘적 측면을 그의 시가 지니고 있다는 사실에서 레만과 구별되는 것은 아니다. 그는 사회주의적 리얼리즘과는 거리가 멀다. "잡아먹음과 잡아먹힘"은 인간을 자연의 과정 속으로 유입시키는 후헬의 자연순환적 세계상의 입장을 반영하는 것이다. 이때 "잡아먹음과 잡아먹힘"은 약육강식의 의미를 벗어나, 자연적인 생성·소멸의 뜻까지도 내포한다. 이것을 후헬은 자연의 원형적인 요소들을 빌려서 표현한다. 자연의 생성을 나타내는 것으로는 그의 시에서 일하는 여인, 노파, 마녀, 그리고 이들의 속성인 달, 암소, 암고양이 등이 발견된다. 그리고 늪과 연못 역시 지상적인 생성의 근원으로 간주된다. 나아가서 이러한 늪과 연못은 죽음의 상징이 되기도 한다. 이러한 내용을 그는 자신의 고향의 자연과 연결시켜서 표현한다. 이렇게 볼 때 그의 견해는 인간을 자연의 지배자로 보는 마르크스의 일차원적인 세계상과 정면으로 대치되는 것이다. 그에게 있어서는 레닌도 혁명적인 행동의 인간이 아니라, 하나의 자연적인 생명체일 뿐이다. 그래서 후헬은 "그 〔레닌〕 는 여기서 숲처럼 물처럼 조

159 "아이야, 삶이란 아직 강하고/좋을 때만 아름다운 것이다./보아라, 저녁 햇살 속에/나부끼는 저 종달새들을"(〈여름 저녁Sommerabend〉 참조).

용히 살았다"고 말한다.

그러므로 그에게 자연은 인간이 만들어 낸 문화와 반대되는 입장에 있는 것이 아니다. 자연은 낭만주의 시대처럼 개인의 신비적 등가물이 아니며, 한편으로 인간적이고, 다른 한편으로 신적神的인 원동력에 의해서 움직여지는 시나리오도 아니다. 오히려 자연은 인간과 마찬가지로 '유한한 존재nature morte'이며, 정취를 위한 배경이 아니라, 오히려 시인의 심정을 그대로 표현해 주는 물질이다. 즉 스스로로부터 도망쳐, 자신의 세계 속으로 연막을 치고 들어가 있는 시인에게 얼어붙는 자연은 시인의 개인적 체험에서 연유하는 종말론적 사고와 일치하는 것이다.

> 십일월의 안개, 비, 비
> 그리고 고양이의 잠.
> 강 위의 하늘은
> 검은 진창 빛이다.

그의 시에 나타나는 이러한 비관적 색조에는 후헬이 겪은 불행한 체험이 그 밑바탕에 깔려 있다. 즉 1949년에 후헬은 동독의 문화담당 관리 요하네스 베혀의 요청에 따라 새로운 문예지《의미와 형식》의 편집을 맡아 이 잡지를 동독의 울타리를 넘어 전 유럽에서까지도 주목받을 만한 잡지로 만들어 놓는다. 발터 옌스는 이 잡지를 "민족의 비밀스런 일기장 같은 것"이라고 평가하였다. 그러나 그때 그가 세운 편집 방향은 정통 마르크스주의적 편집정책과는 다른 순수 인도주의적인 것이었다. 이것이 문화담당 관리들의 비위를 거슬리게 하였으며, 우여곡절 끝에 후헬은 1962년에 그 잡지의 주간직을 내놓아야만 했다. 자신이 마지막으로 편집 책임을 맡은《의미와 형식》에서 그는 동독 사회주의 체제의 비인간성을 고발하는 시 작품 〈테오프라스트의 정원〉, 〈겨울의 시편〉 등을 발표하고, 그 밖에 브레히트, 한스 마이어 등의 비판적인 글을 게재하였다. 이것은 독일 문학사상으로 기록된 하나의 커다란 스캔들이 되었다. 이로써 그의 고달픈 동독 생활이 시작되고, 이것이 그의 시집에 그대로 표현되고 있다.

후헬에게 있어서 첫 번째에서 두 번째, 두 번째에서 세 번째 시집으로 나아가는 길은 완결된 형식에서 열린 형식, 해체된 형식으로 나아가는 길이다. 이와 더불어 후헬의 시적인 기본도구인 "이미지Bild"의 기능 변화가 나타난다. 이전에는 이미지가 "처럼wie"으로 연결되는 비교 문장을 통해서 많이 쓰였으나, 이제는 무엇보다도 '2격 은유'의 형식을 통해서 등장한다. 예를 들자면 "밤의 견포Schultertuch der Nacht", "저녁의 뱀들Schlangen des Abends", "아침 노을의 꽃피는 쇳덩이das blühende Eisen der Morgenröte" 등이 그것이다. 이제는 형상이 끌어모음과 아낌을 통해서 약자로까지 단축되고, 암호로 추상화된다. 문장론적으로 더 이상 표현할 수 없는 영역에서 비밀스런 인식의 표지가 된다. 아무에게나 말하는 것이 아니라, 단지 머리가 좋은 사람에게만 말한다. 이와 같은 기호로의 응축은—말의 전달력에 대한 포기로서—현실에서 겪은 고통스런 당혹감의 표현에 다름 아니다. 그와 같은 농축의 에네르기는 필연적으로 후헬의 초기 시에서 자주 발견되는 감각성의 상실, 담론적인 것의 파괴, 이야기체적 요소의 파기와 관련된다. 이러한 변화는 〈오래된 아궁이Alte Feuerstelle〉, 〈목동의 시Die Hirtenstrophe〉, 〈목사의 보고Bericht des Pfarrers〉 등에서 찾아볼 수 있다. 그러한 농축은 필연적으로—때때로 희망찬 전망하에—〈십이월〉, 〈하벨강의 밤Havelnacht〉, 〈열두 밤Zwölfnächte〉, 〈독일 III Deutschland III〉 등 많은 초기 시의 결말부를 이루는 격언체 또는 경구체의 첨예화에 대한 포기를 통해서 이루어진다.

그의 후기 시에 나타나는 극단적인 응축과 극단적인 정신화의 짐은 "이미지"가 짊어지고 있다. 초기에는 이미지가 실체가 없는 것까지도 눈에 보이게 만드는 사명을 떠맡았다. 이제 이미지는 눈으로 본 것을 정신화해야 하는 임무를 맡는다. 이것은 후헬의 모든 시에 해당하는 판단이다. 예전에는 정원, 국화, 개똥지빠귀, 꽃다발, 갈색의 밤송이, 그리고 갈대숲 뒤 편에서 또는 물통 속에서 뛰어오르는 물고기 등이 많이 등장했다. 이것들은 모두 모든 감각으로 파악한 자연, 살아 있는 동적인 이미지들이며, 전원시는 아니더라도, 인간의 천성과 인간을 둘러싼 자연 사이의 일종의 일체감을 증거하는 것들이다. 그러나 후기에는 이러한 것들이 사라지고, 커다란 마비가 바위와 바다, 안개, 재, 먼지, 석회, 얼음, 갈대 속에 침전되어 나타난다. 이러한 중심적인 암호들이 그가 사회주의 동독의 모순된 체제하에서 경험한 고통과 무답변의 자연 풍경을 덮고 있다.

> 네가 갖고 있는
> 알파벳으로는
> 어림도 없다,
> 방어의 힘도 없는 문자에
> 답을 주기에는.
> —〈대답할 수 없다〉 중에서

후헬의 초기 시의 질을 일찍 인식하고, 그를 독려해 준 빌리 하스는 그의 문학을 "정신과 물질의 완벽한 상호 넘나듦으로 인해 아주 주목할 만하다"고 특징 지웠다. 초기에는 유기체적인 자연, 식물과 동물에 대한 직접적인 관계가 말의 상징적인 고양 단계인 후기에 비해 더 감각적이고 두드러지게 나타났다고 해도, 기본적인 음조는 유지되었다. 즉 위대한 한기, 시듦의 열기, 황폐와 돌처럼 굳은 서리, 몰락과 부패, 의미를 부여하는 신호의 인간 존재를 낙인찍는 결함 등에 대한 끝없는 슬픔의 음조가 그것이다. 체념이 후헬의 시적 풍경에서는 처음부터 자리 잡았다. 후기에 들어서 그의 시구에는 어두운 음조가 더욱 지배적이 된다. 온유함과 평안이 흘러나오는 것처럼 보일 때, 그것은 자기 자신을 포기한 의식의 침착함일 뿐이다. 그에게는 모든 것이 무관심으로 빠져나가 버렸다. 이제 그의 시에서 세월은 겨울이고, 날은 밤이고, 대기는 비이고, 태양이 있어도 먼지투성이이고, 새는 까마귀이고, 땅은 모래이고, 모래는 황무지이다.

> 나는 나의 세월의 얼음 같은
> 함지 속에 나를 파묻는다.
> 나는 쪼갠다,
> 나의 고독의 쪼개기 힘든 고독을.
> 그리고 비늘들의 황량함을
> 아직도 늘려 가고 있는
> 거미들의 망 속으로 나는 이주한다,
> 쌓아올린 톱니들의
> 소나무 냄새를 맡으며
> 도끼를 손에 들고.
> —〈63년 4월〉 중에서

후기의 후헬의 시들은 그가 주간으로 있던 잡지《의미와 형식》의 편집 방향과 관련한 문책으로 1963년에서 1971년 사이에 체험한 동독 사회 내에서의 총체적인 정치적 고립의 증거들로서, 이전보다 침묵으로의 급변을 느끼게 해 준다. 그리하여 전통적인 자연시인의 그것이 아닌 다른 목소리를 우리는 후헬에게서 만나게 된다. 즉 그의 시구들 사이사이에서 비탄, 절망, 비판 등의 목소리가 울려나온다.

> 하얀 커튼을 한
> 한 검은 비밀경찰차가
> 무언가를 찾으며 길을 내려와
> 내 집 앞에 와서 멈춘다.
> —〈빨래하는 날〉 중에서

이 시는 자신이 겪은 치명적인 현실을 표현하고 있다. 다음 연에서는 이렇듯 갇혀 있는 자, 질식할 듯한 자의 운명이 암호로 기록된다. 이것은 마치 둥근 덫에 걸린 맹수의 소리 없는 신음소리와 같다.

> 여름 바람에도 날려가지
> 않은 까끄라기 하나가
> 나의 목구멍에
> 가시처럼 박혀 있다.

1930, 40년대의 히틀러 정권의 사회적 금지로 인한 내적 망명의 시기와 유사한 사회에서 시를 쓰게 된 후헬은 "보수적인" 자연관계라는 은밀한 교수법의 힘을 터득하고 있다. 시집 《신작로》의 마지막 시 작품들은 자유의 박해라는, 특히 "상처입은" 역사적 현실과 관련하여 그리고 과거의 것의 구속성을 현실화함으로써 뢰르케뿐만 아니라 귄터 아이

희의 토포스를 암암리에 이용하고 있다. 이것은 시 작품 〈폴리비오스 Polybios〉[160]에서 자연파 시인 오스카 뢰르케의 "학살의 죄과를 진 자들은 들을 수 없는 목소리"와 "무덤의 거리"를 수용함으로써 나타난다. 시 작품 〈잡초〉에서는 아주 간헐적으로 암시된, 정원이라는 비전원적 보편성의 피난처에 사는 시인의 존재와, '외부에' 놓여 있는, 갈등 속에서 또 갈등을 겪으며 사는 "힘의 집" 사이의 대비가 근간을 이루고 있다. 이 집의 모르타르는 독특한 "암 같은 전이"를 겪고 있다. 가운데 두 연은 여기서 일상의 공급 및 노동의 세계 그리고 힘의 세계와, 헛된 그리하여 유토피아로 머물러 있는 손님들에 대한 희구를 대비시켜 보여 준다. 이 손님들은 보다 큰—자연파 시인 오스카 뢰르케의 말로 "열린"—삶의 영역에 속하는 존재들이다.

> 뚝뚝 떨어지는 쇄석이 잡초를 키우고,
> 석회처럼 창백한 쐐기풀은
> 테라스의 금 간 가장자리 곁에 무성하다.
> 저녁마다 내게 남몰래
> 코크스를 공급해 주는,
> 지하창고까지 광주리를 질질 끄는
> 석탄 배달하는 사람들은 조심성이 없어
> 금달맞이꽃을 밟아 버리고
> 나는 다시 일으켜 세운다.
>
> 잡초를 사랑하는 손님들,
> 잡초 우거진

---

160 폴리비오스(?B.C. 200-?B.C. 118): 로마가 지중해를 정복하는 과정을 다룬《역사》40권을 저술하였음.

작은 돌길을 꺼리지 않는 손님들,
그들을 나는 환영한다.
그러나 하나도 오지 않는다.

이 시는 직접적으로 뢰르케의 유고 작품집《작은 돌길》을 변주하고 있으며, 사실적인 어투로 그의 시집에 나오는 "나의 영혼의 광산"에 대한 "시화된" 말하기를 석탄 배달하는 사람의 이미지으로 수용하고 있다. 그런데 이 석탄 배달하는 사람의 이미지는 정치적이고 논쟁적인 요소를 내포하고 있다.

후헬의 사명을 사람들은 이전에는 "노래꾼"의 개념으로 파악하였다. 이 노래꾼이 이제는 고통의 지역에 거주하면서 '입에 엉겅퀴를 물고' 노래하는 것이다. 따라서 후헬의 시에서 엿볼 수 있는 자연의 이미지들을 통한 연금술적인 측면은 소위 자연시파 시인들에게서 나타나는 공연한 허사가 아니며, 따라서 이것이 그의 시에 독특한 매력을 주는 요소임을 알 수 있다.

명쾌한 시를 위하여
에리히 프리트의 시 세계

향수鄕愁

산 위에 나의 집이 서 있네
바다에서 쉽게 보이네
사방의 벽들은 상처들

산 위에 나의 집이 서 있네
산 위에 우물도 없이
갈증을 식혀 줄 물 한 모금 없이
창문들은 열병에 걸린 눈(眼)들

산 위에 나의 집이 서 있네
뭍에 깃발 하나 휘날리네
그러나 깡마르고 그러나 병들어 있네
창문들은 목마른 눈들
계단들은 콩콩 뛰는 맥박들

산 위에 나의 집이 서 있네
분노에 찬 햇살 속에 서 있네
바람이 불꽃을 나르면
나의 집은 불탈 수밖에 없네
바람이 눈송이를 나르면
나의 집은 얼어붙을 수밖에 없네
병든 깃발 하나
그것은 산 위의 나의 집

산 위에 나의 집이 서 있네
눈에 보이네
콩콩 뛰는 맥박들, 그것은 계단들,
내가 오르지 않는.
목마른 눈들, 그것은 창문들,
내가 열지 않는.

바람이 눈송이를 나르면
나는 추위를 느끼네
바람이 불꽃을 나르면
나는 불타오르네
바다에서 쉽게 보이네
깡마른 깃발은 병들어 있네
산 위의 나의 집 안에,
이제는 내가 살지 않는

Heimweh

Auf dem Berg steht mein Haus
leicht zu sehn von der See
Seine Wände sind Wunden

Auf dem Berg steht mein Haus
Auf dem Berg ohne Brunnen
ohne Trunk für den Durst
Seine Fenster sind Fieberaugen

Auf dem Berg steht mein Haus
eine Fahne im Land
aber dürr aber krank
Seine Fenster sind durstige Augen
Seine Treppen sind pochende Pulse

Auf dem Berg steht mein Haus
in der zornigen Sonne
Wenn der Wind Funken trägt
muß es verbrennen
Wenn der Wind Flocken trägt
muß es erfrieren
Eine kranke Fahne
ist mein Haus auf dem Berg

Auf dem Berg steht mein Haus

daß ich es sehe
Pochende Pulse sind seine Treppen
die ich nicht steige
Durstige Augen sind seine Fenster
die ich nicht öffne

Wenn der Wind Flocken trägt
fühl ich mich frieren
Wenn der Wind Funken trägt
fühl ich mich brennen
leicht zu sehn von der See
krank eine dürre Fahne
in meinem Haus auf dem Berg
wo ich nicht bin

나무들에 대한 대화

정원사가 잔가지들을 쳐 준 뒤로
나의 사과들은 알이 굵어졌다
그러나 배나무의 잎사귀들은
병이 들었다. 잎들이 말려 들어간다

베트남에서는 나뭇잎들이 모두 졌다

나의 아이들은 모두 건강하다
하지만 둘째 아들이 걱정이다

그 아이는 새 학교에
적응하지 못하고 있다

　　베트남에서는 아이들이 죽었다

우리집 지붕은 수리가 잘 되었다
이제 창틀들을 불로 부식처리하여
칠만 하면 된다. 집값이 올라
화재보험료도 예전보다 올랐다

　　베트남에서는 집들이 폐허가 되었다

이 얼마나 지긋지긋한 녀석인가?
우리가 아무리 다른 이야기를 꺼내도
그는 늘 베트남 이야기로 돌아간다!
우리는 이 세상에서 남에게 안식을 베풀어야 한다.

　　베트남에서는 벌써 많은 이들이 안식을 취하고 있다
　　너희들이 그들에게 안식을 베풀었다

Gespräch über Bäume

Seit der Gärtner die Zweige gestutzt hat
sind meine Äpfel größer
Aber die Blätter des Birnbaums
sind krank. Sie rollen sich ein

In Vietnam sind die Bäume entlaubt

Meine Kinder sind alle gesund
Doch mein jüngerer Sohn macht mir Sorgen
er hat sich nicht eingelebt
in der neuen Schule

In Vietnam sind die Kinder tot

Mein Dach ist gut repariert
Man muß nur noch die Fensterrahmen
abbrennen und streichen. Die Feuerversicherungsprämie
ist wegen der steigenden Häuserpreise erhöht

In Vietnam sind die Häuser Ruinen

Was ist das für ein langweiliger Patron?
Wovon man auch redet
er kommt auf Vietnam zu sprechen!
Man muß einem Ruhe gönnen in dieser Welt:

In Vietnam haben viele schon Ruhe
Ihr gönnt sie ihnen

조치措置

게으른 자들의 목을 쳐
세상은 부지런해지고

못생긴 자들의 목을 쳐
세상은 아름다워지고

바보들의 목을 쳐
세상은 똑똑해지고

병든 자들의 목을 쳐
세상은 건강해지고

슬퍼하는 자들의 목을 쳐
세상은 즐거워지고

늙은 자들의 목을 쳐
세상은 젊어지고

적들의 목을 쳐
세상은 친구가 되고

악한 자들의 목을 쳐
세상은 선해진다.

Die Massnahmen

Die Faulen werden geschlachtet
die Welt wird fleißig

Die Häßlichen werden geschlachtet
die Welt wird schön

Die Narren werden geschlachtet
die Welt wird weise

Die Kranken werden geschlachtet
die Welt wird gesund

Die Traurigen werden geschlachtet
die Welt wird lustig

Die Alten werden geschlachtet
die Welt wird jung

Die Feinde werden geschlachtet
die Welt wird freundlich

Die Bösen werden geschlachtet
die Welt wird gut

장난이 아닌

아이들이
장난삼아
개구리들을 향해
돌멩이를
던진다

개구리들은
죽어간다,
진지하게

Humorlos

Die Jungen
werfen
zum Spaß
mit Steinen
nach Fröschen

Die Frösche
sterben
im Ernst

숨지 말기

시대의
일들 앞에서
사랑 속으로
숨지 말기

그러나 또한
사랑 앞에서
시대의 일들 속으로
숨지도 말기

Kein Unterschlupf

Nicht sich verstecken
vor den Dingen
der Zeit
in die Liebe

Aber auch nicht
vor der Liebe
in die Dinge
der Zeit

밤의 시

그대를 키스로
덮지 않으리
그저 가만히
(그대의
어깨에서
흘러내린)
그대의 이불로 덮으리
그대,
자면서 춥지 않게

그러다가
그대가
깨어나면
창문을 닫고
그대를 끌어안고
그대를 덮으리
키스로
그리고 그대를
벗기리

Nachtgedicht

Dich bedecken
nicht mit Küssen

nur einfach
mit deiner Decke
(die dir
von der Schulter
geglitten ist)
daß du
im Schlaf nicht frierst

Später
wenn du
erwacht bist
das Fenster zumachen
und dich umarmen
und dich bedecken
mit Küssen
und dich
entdecken

에리히 프리트(1921-1988)는 평생을 불행하게 살다 간 시인이다. 유대 혈통의 그는 1938년 독일군의 오스트리아 입성으로 고향인 빈을 떠나 17세에 "고등학생에서 추방된 유대인"의 신분으로 전락할 수밖에 없었다(시 〈향수〉 참조). 그는 런던으로 도망쳐 그곳에서 공장 노동자, 도서관 사서, 번역가(특히 딜런 토머스Dylan Thomas의 작품을 번역했음)를 거쳐 BBC 방송 직원으로 일하였으며 죽을 때까지 그곳에 살며 망명 작가로서 독일어로 시를 썼다. 그것은 그의 어릴 적의 꿈을 실현한 것이었다. 왜냐하면 영국으로 도망칠 때 누군가가 "너는 무엇이 되고 싶냐"는 물음에 그는 "독일 시인이 되고 싶다"고 말했었기 때문이다.

그의 시 세계는 그와 거의 같은 시기에 태어나 활동한 파울 첼란Paul Celan의 시 세계를 배경으로 해서 더욱 두드러진다. 첼란을 위시한 전후 난해시의 배경 속에서 금방 이해가 가능한 그의 시는 그만큼 돋보인다. 사실 두 시인은 거의 형제라고 부를 수 있을 만큼의 전기적인 유사성을 갖고 있다. 첼란은 1920년, 프리트는 1921년으로 태어난 시기도 비슷할 뿐만 아니라, 둘 다 유대 민족의 핏줄을 이어받았고, 둘 다 폐허가 된 오스트리아의 합스부르크 왕국에서 성장하였으며, 둘 다 1938년에 고향을 떠났다. 또 둘 다 잠깐 동안을 제외하고는 다시는 독일어권 지역으로 돌아가지 않았다. 그들은 둘 다 히틀러 파쇼 정권의 희생자였다. 첼란은 그때 부모를 잃었고, 프리트는 아버지와 할머니를 잃었다. 이러한 뼈저린 체험이 결과적으로 그들의 문학의 방향을 정해 주었다. 그들은 독일의 외부에 있으면서도 늘 독일어로 작품을 썼다. 그들의 작품의 테마의 근간을 이루는 것은 영원한 유대인이다. 유대인이라는 단 한 가지 이유 때문에 자기 사람들이 살해되는 것을 목격한 어린 시절의 체험은 어떤 방향으로 작품을 써야 하는지를 말해 주기에 충분한 것이었다. 그러나 바로 이 같은 공통점이 그들의 현격한 차이점의 출발점이 된다. 그들 사이의 차이점은 무엇보다도 문학적 강령 또는 시론의 차이에 근거한다. 프리트와 첼란 모두 글쓰기의 방향이 어린 시절의 트라우마 같은 체험에 의해서 확정되었다고 할 수 있다. 그러나 거의 같은 경험을 공유한 첼란의 경우와 달리 에리히 프리트는 시적 묘사 방식에 있어서 또 다른 길을 걸었다. 초월성을 향한 내면의 길을 걷느냐, 아니면 사회적 현실을 향해 자신의 생각을 발산시키느냐의 문제는 각 시인의 기질에 달린 일이라고 할 것이다.

1944년부터 시집을 발표하기 시작했지만 에리히 프리트라는 이름은 1966년까지 불과 몇몇 독자들만이 기억하고 있었다. 그러나 1966년 시집《그리고 베트남 그리고》의 출간과 더불어 그는 갑자기 대중의 주목을 받기 시작한다. 몇몇 독자들은 그의 시를 "천박한 선동시"로 간주하여 거부하였지만 당시 학생운동의 물결 속에서 정치적으로 극히 민감한 감정 상태에 있던 대학생들은 이전의 독일시들은 시도 아니라는 듯한 열광으로 그의 시를 받아들였다. 그것은 베트남 전쟁에 얽힌 이야기를 할 때 보여 준 그의 직접적 언술 방식 때문에 가능했다. 그는 메타포를 이용한 간접적 언술 방식을 깨뜨렸다. 제2차 세계대전으로부터 시작하여 당시까지는 고트프리트 벤의 초월시로 대표되는 시적 암시와 암호화가 무슨 터부처럼 여겨지고 있었다. 그러나 프리트는 바로 이것을 과감하게 타파하고 시대사적 사건을 가식 없는 방식으로 표출하였다. 이 모든 것은 국가적 폭력에 대한 저항을 위한 것이다. 그러기에 그에게 있어서 시란 단순히 아름다운 말을 다루는 것 이상의 것을 의미한다.

프리트는 더 이상 시가 시대 초월적인 측면을 갖고 있다고 생각하지 않는다. 오히려 시는 역사적인 관계에서 이해되어야 한다고 본다. 시는 정치적 그리고 사회적 발전에 대한 시대자료라는 그의 생각은 고트프리트 벤이 내세운 초시대적인 "靜詩das statische Gedicht" 혹은 "현대물리학의 공식들처럼 시대와의 관련 없이도 작용할 수 있는" "절대시das absolute Gedciht", "예술을 위한 예술"의 개념과 정면으로 상치되는 것이다. 이것을 위해 프리트는 "반시Gegen-Gedicht"의 개념을 내세운다. 그의 시의 시적 언술은, 모든 것을 안으로 감춘 모호한 난해시와 달리 의사전달을 위주로 하며 객관적이다. 호프만스탈의 "챈도스 경의 편지"로 대변되는 현대시의 언어 회의관에 어느 정도 상응되게 프리트 역시 언어를 "이중 첩자"

로 생각한다. 그렇기 때문에 그는 언어를 의사소통을 위해 꼭 필요한 수단으로 보면서도 언어에 대해 회의를 갖고 있다. 이때 프리트가 택한 길은 자신의 생각을 이성을 통해 아주 명확하게 그리고 상식적으로 표현하는 일이었다. 그것은 시어의 단순 소박성을 가져다주었다. 그의 시는 약간만 생각하면 금방 이해할 수 있는 것들이다. 특히 현실에 가려 있는 진실을 점층적으로 절묘하게 드러내며 표현하기 때문에 그의 시는 독자로 하여금 무릎을 탁 치게 하는 체험을 가져다준다. 그렇기 때문에 그는 불가지론을 거부한다. 그 같은 불가지론을 주장하는 소크라테스 같은 인물이 "젊은이들의 영혼에 독을 뿌린다"고 말한다. 불가지론이 결국은 정치가들의 음모를 가리는 역할을 해 주기 때문이다. 같은 이유에서 언어에 대한 회의로 인해 침묵의 근처에까지 다다른 첼란의 시도 그에게는 배척의 대상이 될 수밖에 없었다. 그의 시적 방식은 대상을 명쾌하게 드러내 보이는 데 있다. 그 결과 그는 1945년 이후의 독일시에 정치적 품위와 비판적 회의 그리고 기억의 힘을 부여했다는 평가를 받고 있다.

1960년 이전까지만 해도 프리트의 시는 동서독 양쪽에서 별로 주목을 받지 못했다. 낱말 및 음향 유희적인 시, 경구적인 시, 어린애 같은 시를 쓰던 그는 1960년대에 들어서면서 "비의적인 망명 시인"이라는 딱지를 떼어 버리고 본격적인 정치적 시인의 길로 들어선다. 그는 망명의 처지를 장점으로 살려 당시 미국을 배후로 하여 저질러지고 있던 베트남 전쟁을 화두에 올린다. 그를 유명하게 만든 것이 바로 이《베트남 시편들》(1962-1966)이다. 그는 BBC 방송을 통해서 이 전쟁에 대해서 독일에 있는 사람들보다 훨씬 풍부하고 객관적인 보도들을 접할 수 있었다. 그러나 그의 시집의 출간은 쉽지 않았다. 모든 출판사들이 그의 시의 출간을 꺼려 했다. 왜냐하면 그의 시가 우방인 미국에 대한 공격을 담고 있었기 때문이다. 시 〈나무들에 대한 대화〉가 이것을 잘 반영한다. 프리트는 자연시가 종래의 방식으로 자연으로의 도피가 아니라—그에 따르면 시인은 사회 현실에 대해 항상 눈을 뜨고 있어야 한다—그 지방의 문화적, 정치적 국지성을 잘 드러내야 한다고 생각하는데, 여기서 시인 자신의 환경과 베트남의 현실을 대비적으로 잘 보여 주고 있다. 그것은 고엽제의 남용으로 인한 자연의 손상과 전쟁에 의한 아이들의 죽음에 대한 고발이다. 같은 나무, 같은 아이들이라도 그것들이 처한 상황에 따라 운명이 달라지고 있음을 극명하게 표출하고 있다. 특히 그러한 전쟁을 사주한 미국에 대한 저주가 마지막 연에서 잘 드러나고 있다. 그의 항의는 보편적인 것이 아니라 세세한 기억력과 자료를 바탕으로 한 가지 사건을 콕 찍어 내는 데 그 특성이 있다.

이처럼 현실 정치에 대한 비판에서 촉발된 그의 예리한 화살촉은 생태환경 문제에까지 향하고 있다. 시 〈나무들에 대한 대화〉 역시 이러한 범주에 넣을 수 있다. 그러나 그의 생태학적 상상력은 핵전쟁으로 인한 지구의 전멸의 장면에까지 이르고 있다. 여기서 그가 문제 삼고 있는 것은 이러한 외적인 결과 그 자체가 아니라 그러한 재앙을 몰고 오는 인간들의 의식意識의 문제이다. 시 〈조치〉가 그것을 단적으로 보여 준다. 나름의 가치관에 따라—이것이 절대적으로 옳은 것도 아닐 텐데—나쁜 것, 예쁘지 않은 것은 모조리 죽여 없애고 예쁜 것, 선한 것만을 골라 키운다는 생각은 지배자적 논리의 외적 표출이라고 하겠다. 여기에는 나치의 사고에 대한 비판뿐만 아니라 현 자본주의 사회 전체에 만연되어 있는 비인간성에 대한 비판이 개재되어 있는 것이다.

그러나 그의 시의 영역은 현실 정치적인 것에만 국한되지 않는다. 〈새로운 자연시〉에서 사회의 모순만을 고발하는 시로부터 테마의 변화를 꾀한 그는 "시대의/일들 앞에서/사랑 속으로/숨지 말기//그러나 또한/사랑 앞에서/시대의 일들 속으로/숨지도 말기"라고 말한다. 개인적인 것에만 매달리는 삶도 아니요 그렇다고 사회적인 것에만 눈길을 던지는 삶도 아닌 삶, 다시 말해 자신을 비롯한 주위의 모든 것에 중요성을 부여하는 삶, 그것이 그에게는 가장 가치 있는 삶이 된다. 그러기에 사랑도 결코 등한시해서는 안 되는 인간의 중요한 삶의 한 인자로 등장한다. 그것은 그의 시집 《사랑시》(1979)의 시들이 말해 준다(〈밤의 시〉). 우리 인간에게 가장 중요한 것은 모든 것을 감싸는 사랑이므로. 그러나 이 모든 것은 삶을 위한 것이다. 그는 마지막 시집 《상처받지 않은 것》(1988)의 〈뒷글을 대신하여〉라는 시에서 이렇게 말한다. "내가 삶을 혐오하여/쓴 것도/사실은 삶을 위해 쓴 것이요//내가 죽음을 찬양하여/쓴 것도/사실은 죽음을 이기기 위하여 쓴 것이다."

페터 륌코르프

패러디의 시인

줄타기

우리는 까마득히 높은 곳에서 줄을 탄다,
혼자 말하고 혼자 운韻을 만들며,
오로지 말로만 만들어진
한 개인을 꿈꾸면서.

무엇이 우리로 하여—왜, 무엇 때문에?—
양탄자를 떠나도록 하는가?

한 번도 탐구하지 못한 누가 누구인지를
줄에서 떨어지면서 알아보도록 하는가.

그렇게 높은 곳에서 땅바닥을 보는 자의 눈에는
가련하고 길 잃은 것들만이 들어올 뿐이다.
나는 말한다. 시를 쓰는 사람은 미친 사람이고,
시를 진실이라 여기는 사람도 그렇게 되리라고.

나는 나의 불멸의 육신을 피아노처럼 두드린다,
4각脚의 운韻—40개의 발가락—맞추어 가며.
저 아래 땅바닥의 사람들은 우리를 보고
정신이 건강치 못한 자들이라 생각한다.

로렐라이는 배가 전복된 라인 강가에서
그녀의 머리카락을 드러냈다…
나는 죽음의 신 하인과 친구 하이네 사이에서
생명의 위험을 느끼며 우아하게 흔들린다.

늙어가는 애인을 위한 제안

또는
인생은 사십부터

당신은 커다란 개를 한 마리 갖고 싶은가요?
"이리 와" 혹은 "가" 혹은 "튀" 혹은 "핥아"라고
말하면 군소리없이 복종하는 큰 개를 하나 원하나요?
당신은 조그만 개를 한 마리 원하니요?
당신이 팔로 끌어안으면
다시 불그스레해진 당신의 얼굴을 핥으며
당신의 숨결을 참아 내는 작은 개를 하나 원하나요?

고통스런 시절을 위하여 단순한 짐승을 한 마리 사 두세요!
당신의 포옹의 시세는 벌써 엄청나게
떨어졌고

당신의 미소도 이젠 더 이상 호감을 끌지 못하는 지금—
당신의 냄새를 킁킁대며 맡는 이 단순한 짐승은 엄청난 가치를 지니지요,
당신이 영원을 갈구할 때
아직도 당신에게 매달리는 이 눈빛은.

아, 하늘이여!
하늘, 그리고 당신의 꿈을 덮어 주지 못하는 것,
당신을 사랑했던 남자처럼 이미 오래전 모든 산 위에 떠 있는 것…
—커닐링거스, 달의 송과안이 비칠 때의 약속—
그것은 이미 끝났어요, 끝났어요,
라이프니츠가에 있는 방물가게를 보세요
가게 중에서 가장 훌륭한 그 가게를!
그 남자는 이젠 완전히 다른 것을 앞에 걸치고 있군요!

어디서 누가 아직도 당신 이야기를 할까요?
우편물? 예를 들어 탈뤼지아에서 온 소포가 아니라면.
"모든 세대 귀중"이라고 적힌.
하지만 달이 떠도, 당신은 이젠 더 이상 소용없어요.
당신은 소용없어요, 당신은 어차피 잃을 수밖에
없는 것을 잃은 거지요.
여름은 갔어요, 지나갔어요—그리고 사랑하는 남자도 그렇게 갔지요.
그 사람은 내일이면 석간신문에
자신의 치수를 광고하겠지요.
그 사람이 더 이상 기억하지 못하는 것은 바로 당신 얼굴이지요.
그것에 대해서는 이제 말할 필요도 없어요.
맹세를 반복하지 마세요, 행복이라는
진부한 이야기를,

언젠가 당신의 손에 든 소금을 먹었다는 사실을
그 누구도 기억하려 들지 않을 테니까요—
그러므로 오늘 그리고 여기가 문제지요. 강아지를 한 마리 사세요!
20마르크를 테이블에 내놓으세요
눈과 주둥이와 꼬리를 위하여,
그러면 비가 와도 그 놈은 당신 곁에서 펄쩍대며 떨 것이고, 아,
그리고 9월의 따사로운 햇살 속에
당신 곁에 앉아 있을 테니까요.

요제프 폰 아이헨도르프의 한 노래에 부쳐

나의 머리뼈 속에는
분쇄기가 돌아다니며
나의 생각들을 부숴 놓네,
맥락을 알아볼 수 없게.

나의 머리는 낭만으로 가득 차 있네,
나의 애인은 충실하지 않네—
나는 하늘의 대양으로 떠다니며
이마에 묻은 왕겨를 뿌리네.

아, 내가 독수리와 호랑이를
사냥하는 지체 높은 분이라면,
달이 시나브로 커 가면서
하늘에 칼날을 가는 밤에!—

나는 야호 소리 흥겹게 내고 싶네,
내향적으로
쥐털린 서체[161] 같은 발톱으로
머릿속 곳곳을 건드리기보다는.

내가 가장 죽고 싶은 달은
곰팡이 피는 팔월이라네—
조각들은 어찌하여 그토록 신이 나서
나의 강철 가슴 속에서 쩔렁대는가?

단 한 번뿐인 것에 대하여
하인리히 마리아 레디히-로볼트를 위하여

가끔 우리는 묻는다. 이것이 삶인가?
가끔 우리는 모른다. 이것이 본질인가?
네가 잠에서 깨어나면, 들창은 닫혀 있다.
숨쉬는 것 아무것도 없고, 모든 것은 책을 통해 알았다,
보라, 그것이 바로 너다.

어쩌면 너는 이렇게 생각할지도 모른다. 나는 몰락한다,
바닥도 없는 곳으로 무섭게—.
거대한 싸락눈 더미로 만들어진 존재,
조그만 천조각만큼만 색깔이 있을 뿐,
보라, 그것이 바로 나다.

---

161 독일 그래픽 디자이너 쥐털린L. Sütterlin(1865-1917)의 이름을 딴 서체로, 1935년부터 1941년까지 독일 학교에서 사용되었다.

그러나 그 다음, 갑자기, 어슬렁거릴 적에,
잠금장치가 풀리고, 껍질이 부숴지고,
모자와 신발 사이로 불꽃이 난다.
가던 방향으로부터 이러한 완전한 방향 전환,
비정상을 향한 이 같은 급경사,
단 한 번뿐이고 변경할 수도 없는 것.
보라, 그것이 바로 너다.

하인리히 하이네를 위한 추모 노래

쨍그랑—조그만 접시,
우리는 해를 입음으로써 영리해진다,
나는 후케바인과 그의 아내
레다의 아들이다.

나는 석탄까마귀요 웅덩이까마귀,
씹는담배처럼 새까만 까마귀다.
나는 비천한 백성을 사랑하지만,
나는 그들을 내게서 멀리한다.

이곳에서는 하늘이 기쁨을 갖지 못하며,
기쁨은 빛살을 갖지 못한다.
사람들은 빛을 세상에 발표하기 전에
체로 세 번씩이나 걸러낸다.

왜 하나뿐인 조국이

그렇게 많은 어둠을 만들어 내는가?!
나는 지금보다 훨씬 나쁜 시대를 위하여
나의 머리를 사고의 비축 식량으로 보호한다.

그리고 너희들 모두가 믿는 것처럼
나는 나를 종이 위에 표현한다—.
마치 개명된 머리가 여기서는
행동하기가 보다 자유로운 양.

페터 륌코르프(1929-)는 현 독일 시단에서 풍자적이며 도발적인 성향이 강한 시인으로 평가된다. 그가 시에서 주된 테마로 다루는 것은 현실정치적인 상황이다. 그것은 "거짓된 이데올로기와 그것의 운용자들을 부술 수 있다는 믿음, 간단히 말해서 노래의 힘에 대한 믿음"에서 연유한다. 이것을 그는 시를 통해 "시대의 데카당스를 진단한다"고 표현한다. 그러나 그렇다고 해서 그의 시에서 미학적인 측면이 완전히 배제된 것은 아니다. 오히려 그는 이 두 가지를 하나로 융해시키려고 애쓰며, 이러한 그의 의도에서 그의 시에 대한 평가로서 "륌코르프의 모순"이라는 표현이 등장한다. 그것은 일찍이 그의 고백대로 "내면에서 우러나오는 노래하고픈 욕구"와 "공공의 목적을 위한 선동시"의 필요성의 발로이다. 시인으로서의 출발 당시 레슬리 마이어라는 가명을 사용하던 그가 전제로 삼은 것은 나치적인 성향을 지닌 시뿐만 아니라 독일의 전후의 시, 특히 현실도피적 자연시로 회귀하려는 시와, 그 자신 또한 고트프리트 벤의 영향을 많이 받았지만, 벤식의 비의적인 경향을 아무런 비판 없이 모방한 시들, 그리고 자족적인 상태에 빠져 아무런 현실성이 없이 "헛도는" 이른바 구체시에 대한 가차 없는 "도살"이다. 따라서 그의 초기 시에서는 비판의 직접성과 논쟁적인 측면이 눈에 두드러진다. 이 과정에서 그는 일상어와 가벼운 표현, 외설적인 말 그리고 속어 따위를 지체 없이 사용한다. 이것은 물론 뻣뻣함과 우월함으로 가장한 현실의 실체를 드러내어 비판하기 위함이다. "자유와 형제애, 이 모든 것은 개 같은 험담일 뿐이다." 이때 이른바 숭고한 것, 신비스러운 것, 그리고 종교적인 것을 통속적인 것 앞에 직면케 함으로써 비판의 효과는 그만큼 더 커진다. "나는 프로메테우스 가스버너에 차멕 수프를 끓인다"(시 〈반-이카루스〉). 신들의 뜻을 거역하고 인간에게 불을 가져다준 거인 프로메테우스가 이제는 고작 상표 이름으로 전락하여 그 신비스런 외관을 모두 상실한다. 여기서 우리는 신비스럽고 위대한 모든 것이 결국은 스러질 수밖에 없다는 사실을 접하게 된다. 시인의 이와 같은 신성모독적인 행위의 밑바닥에는 모든 신비스런 것들을 진실되지 못한 하나의 가면무도회로 강등시키고 자연스럽고 감각적인 생활 방식에만 정당한 권리를 부여하려는 의도가 스며 있는 것이다. 감각적인 순간에 대한 언급은 시 〈작별의 노래Tagelied〉에서 잘 나타난다. "멈추어라, 너를 파악하게 해 다오,/나의 공작 같은—순—간이여—/모래시계는 되돌릴 수 없고/운명의 여신이 잣는 것은…"이라는 이 시의 첫 연에서 우리는 사랑에 빠진 한 여인의 에로틱한 욕구를 느낄 수 있다. 원래 "작별의 노래"는 독일의 시적 전통에서 하룻밤 동안 사랑을 한 남녀가 날이 밝으면 헤어지는 과정을 노래한 중세의 연애가요의 일종이다. 이 시구절에서 우리는 또한 괴테의 《파우스트》와의 유사성을 파악할 수 있다. 《파우스트》의 끝 대목에 "나는 순간에게 말하련다./너 멈추어라! 너는 참으로 아름답구나!"라는 말이 나오는데, 이처럼 순간을 의인화한 측면이나 어법의 운용에서 양자 간에 유사성이 감지된다. 〈작별의 노래〉의 육체적인 사랑과 괴테의 숭고한 파토스, 이 두 가지 관계를 하나의 텍스트 속에 배치시켜 륌코르프는 하나의 비교를 이끌어 내고 있다. 이와 같은 감각적인 사랑에 대한 칭송을 통해서 시인은 육체에서 멀리 떨어진 소위 이상화된 사랑의 매너리즘을 문제 삼고 있는 것이다. 그러나 나아가서 그의 진정한 의도는 과거의 문화적 유산을 암시하고 비판하는 것에 고착되지 않고 오늘날의 문명 세계에서 등장하는 성적인 관계의 덧없음을 고발하는 데 초점이 맞추어지고 있다. 현시대의 인간 행동과 체험의 문제점을 노출시키는 것이 그의 시의 주된 역할 중의 하나라고 할 것이다.

1959년에 낸 시집 《g 속에서 느끼는 지상의 즐거움》의 제목은 라이프니츠적인 해석에 따라 이 세상을 모든 세상 중에서 최고의 것으로 본 바르톨트 하인리히 브로케스(1721-1748)의 시집 《신의 품속에서 느끼는 지상의 즐거움》에서 따온 것이다. "g 속에서 느끼는 지상의 즐거움"이라는 제목은 그의 시론적인 기본 사고를 담고 있다. 한편으로 이 제목은 지상의 삶의 즐거움과 쾌감에 대한 고백을, 다른 한편으로는 브로케스에 대한 암시를 통해 계몽주의적 성향에 대한 시인의 경도를 보여준다. 그는 "신"이라는 말대신 지상의 중력을 뜻하는 "g"를 사용함으로써 이승의 즐거움에 무게를 주고 있다. 이승의 즐거움에 대한 강조는 여기에 현실 정치적이고 역사적인 관점이 개재되어 있음을 암시한다. 여기의 대표적인 예에서 드러나듯이 륌코르프가 주로 사용하는 시적 수법은 '암시'와 '변주', 그리고 '원문 변형'과 '인용'이라는 말로 정리된다. 이것들은 어떤 사실을 비판하거나 반박하기 위하여 사용되는 기법으로, 이 점에서 그는 독일 문학사상으로 "3월 전기"의 작가들과 연관을 맺는다. 지금까지 언급한 륌코르프의 시적 수법을 시학적 개념으로 환원하여 표현한다면 '패러디'라는 말이 가장 적절할 것이다. 그러나 그가 사용하는 패러디 개념은 원문의 내용에 반대되는 것을 풍자적으로 드러내는 이 개념 본래의 의미뿐만 아니라 원문에 대한 수많은 뉘앙스와 양상을 담지한 새로운 텍스트 창출의 의미를 지닌다.

패러디를 실감나게 수행하는 데 있어서 시인에게 요구되는 것은 광범위한 시적 형식들과 언어에 대한 남다른 감각이다. 륌코르프에게 있어서 이것을 뒷받침해 주는 것은 문학에 대한 연구를 통한 심오한 지식의 획득이다. 륌코르프의 시는 유럽문학사의 사화집이라고 할 만큼 종래의 문학작품의 많은 내용들을 패러디의 대상으로 삼고 있다. 나아가서 그는 서로 동떨어진 작품들을 하나의 지평에서 관찰하는 기법을 보여 준다. 카이사르의 풍을 흉내 낸 "나는 앉았노라, 보았노라, 썼노라"라는 대목을 시대 개념인 "3월 전기"와 연결시키는가 하면, 뫼리케가 불러낸 "오르플리트"라는 이상의 땅을 체조선수 사진과 결합시키기도 한다. 형식에 대한 그의 감각은 과거의 시 형식인 송가와 소네트, 찬가 그리고 민요를 진부함으로 빠지지 않고 이러한 문학적 전통을 그의 시적 이미지화의 요소로 수완 있게 다루어 내는 데서 드러난다. 여기서 륌코르프가 사용하는 패러디 기법의 특성이 잘 나타난다. 즉 "잘 알려진 영웅가나 투쟁가 그리고 성축가를 개작하는" 그의 목적은 과거의 작품이 지닌 허황된 낭만적 자세를 비판하고 거짓된 것으로 들추이 내는 네에 있는 것이 아니라 현재의 의심스런 상황과의 대결을 꾀하는 데 있다. 앞에서 소개한 시 〈요제프 폰 아이헨도르프의 한 노래에 부쳐〉는 이런 의미에서 모범적이라고 할 수 있다. 이 시는 낭만주의의 민요 조 양식에 대한 패러디라고 할 수 있다. 이 시에서 중요한 것은 아이헨도르프의 시에 대한 패러디보다는 현시대의 인간적인 것의 상실에 대한 아픔의 호소이다. 그것은 파편화된 상황을 나타내는 "조각들"이라는 말에서 파악된다. 륌코르프는 "오늘 그리고 여기"의 혼돈된 사고와 감각에 대한 비판적인 안목을 가지고 현시대의 사고와 느낌의 파편성을 고발한다. 시집 《1999년 말까지 유효》(1979)와 《주행풍》(1980)과 에세이집 《흔들리는 척하며 저항하라》(1984)에 들어 있는 그의 강령적인 표현들은 얼핏 보기에 전혀 요지부동인 현상황과 단순한 이상적 해결 방식에 대한 그의 회의 의식을 입증해 주는 것이다.

따라서 그의 시는 크게 문학적 전통에의 집착과 시대 비판에서 그 정당성을 찾는다. 이렇게 예술성과 참여성을 강조하는 과정에서 륌코르프가 모범으로 삼은 작가는 다름 아닌 하인리히 하이네이다. 시 〈하인리히 하이네를 위한 추모 노래〉의 "왜 하나뿐인 조국이/그렇게 많은 어둠을 만들어 내는가?!"라는 대목은 하이네의 시 〈한밤중에 떠오르는 생각〉을 뚜렷이 연상시킨다. 이어 나오는 대목은 미래지향적인 생각을 담고 있다. "나는 지금보다 훨씬 나쁜 시대를 위하여/나의 머리를 사고의 비축 식량으로 보호한다." 시 〈줄타기〉의 "나는 바로 죽음의 신 하인과 친구 하이네 사이에서/생명의 위험을 느끼며 우아하게 흔들린다"라는 구절이 시사하듯이 륌코르프의 시는 정치적 사회적인 책임과 전통적인 형식의 운과 리듬을 살린 심미적인 언어 발견의 사이에서 위험스럽고도 깨지기 쉬운 줄타기 모험을 하고 있다. 시인으로서의 동질성이 문제시되는 현시대의 상황 속에서 "우아하게" 흔들리면서도 시를 통해 그가 구현하고자 하는 근본적인 것은 무언가를 밝혀 내는 암시요 비판적인 변주이다. 이때 그가 사용한 기법은 전통적으로 상이한 문체 양식과 소재들의 연결 배치와 여러 가지 암시 방법의 동원이다. 이것이 현시대의 그릇된 이데올로기를 비판하는 그의 문학의 주된 원칙이다.

카를 크롤로우

걱정과 불안에 시달리기보다는 의자를 문 앞으로 옮기기

밤의 남자

프리드리히 라셰에게

헝클어진 내 머리칼 사이에
빛살이 걸려 있다.
잠바람이 휑하니 불어오고,
달짐승은 맑은 하늘에 매복해 있다가,
나의 얼굴을 향해 달려들었다.

나의 웃저고리를 지나
홑이불 속으로 차갑게 기어들어와,
초원의 향기를 풍겼다,
몇 주 전부터 초원 곳곳마다
드리운 마른 백리향 냄새를.

귓전에는 나뭇잎 사이로
고운 목소리가 들린다.
강물에서 쥐가 헤엄치는 모습과

축축한 별먼지 아래
갈대숲이 붉게 빛나는 게 보인다.

나의 목덜미엔 구름이 떠간다.
그리고 나는
접시 속에서 도토리가 몸뚱이를 오그리고,
아론[162]이 제 열매들을 얼르는 걸 느낀다,
밤에 의해 까맣고 서늘해진 채.

끈끈이대나물의 꽃봉오리가 열리는 것 같다.
그 숨결이
거침없이 나를 때린다,
나의 주변의 검은 것들과
뒤섞이더니 내게 낯설어진다.

나는 굽은 손가락으로 쓰련다
허공에다,
대지의 차가운 기운과 떠다니련다.
그러면 내겐 아무것도 남지 않으리라
짧은 바람줄기 향기 이외에는.

새로운 본질

푸른색이 올라온다
뫼리케[163]의 그윽한

162 독성이 있는 천남성과天南星科 식물의 일종.
163 에두아르트 뫼리케(1804-1875). 독일 낭만주의와 사실주의 사이에서 독특한 시문

하프의 음율처럼.
언제고 변함없이
그것은 그럴 테지.
사람들은 집집마다
색칠을 한다.
각양각색의 벽마다
햇빛이 반짝인다.
모두들 기다리고 있는,
그건, 봄, 바로 너다!
우린 널 다시 읽을 수 있다.
초록의 울타리는 어느
무명시인에게서 취한 인용구.
사람들은 자기 가족과
자동차들,
보트에도 색칠을 한다.
그들의 새로운 본질이
두루두루 마음에 든다.

버려진 해변

잘 보면 도처에
난파선들 천지다.—페트로니우스

범선들 그리고 수염 속의
황금 같던 너털웃음 소리는
입에서 새어 나오는 더러운

학사적 위상을 차지하는 시인으서 부드러운 음악성과 안개 낀 듯한 시적 분위기가 특징임.

숨결처럼 사라지고 없다,

석회벽을 침식하여 먼지로
만드는 벽 위의 그림자처럼.
진하디진한 꿀로 된 슬픔은
조금도 녹지 않고 남아서

향기 내며 빛 속에 걸려 있다,
방금 눈 새똥처럼 축축하고
뜨거운 벽돌의 뺨에 살포시
가벼운 죽음처럼 얹혀서.

카드를 치는 선원들은
자기들만의 육신 속에 잠겨 있다.
담배 연기가 헐렁한 눈꺼풀을
비집고 그들 속으로 흘러든다.

푸른 커튼 같은 밤을 향해
던지는 그들의 단검들은,
깨어 있는 영원의 날카로운
바람에 부딪쳐 날이 많이 빠졌다.

로빈슨 I

계속해서 나는 손을 뻗는다

한 척의 배를 향하여.
맨주먹으로 나는
돛을 잡으려고 한다.
처음엔 나는
수평선에 나타나는
다양한 배들을 움켜잡았다.
나는 송어도 그렇게 잡는다.
하지만 계절풍이 내 손가락들을 알아보고
배들을 달아나게 했다.
아니면 노와 나침반이 부서졌다.
인간은 배들과 정답게 지내야 한다.
그래서 나는 그들의 이름을 불렀다.
그 이름들은 늘
내 이름처럼 울렸다.

이제 나는 아직도 순종할 줄
모르는 몇 마디 말과
함께 살고 있을 뿐이다.

젖은 두 손으로

샤워실에서 우리는
물이 주는 즐거움의
모든 가능성을 생각해 본다.
오로라[164]는

164 로마 신화에서 새벽의 여신.

몽당 색연필로
나무딸기 도시를 그린다,
날씨가 너무 뜨거워
온도계가 터지기 전에.
두 눈에
하얀 붕대를 한 채
더욱 지고한 형상이 쉬고 있다.
젖은 두 손이
이상적인 여인을
내리쬐는 햇빛의 땅에서 얻는다.

이 늙은 남자들

이 늙은 남자들, 눈여겨보는 이
아무도 없는, 상상을 파는 행상인들,
아무 짝에도 쓸모없는 사람들, 생을 처분하며,
공원의 나무들 아래서
고작 과거나 기다리는—
먼지투성이 지도.
은밀한 문장들이 그들 속에서
그들의 마른 입 안에서 계속 살아 있다.
몇몇은 때때로 멋진
얼굴을 보인다. 거의 몸이 없는 것 같다,
고 사람들은 말한다. 멀어져 가는
이 가련한 형상들에 대해
그 누가 무엇을 알고 있을까?

카를 크롤로우(1915-)는 1945년 이후의 독일 문단에서 시인으로서, 번역 문학가로서 그리고 비평가로서 활발한 활동을 해왔으며 또 뷔히너 문학상, 릴케 문학상, 횔덜린 문학상 등을 비롯한 많은 문학상 수상으로 그에 걸맞은 인정을 받아 왔다. 특히 1962년에 출간된《크롤로우 시선집》의 해설을 써 준,《현대시의 구조》라는 책의 저자로 유명한 후고 프리드리히의—크롤로우는 "현대인의 영혼을 시적으로 진단해 냈으며" 보들레르, 말라르메 그리고 기엔 등과 같은 반열에 선다는—평가는 그의 시적인 위상을 한층 더 높여 주는 계기가 되었다. 비록 1970년에 카롤 크립케라는 가명으로《시민적인 시》라는 시집을 한 조그만 출판사에서 출간하여 독서계에 포르노그래피 논쟁을 불러일으킨 적도 있지만 그는 1953년에 나온《가까운 것들과 먼 것들》이라는 산문집과 나중에 쓴 첫 단편《다른 인생》(1979)을 제외하면 1940년에 첫 시집을 출간한 이래로 지금까지 스무 권이 넘는 시집을 내면서 진정한 시인으로서의 세계만을 충실하게 고집했다고 해도 과언이 아니다.

그는 한편으로는 릴케를 비롯한 전통적인 독일시의 영향을 받았으며, 다른 한편으로는 트라클과 하임과 같은 표현주의 시인의 영향도 받았다. 또 50년대 중반에는 특히 초현실주의적 기법을 많이 사용하였다. 그리고 로만어문학을 전공하고 이 분야에서 뛰어난 번역을 많이 남겨, 그의 시에는 프랑스시와 스페인시의 영향도 눈에 띈다. 따라서 그는 표현주의자들처럼—특히 하임이 시〈전쟁〉에서 전쟁을 의인화하여 그 경악스런 힘을 구상적으로 보여 주었듯이—죽음이나 폭력 같은 현상들을 신화적인 차원으로 신비화하기도 하고, 17세기 바로크 문학에서 나타났던 것처럼 평화, 전쟁의 책임 문제에 대해서 일반적인 성찰을 하기도 한다.

영향의 다양성에서도 짐작할 수 있듯이 크롤로우가 구축한 시의 세계는 그렇게 간단하지가 않다. 그는《세계의 기호》(1952),《바람과 시간》(1954),《낮과 밤들》(1956),《낯선 육체들》(1959),《보이지 않는 손》(1962),《나를 위한 풍경》(1966) 등의 시집을 통해 다양한 시 형식과 시적 테마를 변주한다. 그러나 사랑, 정치, 이별, 인간의 실존 문제, 자아의 상실 등 다양한 테마를 다루고 있는 그의 시에서 유난히 눈에 띄는 것은 자연과 관련된 메타포들이다.[165] 그러므로 그의 시가 지닌 다양성에도 불구하고 우리는 그를 아무래도 '자연 시인'이라고 부르는 것이 좋을 것 같다. 그는 어떠한 경로를 거쳐서 자신이 자연시에 접근하게 되었는지 다음같이 고백하고 있다.

> 나는 빌헬름 레만의 초기 시를 알게 되었다. (…) 그것은 1935년의 일이다. (…) 나는 그 후 레만을 통해서 오스카 뢰르케를 만났다. 다시 말해서 그 후로 그리고 오늘날 사람들이 독일의 현대 자연시라고 지칭하는 그 모든 문학적 영역 전체를 접하게 된 것이다. (…) 레만은 당시에 나에게 어쨌든 내가 보기에 절대로 고갈되지 않을 것 같은 소재, 즉 자연을 알려 주었다.

1940년부터 많은 잡지와 신문에 전적으로 자연시만을 발표한 크롤로우는 이 글에서 독일 시문학사에서 보통 마적인 자연시인으로 분류되는 레만과 뢰르케에게서 많은 영향을 받았음을 분명히 밝히고 있다. 레만과 뢰르케는 자연을 노래하되 거기에 나름대로 정치적 메시지를 담은 시인들이다. 나치 치하에서 내적인 망명을 한 그들의 시에서는 자연이 은밀한 정치적인 메타포로서 사용된다. 이들이 주도한 현대 독일 자

165 이를 반증하듯이 그의 시에는 자연 및 계절과 관련된 시 제목들이 눈에 많이 띈다. 〈여름의 끝〉, 〈11월〉, 〈어느 가을에 부쳐〉, 〈눈 내리는 밤〉 등.

연시의 특징은 과거의 자연시와 달리 시적인 주체가 완전히 뒤로 물러나 있다는 데 있다. 다른 말로 시가 탈개인화되어 있다는 뜻이다. 이렇게 보면 제2차 세계대전의 절망과 죽음, 그리고 삶의 공허함을 직접 맛본 크롤로우의 자연시에서 실존적인 성향을 감지하기는 어렵지 않다. 시인은 자연의 변화를 나타내는 메타포 속에 인간의 고통과 자유에의 염원을 실어서 보여 준다. 하이데거, 야스퍼스를 비롯한 실존주의 철학자들에 대해 많은 관심을 갖고 이들의 세계로부터 많은 영향을 받은 크롤로우는 실존주의 철학에서 추상적으로 이야기되는 것들을 미학적인 카테고리의 표현 방식을 통해서 구체적으로 표현한다. 예를 들어 시 〈버려진 해변〉의 어지러운 상황 속에 처한 배의 난파의 메타포나 바다 한가운데에 고립된 〈로빈슨 I〉의 이미지는 인간 존재의 섬과 같은 실존적 상황을 여실히 보여 준다. 과거처럼 인간이라는 배를 받아 주고 비호해 줄 항구는 존재하지 않는다. 초월적 존재는 더 이상 찾을 수 없기에 신을 향한 외침은 이제는 공허한 허사일 뿐이다. 그렇지만 시인은 이러한 상황에 대해서 직설적인 비탄의 염을 늘어놓지 않고, 인간의 절망적인 상황을 정확하게 기록하여 읽는 이로 하여금 마음속에 각성을 촉구한다. 〈밤의 남자〉에서 사용된 자연 사물들의 의인화 역시 인간의 피상적이고 불안스런 실존적 상황에 대한 자연 마법적인 드러내기라고 할 수 있다. 시 〈단풍잎〉에서 단풍잎의 떨림을 민감한 악기의 떨림으로 보는 것 또한 자연의 사물에 대한 의미 부여를 통해서 인간의 실존을 뒤돌아보게 만드는 기능을 한다.

시 〈새로운 본질〉에서 시인은 자연과 인간의 관계에 있어서 반어의 기법을 사용한다. 봄이 되어 모두들 색칠을 하고서 좋아하고 있지만, 그것은 "새로운 본질"이 아니라 가상에 지나지 않는다. 색칠을 한다고 본질이 변하는 것은 아니기 때문이다. 시인은 봄에서 실제적인 봄의 모습을 느낄 수 없다. 그에게 있어서 자연은 어떤 시인에게서 "인용"한 듯한 느낌을 준다. 자연의 변화가 시인의 내면에 아무런 진정한 변화를 가져다주지 않는 까닭이다. 그렇지만 얼핏 읽었을 때 이 시는 지루한 겨울을 보내고 새로 찾아온 자연의 봄에 대한 칭송과 찬양처럼 들린다. 크롤로우는 이처럼 자연의 메타포에 반어의 기법을 가함으로써 독자가 시에 대해서 생각하고 성찰할 수 있는 자유의 공간을 제공한다. 이렇게 반어의 기법을 사용한 데에는 인생과 세계를 보는 시인의 시각에 대한 고려도 중요하다. 즉 그는 세상 자체를 회의적인 시각에서 고찰하고 이를 은유적 기법으로 묘사하는 것이다. 여기서 더 나아가 그에게서는 조롱과 속어 등의 문체 수단이 등장한다. 시인은 이것을 시가 가질 수 있는 매력이라고 본다. 그러므로 메타포나 반어가 그에게는 우선 독자의 시선을 끌고 또 시의 속뜻을 다시금 헤아려 보게 하는 자극제인 셈이다. 자극이 결여된 그렇고 그런 일상과 늘 비슷비슷한 시적인 경향에서 자극을 이끌어 내려는 배려가 그 배후에는 자리 잡고 있는 것이다.

1960년대 중반 이후의 크롤로우 시에서는 간결성과 얼핏 보기에 단순한 화법이 특징을 이룬다. 시를 접하는 순간 금방 이해할 수 있을 것 같은 느낌을 준다는 데에 그의 후기 시의 장점이 있다. 이것은 그가 감독으로서 시의 무대를 그렇게 연출하기 때문이다. 즉 그가 다루는 시의 영역은 주로 일상 그 자체이고 또 거기에 사용되는 언어는 고도로 응축된 난해한 시적 언어가 아니라 혼자서 중얼거리는 듯한 단순한 일상의 언어이다. 그러나 꿰뚫어볼 수 있는 것 같은 이러한 가벼움과 단순한 듯한 분위기에 쏠려 그의 시에 배어 있는 멜랑콜리와 글자 아래로 깊게 드리운 그늘을 간과해서는 안 될 것이다. 그것은 간단한 표현 뒤에서 우리 존재의 무상함과 외로움에 대한 고통스런 경험으로 나타난다(《이 늙은 남자들》). 그는 또한 시에서 확고하게 하나의 주장을 내세우지 않고 시 자체를 열어 둔다. 그렇게 함으로써 복잡한 시대 상황과 인간의 모순된 상황이 제대로 반영될 수 있기 때문이다.

이상에서 언급한 시적인 기법을 통해 크롤로우 시의 매력은 한껏 발산된다. 그것은 모든 문학작품이 갖고 싶어하는 매력이다. 즉 읽으면 이해는 할 수 있는데, 하나하나 그 까닭을 분석하려 하면 그 매력이 어디서 오는지 알 수 없는 경우이다. 그것은 그의 말대로 그가 시를 열어 놓았기 때문이다. 단순한 듯한 시행에 들어 있는 가득찬 암시들, 흔한 것들 속에 들어 있는 간과할 수 없는 테마들, 현실적인 표현들 속에 들어 있는 비현실적인 내용들, 이러한 것들은 독자의 호기심을 자꾸만 긁어 그의 시를 자꾸 손에 잡게 만드는 마력 같은 것이며, 시인의 뛰어난 상상력의 소산이라고 할 수 있다. 이때 그의 작업 방식은 지극히 냉정하며 "수학적"이다. 독자 편에서는 이렇게 시인의 계산된 지성의 산물 속에 숨겨져 있는 보물을 찾아내는 것이 과제가 된다.

크롤로우는, 시인의 존재라 함은 언어를 통해 현실을 포착하고 또 자신이 얻은 인식을 일련의 양식화된 언어로 표명하는 것이라는 생각을 갖고 있다. 그러나 현실과 인식은 늘 언어의 그물에서 빠져나가기 때문에 그에게 중요하게 남는 것은 시적인 결과가 아니라 늘 시로써 행하는 작업 그 자체이다. "우리는 우리가 갖고 있는 멋진 셔츠의 수를 헤아릴 때 살아 있는 것이다"라는 그의 시구절처럼 이러한 과정 전체가 그의 시의 한 제목처럼 "자신을 확인하는" 노정인 것이다. 시 쓰기 행위 자체가 늘 그러하듯이 그는 개인적인 영역에서 가져온 자기인식을 통해서 세계에 대한 인식까지도 끌어낼 수 있기를 바란다. 또한 독자는 단순한 듯한 그의 시를 읽는 과정에서 "자신을 확인하는" 것이다. 독자 스스로 자신의 문제를 텍스트를 향해 던지고 또 텍스트가 던지는 질문에 대해서 스스로 대답하면서. 의미 없는 듯이 보이는 따분한 일상을 참을 만하게 만드는 것, 그것이 크롤로우가 시를 쓰는 이유일 것이다.

장미와 가시, 부정의 신학

에른스트 마이스터

나는 강림을 말한다

I

그래, 심연 위로
곧추선
햇살.

누가
햇살의 현명함을 꾸미고,
누가
햇살의 넘치는 바보스러움을 알까?

나는 강림을
말한다
여기 햇살의
만져지는 갈대 옆에서.

II

가시의
뾰족한 끝에서
주문呪文을 거두었다.

쉽기만 하던 주문,
이제 손에 잡으려 하면 무거워,
손에서 빠져나간다.

그러면 주문은 뿌리를 내리고
장미가 된다
이곳에서.

새구름

어느 날 저녁,
찌르레기 소리 가득한 세상…
얼핏 말장난 같은,
진실의
울림
미로 속에서 울려오는
한 번도 들어 본 적 없는
너무도 어두운 떼 울음 소리.

가을은 틀림없는

가을이다. 가을이
눈살을 찌푸리고.
새들은 구름처럼
지저분한 나무 우듬지를 박차 올라

북쪽으로
누구도 알지 못하는 곳으로
방향을 잡는다.

V를 생각하며

이제 초봄의
초록빛.
잎새 한 잎이
입술을 가르고…
우리 둘 중에서 누가
죽고, 누가 살아 있는가?

한 사람은 여기 있고,
한 사람은 오고 있다.
우리 사이에 놓인 잎새,
정말 향기롭구나!

오래 끈 시간의
검정은 푸르고,
초록은 검다.

노래하며
썩어 가는 혓바닥 위에는
생의 이유가
잠들어 있다.

누구에게

생각할
겨를도 없이. 지빠귀들의
단조로운 울음소리,
밤이 지나기 무섭게
울리고,

날이 새자마자
굶주림에 날뛰는 불꽃,
새들.

그러므로
고통의 집 주위로
날이 밝아,
반짝이는 이슬이
자신의 죽음을
지켜볼 때,
누구에게

나는

지배자와 주인을 말할까?

진짜 석판

석판 벽이 갈라지면
나는 얻으리라,
진짜 석판을,

거기에다 산이라고 쓰리라,
산물 졸졸 흐르는 석판의 산이라고.

제비들이 그 산과
자라는 포도넝쿨을 파 뒤집는다.

그들의 둥지는.
포도밭에 있는 주인의
어깨,

거지의 어깨라네.

푸르지 않음 속에는

푸르지 않음 속에는
놀이가 하나
있다, 그것은

부패라고 하는 것.

겨울나무에는
잎새 하나가
매달려 있다,
빙글 돌기도 하고
몸을 틀기도 하면서.

나비 한 마리가
죽음의
성긴 속눈썹 위에서
잠시 쉬고 있다.

인식하는 자는

무덤 파는 사람,
인식은

무덤. 마비의 정점은
아래쪽에 있다.

먼저 에른스트 마이스터(1911-1979)의 시론적인 내용을 담고 있는 작품으로 평가되는 시 〈나는 강림을 말한다〉로부터 이야기를 시작해 보자. 여기에 등장하는 장미와 가시, 이 두 가지는 서양의 전설뿐만 아니라 시문학사에서 수도 없이 새롭게 해석되고 응용된 상반되는 요소이다. 서양의 문화사에서 장미가 차지하는 비중은 이루 말할 수가 없다. 페르시아가 원산지로서 기원전 7세기경에 이오니아와 시리아를 거쳐 그리스와 이탈리아에 전해졌다고 하는 이 꽃은 무엇보다도 사랑과 아름다운 여인의 상징으로 칭송되었으며 이후 예술과 문학에서 다양한 상징성을 획득하며 즐겨 다루어졌다. 파울 첼란은 시 〈찬미가〉에서 나치 시대 유대인으로서 겪은 고통을 절제하고 정제하여 그 고통의 가지 끝에서 아스라이 피는 완벽한 꽃으로서 역사성을 품은 장미를 노래하고 있다. 또한 초기의 첼란에게 많은 영향을 준 릴케가 그의 〈묘비명〉에서 "장미여, 오, 순수한 모순이여,/그리도 많은 눈꺼풀 아래 누구의 것도 아닌 잠이고픈/마음이여"라고 장미를 주된 대상으로 하여 노래하면서 거기에 자신의 생의 모든 것을 실어서 보여 줄 때, 우리는 장미가 되고픈 시인의 열렬한 소망에서 장미가 지니는 의미와 상징성의 무게를 느낄 수 있다. 더욱이 유럽에서 중세에는 장미가 신성 혹은 신 자체를 의미하는 상징으로 많이 쓰인 바 있다. 또한 가시가 없는 장미는 성모 마리아를 뜻했다. 그러한 이유로 미국이나 중남미의 사이비 종교 교주들의 초상화 한가운데에 빨간 장미가 위치하는지도 모른다. 고대 이래로 완벽한 존재와 자기실현의 상징인 장미가 따라서 시인들의 작품에서 자주 노래된 것은 당연한 일이라고 하지 않을 수 없다.

그렇다면 에른스트 마이스터의 경우는 어떠한가? 마이스터의 시가 장미를 다루는 데 있어서 위에서 말한 대체적인 사항을 어느 정도 주체적으로 수용하는가 하는 지점에서 우리는 그의 시가 갖는 개성의 한 면모를 발견할 수 있을 것이다. 마이스터의 시 〈나는 강림을 말한다〉에서는 그 실존성과 이에 대한 성찰이 장미와 가시라는 두 가지 양상으로 나타난다. 그는 이것을 그냥 형상화하지 않고 노래로 지어 부르려고 한다. 그 실존적 불안의 가지 끝에 그는 장미를 피우려고 한다. 이렇게 보면 마이스터의 시는 평범한 상징성의 구사라는 면에서 다른 시인과 그리 달라 보이지 않는다. 그러나 친숙한 요소들이 한데 모여 엮어 내는 전체의 분위기는 우리에게 아주 낯선 것을 느끼게 해 준다. 바로 여기에 그의 시의 매력이 있다. 기존의 신학, 철학 그리고 시 문학에서 가져온 시어를 나름대로 구사하면서 자신의 실존적 체험의 애절함을 표현해 내고자 하는 데에 그의 시적 노력이 투입되는 것이다. 일례로 "곧추선 햇살"이라든가, "햇살의/만져지는 갈대", "가시의 뾰족한 끝에서/주문을 거두었다" 등의 표현은 기존의 틀을 받아들이면서 또한 그것을 거부하는 것들이다. 그렇기 때문에 여기서 "햇살", "갈대", "가시" 그리고 "장미" 등을 현실적인 차원에서 보면 곤란하다. 마이스터는 전통적인 어법으로부터 이 시어들을 해방시켜 자기 고유의 차원에서 사용하고 있다. 그는 자연시인이면서 동시에 자연시인의 상례를 벗어난다. 여기에는 정신적인 승화의 차원이 개입되기 때문이다.

1950년대 이후로 뷔히너 문학상(1979)을 비롯한 많은 문학상을 수상하면서 스무 권이 넘는 시집을 상재한 에른스트 마이스터의 시를 읽는 독자의 눈에 가장 먼저 띄는 것은 두말할 것도 없이 그 길이의 짧음일 것이다. 그는 후기로 접어들수록 더욱더 응축된 시적 직조를 선호한다. 시행과 시연의 극단적인 단축에 따라 그의 시에 나타나는 이미지들은 한결 추상화되고 또한 더욱 깊은 상징성을 내포하게 된다. 따라서 비평가들은 "마이스터의 시는 암시가 풍부하고 모호함의 흔적을 갖는다"(발터 옌스)고 말한다. 그의 시에서 보이는 모호함은 그 근원을 이미 그의 초창기의 시 쓰기 방식에 갖고 있다. 첫 시집《전람회》(1932)가 발표되자 비평가들은 그에 대해서 "칸딘스키 시"의 개척자라는 표현을 사용한다.

다다이스트적 분위기를 풍기는 언어유희와 도시들과 관련된 섬뜩하고 그로테스크한 일련의 이미지들, 의인화된 자연현상들과 표현주의 회화를 연상시키는 묘사 등은 대상적인 것에 대한 묘사의 분위기를 떠나 어딘가 모르게 부조리 혹은 불합리한 것을 다루고 있다는 인상을 풍긴다. 이러한 성향은 2차 세계대전 당시 군인으로서 겪은 실존적 불안의 체험을 거쳐 후기로 접어들수록 짧은 시 형태와 결합되면서 차츰 난해성을 향해 나아간다.

그의 시는 이렇게 짧은 시행 속에 철학적 사고를 담아 보여 주기 때문에 전통적인 사상시나 경구에 가깝다. 그런 까닭에 그는 의도적으로 직접적인 감정의 표현을 포기한다. 마이스터는 "시 쓰기를 사고 행위 자체와 동일시한다". 그의 시는 시와 성찰을 구분하지 않는다. 그러나 그의 사고는 우리가 쉽게 생각할 수 있듯이 인간이나 이승 쪽에서 행해지지 않고 사물과 저승, 혹은 죽음의 쪽에서 진행된다. 인간 존재에 대한 신학적, 철학적 물음을 죽음 쪽에서 해 보는 것이다. 사물들을 그 덧없음의 측면에서 관찰하려고 하기 때문에 그의 시에서는 어두운 음조가 지배적으로 나타난다. 따라서 시적 주체의 불안한 영혼 상태를 반영하는 "바다", "연못", "강물" 그리고 "물고기" 등의 메타포가 자주 발견된다. 이러한 메타포들이 죽음이라는 부정적인 표현과 더불어 쓰이는 까닭은 시인이 현실 자체를 참을 수 없는 것으로 느끼는 데서 비롯한다. 이러한 상황 속에서 그의 의식은 미래지향적이다. 꿈에 대한 잦은 언급은 이러한 의식의 반영이다. 그러나 깜깜한 어둠 속을 더듬는 듯한 미래에의 불안은 시인에게 부정적인 실존성을 부여하며 그러한 미래는 심연과 무, 죽음 등으로 받아들여진다. 그러기에 그에게 있어서 강림은 '긴장에 찬 부정적인 강림', 그의 시구절에 따르면 '먼지로 뒤덮인 소년'의 강림이다.

특히 2차 세계대전 뒤에 쓰여진 시 작품들은 미지의 미래에의 내맡김의 느낌을 전해 준다. 따라서 성경 모티프들의 수용은 긍정적인 쪽에서가 아니라 이것들을 낯설게 함으로써 기독교적인 구원에의 기대의 불합리함을 보여 주려는 의도에서 행해진다. 시 〈나는 강림을 말한다〉에서도 언뜻 보기에 성서적인 내용을 그대로 수용하는 것처럼 시작되다가 결국에 가서는 그것을 거부하는 쪽으로 귀착된다. 강림을 말하지만 신의 모습은 전혀 보이지 않는다. 신은 어디로 갔으며 언제 강림하는가? 전기적으로 볼 때 그의 이러한 기독교에 대한 회의적인 태도는 엄격한 신교적 가정 분위기와 신학 공부를 중단케 만든 30년대의 그의 종교적 위기에서 연유한다. "부정의 신학"이라고 일컬어지는, 기독교에 대한 그의 비판적 태도는 주로 성경 구절이 갖고 있는 환상을 깨는 쪽에서 행해진다. 그는 신의 존재를 근본적으로 부정하지는 않지만, 신이 구원을 가져다준다는 믿음을 더 이상 신뢰하지 않는다. 그는 성서의 모티프들에 대한 변형과 파괴를 통해서 "부정적인" 신학과 암시력이 풍부한 몽타주를 만들어 낸다. 그렇기 때문에 미래에 대한 그의 기대는 감정적이거나 몽환적이지 않고 상당히 성찰적이고 이성적이다. 현실을 직시하는 지평의 한가운데에 그의 의식이 위치하는 것이다.

인간 존재의 조건에 대한 성찰은 늘 인간의 의식의 한계와 죽음에 대한 통찰로 이어진다. 60년대 이후로 그의 시에서 지배적인 개념들은 "시간", "죽음" 그리고 "공허함" 등이다〔시집 《소식이 왔다》(1970)〕. 이때 시인은 상대방과 대화하는 기법을 사용하여 시를 전개함으로써 시의 내용이 구체적인 체험에서 나오는 듯한 인상을 주어 비극적 존재의 처절함을 더욱 돋보이게 만든다. 죽음의 주변을 늘 감도는 그의 시에서 위대한 존재로 나타나는 것은 시간뿐이다. 후기에 들어 그는 인간은 의식의 한계로 인해서 죽음과 저승 그리고 영원성을 파악하지 못하고 늘 이것들과 대립되는 상태에 있다는, 릴케의《두이노의 비가》를 연상시키는 견해에 도달한다. 그는 이러한 의식의 극단에 이르는 과정, 다시 말해 저승과 죽음에 이르는 과정을 언어로 표현하고자 한다. 그러나 그곳은 바로 언어가 침묵으로 급변하는 장소이다. 그 누가 그것을 표현할 수가 있겠는가? 아무리 죽은 자의 입장에서 말해 보려 한다 하더라도 그것은 살아 있는 존재에겐 불가능한 일이다. 그러나 여기에는 살아 있음의 열망보다는 죽음의 허무 쪽에서 세상을 바라볼 때 인간의 인식과 감지 영역이 확장되지 않을까 하는 시인의 소망이 깃들여 있다고 할 것이다. 시인은 자신의 체험을 암호로 응축시켜서 말한다. 물론 이때 주변에서 관찰한 조그만 사물들이 그 출발점을 이룬다. 그러나 시인은 이것들을 극도로 응축시킴으로써 현실적 사물의 흔적을 남기지 않는다. 그의 시는 그러면서도 의사소통을 지향한다. 그의 시는 닫혀 있지 않으며 상대방과 이야기하는 형식을 취한다. 그런 까닭에 노래하면서, 이야기하면서 "썩어 가는 혓바닥 위에는/생의 이유가 잠들어 있"는 것이다. 이렇게 본다면 그에게 있어서 시는 화해된 실존의 장소가 된다. 혹은 그러한 화해의 상태를 향해 가는 도정을 나타낸다. 그 도정의 끝가지에 노래와 시의 "장미"가 피어 있는 것은 이 세상에서 존재의 늪을 찾고 싶은 시인의 열망 때문이리라.

문학적 유토피아
프리데리케 로트의 시 세계

미모사나무

미모사나무다, 저기 좀 봐!
내 입에서 저절로 탄식이 터진다
나는 깨어 있는 걸까? 아니면
미모사다운 성격에 대해서
자주 듣고 읽어서인가
자의식 강한 듯한 그 샛노란 빛깔이
내 마음에 걸린다.

무엇에 대해서 전혀 논박할 것 같지 않은,
하지만 가끔 눈물을 쏟는
한 여인이
조용히 미소 지으며 내게 이야기해 준다.
미모사나무는 스펀지 같다고
건드리면 잎사귀가 경련을 일으키거나

노랗게 배열된 꽃잎들이

해가 없으면
조용히 머리를 숙이는 것이
미모사가 미모사다운 이유가 아니라고.

하루 종일 비가 내리면
—우리 조용히 말하자 비가 아니라—
하늘의 물을
흠뻑 들이마셔
자꾸만 자꾸만 무거워진
미모사나무는
땅을 향해
기도를 하다가
미모사답게 피곤에 겨운 힘으로
자신의 뿌리를 즙으로부터
뽑아 버리지.

미모사나무—잎을 건드리면 곧 아래로 축 처지면서 마치 시든 것 같이 오무라들며 내숭을 떠는 나무, 그래서 여성의 민감한 성격을 빗대는 데 쓰이는 나무, 잉에보르크 바흐만 문학상을 비롯해 많은 문학상을 받은 프리데리케 로트(1948-)가 1981년 빌라 마시모 문학 장려금을 받고 가 있던 빌라 마시모 별장 뜰에 서 있던 나무, 그것을 이 여류 시인은 시의 소재로 삼고 있다. 시가 시다울 수 있는 가장 큰 요인은 기존의 사고의 틀을 깨뜨리는 데 있다. 그녀가 만약 이 미모사나무에서 전래의 의미대로 연약하고 섬세한 특성만을 보았다면 나는 그녀의 시를 여기서 다루지 않았을 것이다. 그녀는 미모사나무에서 다른 특성을 읽고 있다.

그것은 그녀의 마음에 걸리기까지 하는 전혀 뜻밖의 자의식의 징조, 즉 꽃잎의 강렬한 샛노란 빛이다. 이러한 자의식의 강조는 연이 거듭될수록 더욱 강화된다.

2, 3연에서 미지의 여인을 등장시켜 간접화법을 통해 미모사나무의 전래된 외적인 특징을 설명한 시인은 마지막 연에 접어들어 "미모사나무는 스펀지 같다"라고 직접화법을 통해 미모사나무의 새로운 특징을 규정 짓는다. 미모사나무는 비를 흠뻑 맞고 서 있다. 오는 비를 그냥 속으로 다 받아들일 뿐이다. 힘이 다할 때까지 모든 고통을 참고 견디는 인종의 미를 갖춘 여인의 모습이 떠오른다. 하지만 그녀는 자의식이 강하다. 그녀는 뿌리가 뽑히면 뽑혔지 절대 항복하지않는다. 그녀는 끝내 "자신의 뿌리를 즙으로부터 뽑아 버"린다. 자신의 생을 자기 스스로 결정하는 "피곤에 겨운 힘"이 프리데리케 로트가 미모사나무에서 새로 읽어 낸 특징이다. '자의식 강한 샛노란 빛깔'은 새로운 여성상을 상징한다. 자의식의 강함은 혹 죽음과 연결되는 일이 있는데 그녀의 경우는 어떤가. 다음 시를 보자.

위로 올라가도 어디에도 도달하지 못해

고삐 풀린 상상 속에서
말과 중얼거림으로 내게
창백한 남자를 만들어 주는
작은 펜과 횔덜린, 온갖 쾌락들.

그리고 미지의 어두운 여자,
외롭고, 그냥 슬픔에 젖는, 그녀는

괴로운 마음에 하늘에
걸린 달을 냅다
끌어내리고 싶어.

젊고 매혹적인 타락한 여인들과
친숙한 관계를 맺으며
그 남자는 자신의 흔적을 남겨 두지,
배에, 엉덩이에, 허벅지에,
몸에, 아름다운 여인들의.

그렇게 하룻밤 사이에
많은 것이 똥으로, 마른 나뭇잎으로 변해 버려.

그러나 말과 중얼거림으로 인해
독사 같은 그녀의 목구멍이 파열되는 거야
그녀는 뿌리가 흔들리는 참나무를 뽑아서
하늘에 뜬 달을 냅다 끌어내리지
산만하게, 너무나 차갑게.

일전에 나는 독일의 어느 젊은 여류 시인의 시 작품을 읽으며 그녀의 아름다운 시에 너무나 외로움과 슬픔이 배어 있다고 생각했다. 그로부터 얼마 뒤 책자를 뒤지다가 그녀가 끝내 목숨을 끊었다는 사실을 발견하고 문학 행위, 특히 시 쓰기와 삶에 대해서 다시 한 번 생각해 보게 되었다.[166] 프리데리케 로트의 이 시 역시 외로움과 슬픔의 분위기가 듬뿍

166 이 여류시인의 이름은 아직 밝히지 않겠다. 다음에 기회 있을 때 이 시인의 작품 세계를 보다 상세히 다룰 생각이다.

배어 있으니 약간은 두렵기도 하다. 그렇지만 프리데리케는 자살할 것 같지 않다. 시의 어조를 잘 살펴보라. 지난날 '질풍노도Sturm und Drang' 시기의 자유분방한 젊은 괴테를 떠올리게 될 것이다. '남자를 만든다'는 커다란 몸짓과 '참나무'의 등장이 특히 그렇다. 물론 괴테보다는 목소리가 좀더 여리고 조심스럽다. 로트 역시 괴테처럼 '걷잡을 수 없는 상상 속에서' 시인으로서의 대성을 꿈꾼다. '작은 펜'이라는 말의 'Federlin'과 '횔덜린Hölderlin'을 내재적으로 운을 맞추는 가운데 대시인 횔덜린을 등장시키는 의도도 그것과 관련이 있는 것 같다. '횔덜린' 다음에 놓인 '온갖 쾌락'이라는 말과 이 시의 정상적이지 않은 남녀 관계는 횔덜린과 아름다운 주제테 곤타르트 부인 사이의 불륜으로 점철된, 광적인 사랑 장면을 연상시켜준다. 로트는 1985년에 발표한 산문 〈하나밖에 없는 이야기Die einzige Geschichte〉에서 인간의 삶, 특히 남녀관계는 죽을 때까지 감정이 아니라 섹스가 문제시된다는 사실을 보여 주고 있다. 그런데 이 시의 여인은 이미 등장 시점부터 실연을 당한 모습으로 그려진다. 이름도 없는 어두운 모습이다. 이를 통해 시인은 이 여인이 지니는 미지의 힘의 강도를 높일 수 있다. 그러기에 '밤 사이에 많은 것이 똥으로 변하는' 체험을 한 그녀는 실연의 아픔에 대한 분풀이라도 하듯 '하늘에 걸린 달을 냅다 끌어내리려' 하는 것이다. 밝은 태양이 아닌, 달을 끌어내리는 이유는 무엇인가? 달은 유사 이래로 고독과 슬픔과 괴로움의 상징이다. 그것을 끌어내리는 행위는 그러므로 이것들의 극복과 관련되는 행위로 보아도 무방할 것 같다. 이 시의 여성 시적 화자는 단순히 실연을 당한 한 여인에 그치지 않고 이를 발판으로 한 여류 마술사가 된다. "말과 중얼거림"을 통해 자신의 의도를 관철시키기 때문이다. 그녀의 의도란 시를 쓰는 것이다. 그러므로 하늘에 뜬 달을 끌어내리는 행위는 시 쓰기를 상징하는 것이며, 그녀의 모든 행위는 시라는 문학적 유토피아 쪽으로 귀결된다. 제목에서도 우리는 그것을 읽을 수 있다. 그 목표를 향해 올라가지만 어디에도 도달할 수는 없다. 그녀는 변화된 언어현실 속에서 낭만주의의 시인인 노발리스처럼 "푸른 꽃"을 찾고 있다.

비록 두 편의 시에 대한 이야기였지만, 그녀가 추구하는 문학적 테마는 언급되었다고 본다. 그녀는 현실과 이상 사이의 괴리, 인간행동의 기본 법칙으로서의 사랑 등의 테마를 이미지가 풍부하고 반어적인 어투에 담아 독자 앞에 내놓고 있다. 지금까지 《벨라도나의 결혼식 *Tollkirschenhochzeit*》(1978)과 《완벽한 행복 *Schieres Glück*》(1980)이란 두 권의 시집을 상재한 그녀는 현재는 드라마와 라디오 방송극 쪽에 많은 노력을 기울이고 있다.

라디오에 입 맞추는 시인

볼프 본드라체크

자동차 안에서

우리는 아무 말 없이
낡은 자동차 안에 쪼그리고 앉아
라디오 채널을 돌리며
남쪽으로 가는
도로를 찾아보았네.

몇몇은 고독을 이기지 못해 엽서를 써서
우리에게 최종결정을 내리라고 요구했지.

몇몇은 산꼭대기에 앉아 있었다,
밤에도 태양을 보기 위해서였지.

하나의 인생이라는 것이 결코
사적인 것이 아님이 확실한 곳에서도
몇몇은 서로 사랑에 빠졌지.

몇몇은 어떤 혁명보다도
더 극단적인 각성을 꿈꾸었지.

몇몇은 세상을 뜬 영화배우들처럼 앉아서
이 세상에 살아남을
올바른 순간을 기다렸어.

몇몇은 자신들의 일을 위해서 죽지 못한 채
그냥 죽어갔어.

우리는 아무 말 없이
낡은 자동차 안에 쪼그리고 앉아
라디오 채널을 돌리며
남쪽으로 가는
도로를 찾아보았네.
—《다른 사람의 귀에 들리는 나직한 웃음소리》 중에서

설문조사

그때 누군가 내게 대뜸 이렇게 묻는다
"시인은 하루 종일 뭘해요?"
나는 대답을 해야 한다.

질문의 단순함으로 보아
그리고 내 스스로도 그런 질문을 가끔 하기 때문에
나는 질문하는 사람이

한 소녀라고 가상한다.
난 그녀에게 말한다. "잘 들어요, 난 하루 종일
당신을 기다렸다고요!"

"뭐라고요?!" 그 소녀가 말한다
나는 애석해 한다.

"말하자면, 난 라디오에도 키스를 할 거요.
난 내 라디오를 몹시 사랑하니까요.
하지만 당신은 그게 어떤지 알거요.
내가 부엌으로 가서, 그레이프 조각을 얇게 썰어
다시 라디오를 향해 달려가
그 위에다 즙을 흘리면서
이렇게 생각하는 것을 말이요.
'언젠가는 이 라디오가
입을 벌리겠지.'"
—《다른 사람의 귀에 들리는 나직한 웃음소리》 중에서

라디오와 여가의 시

"롤프 디터 브링크만과 함께 현재 이 나라에서 가장 많이 읽히는 시인", "요즘에도 시를 읽는 것이 충분히 가치가 있다는 것을 증명해 준 시인", "이 같은 산문적인 나라에서 찾아보기 힘든 특이한 경우" 등의 평가를 받은 볼프 본드라체크(1943-)는 "시인은 하루 종일 뭘 해요?"라는 소녀의 질문에 "잘 들어요, 난 하루 종일/당신을 기다렸다고요"라고 대답한다. 그의 시에는 모랄 같은 것이 전혀 개입되어 있지 않다. 그는 '매력과 조롱, 건성적인 태도와 날카로움, 멜랑콜리와 뻔뻔스러움을 잘 조화시킬 줄 아는' 시인이다.

그는 60년대 말, 70년대 초의 학생운동 세대와 이해를 같이한다. 첫 시는 바로 이 학생운동과 연관성을 지닌다. 그는 반권위주의적인 학생운동이 이미 과거의 일이 된 뒤의 여러 집단("몇몇은")이 보이는 각양각색의 태도를 비판하고 있다. 반면에 시에서 "우리"로 표현된 집단은 방향감각을 상실한 자들이며 아직도 결단을 못 내린 자들이다. "자동차 안에" 앉아 있을 뿐이다. 라디오의 채널을 돌리는 것은 듣고 있는 방송이 마음에 들지 않기 때문이다. 하지만 어디로 갈지 목적지를 알지 못한다. 즉 현재 상태가 불만족스럽지만 어떤 변화를 꾀할 생각도 없다. 이 시는 어법상으로 회상조를 택하고 있으며 "낡은 자동차"라는 표현이 보여 주듯이 60년대 후반에서 70년대 초반 곳곳에서 느껴지던 장밋빛 미래의 향수를 내용으로 삼고 있다. 젊은이들 문화의 중요한 매체인 "라디오"는 록 음악을 지시하는 상징적 물건이다. 이 시는 젊은 독자들을 향하고 있으며 그들의 문화적 경험을 모태로 하고 있다.

본드라체크는 시집 표지에서 자신의 모습을 훤히 드러내기보다는 선글라스를 끼거나 얼굴 조명을 어둡게 하여 감추는 편이다. 이렇게 해서 그는 그의 시가 한 개인의 것이 아니라 동시대의 젊은이 문화와 대중문화의 표현이라는 점을 강조한다. 그의 시에 무하마드 알리, 라나 터너, 로버트 미첨, 롤프 디터 브링크만, 롤링 스톤스, 조 프레이저, 조지 포먼, 엘비스 프레슬리, 비틀스, 제임스 딘, 마릴린 먼로 같은 통속신화적 인물들이 등장하는 것도 같은 맥락에서 이해된다. 그는 시에서 그의 독자들의 생활 세계와 교양 세계에 대한 지식을 보여 주며 일상생활의 통속성이나 현대적 신화의 진부함에 조금도 주눅 들지 않는 즐거움을 주는 문학을 지향한다. 그는 이제 시를 뮤즈가 가져다주는 선물로 생각하지 않는다. 그는 라디오에 입을 맞추려 한다. 옛날의 창조의 원천인 뮤즈의 자리에 라디오가 등장하는 것이다.

그가 시에서 노래한 보수적인 정부와 무감각한 국민들에 대한 공격적이고 민감한 시적 항거의 태도, 절망적인 아웃사이더에 대한 숭배적 태도, 아웃사이더의 낭만, 사랑의 즐거움 등은 60년대 말과 70년대 초 젊은 독자들의 일반적인 정서와 잘 맞아떨어지는 것이었다. 이것은 그가 자비로 출판하여 큰 성공을 거둔 《척의 방》(1974), 《다른 사람의 귀에 들리는 나직한 웃음소리》(1976), 《남자들과 여자들》(1978), 《근작시》(1980) 등 네 권의 시집에 가장 잘 나타나 있다.

학생운동의 물결이 완전히 사라진 80년대에 들어 지금까지의 글쓰기 방식에서 방향을 바꾼 그의 시에서는 이제 비평계에서 자주 통속적이고 시대착오적이라고 비판을 받은 남성 숭배 경향이 두드러진다(《남자들의 고독. 멕시코 소네트》(1983); 《카르멘 혹은 나는 80년대의 개새끼》(1986)). 싸움질을 일삼고 사랑에 있어서 고독하고 말없는, 결국은 몰락할 운명의 남성들에 대한 찬양 투의 묘사를 독일의 비평계는 지금까지 화려했던 그의 시적 이력의 몰락의 전주곡으로 받아들이고 있다. 앞으로 그가 이 위기를 어떻게 타개해 나갈지 귀추가 주목된다.

3

시와 시인에 얽힌 아름다운 이야기

《푸른 꽃》을 찾아서

노발리스의 삶과 문학

1

노발리스(1772-1801)는 낭만주의의 시 정신을 몸소 체현한 독일의 대표적 시인으로 손꼽힌다. 29세의 나이로 요절하기까지 본격적으로 창작 활동을 한 기간은 불과 4년여에 불과했지만 《푸른 꽃》이라든가 《밤의 찬가》를 비롯한 그의 작품들은 모두 독일문학사상으로 낭만주의를 상징하는 하나의 사건이 되었다. 그는 필명까지도 노발리스라고 지어 자신이 낭만주의자임을 더욱 명확히 밝히고 있다. 《아테네움》지에 단상 《꽃가루》를 발표하면서 쓰기 시작한 "노발리스"라는 필명은 그 자신이 조상의 계도系圖에서 찾아낸 이름으로서 라틴어로 "새로운 땅을 개척하는 자"라는 뜻을 갖고 있다. 미지의 것에 대한 그리움을 모토로 하는 독일 낭만주의의 대표자다운 이름을 그는 스스로에게 지어 준 셈이다. 그의 본명은 게오르크 프리드리히 필립 폰 하르덴베르크이다.

그가 낭만주의자로 확고히 자리를 잡은 데에는 그만의 신비스런 사랑과 사랑하는 여인의 죽음의 체험이 큰 역할을 하였다. 법학 국가시험을 통과한 노발리스는 튀링겐의 소도시 텐슈테트에서 행정 사무를 보는 수습 자리를 얻는다. 23세의 노발리스는 집안의 타고난 성향대로 아주 경건하고 성실한 생활을 하던 중, 1794년 11월에 근방의 그뤼닝엔이라는 마을에 공무차 들렀다가 그의 일생에서 가장 중대한 사건을 겪는다. 그것은 또한 독일 낭만주의를 위해서도 중요한 사건이었다. 바로 조피 폰 퀸이라는 소녀와의 운명적 만남이다. 그녀는 불과 13세의 소녀였지만, 노발리스는 그녀를 처음 본 순간 걷잡을 수 없는 사랑의 소용돌이에 휩쓸리고 만다. 훗날 그의 동료 슐레겔이 회상했듯이 "노발리스는 그녀 이야기를 할 때마다 시인이 되었다". 물론 이미 17세 나던 해에 습작시를 썼던 그였지만, 그녀와의 만남은 그의 시적 영감의 화산에 불꽃을 당겨 주었다. 그녀로 인해 시인으로서의 그의 자질은 급속히 성장한다. 그녀를 향한 자신의 사랑을 표현하려다 보면 으레 시적 성장이 동반되었던 것이다.

그녀와 보낸 그 시절은 그의 짧은 인생에서 가장 행복했던 순간이었다. 그러한 행복을 영원으로 만들기 위해 두 사람은 조피 부모님의 양해를 얻어 다음 해 3월에 약혼을 한다. 그때 노발리스가 조피에게 건네 약혼반지에는 뒷면에 "조피는 나의 수호신"이라는 문구가 새겨져 있다. 조피가 노발리스에게는 뮤즈의 여신이었던 셈이다. 그러나 두 사람의 계획은 느닷없는 운명의 회오리에 의해 덧없이 날아가고 만다. 조피가 갑자기 발병했기 때문이다. 노발리스는 의학 공부를 시작하여 그녀의 병을 고쳐 보려고 했지만 아무 소용없는 일이었다. 그녀의 간 질환과 폐 질환은 이미 상당한 정도 진척되어 있었다. 그녀는 다음 해에 고통스런 수술을 받았지만, 잠시만 호전되었을 뿐, 결국 병세는 악화되었다. 그 후 몇 달을 꿋꿋하게 버티던 그녀는 1797년 3월 마침내 15세의 어린 나이로 세상을 뜨고 만다. 더욱이 같은 해 4월에 그가 가장 아끼던 동생 에라스무스까지 죽음으로써 노발리스의 상실감과 고통은 극에 달한다.

조피의 죽음을 통해 노발리스는 신비주의적, 종교적 감정에 눈을 뜨게 된다. 사실 이러한 감정은 그의 가문이 지녀 온 경건주의의 유산으로서 그의 가슴속에 내재되어 있던 것이다. 조피가 죽은 날부터 노발리스는 현실적 생활감정을 망각한다. 그는 생을 초월하여 조피를 만나기 위해 그녀의 무덤에 엎드려서 아침부터 저녁까지 시간의 흐름을 잊고 명상에 빠지기도 한다. 그는 조피를 영원의 모습으로 상정해 놓고 저승에 가 있는 그녀의 영혼과 만날 수 있기를 기원한다. 여기서 사랑의 감정이 경건한 종교적인 감정과 겹치면서 신비스런 낭만주의 정신이 태어나게 된다. 《푸른 꽃》(원제: 하인리히 폰 오프터딩엔)의 〈헌시〉에서 그는 그녀를 이렇게 노래한다.

헌시

그대는 내 가슴속에 고귀한 충동을 일으켜,
내게 드넓은 세계의 깊은 속을 보여 주었네.
그대는 믿음 깊은 손길로 나를 잡아 주어,
나 세찬 폭풍우 속에서도 흔들리지 않았네.

그대의 예지는 소년을 돌보았으며
소년을 데리고 동화 같은 초원을 누볐네.
그대, 이 세상에서 가장 마음씨 고운 여인이여,
그대는 소년의 젊은 가슴을 날뛰게 만들었네.

왜 나는 자꾸만 이 지상의 고통에 매달리는가?
이 마음과 생은 영원히 당신의 것이 아니던가?
이 세상에서 당신의 사랑만이 내 은신처가 아니던가?

그대를 위해 이 한 몸 고귀한 예술에 바치고 싶네,
그대, 내 사랑아, 그대 날 위해 뮤즈가 되어,
내 시 문학의 조용한 수호신이 되어 주려 하느니.

사실, 조피는 분명 매력적이기는 했지만, 여러 면에서 두드러질 것이 없는 평범한 소녀였다. 그러니까 노발리스가 조피의 외모에 반했다기보다는 가슴속에 숨겨져 있던 자신의 사랑을 쏟을 수 있는 대상을 조피에게서 발견했다고 하는 편이 옳을 것이다. 따라서 《푸른 꽃》에서 마틸데의 모습으로 살아 있는 조피는 시인이 마음으로 만들어 낸 이상화된 여인인 것이다.

그렇다면 노발리스는 감정에 치우친 감상주의적인 인물이었을까? 평소 그와 친분을 가졌던 낭만주의 작가 루트비히 티크는 훗날 노발리스의 모습을 이렇게 전했다. "노발리스는 키가 크고 몸이 날씬했으며 고상하게 균형 잡힌 몸매를 갖고 있었다. 머리칼은 밝은 갈색으로 목덜미까지 내려오도록 기른 모습이었다. 당시에는 그런 모양새가 지금처럼 그렇게 눈에 띄는 것은 아니었다. 갈색 눈은 해맑았고 반짝였으며, 얼굴색은, 특히 재주가 많아 보이는 이마의 빛깔은 거의 투명해 보였다. 손과 발은 섬세한 기미란 찾아볼 수 없이 꽤 큰 편이었다. 그의 얼굴 표정은 늘 명랑하고 인상이 좋아 보였다." 노발리스와 친분이 두터워서 공동 저서까지 내기로 계획했던 티크의 말에 의하면 노발리스는 전혀 감상주의에 빠질 인물이 아니다. 시인으로서 꽤 큰 손과 발, 그리고 늘 밝은 표정의 얼굴이 이를 말해 준다. 그가 추구하는 낭만주의는 보통 인식되어 있는 것처럼 감상주의가 아님을 알 수 있다. 그것은 문학뿐만 아니라 다른 학문 분야에서 그가 보여 준 깊은 관심을 통해 확인된다.

조피가 죽은 뒤 정신적 위안을 찾던 노발리스는 자연과학 쪽에 열성적으로 빠져든다. 1797년 연말에 그는 프라이베르크 광산학교에서 고트로프 베르너 교수를 만난다. 베르너 교수는 그에게 지질학과 광산학 그리고 그 밖의 자연과학의 새 세계를 열어 준다. 이로써 노발리스는 확고한 자연관을 갖게 된다. 프라이베르크에서 노발리스는 광산의 소장으로 있던 카르펜티어라는 사람을 알게 된다. 그 집에 딸이 하나 있었는데, 노발리스는 그녀와 다시 사랑에 빠지게 된다. 그녀의 이름은 율리 폰 카르펜티어(1776-1811)이다. 그는 그녀와 약혼을 한다. 그러나 두 사람의 약혼은 결혼에 이르지 못한다. 그녀와 결혼을 하기에는 조피를 향한 노발리스의 기억이 너무나 생생했기 때문이다. 그러므로 율리는 죽은 조피의 현세적 대체물일 뿐이었다. 노발리스는 심지어 조피를 예수의 어머니인 마리아로 보기까지 했다. 이 당시 노발리스는 티크를 통해서 야콥 뵈메의 저작들을 다시 읽게 된다. 이미 뵈메의 신비주의적인 신플라톤적 사고에 대해서는 잘 알고 있었지만, 이번에 그의 관심을 끈 것은 다른 내용이었다. 그것은 바로 자신에 대해 아는 것이 곧 우주를 아는 일이며, 자연과 정신은 상호 긴밀하게 연결되어 있다는 사실이다. 노발리스의 입장에서는 이러한 인식이 조피와의 미래의 만남을 마련해 줄 것 같았다.

이렇게 노발리스의 문학에서는 시와 철학 그리고 자연 연구가 하나의 긴장의 장을 형성하면서 긴밀하게 연결되어 있다. 그 결과 노발리스의 작품에서는 자연과학과 철학의 시 문학화가 이루어진다. 특히 철학과 문학의 양극은 그의 문학에서 균형을 이루며 하나의 전체를 형성한다. 철학과 문학이 동일한 활동의 두 가지 표현방식으로 간주되는 것이다. 물론 시와 상상력이 창조적 행위에서 주도적 역할을 한다.

《푸른 꽃》은 1799년의 마지막 몇 달과 1800년의 첫 몇 달 동안에 씌어졌다. 물론 동화 부분을 구성하는 제9장은 훨씬 먼저 씌어진 것으로 추측된다. 이 작품을 쓸 당시 노발리스는 이미 그의 애인을 저 세상으로 데려간 질병인 폐병에 걸려 고통을 받고 있었다. 그러던 중 1800년 가을에 그의 건강은 더욱 악화되었다. 그의 고통은 1801년 3월까지 계속되었다. 조피가 죽은 지 거의 4년째 되던 날 그는 세상을 떴다. 드디어 그녀의 얼굴을 직접 마주할 수 있으리라는 굳은 확신을 가지고서.

2

노발리스가 죽고서 1년 뒤인 1802년에 출간된 《푸른 꽃》은 독일 낭만주의의 세계적인 대표작이다. 그러나 노발리스는 이 작품을 다 완성하지 못했다. 제1부인 〈기대〉는 마무리되었으나, 제2부인 〈실현〉은 그의 죽음과 함께 첫 머리의 시작 단계에서 중단되어 버렸다. 노발리스가 이 소설을 구상하게 된 계기는 1799년 여름에 중세 후기의 성담 전설들을 모아 놓은 책들을 접하고서부터이다. 그가 접한 책은 요하네스 로테의 《성 엘리자베스》와 《뒤링 연대기》 그리고 슈팡엔베르크의 《취리아쿠스의 만스펠트 연대기》 등이다. 그때 그의 눈에 띈 것은 열두 명의 거장에 속하는 궁정 연애 가수 하인리히 폰 오프터딩엔이라는 이름이었다. 그는 13세기 초엽에 기사 시인인 볼프람 폰 에센바흐와 발터 폰 데어 포겔바이데와 함께 발트부르크에서 노래 시합을 벌였다고 하는 전설적인 인물이다. 하인리히 폰 오프터딩엔이 바로 《푸른 꽃》의 주인공이다.

그밖에 노발리스가 참조한 작품은 빌란트의 《치니스탄 또는 가려 뽑은 요정 및 정령의 동화》(1786-1789)와 괴테의 《독일 이민자들의 읽을거리》에 실려 있는 〈동화〉이다.

이 소설의 시대적 배경은 전성기 시절의 중세이다. 그렇기 때문에 기본적으로 기독교가 종교적 배경을 이룬다. 이 작품은 장르상으로는 한 인간의 완성 과정을 다룬 교양소설이라고 할 수 있다. 노발리스는 한 시인의 교육을 염두에 두고 이 작품을 쓴 것으로 생각된다. 그의 교육은 학문적이고 문화적인 것뿐만 아니라 온갖 경험을 하는 것까지 포함하고 있다. 그러한 경험과 체험의 세계는 다양하게 펼쳐진다. 주인공은 낯선 세계와 접촉함으로써 많은 경험을 쌓고 또 그를 통해 시인으로 성장해 간다.

제1장에서 주인공 하인리히는 튀링겐 지방에 있는 아이제나흐라는 도시에서 유복한 가정의 아들로 자란다. 그가 겪는 가장 최초의 사건은 한 낯선 나그네가 그에게 먼 고장과 놀라운 보물들과 놀라운 꽃에 대해 이야기를 들려준 일이다. 그런데 그 "푸른 꽃"이 그날 밤 꿈속에 다시 나타난다. 그때부터 주인공은 그 "푸른 꽃"을 찾아야 한다는 생각에 사로잡힌다. 꽃이 파란 목칼라 모양으로 변하더니 거기서 어여쁜 소녀의 얼굴이 나타나 그를 향해 미소를 지은 까닭이다. 그 모습은 그의 뇌리에서 지워지지 않는다. 하인리히는 이제 그 꿈을 자신의 생과 관련하여 하나의 운명으로 받아들인다.

> 황홀함에 취한 상태에서도 그는 모든 인상을 마음에 간직 한 채 반짝이는 냇물을 따라 유유히 헤엄쳤다. 물은 못에서 바위 안으로 흘러들고 있었다. 달콤한 잠 같은 것이 그를 덮쳐 왔다. 그는 말로 표현할 수 없는 사건들을 꿈꾸었다. 그때 또 다른 빛이 그를 잠에서 깨웠다. 그는 어느 우물가의 부드러운 잔디밭에 누워 있었다. 샘물은 하늘로 치솟아 거기서 제 자신을 다 살라 버리려는 것 같았다. 좀 떨어진 곳에는 색색의 광맥을 품은 암청색의 바위들이 우뚝 솟아 있었다. 그를 감싸고 있는 햇살은 평소에 보던 햇살보

> 다 밝고 부드러웠다. 새파란 하늘에는 구름 한 점 없었다. 그러나 그의 마음을 걷잡을 수 없이 앗아간 것은 우물가에 서서 반짝이는 넓은 잎사귀로 그를 툭툭 건드리고 있던, 옅은 파란색의 키 큰 꽃이었다. 파란 꽃 주위에는 온갖 색깔의 꽃들이 헤아릴 수 없이 수두룩하게 피어 있었다. 달콤한 향기가 주위에 진동했다. 그의 눈엔 파란 꽃밖에 들어오지 않았다. 그는 한참 동안 이루 말할 수 없이 사랑스런 눈길로 파란 꽃을 응시했다. 마침내 그가 파란 꽃을 향해 다가가려고 하자, 파란 꽃은 갑자기 움직이더니 모습이 변하기 시작했다. 잎사귀들은 더욱 반짝이는 빛을 띠면서 점점 솟아오르는 줄기에 가서 바싹 매달렸다. 파란 꽃이 그를 향해 고개를 숙였다. 꽃잎들이 파란 색의 넓은 옷깃 모양을 만들어 보였다. 그때 거기서 어여쁜 얼굴이 하늘거렸다. 야릇하게 변해 가는 꽃의 모습을 보면서 그의 달콤한 놀라움은 점점 더 커져 갔다. 그때 갑자기 그의 어머니의 목소리가 그를 잠에서 깨웠다. 그는 부모님의 방에 누워 있었다. 아침 햇살이 방 안을 황금빛으로 물들이고 있었다. 그는 황홀경에 푹 빠져 있었기 때문에 어머니의 방해에도 그리 아랑곳하지 않았다. 오히려 그는 어머니에게 상냥하게 아침 인사를 하고 어머니의 다정한 포옹을 받아 주었다.

제2장은 하인리히가 어머니와 친한 상인들과 함께 고향인 아이제나흐에서 어머니의 친정인 아우구스부르크를 향해 여행길에 오르는 장면으로 시작된다. 그 여행은 비야흐로 세상에 대해 아는 것이 거의 없는 갓 스무 살의 하인리히가 겪게 되는 일련의 경험들의 파노라마를 예고한다. 상인들과 함께 가는 까닭에 그는 그들로부터 장사의 세계를 경험한다. 길을 가는 도중에 상인들은 그에게 아리온의 전설과 바다 속에 가라앉은 아틀란티스 이야기를 들려준다. 특히 사라진 아틀란티스 전설이 제3장의 주요 장면을 이룬다. 아틀란티스 전설은 순수하게 노발리스가 창조해 낸 것으로 이 부분에서는 사랑과 시란 무엇인가 하는 테마

가 인상적으로 논의된다. 제4장에서는 시의 땅인 낭만적인 동양이 슬프고도 달콤하게 인사를 하는가 하면, 전쟁은 그 거친 웅장함으로 그에게 말을 건넨다. 그는 한 기사의 성에 묵으면서 십자군 원정과 전쟁의 세계에 대해서 알게 된다. 또한 그 성에 잡혀온 동양의 여인 출리마로부터 칠현금과 노래를 알게 되고 또한 동방 지역의 낭만적인 아름다움에 대해서도 듣게 된다.

제5장에서는 자연과 역사가 광부와 은둔자의 모습으로 다가온다. 보헤미아 출신의 한 늙은 광부는 그에게 광산일의 위험과 독특한 매력에 대해서 알려 준다. 광산일은 여기서 인간사의 또 다른 상징 역할을 한다. 동굴 탐사 중에 만난 은둔자 호엔촐레른 백작은 그에게 역사의 세계가 무엇인지 그리고 자연이 어떻게 과거의 거친 상태에서 벗어나 차분해졌는지 들려준다. 또한 은둔자의 책들 중에는 그 자신의 모습이 여러 가지 자세로 그려져 있는 책도 있었는데 그는 꿈속에서 보았던 형상들과 비슷하게 생긴 인물들이 그려져 있는 연대기를 발견한다. 그럴수록 그는 더욱더 꿈에서 보았던 '푸른 꽃'이 보고 싶어진다.

> 은둔자는 그들에게 그의 책들을 보여 주었다. 역사책과 시 작품들이었다. 하인리히는 아름다운 그림들이 그려져 있는 커다란 책들을 들여다보았다. 시의 짧은 시행들과 제자題字들과, 몇몇 대목들, 그리고 독자의 상상력을 도우려는 듯 마치 살아 있는 말(言)처럼 가끔씩 나타나는 깔끔한 그림들은 그의 호기심을 한껏 자극했다. 은둔자는 그가 내심 아주 좋아하는 것을 알아차리고, 그에게 신비스런 그림들에 대해서 설명을 해 주었다. 그림들 속엔 아주 다양한 삶의 모습들이 담겨져 있었다. 전투와 장례식과 결혼식, 난파선, 동굴과 궁전들, 그리고 왕들과 영웅들, 성직자들, 늙은이와 젊은이들, 이방인의 옷차림을 한 사람들, 그리고 낯선 짐승들이 여러 가지 모

습으로 결합되어 등장했다. 하인리히는 그 그림들을 아무리 봐도 자꾸만 더 보고 싶은 생각이 들었다. 그는 그의 마음을 걷잡을 수 없이 잡아끄는 그 은둔자 곁에 머물면서 그에게서 그 책들에 대한 이야기를 듣고 싶은 생각이 굴뚝같았다.

그때 늙은 광부가 동굴이 더 있는지 물었다. 그러자 은둔자는 근처에 아주 큰 동굴이 몇 개 있는데, 안내할 테니 가 보자고 했다. 광부는 기꺼이 가겠다고 나섰다. 하인리히가 책에 흠씬 빠져 있는 것을 눈치 챈 은둔자는 그에게 그곳에 남아 그들이 없는 동안 책들을 훑어 보라고 말했다. 하인리히는 책들 틈에 남아 있게 되어서 기뻤다. 그는 그렇게 허락해 준 데 대해서 은둔자에게 진심으로 감사를 표했다. 그는 한없이 기뻐하며 책들을 뒤적거리기 시작했다.

마침내 그는 한 권의 책을 집어 들었다. 외국어로 씌어진 책이었는데, 라틴어나 이탈리아어하고 좀 비슷해 보였다. 그는 그 외국어를 정말로 알고 싶었다. 왜냐하면 한 글자도 이해하지 못했지만 왠지 그 책이 너무나 마음에 들었기 때문이다. 책에는 제목이 없었다. 하지만 그는 책장을 넘겨 보다가 그림 몇 개를 발견했다. 그 그림들은 이상하게 낯이 익었다. 그는 그것들을 좀더 유심히 살펴보다가 인물들 중에 자신의 모습이 들어 있음을 알아챘다. 또다시 살펴보았지만 틀림없는 자신의 모습임이 의심할 여지가 없었다. 곧 이어 또 다른 그림에 동굴과 은둔자와 늙은 광부가 함께 그려져 있는 것을 본 그는 자신의 눈을 의심하지 않을 수 없었다. 점차 그는 또 다른 그림들에서 출리마와 그의 부모, 튀링겐 태수 내외, 그의 친구인 궁정 목사 그리고 그 밖의 그의 많은 지인들을 발견했다. 그러나 그가 입은 옷모양새는 지금과 달랐다. 아마도 다른 시대의 것인 듯했다. 구체적인 이름은 댈 수 없지만 낯이 익은 많은 인물들이 보였다. 그는 여러 가지 자세를 취하고 있는 자신의 모습을 보았다. 뒤쪽으로 가면서 그의 모습은 훨씬 더 커지고 더 고상하게 보였다. 기타를 들고 있는 모습도 있었으며, 태수의 부인이 그에게 꽃다발을 건네주는 그림도 있었다. 황제의 궁정에 있는 모습, 배에 타고 있는 모습, 날씬하고 어여쁜 소녀와 다정하게 포옹하고 있는 모습, 거칠게 생긴 남자들과 싸우고 있는 모습, 그리고 사라센인 또는 무어인들과 다정하게 대화를 나누고 있는 모습 등이 보였다. 진지한 태도를 지닌 한 남자가 그가 가는 곳마다 자주 나타났다. 그는 키가 훤칠한 이 인물에게 깊은 존경심을 느꼈다. 그와 팔짱을 끼고 있는 모습이 보기에 좋았다.

그 책에 있는 마지막 그림들은 어둡고 이해할 수가 없었다. 또한 그의 꿈에서 본 몇몇 인물들의 모습은 그를 황홀할 정도로 놀라게 했다. 책의 끝부분은 잘려 나가고 없는 것 같았다. 하인리히는 번민에 빠졌다. 그는 다만 그 책을 읽어서 자기 것으로 완전히 만들 수 있으면 얼마나 좋을까 하고 생각할 따름이었다. 그는 그림들을 거듭해서 살펴보았다. 일행이 돌아오는 소리를 듣고 그는 깜짝 놀랐다. 야릇한 당혹감이 그를 사로잡았다. 다른 사람들이 그가 알아낸 사실을 혹시라도 알아차릴까 봐 그는 얼른 책을 덮었다. 그는 마치 지나가는 말로 묻듯 은둔자에게 그 책의 제목과 거기에 쓰인 언어가 무엇인지 물어보았다. 그래서 그는 그것이 프로방스 말로 씌어졌음을 알게 되었다.

"이 책을 읽은 지 벌써 한참 되었군." 은둔자가 말했다. "지금은 내용이 잘 기억나지 않아. 내가 알기로 이 책은 어느 시인의 놀라운 운명을 다룬 소설이야. 시를 여러 가지 측면에서 보여 주고 칭송하고 있지. 이 원고에는 결말부가 빠져 있어. 이 원고는 내가 예루살렘에서 가져온 것인데, 죽은 친구의 유품 중에 섞여 있던 것을 그 친구를 기억하려는 뜻에서 들고 왔지."

제6장에서는 하인리히는 아우구스부르크에 도착해서 그의 시의 스승인 클링조르와 그의 사랑스런 딸 마틸데를 만난다. 그는 마틸데에게서 애정을 느낀다. 그녀는 뮤즈의 여신으로 하인리히의 마음속에 시적인 자극을 일깨운다. 여기서 시와 사랑이 긴밀하게 연결되어 있음이 드

러난다. 여기서 그는 꿈속에서 보았던 푸른 꽃의 소녀가 마틸데였음을 깨닫는다.

제7장에서는 클링조르가 하인리히에게 시인이 되기 위해 거쳐야 할 교육과정에 대해서 설명을 해 준다. 시인은 모든 직업의 특성을 알아야 한다. 나아가서 시인은 자신의 지력智力을 가꾸고 키우는 일을 게을리 하지 말아야 한다. 그렇게 해서 이 세상의 일들은 어떻게 해서 일어나며 그것들은 서로 어떤 관계를 맺고 있는가를 알아야 한다. 클링조르는 시를 어떻게 하면 잘 쓸 수 있는지 직접 가르쳐 준다. 그리고 하인리히와 함께 꼭 읽어야 할 책들을 읽는다. 영원히 살아남을 시를 만들려면 인간사의 모든 영역에 대한 깊은 통찰이 필수적임을 클링조르는 노발리스를 대신해서 말해 준다.

제8장에서는 클링조르와 하인리히는 시의 성격과 한계 그리고 기능에 대해서 이해하려고 노력한다. 개인의 경우와 마찬가지로 시인도 자신이 잘 할 수 있는 영역이 있고 그렇지 못한 영역이 있다고 클링조르는 암시한다. 시인은 평범한 소재를 잘 다룰 수 있어야 한다. 그러나 예술과 시의 목표는 소재가 아니라 소재의 실행에 있다. 시는 혼란스런 경험의 세계에 질서를 부여하는 것이다. 그렇다고 해서 시가 너무 도식적이고 기계적이어서는 안 된다고 클링조르는 말한다. 다시 말해서 질서의 베일 사이로 혼돈의 빛이 어렴풋이 비쳐야 한다는 것이다. 시란 삶으로 가득 차 있는 질서이며 질서에 의해 제한되는 경험이라는 것이다. 이에 대한 노발리스의 견해는 매우 중요하므로 좀 길지만 인용해 본다.

> 물론이란다. 그렇지만 근본적으로 본다면 '시가 감당하기에는'이라는 말보다는 '우리의 세속적인 수단과 방법으로 감당하기에는'이라는 말이 더

적절하지. 마음의 평정과 호흡을 잃지 않기 위해서 개개인의 시인이 머물러야 하는 나름대로의 영역이 있듯이, 우리 인간들의 힘을 모두 합쳐도 해낼 수 없는 시적 묘사의 한계가 있단다. 그 한계를 벗어나면 시적 묘사는 필요한 밀도와 형상화의 힘을 유지하지 못하고 공허하고 기만적인 망상으로 빠져들고 말지. 특히 초심자들은 이처럼 과도한 것을 꾀하지 않도록 조심해야 한다. 활기가 넘치는 상상력은 언제라도 한계를 넘어서려고 하며 주제넘게 초감각적인 것과 과도한 것을 이해하고 표현하려고 하거든. 원숙한 경험만이 우리에게 사물들의 그와 같은 불균형을 피하게 해 주며 가장 단순하면서도 가장 지고한 것을 찾아내는 일은 세상을 보는 지혜의 손에 맡겨놓는단다.

좀더 나이가 든 시인은 자신이 갖고 있는 풍부한 재산을 쉽게 이해 가능한 질서 속에 위치시키는 데 있어 필요한 것 이상으로 무리를 하지 않아. 그는 자신에게 적절한 소재뿐만 아니라 비교의 관점을 제공해 주는 다양성의 정도를 넘어서지 않으려고 조심하지. 나는 모든 시에서 혼돈이란 질서의 규칙적인 베일 사이로 어렴풋이 반짝여야 한다고 말하고 싶단다. 단순하고 명쾌한 질서만이 풍요로운 창조물을 이해 가능하고 아름다운 것으로 만들어 주는 거야. 반면에, 단순한 균형 역시 수학에서 숫자들의 집합처럼 무미건조하고 아무런 매력을 풍기지 못한다.

가장 훌륭한 시는 바로 우리 곁에 있어. 그리고 시가 가장 즐겨 다루는 소재가 평범한 대상일 경우가 적지 않아. 시인에게 있어서 시는 몇 가지 제한된 수단을 통해서 이루어지는 거야. 바로 그 때문에 시는 예술이 될 수 있는 거지. 모든 언어는 나름대로 한정된 영역을 갖고 있단다. 특정한 방언의 경우엔 그 영역이 훨씬 더 제한되어 있어. 훈련과 성찰을 통해서 시인은 자신의 언어를 알게 된단다. 그는 언어를 다루는 법을 정확하게 알고 있으며 언어가 수행할 수 있는 것 이상의 것을 언어에게 부과하는 멍청한 짓을 하지 않는단다. 그는 좀처럼 자신의 언어의 모든 힘을 한 군데로 밀어붙이지 않는다. 그렇게 하다 보면 곧 지치게 되고 적절하게 잘 표현된 언어가 갖는 소중한 효과마저도 파괴하는 결과를 맞게 되기 때문이야. 언어로 하여금 굴렁쇠를 뛰어넘게 하는 것은 광대나 하는 짓이지 시인은 그러지 않아. 모름지기 시인들은 음악가들과 화가들로부터 많은 것을 배워야 한다. 이 예술들을 보면 우리는 예술의 수단을 아끼는 것이 얼마나 중요한지, 그리고 예술에 있어서 안배를 잘 하는 것이 얼마나 중요한지 분명히 깨닫게 된단다. 반면에 이들 예술가들은 우리들로부터 시적인 독립성과 모든 시적 창조물의, 특히 모든 진정한 예술작품의 내적인 정신을 고맙게 받아들여야 할 것이야. 그들은 보다 시적이 되어야 하고, 우리들은 보다 음악적이고 회화적이 되어야 해. 우리의 방식대로 이 두 가지를 수용해야 하는 거야.

소재 자체는 예술의 목표가 될 수 없어. 소재를 실행에 옮기는 것이 예술의 목표지. 자네는 자네 노래 중에서 어느 것이 가장 마음에 드는지 알 거야. 분명히 가장 친숙하고 생동감 있는 것을 대상으로 한 노래들일 거야. 그렇기 때문에 시 문학이라는 것은 전적으로 경험에 의존한다고 할 수 있어. 내가 젊던 시절엔 내가 노래로 부르기에 너무 거리감이 있거나 낯선 대상이란 없었어. 그렇게 해서 생겨난 게 뭔가? 참된 시의 불꽃이란 전혀 없는, 초라하고 공허한 언어의 나열밖에 없었어. 그렇기 때문에 동화를 쓴다는 것은 아주 어려운 숙제야. 젊은 시인이 이 과제를 잘 해내는 경우는 찾아보기 힘들어.

노발리스는 괴테의 《빌헬름 마이스터》를 두고 시의 정신에 조종弔鐘을 울린 작품이라고 혹평한다. 1801년 2월 1일에 그는 이렇게 메모하고 있다. "《빌헬름 마이스터》는 근본적으로 불쾌하고 바보 같은 책이다. 〔…〕 시와 종교에 대한 풍자일 뿐이다. 지푸라기와 대팻밥으로 맛깔을 낸 음식이다. 누더기를 기워서 만든 성스런 이미지이다. 모든 것은 결국 익살이 되고 만다." 1800년 2월 23일에 그는 티크에게 이런 편지글을 보낸다. "《빌헬름 마이스터》는 근본적으로 불쾌한 책일세. 〔…〕 희극

배우를 뮤즈로 승격시키지는 못할망정, 뮤즈를 희극배우로 전락시키고 있어. [···] 나는 《빌헬름 마이스터》에서 시를 시로써 망가뜨려 놓은 위대한 예술을 본다네. 한편에서는 시가 난파당한 상황인데, 경제(또는 사업)는 안전하고 건강하게 육지에서 친구들과 즐기면서 바닷가에서 어깨나 으쓱해 보이는 꼴이지." 따라서 그는 《푸른 꽃》을 《빌헬름 마이스터》에 대한 일종의 도전적인 작품으로 썼다. 그럼에도 불구하고 그는 클링조르의 모델을 괴테에서 찾은 것이며, 시에 있어서 질서와 절제를 강조하는 면에 있어서는 괴테의 견해를 그대로 따르고 있다.

제1부를 마감하는 제9장에서 클링조르는 모든 문학작품 중에서 가장 기이하고 가장 복잡한 동화를 이야기한다. 그것은 에로스와 파벨에 대한 알레고리적인 동화이다. 이 동화에서 아르크투루스의 별의 세계는 얼음으로 굳어 있고, 프라이아는 영원한 잠에 빠져 있다. 그것은 힘센 영웅이 그의 칼을 세상을 향해 던지고, 그의 아내인 조피(지혜)를 인간들에게 내려 보냈기 때문이다. 이 동화에서 아버지와 어머니는 아이를 하나 두고 있는데, 그것은 에로스이다. 아버지는 감각을, 그리고 어머니는 마음을 상징한다. 그리고 달의 딸로서 상상력을 대변하는 기니스탄도 딸을 하나 두고 있는데, 그것은 어린 파벨이다. 어린 파벨은 아버지와 유모인 기니스탄(상상력)과의 은밀한 관계에서 태어났다. 기니스탄은 에로스와 파벨 이렇게 둘을 키운다. 기니스탄은 에로스와 함께 그녀의 아버지가 있는 달로 여행한다. 바로 그때 이성을 상징하는 서기書記가 모반을 일으켜 어머니를 사로잡아 화형에 처한다. 어린 파벨만이 지하세계로 도망쳐 그곳에 있던 운명의 여신들을 제압한다. 조피는 희생당한 어머니의 재를 물그릇에 담아 모두에게 마시라고 준다. 그러자 모두들 가슴속에서 어머니가 살아 있음을 느낀다. 어린 파벨은 마침내 아

르크투루스의 왕국에 도착하여 얼음을 녹게 한다. 그녀는 젖형제인 에로스를, 잠에서 깨어나고 있는 프라이아에게 데리고 가 그녀와 결합시켜 준다. 그녀는 그와 힘을 합쳐 여왕으로서 새로운 황금시대를 다스린다. 에로스의 방랑은 인간의 타락과 구원을 상징하는 일종의 순례이자 정화의 과정이다.

> 파벨과 에로스는 그들의 동반자들을 데리고 곧 집을 떠났습니다. 지구 위에는 굉장한 봄이 펼쳐져 있었습니다. 만물이 일어나 움직이고 있었습니다. 지구는 베일 바로 아래에 둥실 떠 있었습니다. 달과 구름은 즐거워하며 떠들썩하게 북쪽을 향해 갔습니다. 왕의 성은 바다 위에서 찬란하게 빛났습니다. 성의 탑에는 왕이 시종들을 거느리고 웅장한 자태로 서 있었습니다. 그들은 곳곳에서 먼지의 소용돌이가 이는 것을 보았습니다. 거기에 잘 아는 사람들의 모습이 어리는 것 같았습니다. 그들은 성을 향해 밀물처럼 몰려오는 청년들과 아가씨들의 수많은 무리를 만났습니다. 그때마다 환호의 외침으로 그들을 환영했습니다. 수많은 언덕에는 방금 잠에서 깨어난 행복한 쌍들이 앉아서 오랫동안 하지 못한 포옹을 나누었습니다. 그들은 새로운 세계를 꿈이라고 생각하면서 스스로에게 아름다운 진실을 확신시키기에 여념이 없었습니다.
>
> 꽃과 나무들은 자라났고 힘차게 푸르러졌습니다. 만물이 새로운 생명을 얻은 것 같았습니다. 모두들 이야기하고 노래를 불렀습니다. 파벨은 곳곳에서 옛 지인들을 만나 인사를 나누었습니다. 동물들은 잠에서 깨어난 인간들에게 다정하게 인사를 건네며 다가갔습니다. 식물들은 인간들에게 열매와 향기를 대접하고, 그들을 멋지게 장식해 주었습니다. 사람들의 마음을 짓누르던 돌멩이는 더 이상 찾아볼 수 없었습니다. 모든 짐은 오그라들어 탄탄한 마룻바닥이 되었습니다. 파벨과 에로스는 바닷가에 도착했습니다. 윤이 반짝반짝 나는 강철로 만든 돛배가 하나 강가에 매어져 있

었습니다. 그들은 배에 탄 다음 밧줄을 끌렀습니다. 뱃머리를 북쪽으로 향했습니다. 배는 자꾸만 치근덕거리는 파도를 가르며 쏜살같이 달렸습니다. 살랑대는 갈대가 광포하게 달리던 배를 막아섰습니다. 그리고 배는 조용히 강가에 닿았습니다. 그들은 폭이 넓은 계단 위로 올라섰습니다. 에로스는 왕의 도시와 그 풍요로움을 보고 놀라움을 금치 못했습니다. 뜰에서는 다시 살아난 샘물이 뛰놀았고, 작은 숲은 달콤한 음악소리에 생기를 얻었으며, 숲의 뜨거운 나무등걸과 잎사귀마다, 반짝이는 꽃들과 열매마다 놀라운 생명이 맥박 치며 휘도는 것 같았습니다. 늙은 영웅은 그들을 왕궁의 문 앞에서 맞이했습니다. "존경하는 어르신." 파벨이 말했습니다. "에로스에겐 당신의 검이 필요해요. 황금은 그에게 사슬을 하나 주었습니다. 한쪽 끝은 바다 속까지 닿고, 다른 한쪽 끝은 그의 가슴에 묶여 있습니다. 나와 함께 그 사슬을 잡고, 우리를 공주가 있는 방으로 안내해 줘요."

에로스는 영웅의 손에서 칼을 넘겨받아 손잡이를 그의 가슴에 갖다 대고서 칼끝이 앞을 향하도록 했습니다. 홀의 접이문들이 활짝 열렸습니다. 에로스는 몹시 기뻐하며 잠들어 있는 프라이아를 향해 다가갔습니다. 갑자기 우르르 꽝 하면서 번개가 쳤습니다. 하얀 불꽃이 공주로부터 칼을 향해 튀었습니다. 칼과 사슬이 환하게 빛났습니다. 영웅이 하마터면 넘어질 뻔한 파벨을 잡아 주었습니다. 에로스의 투구 위에 달린 깃털이 휘날렸습니다.

"칼을 던져 버려." 파벨이 말했습니다. "그리고 어서 가서 네 애인을 깨워."

에로스는 칼을 버리고서 공주를 향해 단숨에 달려가 그녀의 달콤한 입술에다 불 같은 키스를 퍼부었습니다. 그녀는 그녀의 커다란 검은 눈을 번쩍 떴습니다. 긴 키스가 두 사람의 영원한 맹서에 봉인을 찍어 주었습니다.

노발리스가 자신의 편지와 다른 비평의 글에서 암시하고 있듯이 이 동화는 18세기의 합리주의와 그에 대한 반발로 시작된 낭만주의 사이의 싸움을 상징적으로 그려 보이고 있다. 이 동화에서 태양은 계몽주의를 상징하는 것으로, 그리고 서기와 그의 일당은 합리주의 정신을 대변하는 것으로 볼 수 있다. 그들은 한마디로 "돌 같이 굳어 버린 이성"인 것이다. 서기가 글을 써서 제단에 있는 조피의 물그릇에 담갔다가 꺼내면 남아 있는 글씨가 얼마 되지 않지만, 어린 파벨이 글을 써서 물그릇에 담그면 반짝이는 글씨가 종이에 가득하다. 따라서 파벨은 시에 대한 환유이다. 그리고 기니스탄은 상상력을, 조피는 지혜를, 프라이아는 평화의 정신을, 그리고 에로스는 말할 것도 없이 사랑을 뜻한다. 차갑고 계산적인 이성과 시적인 자발성 사이의 투쟁이 우주적인 배경에서 벌어지며 그 사이에 온갖 가지 상징과 인물들이 등장하는 것이다. 여기서 시적 감성이 차가운 오성을 앞선다는 사실이 드러난다.

이 동화에서 벌어지는 우주적 사건들의 결과에 대해 다음 같이 말할 수 있다. 에로스는 진정한 사랑으로 순화되고, 파벨은 진정한 시로 바뀐다. 그리고 지혜를 뜻하는 조피는 시간을 뜻하는 아르크투루스와 영원히 결혼한다. 그렇게 해서 그녀는 영원히 마음의 여사제가 된다. 이제 지루하고 단조로운 합리주의는 시적인 자발성과 보편적 사랑 앞에 자리를 양보하게 되는 것이다. 시간과 결혼한 지혜의 나라에서.

노발리스의 이 동화는 개인의 경험을 변형시켜 만든 알레고리적인 자연 신화이다. 그러면서 새로운 탄생, 재생을 그리고 있다. 그것은 바로 평화를 구현하는 새롭고 고상한 시대의 출현이다. 이 테마는 성서의 이사야서에서도 발견되며, 베르길리우스의 네 번째 《전원시》에서도 찾아볼 수 있다. 셸리는 《속박에서 풀려난 프로메테우스》에서 우주의 재생과 만물의 복원이라는 비전을 표현하기 위해 엄청난 시적인 힘을 쏟아부은 바 있다. 한마디로 노발리스의 이 우주적인 동화는 이교도와 기독교의 종말론을 반영하고 있다. 혼란과 악이 멸하고 질서와 선이 궁극적으로 승리하는 세계를 그리고 있는 것이다. 서기의 음모로 화형을 당한 어머니의 재와 조피의 물이 닿는 순간 영생의 음료가 만들어져 얼음으로 굳어져 있던 우주에 생기와 활기가 돌아온다. 땅 위에는 힘찬 봄이 번져 들판에는 꽃들이 피어나고 새들은 노래한다.

불행하게도 노발리스는 《푸른 꽃》의 제2부 첫 장까지 완성하고 생을 마감한다. 제2부는 하인리히와 마틸데의 첫 키스로 태어난 아스트랄리스의 서곡으로 시작된다. 이 단편斷片은 하인리히가 애인인 마틸데의 죽음을 슬퍼하면서 절망에 빠져 아우구스부르크를 떠나 산악지역으로 순례를 하는 모습을 그리고 있다. 마틸데는 그의 환상 속에 나타나 그에게 위안의 말을 건넨다. 그녀는 그에게 소녀를 하나 보내겠다고 말한다. 얼마 안 있어 한 소녀가 나타나 그를 숲 속의 빈터에 살고 있는 노인에게 데리고 간다. 그 소녀의 이름은 취아네이며 은둔자인 호엔촐레른 백작의 딸이다. 노인은 우연스럽게도 하인리히의 아버지가 젊었을 때 로마 근처에서 하룻밤을 같이 보낸 의사 실베스터이다.

하인리히와 실베스터는 정원의 꽃밭에 앉아 어린아이들의 교육에 대한 대화를 나눈다. 대화 속에서 그들은 부분적으로는 루소에게서 유래하는, 당시로서는 상당히 진보적인 생각들을 전개한다. 이어서 다른 테마로 넘어가 그들은 현대의 생태학을 연상시키는 분야에 대해서 토론한다. 그런 다음 그들은 철학적 성찰에 빠져든다. 그들이 논의의 대상으로 삼은 것은 양심의 본질과 그것이 이 세상에서 차지하는 위치에 대한 것이다. 결국 실베스터는 다시 한번 황금시대가 찾아올 것임을 강조한다. 황금시대는 자연이 절제와 도덕을 갖추게 될 때, 그리고 인간의 타고난 중개자인 양심이 이 세상을 지배하게 될 때 도래한다는 것이다.

"네 마음의 순진무구함이 너를 예언자로 만들어 주는구나." 실베스터가 대답했다. "넌 모든 것을 이해하게 될 거야. 세계와 세계의 역사가 네겐 성서가 되는 거야. 너는 성서에서 단순한 말과 이야기가 얼마나 우주를 잘 드러내 보여 줄 수 있는가 하는 위대한 예를 보았을 거야. 직접적으로는 아니더라도, 우리의 드높은 감각에 자극을 주거나 우리의 감각을 일깨움으로써 적어도 간접적으로 말이야.

자연에 대한 나의 관심은 언어와 관련된 기쁨과 열광이 네게 가르쳐 준 것을 내게 가르쳐 주었어. 자연은 내게 예술과 역사가 무엇인지 가르쳐 주었지. 나의 부모님은 세계적으로 유명한 에트나 산에서 멀지 않은 시칠리아에 사셨어. 부모님의 집은 옛날 풍으로 지은 널찍한 저택이었어. 그 집은 바위투성이의 해안가에 오래 묵은 밤나무들로 가려져 있었지. 그 집은 여러 가지 식물들이 무성하게 자라던 정원의 장식품이었어. 우리 집 근처에는 어부와 양치기, 그리고 포도를 재배하는 사람들이 사는 오두막들이 늘어서 있었단다. 우리 집의 창고와 지하실에는 삶을 지탱시켜 주고 고양시켜 주는 것들로 가득 차 있었다. 그리고 우리 집의 가구들은 아주 잘 만들어져서 우리의 숨겨진 감각까지도 만족시켜 주었지. 그밖에도 다양한 물건들이 있었는데, 그것들에 대한 응시와 그것들의 이용은 우리의 마음을 일상적 삶이나 그 삶의 잡다한 요구에서 벗어날 수 있게 해 주었고, 우리의 마음을 위해 보다 안락한 상태를 마련해 주는 것 같았으며, 우리의 마음으로 하여금 원래 타고난 대로 마음껏 즐기는 것을 약속해 주고 허락해 주는 것 같았어. 그곳에는 또한 돌로 만든 사람의 형상들이 있었으며, 역사적인 장면들이 그려져 있는 꽃병들도 있었고, 아주 뚜렷한 형상들이 새겨져 있는 조그만 보석들도 있었으며, 그리고 행복했던 다른 시절로부터 유래한 듯한 그 밖의 도구들도 있었어. 서가에는 둘둘 말린 양피지들이 빼곡히 들어차 있었는데, 거기에는 길게 늘어선 글자들로 지나간 시절의 지식들과 생각들, 시와 이야기들이 우아하고 예술적으로 표현되어 있었어. 나의 아버지는 유능한 점성술사로 널리 소문이 나 있었단다. 그래서 심지어 아주 먼 나라로부터도 수많은 사람들이 문의를 해 오고 직접 찾아 왔어. 그리고 사람들은 미래를 예측하는 것은 매우 진귀하고 소중한 재능이라고 생각했기 때문에 그에 대한 대가를 충분히 지불해야 한다고 생각했어. 그래서 나의 아버지는 그들로부터 받은 선물들을 가지고 안락하고 호화로운 생활방식을 유지하는 데 드는 비용을 충분히 충당할 수 있었던 거야.

3

아틀란티스 전설 부분에서 이미 이 소설에 등장하는 주요 모티프들이 모두 언급되고 있다. 공주의 신랑이 된 젊은이가 부르는 노래에 대해 작가는 이렇게 말한다. "그의 노래는 세상의 근원에 대해, 별들과 식물, 짐승 그리고 인간의 생성에 대해, 자연의 전지전능한 교감에 대해, 아주 먼 옛날의 황금시대와 그 시대를 다스렸던 사랑과 시문학에 대해, 증오와 야만의 등장에 대해, 이것들과 자비로운 여신들과의 싸움에 대해, 그리고 다가올 미래에 이 여신들이 궁극적으로 승리하는 것에 대해, 슬픔의 종말과 자연의 소생 그리고 영원한 황금시대의 회귀에 대해 이야기했다네." 여기서 보면 시인은 곧 가수이자 성직자요 예언자이다. 진정한 시는 이러한 세 가지가 깨지지 않은 상태로 온전하게 구현될 때 가능한 것이다. 여기서 우리는 이 작품에 등장하는 많은 요소들이 사랑과 시, 황금시대 그리고 이것들과 적대되는 증오와 야만을 나타내는 상징임을 알 수 있다. 시와 사랑에 의해 황금시대는 도래한다. 시와 사랑은 오성과 달리 인간의 심정적인 측면에 그 근원을 둔다. 사랑은 에로틱한 물의 비유를 통해 은근하게 전달되고 있다. 작품 초두에서 하인리히는 꿈속에서 산 속으로 뚫린 통로를 걷다가 다음과 같은 경험을 한다. "그리고 사랑스런 물결들이 그에게 다가와 마치 다정한 여자의 젖가슴처럼 바싹 달라붙었다. 물결들은 물에 녹은 매혹적인 소녀들의 형상처럼 보였다. 그들은 매순간 젊은이를 건드리면서 자신들의 존재를 마음껏 즐겼다." 여기서 물은 남녀의 성교를 매개하는 상징물로 쓰이고 있다. 하인리히는 푸른 꽃을 찾아가다가 도중에 성적인 경험을 미리 하게 되는 것이다. 그것은 여성적인 성기를 상징하는 산속의 깊은 통로라는 표현을 통해 더욱 뒷받침된다. 하인리히의 그리움은 대상과의 접촉에 대한 그리움이요, 그러한 접촉의 순간은 사랑의 성취의 순간이다.

이처럼 낭만주의에서 중요한 것은 상징이다. 낭만주의에서 사용되는 물질적 요소들은 시인이 표현하고자 하는 본질적 진실을 위한 외피外皮라고 볼 수 있다. 따라서 낭만주의 작품을 읽는 독자는 언어로 표현된 것의 배후에 숨겨져 있는 작가의 의도를 간파해야 한다. 단상斷想 모음집인《꽃가루》에서 노발리스는 이렇게 말한다. "신비스런 길은 내면으로 향한다. 영원은 자신의 세계들인 과거와 현재와 더불어 우리의 내면 말고는 그 어디에도 존재하지 않는다. 외부의 세계는 그림자의 세계일뿐이다. 외부의 세계는 빛의 세계를 향해 그림자를 던진다." 노발리스에게 있어 중요한 것은 모든 한계를 뛰어넘을 수 있는 자신의 초월적 자아이지 외부의 물질세계가 아니다. 모든 것은 마음속에 들어 있기 때문이다.

이렇게 해서 하인리히가 꿈에서 보고 찾아 나선 "푸른 꽃"은 무엇보다 낭만주의를 대표하는 낱말인 그리움의 상징이 된다. 그것은 나아가서 유한성과 무한성, 꿈과 현실, 자연과 정신, 삶과 죽음을 보다 높은 단계에서 한데 아우르는 총체성의 상징으로 자리 잡는다. 이 같은 이분법적 경계를 넘나들 수 있는 경지에 이르게 되는 것은 극단적인 체험을 통해서이다. 그러한 극단적인 체험이란 마틸데의 죽음을 이른다. 노발리스의 입장에서는 조피의 죽음을 이른다. 너무나 사랑하는 애인이 죽음으로써 시인의 영혼은 저편의 세상과도 교류하게 되는 것이다.

"푸른 꽃"은 인간의 오성이 아닌 마음 또는 정서를 통해 볼 수 있는 꽃이다. "푸른 꽃"은 세계를 파악하는 행위를 나타내는 인식의 상징이기도 하다. 그렇기 때문에 하인리히가 다른 장려한 광경을 볼 때마다 "그가 마음속에 품은 꽃이 마치 번갯불에 드러나듯 이따금 그의 내면의 눈에 보이곤" 한 것이다. 파란 색은 노발리스가 가장 좋아했던 색깔이다. 그 까닭은 무한한 하늘과 바다를 연상시키는 파란 빛깔에서 낭만적 그리움을 볼 수 있기 때문이다. 시인 하이네는 그의 평론《낭만파》에서 "이 책〔《푸른 꽃》〕 곳곳에서 푸른 꽃이 반짝이고 드높은 향기를 풍긴다"고 말한 바 있다. 이것에 근거해서 이 책의 부제가 "푸른 꽃"인 것처럼 알려지게 된 것이다. 궁극적으로 "푸른 꽃"은 독일 낭만주의 전체를 나타내는 상징으로 고양된다.

노발리스가 추구하는 것은 "점진적 보편 문학"이다. 그것은 문학작품 속에서 모든 지식 영역과 인식 영역을 하나로 융합하는 것을 뜻한다. 자연과학적, 정치적, 역사적, 종교적인 여러 현상들을 작품 속에서 제시해 놓고, 그것들을 유추의 마법의 지팡이로 하나로 만드는 것이다. 그렇기 때문에 그의 문학을 보통 마술적 관념론이라고 부른다. 〈에로스와 파벨의 동화〉에서도 모든 적대적인 것의 통합 양상이 잘 드러난다. 여기에 바로 낭만주의의 철학과 시학이 노리는 모든 것이 들어 있다. 현실과 꿈의 경계를 없앰으로써 동화의 세계가 구현되는 것이다. 에로스, 즉 사랑과 파벨, 즉 시가 다스리는 황금시대에는 오성과 계산이 사라지고 모든 것이 하나가 된다. 노발리스가 궁극적으로 추구한 시인의 이상은 오르페우스와 같은 마법적 시인이다. 클링조르라는 인물에게서 오르페우스와 같은 마술적 시인의 면모를 엿볼 수 있다. 이런 마술적 시인상은 독일 낭만주의 문학 중에서 그 어디보다《푸른 꽃》에서 가장 두드러진다. 시와 동화는 진정한 인식을 전달해 주는 매개체로 여겨진다. 노발리스의 오르페우스는 황금시대의 메시아로서 이교도와 기독교를 비롯해 모든 대립되는 것들을 화해시켜야 하는 사명을 떠맡는다.

하이네의 《노래의 책》과 사랑시

1. 하이네의 '노래Lied'와 사랑시

나치가 하인리히 하이네(1797-1856)의 〈로렐라이〉를 작자가 유대인이라는 이유로 금지시키려 했으나, 그 노래시가 워낙 독일 국민들에게 널리 알려지고 애송되던 터라 금지시키지 못하고 작자 미상의 민요라는 딱지를 붙여 부르도록 허용했다는 일화는 우리에게 이미 잘 알려진 사실이다. 이 시가 실려 있는 하이네의 《노래의 책*Buch der Lieder*》(1827)은 당시로서는 상상하기 어려울 정도의 성공을 거두어 이미 시인의 생존 시에 독일에서만 13쇄나 찍어 내 그가 망명처 파리에서 절망과 궁핍에 시달릴 때에도 그에게 많은 정신적, 물질적 도움을 주었으며, 그의 작품 가운데 전세계적으로도 가장 많이 인쇄되고 번역되어 시인으로서의 하이네의 명성을 드높여 주었고 오늘날까지도 하이네를 낭만적인 서정시인으로 일방적으로 단정 짓게 하는 고정관념을 만들어 내는 원인이 되기도 하였다.

하이네 자신도 그의 작품들 중에서 산문 《여행화첩*Reisebilder*》과 함께 《노래의 책》과 《로만체로*Romanzero*》를 그의 명성의 세 기둥이라고 불렀다. 실제로 그의 세계적 명성은 이 두 권의 시집에 근거하고 있다. 특히 그 중에서도 《노래의 책》에 실린 초기 시가 큰 역할을 하였다. 《노래의 책》

에 실린 〈서정적 간주곡〉과 〈귀향〉에 쓰인 시 형식이 그의 유명도에 일조를 하였다. 소박한 리듬의 짧고 경구적인 민요조 형식이 독자들에게 호소력을 발휘했기 때문이다.

이 시집의 최종판에서 하이네는 원래의 《노래의 책》의 세 가지 시집, 즉 〈젊은 날의 아픔Junge Leiden〉(1816년에서 1821년 사이에 씌어져 1821년에 인쇄됨), 〈서정적 간주곡Lyrisches Intermezzo〉(1822년에 씌어지고 1823년에 인쇄됨), 〈귀향Die Heimkehr〉(1823) 등에다가 〈하르츠 기행기Die Harzreise〉(1824)에 들어 있는 한 편의 서시와 4편의 장시, 그리고 두 편의 연작시 〈북해Die Nordsee〉(1825-1826)를 첨가하였다. 이렇게 하여 하이네는 사회적 모순과 틀에 박힌 사고를 비판하는 현실 참여적 정치시인으로서의 면모를 보여 주기 직전, 그의 표현대로 "독일의 뮤즈가 그의 영혼에 불타는 첫 키스를 보냈을 때 씌어진 초기의 노래시들"을 한데 묶어 냄으로써 낭만적 연애 시인의 모습으로 우리들 앞에 서게 된 것이다. 다음과 같은 시는 하이네가 어느 정도 기품 있는 사랑시를 썼는지 우리 눈앞에 뚜렷이 보여 준다.

고백

땅거미 앞세우고 저녁은 찾아오고,
물결은 더욱 거세게 날뛰었다,
바닷가에 앉아 하얗게 부서지는
파도의 춤을 바라보고 있자니,
내 가슴은 바다처럼 부풀어 올랐다.
그때 너를 향한 사무치는 그리움이
나를 사로잡았다, 너의 아름다운 모습,

그 모습 내 주위 곳곳에서 떠돌고
어디에서나 나를 부른다,
어디에서나, 어디에서나,
세찬 바람소리 속에서나, 거친 파도소리 속에서나,
내 가슴의 한숨 속에서도.

나는 가벼운 갈대를 꺾어 모래 위에 썼다.
"아그네스, 나는 너를 사랑한다!"
하지만 심술궂은 파도가
그 달콤한 고백 위로 덮쳐 와
그 말을 흔적도 없이 지워 버렸다.

나약한 갈대야, 먼지처럼 흩어지는 모래야,
사라지는 파도야, 난 이제 너희를 믿지 않겠다!
하늘은 점점 어두워지고, 내 마음은 더욱 날뛴다,
나 이제 이 억센 손으로 노르웨이 숲에서
가장 커다란 전나무를 뽑아
에트나 화산의 불타는 분화구에
담갔다가,
불에 적신 그 거대한 펜으로
캄캄한 하늘에다 쓰리라.
"아그네스, 나는 너를 사랑한다!"

그러면 매일 밤 그 하늘 위에서
영원한 불의 글자가 활활 타오르라,
후대의 자손들이 대대로 환성을 지르며
하늘에 씌어진 그 말을 읽으리라.

"아그네스, 나는 너를 사랑한다!"

독일 낭만주의의 리트, 즉 노래는 하이네의 이름과 아주 밀접하게 연결되어 있다. 괴테를 빼놓고 어떤 다른 독일의 시인도 이 분야에서 하이네만큼 전 세계적인 반향을 일으킨 시인은 없다. 이것은 특히 《노래의 책》에 실린 많은 시가 질허, 슈만, 멘델스존, 슈베르트 그리고 브람스 등의 많은 작곡가들에 의해 작곡된 데에 덕을 입은 것이기도 하다. 잃어버린 사랑이나 절망에 빠진 사랑 그리고 대답 없는 불행한 사랑을 주로 노래하는 젊은 하이네의 민요조로 된, 단순하고 달콤하면서도 쓰라린 시들은 특히 작곡에 적합할 만큼 경쾌하고 유려한 음악성을 지니고 있다. 독일어가 그렇게 아무 힘도 들이지 않은 듯 다루어진 적이 없으며 그렇게 진귀한 울림을 보여 준 적도 없다. 니체의 말대로 하이네는 "독일어의 제일가는 곡예사"였다.

이 시집에 실린 대부분의 시들은 독일 리트의 전통적인 4행시의 기본 틀에다가 압운구조를 띠고 있다. 원래 "리트"는 자연과의 교감에서 얻어진 인간의 감정을 가장 순수하게 직접적으로 표현한, 독일시의 가장 중요하고 가장 소박한 서정시의 형태로서, 기본적으로 밑에 깔리는 리듬과 멜로디에 의해 시의 분위기가 주도된다. 따라서 "노래"는 '노래 부를 수 있다'는 서정시의 본래적인 정의에 충실한 형태로서 음악과 밀접한 관계를 맺는다. 애당초 Volkslied, 즉 민요라는 표현을 처음 쓴 사람은 독일 질풍노도 운동의 기반을 닦아놓은 헤르더Herder이다. 그는 민요에서 가장 근원적인 민족 언어를 보았다. 보통의 일반적인 독일 전래의 "노래"가 민중의 애환을 노래하는 것이라면, 하이네의 "노래"에서는 개인적인 성향이 특히 두드러진다. 그가 그리는 자연 형상에는 그의 주관적 감정이 속속들이 침투되어 있다. 이를테면 〈젊은 날의 아픔〉의 〈꿈속의 모습들〉에서는 시인의 감정이 여러가지 자연의 이미지와 환시적 표현으로 변환되어 나타난다.

《노래의 책》의 첫 3부, 즉 〈젊은 날의 아픔〉, 〈서정적 간주곡〉, 〈귀향〉 등은 하이네의 가장 유명한 사랑시들과 몇 편의 담시를 담고 있다. 하이네에게서 페트라르카풍의 달콤한 사랑시가 초기에 주류를 이루게 된 것은 그의 사촌누이인 아말리에와의 불행한 사랑에서 비롯한다. 그녀는 하이네의 사랑을 뿌리치고 1821년에 동프로이센의 한 부유한 남자와 결혼하였으며, 이로 인한 하이네의 마음의 상처는 정신적 상흔傷痕이 되어 그의 문학의 곳곳에 그 그림자를 드리우게 된다. 몇 년 뒤 그는 아말리에의 여동생인 테레제와 다시 한번 불행한 사랑을 겪는다. 이것은 《노래의 책》에도 그대로 반영되어 그의 시에서는 사랑이 순수하고 조화롭게 전개되지 않고, 일종의 증오심이 가미된 양립감정의 상태로 나타난다. 그에 따라 하이네의 사랑시에서 사랑하는 소녀의 모습은 여러 가지로 등장한다. 어린애 같은 모습이 있는가 하면, 성숙한 여인으로 나타나고, 버릇없는 딸의 모습으로도, 그리고 또 상류층 여성의 모습으로, 심지어 스핑크스나 차가운 요부의 모습으로까지 등장한다.

아말리에에 대한 사랑과 실연은 하이네의 순수한 사랑에의 동경이 사랑에 대한 현실적 환멸로 바뀌는 계기가 되기도 하였지만, 그가 시를 통해 사랑의 아름다움과 신비로움을 노래하는 동인이 되기도 하였다. 시 〈노래의 날개에 실어〉를 보자.

노래의 날개에 실어, 사랑하는 이여,
나 그대를 멀리 데려가리,

갠지스 강 들판으로 데려가리,
이 세상에서 가장 아름다운 그곳으로.

그곳엔 조용한 달빛을 받으며
빨갛게 피어나는 정원이 있다네.
그곳에는 연꽃들이
사랑스런 누이를 기다리고 있다네.

제비꽃들은 미소를 머금고 서로 애무하며
먼 하늘의 별들을 올려다본다네.
장미들은 남몰래 귓속말로 서로
향기 나는 동화를 속삭인다네.

초롱초롱한 눈을 한 유순한 영양들이
뛰어와 귀를 기울이고
먼 곳에서는 성스러운
강 물결이 출렁인다네.

그곳 야자수 아래
우리들의 자리를 잡고
사랑과 안식을 마시며
행복한 꿈을 꾸고 싶네.

갠지스 강은 오랜 문명과 문화적 의의로 인해 세계에서 손꼽히는 유명한 강이다. 신화에 따르면 바기라타 왕이 갠지스 강을 천상에서 지상으로 인도했다고 한다. 깊은 협곡 속에 힌두교의 성지와 수도원이 있으며 순례자가 많다. 갠지스 강은 자연을 풍성하게 하고, 많은 사람을 키워 사람들은 갠지스 강을 "어머니 갠지스 강"이라 부르며 숭배하고 있다. 이 시는 1822-23년 사이에 쓰여진 초기의 낭만적 분위기의 사랑시이다. 이 시에서는 하이네 특유의 반어적 어법이 나타나지 않는다. 멘델스존Mendelssohn(1809-1847)의 선율이 작품의 이국적이고 꿈결 같은 분위기를 잘 표현해 준다. 먼 미지의 세계로의 동경과 여행에서 낭만적 분위기를 느낄 수 있다. 1820년경에 독일에 퍼져 있던 인도 예찬의 분위기를 이 시도 반영한다. 프리드리히 슐레겔Friedrich Schlegel의 저서《인도인의 언어와 지혜》(1808)가 당시의 대표적인 인도 관련 저술이었다.

하이네는 이렇게 사랑과 실연의 아픔을 시로써 극복해 보려 한 것이다. 그래서 그에게 있어서 시는 고통스런 현실로부터 떨어져 있는 외딴 섬 같은 역할을 하기도 한다. 이러한 양립감정을 하이네는 "꿀통 속에 담긴 고통과 같다"는 말로 명징하게 표현하고 있다. 하이네는 사랑의 "꿀"을 찾아 환상적인 사랑과 꿈이 펼쳐지는 시의 벌판을 헤매며 환상의 소녀를 그리워한다(〈꿈속의 모습들〉). 〈꿈속의 모습들〉의 두 번째 시에서 소년은 꿈속을 헤매다가 너무나도 아름다운 소녀를 발견하고 그녀에게 다가가 그녀가 지금 하고 있는 일—흰옷을 빨고 있는 것, 참나무를 베고 있는 것, 구덩이를 파는 것 등—에 대해서 묻는다. 그때마다 그 모든 것이 자신의 죽음과 관련된 것임—그의 수의를 빠는 것, 그의 관을 만드는 것, 그의 무덤을 파고 있는 것—을 알고 기겁을 하여 꿈에서 깨어난다. 그렇지만 그에게 있어서는 "나쁜 노래" 및 "뒤숭숭한 꿈들"을 "사랑"과 떼어서 생각할 수가 없었다. 그는 시인으로서 "많은 것"이 아니라, "모든 것"을 그의 "관" 속으로 집어넣으려 했기 때문이다. 그 "관"은 모든 것이 자리하는 시 자체였다(〈낡아빠진 나쁜 노래들〉). 그에게 있어서는 그러므로 늘 "사랑의 달콤한 고통"과 "사랑의 쓰라린 기쁨"이 문제시된다. 그의 사랑시들은 여기에 근거해 이율배반으로 규정된다. 이로써 그의 문학의 테마는 사랑과 죽음 그리고 시로 압축되기에 이른다.

그렇지만 우리는 이 시들에서 하이네 특유의 아이러니 개념을 여지없이 확인할 수 있다. 그것은 시적 화자가 줄곧 꿈속을 헤매다가 끝에 가서 현실에 눈을 뜨고 각성하는 것에서 드러난다. 꿈과 현실의 균열, 이것은 하이네 문학의 본질을 보여 주는 것으로서 하이네가 낭만주의의 겉껍질과 허황함을 비판하고 꿈과 구름보다는 현실의 흙을 손으로 어루만지며 사회 상황을 직시하는 동기가 되는 것이다.

2. 하이네와 낭만적 아이러니

"나와 함께 독일의 옛 서정시파가 끝나고, 나와 함께 하나의 새로운 시파, 즉 새로운 독일시가 시작되었다"(《고백*Geständnis*》(1854))라는 하이네 자신의 고백처럼 시인으로서 하이네는 낭만주의와 사실주의 사이에 위치한다. 애당초 낭만주의 전통의 상속인으로 시작하였기 때문에 그의 시에는 낭만주의적 분위기 및 기법이 지배적이다. 그는 민요와 낭만주의 시로부터 많은 영감을 받았다고 고백한다. 특히 《겨울 나그네*Die Winterreise*》의 시인으로 대중적 낭만주의를 대표하는 빌헬름 뮐러Wilhelm Müller(1794-1827)의 영향을 받았다고 밝힌 바 있다. 하지만 그는 처음부터 낭만주의에 대한 갈등 관계를 가졌다. 그의 시작품에서 드물지 않게 대가적으로 사용된 낭만주의적 음조는 대개 이와 어울리지 않게 환상을 깨는 돌연한 급전과 풍자적 결말로 끝난다. 이것이 바로 그가 즐겨 쓴 아이러니 수법이다. 그는 자신의 시는 "하나의 상승된 요소, 즉 아이러니로 가득 차 있다"고 밝히고 있다. 하이네는 아이러니를 주된 시적 수단으로 사용하여 낭만주의의 마적 표현들을 공허한 미사여구로서 정체를 폭로하고 있다. 이것은 당연하든 부당하든 간에 인정을 요구하는 것, 숭고한 것에 대해 겉으로는 진지하게 인정하거나 칭송하는 듯한 태도나 분위기를 보이면서 속으로는 그것의 허구성을 폭로하거나 비웃음으로써 그 반대의 효과를 유발한다는, 또는 비웃어 주기 위해서 공격 대상의 가치를 있는 그대로 이용한다는 "아이러니"의 정의를 충실하게 실천한 것이다. 즉 하이네는 낭만주의자들의 환상을 공격하고 그 허구성을 백일하에 드러내기 위하여 그들이 주로 사용하던 문체 기법인 아이러니를 역으로 이용한 것이다. 이것이 하이네 시 특유의 구조적 작시법이다. 이렇게 본다면 하이네가 민요조의 4행시를 즐겨 사용한 것도 낭만주의를 공격하기 위한 하나의 방편이었다고 할 수 있다. 낭만주의 시인들은 민요에서 근원적인 것을 보았고 또 자유와 진보를 주장하는 하이네와 달리 중세를 동경하며 복고주의적 태도를 보였기 때문이다. 따라서 그의 시에서는 낭만적 감상주의와 아이러니가 서로 길항작용을 한다고 볼 수 있다. 산문화된 현실을 표현하기 위하여 그 반대상인 시적인 세계의 이상을 지향하면서도 결국 현실에서 눈을 뗄 수 없기에 그의 시에는 이 같은 아이러니의 기법이 지배하게 되는 것이다.

이른바 "낭만적 아이러니"는 원래 이상과 현실 사이의 건널 수 없는 간극에 대한 낭만주의자들의 자기 인식에서 생겨난 것으로서 시인 자신들의 무기력과 무능력에 대한 반항의 표현이자 낭만주의 개념 중의 커다란 틀을 이루는 무한성을 추구하기 위한 한 방편이었다. 이것이 하이네에게 있어서는 진지한 감정의 풍자적인 파괴로 나타난다. 그가 말하는 진지한 감정이란 개인적인 사랑의 체험과 이에 대한 환상적 서술이다. 시의 결말부의 아이러니를 통해, 즉 무자비한 현실적 여건에 대한 각성을 통해 그는 개인적 사랑의 슬픔을 도덕적으로 비판하고 있다. 그의 도덕적 비판은 대부분 한 남자의 진정한 사랑을 버리고 다른 남자에게로 도망친 믿을 수 없는 여인을 향한다(〈가련한 페터〉, 〈돈 라미로〉, 〈한 총각이 한 처녀를 사랑했네〉). 그러므로 그의 작품에서 빈번하게 돌출하여 진지한 분위기를 파괴하는 기지에 찬 표현은 낭만적 아이러니를 계속해서 사용한 결과이다. 이것은 낭만주의적 감상주의를 차용하여 현실의 각성을 꾀한 본문 변형의 한 예이다. 그의 아이러니는 특히 꿈의 세계와 현실의 세계를 절묘하게 혼합하여 보여 주는 데서 대가적으로 구사된다. 이것은 낭만주의 세계의 허황됨을 고발하는 것이기도 하지만, 여기서 눈을 돌려 현실을 직시할 것을 독자에게 호소하는 기법이기도 하다.

이에 따라 하이네의 시의 대부분은 처음에 대할 때 느껴지는 것처럼 그렇게 속뜻이 단순하지 않다. 진정한 감정과 의도된 감상성이 서로 구별될 수 없을 정도로 용해되어 있는 것이 젊은 하이네의 시의 특징이다. 그의 시적 표현은 대개 전형적인 형태에 의해 이루어지며, 시구가 물 흐르듯 유연하게 흘러가기 때문에 마치 시인 스스로 자신의 슬픔을 즐기는 듯한 느낌을 준다. 그러다가 시의 끝에 가서 시인은 느닷없이 다시 그러한 태도를 반어적으로 비웃어 버린다. 시적 환상의 세계와 냉혹한 현실의 세계가 시의 결말부에 가서 서로 부딪치며 일어나는 긴장감이 독자에게 각성을 일깨우는 것이다. 이를테면 〈세월은 덧없이 왔다가 가고〉에서 시인은 낭만주의에서 많이 사용된 판에 박힌 어휘들을 통해 자신의 심정을 토로하다가 느닷없이 시의 분위기에 어울리지 않게 "마님, 나는 당신을 사랑합니다"라는 우스꽝스러운 결말을 통해 지금까지 토로해 온 모든 감정의 진실성을 상대화시킨다. 이것은 감정의 요구와 감정의 현실 사이의 간극을 명확하게 보여 주기 위함이다. 이와 같이 시의 전반부의 아름다운 전개와 끝부분의 죽음과 같은 비극적 종말은 하이네의 부정적인 개인적 체험 세계와 "내적 분열"이라는 말로 요약되는 그의 정신적 태도를 반영하며, 그의 문학의 이중적 구조, 즉 이상과 현실, 사랑과 죽음, 그리고 문학과 정치 사이의 갈등구조를 암시하기도 한다. 그것은 그의 문학에서 진지함과 아이러니가 섞인 음조, 고통과 미소, 체념과 조롱이 함께 어우러진 표현 방식에 의해 표현된다.

3. 라인 지방의 전설과 하이네

그렇지만 하이네가 《노래의 책》의 서문에서 밝혔듯이 이 시집에는 그의 개인적 사랑과 고통뿐만 아니라, "라인 강 상류"의 전설과 그곳 사람들의 삶의 모습이 짙게 배어 있다. 그의 대표적인 시 〈로렐라이〉가 이에 대한 예증이 된다.

> 나 왜 이리 슬픈지
> 정말 알 수 없구나.
> 옛날의 전설 하나가
> 마음속을 떠나지 않는다.
>
> 바람은 차고 날은 저무는데
> 라인 강은 고요히 흐르고,
> 산마루에는 저녁 햇살이
> 눈부시게 반짝인다.
>
> 그 위엔 눈부시게 아름다운
> 처녀 하나 놀라운 자태로 앉아

황금빛 장신구를 반짝이며,
황금빛 머리카락을 빗어 내린다.

황금 빗으로 머리를 빗으며
노래 부른다.
듣는 이의 가슴을 뒤흔드는
놀라운 가락의 노래를.

그 소리에 나룻배를 젓던 사공은
걷잡을 수 없는 슬픔에 휩싸여,
암초 따위는 아랑곳하지 않고
바위 언덕만을 올려다본다.

마침내 파도는 뱃사공과
조각배를 삼켜 버렸으리라.
로렐라이의 노래 때문에
생긴 일이다.

원래 "로렐라이"는 독일의 전설이나 동화에 등장하는 인물이 아니라 라인 강을 따라 가며 받은 인상기를 적은 클레멘스 브렌타노Clemens Brentano의 소설 《고드비*Godwi*》(1801) 중의 담시 〈라인 강의 바허라흐〉에 등장하는 허구의 인물이다. 여기서 로렐라이는 한 남자의 배신으로 가슴에 깊은 상처를 받은 아름다운 바허라흐의 처녀로서 남자들을 유혹하여 그들을 재앙에 빠뜨리는 존재로 묘사되고 있다. 마찬가지로 그녀의 아름다움에 반한 주교는 그녀를 불러 사연을 들어본 뒤 세 사람의 기사를 시켜 그녀를 수녀원으로 데려가도록 한다. 하지만 그녀는 자기를 배신한 남자에 대한 마지막 생각을 가슴에 품은 채 바위 언덕에서 라인 강을 향해 투신한다. 그러자 그녀의 뒤를 따라 세 사람의 기사들도 그녀의 이름 "로렐라이"를 부르며 강물 속으로 몸을 던진다. 이 작품에서 여운과 같은 세 번의 "로렐라이"라는 외침 속에는 에로틱한 얽힘과 매혹의 브렌타노적 테마를 로렐라이-바위 언덕과 결합시켜 주는 모티프가 울린다. 왜냐하면 라인 강변에 험난하게 우뚝 솟은 그 바위 언덕은 이미 중세 때부터 사람들 사이에 메아리-바위로 알려져 있었기 때문이다. 브렌타노는 그때까지 매혹적인 여인과는 아무런 관계가 없던 그 바위 언덕에 영원한 젊음과 아름다움의 요정을 살게 만들고, 라인 강을 따라 여행하는 물방앗간 일꾼들과 황금빛 머리를 빗고 있는 요정의 모습을 배치함으로써 그리고 바위언덕 위의 그녀의 모습을 보고 비웃은 그 일꾼들이 갑작스런 폭풍에 휘말려 익사토록 함으로써 본격적인 로렐라이 언덕의 신화를 만들어 냈다.

브렌타노의《고드비》의 직접적인 영향을 받아 아이헨도르프Eichendorff와 그의 친구 뢰벤Loeben은—두 사람은 하이델베르크에서 이미 브렌타노와 친교를 맺었다—그 소재를 더욱 발전시켜, 하이네에게 보다 직접적인 영향을 주게 된다. 하이네는 뢰벤의 시가 지닌 결함을 보충하여 민요조의 소박한 리듬으로 변환시키고, 이야기의 시점을 완전히 과거로 옮김으로써("옛날의 전설 하나가") 그리고 반어적으로 거리를 둔 결말부를 통해서 그 소재로부터 개인적인 체험 내용이라든가, 인간적 정서를 끌어낼 만한 요소를 완전히 제거하였다. 여기서 개인적 체험이란 아말리에와의 불행한 사랑을 말한다. 이런 관점에서 이 시를 보는 평자는 "뱃사공"과 시적 화자를 동일인물로 보아 로렐라이가 "아말리에의 변형된 원형의 모습"이라고도 해석한다. 하지만 하이네의 〈로렐라이〉는 "옛날"

이라는 우수 어린 분위기에 자극받아 개인적 운명과 관계없는 매혹적인 요정의 모습을 하나의 전설로 만들어 보여 준다. 평자에 따라서는 이 시 역시 개인적인 배경을 떠나서 낭만주의자들에 대한 비판이라고 주장한다. 즉 이 시에 등장하는 뱃사공이야말로 현실 감각을 잃고 동화의 세계에 빠져서 헤매다가 현실감각을 잃고 좌초하는 낭만주의자에 다름 아니라는 것이다. 하이네가 사용하는 시적 아이러니의 개념이 아말리에와 관련된 전기적 해석에 대한 편향된 시각에서 벗어나게 해 준다. "옛날의 전설 하나"라는 민요조의 배경 아래서 시인은 또다시 결말부의 극적 전환을 통하여 자신의 메시지를 전달하고 있다.

물론 초기 단계에서의 라인 지방 전설의 시적 형상화에는 하이네의 개인적 체험과 감정이 짙게 반영되어 있는 것이 사실이지만, 그가 그 시절 사랑시에만 얽매여 었던 것은 아니었다. 오히려 본 대학 시절 자유주의적 독일통합을 위한 청년동맹에 가입함으로써 그는 애국 감정을 기조로 한 독일의 민주적 통합에 힘을 썼으나, 이에 두려움을 느낀 보수파 영주들이 1820년에 이들 대학생들의 정치행위를 금지시키는 결의를 함으로써 하이네는 의식적으로 낭만적 세계로 도피하여 어린 시절을 보냈던 라인 강변의 아름다운 모습과 그곳에 얽힌 전설들을 주로 노래하게 된 것이다.

돌아갈 곳 없는 방랑

빌헬름 뮐러의《겨울 나그네》

하인리히 하이네는 1826년 6월 빌헬름 뮐러에게 보낸 편지에서 그의 시를 다음과 같이 평가한다. "당신의 민요에서 내가 바라던 순수한 음향과 진정한 소박성을 발견했습니다. 당신의 민요는 그지없이 순수하고 맑습니다. 당신의 시는 그 자체가 모두 민요입니다. (…) 내가 괴테와 당신 말고는 그 어느 민요시인도 좋아하지 않는다고 말씀드리지 않을 수 없군요." 그는 뮐러를 진정한 독일적 시인으로 높이 평가하였다. 뮐러는 곧고 진실한 성품의 소유자로 알려져 있다. 게다가 시적인 재능까지 타고났기 때문에 많은 사람들이 그와 사귀고 대화를 나누고 싶어 하였으며, 당대에 많은 문학가와 시인들로부터 칭송과 사랑을 받았다. 그러나 당시의 이러한 평가에도 불구하고 만약에 독일 가곡을 정상에 올려놓은 프란츠 슈베르트가 없었다면 빌헬름 뮐러의 시는 오늘날 어떤 운명을 겪었을까? 오스카 와일드의《살로메》도 이와 같은 경우이다. 두 경우 다 음악이 원래의 문학작품을 압도한 경우라고 할 수 있을 것이다. 그러나 여기서 우리는 무조건 이 견해에 따를 수는 없다. 슈베르트가 한 친구를 찾아갔다가 친구는 집에 없고 그의 책상에 놓여 있는 뮐러의 시집을 무심코 읽고 너무 좋아서 그 시집을 주인의 허락도 없이 집으로 들고와 그 시들 중에서 몇 편을 곧장 노래로 작곡했다는 일화는 너무나 유명하다. 그렇다면 작곡가 슈베르트에게 그만한 감흥을 줄 만큼의 그 무언가가 뮐러의 시 속에 내재해 있었다고 생각하지 않을 수 없다. 게다가 시인 빌헬름 뮐러는 자신의 시가 노래로 작곡되었으면 좋겠다는 소망을 일찍부터 피력한 바 있다. 막 스물한 살이 된 패기만만한 시인 뮐러는 한 일기에서 이렇게 고백한다. "나는 악기를 연주할 줄도 노래를 부를 줄도 모른다. 그러나 내가 시를 짓는다면, 그것은 노래를 부르는 것이면서 연주를 하는 것이다. 멜로디를 내 힘으로 붙일 수 있으면 나의 민요풍 시들이 지금보다 훨씬 더 멋질 것이다. 그러나 확신컨대, 나의 시어에서 음률을 찾아 그것을 내게 되돌려 줄, 나와 비슷한 영혼을 가진 사람이 분명히 있을 것이다." 그와 비슷한 영혼을 가진 사람이 바로 프란츠 슈베르트였던 것이다.

그렇다면 뮐러의 시에서 슈베르트를 자극시킨 요소는 무엇인가. 뮐러의 시작품을 연가곡 형태로 두 편이나 작곡한 슈베르트의 혼을 흔든 것은 뮐러의 시가 갖고 있는 민중적인 소박함, 즉 꾸미지 않은 단순함과 감정에 찬 음향의 그림이었다. 그리고 항상 불행하고 고통스런 삶을 살고 있던 슈베르트에게《아름다운 물방앗간 아가씨》와《겨울 나그네》연작시 곳곳에 스며 있는 체념과 허무주의의 인생관이 큰 감명을 주었을 것이다. 1827년 10월에 슈베르트가《겨울 나그네》를 작곡하여 친구들에게 들려주었을 때 모두들 그 안에 스며 있는 생의 부정 때문에 적지 않게 놀랐다고 한다. 실제로 〈인생과 사랑의 노래〉라는 부제가 붙은《겨울 나그네》에 실린 스물네 편의 시는 시적 화자인 겨울 나그네가 사랑에 버림을 받고 추운 겨울의 벌판 속을 정처 없이 방랑하는 가운데 육체적으로 서서히 죽어 가는 과정을 그리고 있기 때문이다. 첫 시 〈잘 자요〉를 보자.

나 방랑자 신세로 왔으니,
방랑자 신세로 다시 떠나네.
오월은 흐드러진 꽃다발로
나를 따뜻하게 맞아주었지.
그 아가씨는 사랑을 속삭였고,
그 어머니는 결혼까지 말했지만—
이제 온 세상은 슬픔으로 가득 차고,
나의 길에는 눈만 높이 쌓여 있네.

떠나가는 나의 방랑길에
이별의 때를 정할 수는 없다네.
이 캄캄한 어둠 속에서
내 스스로 길을 찾아야 하네.
나의 길동무는
달 그림자뿐,
하얗게 눈 덮인 벌판에서
나는 짐승의 발자국을 찾네.

무엇 하러 더 오래 머물다가
사람들에게 떼밀려 갈 텐가?
길 잃은 개들아
집 앞에서 실컷 짖으려므나!
사랑은 방랑을 좋아해,
모두 하느님의 뜻이라네,
정처없이 떠돌 수밖에,

귀여운 내 사랑, 잘 자요!

그대의 꿈을 방해하고 싶지 않아,
그대의 단잠을 깨우고 싶지 않아,
발걸음 소리 들리지 않도록
살며시, 살며시 문을 닫네!
가면서 나는 그대의 방문에다
"잘 자요"라고 적어 놓네,
내가 당신을 생각했음을
보아 주기를 바라며.

물론 뮐러의 시에서 다른 낭만주의자들, 이를테면 아이헨도르프나 브렌타노 그리고 뫼리케의 평범한 경향이 나타나지 않는 것이 아니다. 졸졸대는 시냇물이나 샘물, 바람에 살랑대는 나뭇가지 등은 낭만주의 시 문학에서 주로 사용된 토포스 같은 것들이다. 그러나 뮐러의 미학적 이상은 "자연어"를 예술을 통해서 "정화, 순화"시키는 민요이다. 이 민요는 폭넓은 대중을 배양소 겸 공명권으로 전제한다. 그렇기 때문에 그는 시적인 "시의時宜 적절성"과 삶의 직접성을 변호하는 가운데 낡아빠진 모범의 모방을 거부하고 있다. 따라서 뮐러의 시의 중심점은 그의 시와 글의 다양성에도 불구하고 늘 "민중"으로 귀착된다. 그는 민중을 새로 시작된 위기적 상황을 풀어나갈 수 있는 잠재적인 힘으로 파악한다. 그가 중요시한 문학적 장르가 민요인 것도 그 까닭이다. 그는 민요를 이렇게 정의한다. "형식의 단순 소박성과 노래로 부를 수 있는 운율, 언어와 표현의 자연스런 솔직함, 의식적이지 않은 진지성 〔…〕 그리고 지고한 내용을 소박하게 표현하는 것." 그렇다고 이것이 후기낭만주의의 졸졸대는 시냇물이나 살랑거리는 숲의 분위기, 다시 말해 시대와 현실에 대해 아무런 이의도 걸지 않는 서정시의 무해한 태도로 되돌아감을 의미하는 것은 아니다. 시냇물이 단순히 낭만주의적 배경으로만 사용되지 않고 시적 화자와 대화를 나누고 또 삶에 지친 주인공을 받아 주는 역할을 담당한다는 것 역시 일반적인 낭만주의와 구별되는 점이다. 뮐러는 입에서 입으로 구전될 수 있는 특성을 지닌 시적 장르가 다른 어느 장르보다 더 민중 속으로 파고들 수 있다는 견해를 피력한다. 따라서 그의 문학을 대중적 낭만주의Popularromantik라고 부르기도 한다. 아힘 폰 아르님과 클레멘스 브렌타노에 의해 수집된 독일 민요집《소년의 마술피리》에 의해 촉발된 낭만주의의 민요 창작 물결은 민중이 이해할 수 있는 소박한 민요를 짓는다는 모토 아래 이제 막 생성 중에 있던 독일 민족 국가에 하나의 정신적 중심점을 부여하고 상부의 지식층과 하층민 사이에 깊게 드리운 골을 극복하고 당시 발전 중에 있던 시민층의 부정적인 모습에 거울을 보여 준다는 목표를 갖고 있었다. 사회적인 관점을 지닌 낭만주의와 비교한다면, 뮐러의 민요 역시 이런 관점을 제시한다.

1816년부터 쓰기 시작하여 1820년에 완성된 총 25편의 시로 이루어진 연작시《아름다운 물방앗간 아가씨》는 여류 시인 루이제 헨젤에 대한 흠모의 정에서 쓰여진 작품으로 젊은이의 방랑의 노래로 시작된다. 젊은 주인공은 물방앗간 견습공 수업을 마친 뒤 일자리를 구하기 위하여 이곳 저곳 방랑한다. 그는 시냇물을 따라 걷다가 숲 속에서 반짝이는 한 물방앗간을 발견한다. 그곳에 일자리를 얻은 그는 그 집주인의 아름다운 딸과 사랑을 나누는 사이가 된다. 그러나 그들의 행복은 오래가지 못한다. 어느 날 갑자기 평화로운 물방앗간에 멋쟁이 사냥꾼이 나타났기 때문이다. 아가씨는 사냥꾼에게 마음을 빼앗겨 이제는 그를 거들떠보지도 않는다. 젊은이는 실연의 아픔을 안고 그곳을 떠난다. 그를 제 품속으로 다정하게 맞아 주는 것은 졸졸 흐르는 시냇물뿐이다. 대체로 역할시Rollengedicht 형식을 띠고 있는 뮐러의 시의 주인공은 중류 이하 계층 출신의 젊은이이다. 그리고 이들 계층의 삶의 양식은 자연과 결합된 소박한 것이다. 따라서 그들의 생활감정의 표현이 주된 시적 내용이 된다. 그것은 사랑과 이별과 관련된 것이다. 그 중에서도 뮐러는 특히 이별에 더 중요성을 부여한다. 이별은 주인공을 방랑의 길로 이끈다. 방랑은 시민사회의 정체성停滯性을 고발하는 특성을 지닌, 뮐러의 문학에서 가장 중요한 모티프이다. 이때 자연이 중요한 역할을 한다. 자연은 이별의 아픔에 떠는 나그네를 받아 주는 어머니 같은 존재로 등장한다.《아름다운 물방앗간 아가씨》에서 시냇물이 바로 그와 같은 존재이다. 신비주의적이고 범凡에로틱한 분위기를 우리는 이 연작시에서 느낄 수 있다. 이것의 전제는《아름다운 물방앗간 아가씨》에서는 사랑의 실패이고,《겨울 나그네》에서는 현실과 환상 사이에서 갈피를 잡지 못하는 정신적 혼란이다. 이렇게 본다면,《아름다운 물방앗간 아가씨》에서의 시냇물의 졸졸대는 외침이나,《겨울 나그네》에서의 보리수의 애절한 손짓은 죽음에의 유혹이라고 하지 않을 수 없다. 그의 방랑은 그의 마음을 묶어 두는 무언가 자석 같은 것을 중심으로 도는 끊임없는 순환이다. 이 자석 같은 것이 그에게는 하나의 유토피아로 등장한다. 그 유토피아 왕국의 여왕은 물방앗간의 아름다운 아가씨이다. 그러나 그는 그녀와의 사랑을 이룰 수 없다. 그러기에 그의 사랑은 죽음의 정원으로 이어지는 것이다.

그렇다면 왜 뮐러는 그의 시에서 주인공으로 하여금 죽음을 열망하게 하고 있는가? 그것은 현실도피인가? 그것은 뮐러의 문학이 갖는 또 다른 측면과 직접적으로 연결된다. 현실에의 직시라는 측면에서 그것은 탈환상, 각성을 의미한다. 물방앗간 젊은이의 꿈은 이루어질 수 없다. 그가 느끼는 황량함, 고통, 삶의 권태, 전망 없음, 불행은 사회적 요소와 관련이 있다. 사랑의 실패를 가져온 것은 무엇보다도 경제적인 것이다. 누가 가난한 물방앗간 일꾼과 결혼하겠는가? 경제적인 어려움이 궁극적으로는 실존적인 심층의 차원에까지 도달한다. 《겨울 나그네》의 시 〈잘 자요〉의 "그 아가씨는 사랑을 속삭였고,/그 어머니는 결혼까지 말했지만"과 시 〈풍향계〉의 "그들이 무엇 때문에 내 고통을 물을 텐가?/그들의 딸은 이제 부잣집 약혼녀인 걸"이라는 대목이 돈이 모든 것을 결정짓는 물질만능주의적 현실을 말해 준다. "시인의 머리말" 같은 것을 통해서 겉으로는 유희적인 성격을 시에 부여하면서도 시인은 시편 전반에 사랑의 슬픔과 실존적 고독을 내용으로 깔고 있다. 《아름다운 물방앗간 아가씨》보다 시인의 더 많은 개인적 체험이 반영된 《겨울 나그네》에서는 나그네의 실존적 몰락과 자아상실의 과정이 잘 나타난다. 뮐러가 1821년에 집필을 시작하여 1824년에 완성한 《겨울 나그네》는 사랑을 잃은 젊은이가 실의와 굴욕과 슬픔에 빠진 나머지, 겨울 벌판을 정처 없이 헤매는 것으로 이야기가 시작된다. 그는 방랑자 신세로 잠시 머물렀던 마을을 떠난다. 살을 에는 듯한 찬바람을 맞으면서 눈과 얼음의 얼어붙은 세계 속을 오직 사랑했던 사람을 잊기 위해 걸어간다. 그는 절망감으로 어느덧 광기의 징조까지 보인다. 죽음을 원했지만 거부된다. 공동묘지를 그는 여관이라 부른다.

여관

길이 나를 데려다 준 곳은
공동묘지였네,
이곳에 묵어야겠군,
나는 속으로 생각했네.

너희 푸른 장례의 화환들은
지친 나그네들을
서늘한 여관으로 안내하는
표지판처럼 보이는구나.

그런데 이 여관에는
방이 모두 찼는가?
난 지쳐 쓰러질 지경인 데다
치명적인 상처를 입었어.

아, 이 무정한 여관아,
넌 나를 받아 주지 않니?
그렇다면 그냥 가자, 가자,
나의 충실한 지팡이여!

마지막에 가서 겨울 나그네는 길바닥에서 걸식하는 늙은 악사와 손을 맞잡고 눈이 펑펑 쏟아지는 풍경 속으로 비틀거리면서 사라진다. 이 과정을 세 단계로 분석해 보면 다음과 같다. 그 첫 번째는 잃어버린 행복의 장소로부터의 작별이고, 그 다음 단계는 외적, 내적으로 황량한 고독의 벌판으로 발을 옮기는 것이다. 그리고 마지막으로 나그네는 젊은 시절의 자의식 강했던 모습으로부터 죽음을 열망하는 몰락한 젊은이의 모습으로 변해 가면서 끝에 가서는 자신을 거리의 악사 같은 걸인과 동일시한다. 그 과정에서 그는 그가 갖지 못했던 것을 환상 속에서 그리워한다.

거리의 악사

저편 마을 한구석에
거리의 악사가 서 있네,
얼어붙은 손가락으로
손풍금을 빙빙 돌리네.

맨발로 얼음 위에 서서
이리저리 몸을 흔들지만
그의 조그만 접시는
언제나 텅 비어 있어.

아무도 들어 줄 이 없고,
아무도 거들떠보지 않는다네.
개들만 그 늙은이 주위를 빙빙 돌며
으르렁거리고 있네.

그래도 그는 모든 것을
되는 대로 내버려 두고
손풍금을 돌린다네, 그의 악기는
절대 멈추지 않는다네.

참으로 이상한 노인이여,
내가 당신과 함께 가 드릴까요?
나의 노래에 맞추어
손풍금을 켜 주지 않을래요?

"맨발로 얼음 위에 서서"는 버림받은 인간의 실존적 고통을 명쾌하게 표현한 구절이다. 마지막 연에서 시적 화자는 자신을 거리의 악사와 동일시한다. 그러한 동일시는 실존적 차원의 동질성에서 기인한다. 여기서 뮐러의 민요의 새로운 가능성이 엿보인다. 그의 민요는 낭만주의의 상투어를 벗어나려 한다.

그러나 이 연작시의 마지막에 등장하는 그리움은 과거에 대한 아름다운 회상이 아니라 광증에 가까운 것이다. 그의 발걸음은 점점 죽음 쪽으로 다가간다. 죽음에 대한 동경은《아름다운 물방앗간 아가씨》에서는 어머니의 품속 같은 포근함을 내포한다. 그렇지만《겨울 나그네》의 주인공은 죽는 것으로 나타나지 않는다. 그는 자신의 방랑의 지팡이 대신 걸인의 지팡이를 손에 들고 계속 방랑해야 하는 것이다. 어쩌면 뮐러는 굶주림 속의 끝없는 방랑을 그 시대의 인간의 운명이라고 본 것 같다. 가난이야말로 그 시절 박탈당한 사람들의 유일한 길동무였다. 그의 방랑은 다시 집으로 돌아갈 수 있는 성격의 것이 아니다. 즉 과거도 목표도 없는 방랑이다. 여기에는 바이런의 문학에서 보이는 일종의 영웅적 허무주의가 자리 잡고 있다. 구원받지 못하는 나그네의 모습은 예수의 수난을 연상시킨다. 괴테의《젊은 베르테르의 슬픔》에서처럼 죽음으로 도피할 수도 없기 때문이다. 실제로 괴테는 뮐러의 문학을 "야전병원의 시"라고 불렀다. 조화와 균형을 추구하는 그의 입장에서 보았을 때 뮐러의 문학은 "영원한 유대인, 아하스버"가 겪는 전망 없는 시련의 문학으로 비쳤을 것이다. 사실 우리는《겨울 나그네》의 주인공이 처한 상황에서 당시의 시대적 분위기를 읽을 수 있다. 그것이 어떻게 보면 뮐러의 작품에서 직접적으로 표출되고 있다고 볼 수 있다. 1820년대 당시 대부분의 낭만주의자들이 시대와 결별을 한 반면, 뮐러는 지속적으로 그 시대의 사회적, 정치적 현상에 대해 관심을 가지고 민중의 정신이 자유롭게 숨쉴 수 있는 진정한 자유를 갈망하였다. 그러나 나폴레옹에 대항한 해방전쟁에서의 승리 이후 오스트리아의 재상 메테르니히의 복고정치로 유럽에서의 자유의 환상은 깨져 버렸다. 마지막 장면에 등장하는 거지 악사는 그러한 잃어버린 환상을 상징한다. 그렇기 때문에 뮐러는 현실에서 벗어나 방랑하는 아웃사이더로서 이 같은 나그네의 모습을 그리는 가운데 당시대 인간들의 실존적 현실을 가림 없이 보여 주는 것이다.

도금이 입혀진 시대의 진실을 벗겨 내어 특권층의 횡포를 알리고 귀족의 시녀로 전락한 종교의 실상을 고발하는 것이 뮐러의 경구시들의 큰 역할 중의 하나이다. 그러므로 뮐러의 생각에 따르면 예술이 갖는 역할 중의 하나는 대중에게 많은 호소력을 지님으로써 그들의 생각을 바꾸는 데 있다. 그는 민중의 실상을 있는 그대로 보여 주고 그릇된 환상을 깸으로써 민중의 의식을 일깨우고자 한다. 권력을 정당화하려는 곳에서 그것을 이데올로기적으로 가면을 벗겨 버리는 의도에서 그의 시는 엄격하게 현대 정치시의 선구라고 할 것이다. 그는 또한 언어비판적인 측면도 구사한다. 낭만주의에서 사용하는 미사여구가 과연 진정한 삶과 무슨 상관이 있느냐는 것이다. 특히 틀에 박힌 표현은 시적 화자의 마음을 잘 드러내 보이지도 못한다는 것이다.

성악가들은 슈베르트가 지은 두 편의 연가곡집《아름다운 물방앗간 아가씨》와《겨울 나그네》를 평생에 걸쳐 자신의 목소리로 멋지게 해석해 내는 것을 자신이 풀어야 할 과제요 성취로 생각한다. 그리하여 지금까지 율리우스 파차크, 한스 호터, 페터 안더스, 프리츠 분덜리히, 페터 슈라이어 그리고 디트리히 피셔-디스카우 등이 이 연가곡을 모범적으로 해석해 냈다. 성악가들의 이런 의욕으로 인해 우리는 뮐러의 연작시《아름다운 물방앗간 아가씨》와《겨울 나그네》를 노래를 통해서 숱하게 들어 왔으면서도 정작 시인 빌헬름 뮐러에 대해서는 아는 것이 거의 전무하다시피 한 상태에 있었다고 해도 과언은 아니다. 다행히 최근 들어 독일에서는 뮐러의 위상을 재정립하려는 움직임이 일고 있다. 1994년 뮐러의 고향인 독일 작센 안할트주의 데사우에서 있었던, 그의 탄생 200주년을 즈음한 전시회는 그의 문학에 대한 진정한 평가를 내리는 큰 계기가 되었다. 그 결과 그는 낭만주의자 루트비히 티크의 후계자요 하인리히 하이네의 선구자로 자리매김되었다. 또한 무게 있는 시와 산문 사화집《재발견》을 엮은 베르너 크라프트는 그 책에《겨울 나그네》에 들어 있는 뮐러의 〈회상〉과 함께 몇 편의 시를 실음으로써 슈베르트의 음악만이 중요하고 뮐러의 텍스트는 음악을 위한 들러리의 역할을 했을 뿐이라는 항간의 견해를 불식시키고 뮐러의 시가 지닌 독자적인 의미를 부각시킨 바 있다. 실제로 뮐러는 시인이자 소설가로서, 문학 비평가로서 그리고 영국문학의 소개자로서—그는 무엇보다 바이런에 대한 방대한 전기를 쓴 바 있다—변화된 사회적 상황 속에서 낭만주의의 끝자락에 서서 독일 낭만주의가 계속적으로 발전하는 데 커다란 공헌을 하였다. 결론적으로 말해보자. 빌헬름 뮐러의 시가 없었다면 슈베르트가 오늘날 그의 유명한 연가곡집으로 예술가곡의 거장이라는 지위에 오를 수 있었을까?

이제는 빌헬름 뮐러의 시가—《아름다운 물방앗간 아가씨》에서는 〈시인의 머리말〉, 〈물방앗간 젊은이의 삶〉, 〈처음엔 고통, 나중엔 농담〉, 〈나를 잊어 주세요 꽃〉, 〈시인의 맺음말〉 등을 제외하고, 《겨울 나그네》에서는 시작품의 배열에서 약간의 변형까지 꾀한—슈베르트의 음악 없이도 그 자체로서 독자들에게 가까이 다가갈 수 있기를 바란다. 이 글을 작성하는 데는 빌헬름 뮐러 탄생 200주년을 기념하여 출간된 자료집 《Wilhelm Müller: Eine Lebensreise. Zum 200. Geburtstag des Dichters》(Hrsg. von Norbert Michels. Weimar 1994)가 많은 도움이 되었다.

릴케와 루 살로메의 사랑과 문학

그리움과 예술 사이에서

1

1897년 5월 12일 저녁, 협소한 체코의 프라하에서 독일의 뮌헨으로 갓 유학 나온 문학청년 르네 릴케는 야코프 바서만의 집에서, 그의 어머니에게 쓴 편지의 표현대로, "멋진 두 여인"을 소개받는다. 그것은 바로 유명한 여류 문필가인 루 살로메와 아프리카 연구가 프리다 폰 뷜로프였다. 두 여인은 그때 막 뮌헨에 도착했으며, 그곳에 몇 달 정도 머무를 예정이었다. 둘 다 릴케보다 훨씬 나이가 많았으며 교양 수준도 높았다. 이들의 지적 수준뿐만 아니라, 성숙도와 풍부한 인생 경험은 젊은 릴케의 마음을 압도하기에 충분했다. 그런데 릴케는 어떤 성향의 기본적인 유사성이 있어서인지 두 여인 중에서 유독 루 살로메에게 마음이 끌렸다.

나이 서른여섯의 금발의 루 살로메는 그로부터 15년 전인 스물한 살의 나이로 로마에서 처음 만나 사귀게 된 철학자 프리드리히 니체의 청혼을 단호하게 거절하여 스캔들을 일으켰던 장본인이었다. 그녀는 니체뿐만 아니라 그의 친구인 파울 레와도 관계를 가져 항간에 '삼각관계'의 센세이션을 일으켰으며, 이 사건은 그녀의 소설이나 니체, 입센 등에 대한 글보다도 그녀를 훨씬 더 유명하게 해 주었다.

1861년 러시아의 장군인 아버지와 독일인 어머니 사이에서 상트 페테르부르크에서 태어난 루 살로메는 어려서부터 뛰어난 재능과 불타는 탐구욕으로 주위 사람들을 놀라게 하였다. 아버지가 죽은 후, 그녀는 어머니와 함께 유럽 곳곳을 여행하였으며, 여자 대학생이 드물던 당시에 일정 조건만 갖추면 여학생의 입학을 허가해 주던 스위스의 취리히 대학에서 신학과 철학을 공부하였다. 그녀는 빼어난 미모의 소유자였으며, 스스로를 완전히 '해방된 여성'으로 생각하여, 관습에 대해 심한 거부감을 토로하곤 하였다. 그러나 겉으로 보기와는 달리 그녀는 이성간의 에로틱한 사랑과는 별 관계가 없는 삶을 살았다. 파울 레는 두 사람 사이의 우정의 표본으로 남았으며, 끝내 그녀의 애인이 될 수 없었다. 비록 니체의 지적인 매력에 끌리지 않은 것은 아니었지만 결국에는 그의 결혼 제의도 뿌리치고 말았다. 자신과 결혼해 주지 않으면 죽겠다고 그녀가 보는 앞에서 스스로 칼로 배를 찌르며 자살소동을 벌인, 베를린의 한 서아시아 언어연구소의 연구원으로 있던 프리드리히 카를 안드레아스와 1887년에 결혼을 하였으나, 그녀를 육체적으로 소유하려던 그의 희망은 헛된 것이 되고 말았다. 성적인 관계가 우정을 해칠 수 있다고 평소 생각해 오던 그녀는 진정한 결혼이란 육체적인 것보다는 훨씬 더 높은 수준에서 이루어져야 한다는 생각을 철저히 고집했던 것이다. 그렇게 지내기를 5년, 그녀는 마침내 남편에게 성숙되고 행복한 공동생활의 토대는 "서로가 서로를 향해 무릎을 꿇는 데 있다"는 것을 확신시키기에 이르렀다. 물론 다른 사람들이 볼 때 이러한 남녀간의 결합관계는 순전히 이성적理性的인 것에 불과했지만, 그녀는 다른 사람들의 생각에 조금도 개의치 않고 자신의 삶의 나머지를 이러한 이상을 추구하며 살았다. 그녀는 스스로 원하면 언제 어디에서건 스스럼없이 여행을 떠났으며, 평생 동안 관심 있는 분야를 연구하며 저술 활동에 몰두했다.

르네 릴케는 그에 앞선 다른 사람들처럼 곧 그녀의 마력 앞에 굴복하고 말았다. 그는 이미 그녀와의 직접적인 만남 이전부터, 멀리서나마 그녀에게 경탄을 보냈음에 틀림없었다. 루의 회상에 따르면, 언젠가 자기에게 편지와 함께 시를 보내 온 어느 익명의 남자의 필적이 릴케가 자기와 만난 뒤에 쓴 편지의 필적과 같았다는 것이다. 그러니까 그녀와 함께 보낸 그 "황혼의 시간"이 그에게 있어서는 처음이 아닌 셈이었다. 그가 〈그리스도 환상들〉이라는 작품을 쓴 겨울에 한 친구가 그녀의 에세이 《유대인 예수》를 보내 주었는데, 그는 이 글을 자신의 작품에서 표현하려고 했던 것의 현시로 여겼다. "어제의 그 진귀한 황혼의 시간은 내게 문득 무언가를 회상시켜 주었습니다. [⋯] 당신이 쓴 에세이는 나의 시 작품에 대해서 마치 꿈과 현실, 소망과 성취 사이의 관계에 있었습니다." 그녀와 단둘이 있었던 그날 이후로 그는 늘 그녀와의 개인적인 만남을 꿈꾸었다. 다른 사람과 함께 있는 데서는 자신의 감사의 뜻을 전할 수가 없었던 것이다. 아마도 그는 다른 기회에 자신의 몇몇 시 작품을 그녀에게 읽어 주고 싶어 했던 것 같다. 그는 그녀로 하여 자신에게 흥미를 갖도록 하기 위한 절실한 필요성에서 그녀에게 사모하는 음조로 가득한 편지를 썼다. 6월 6일에서 8일 사이에 쓴 편지를 보면 지금까지의 정중하고 얼마간 거리를 둔 'Sie'라는 호칭이 친근감을 표현하는 'Du'로 바뀌어져 있는 데서 릴케의 가슴이 그녀를 향한 열정으로 넘치고 있음이 드러난다.

> 그대를 통해서 세상을 보고 싶습니다, 그러면 나는 세상이 아니라 그대만을 볼 수 있을 테니까요, 그대, 그대만을! [⋯]

> 그대를 향해 기도를 올릴 수밖에 내가 어찌 달리 그대를 바라볼 수 있었을까요, 그대를 진실되이 믿을 수밖에 내가 어찌 달리 그대의 말을 들을 수 있었을까요, 그대로 하여 고통을 겪기를 바랄 수밖에 내가 어찌 달리 그대를 그리워할 수 있었을까요, 그대 앞에 무릎이라도 꿇을 수 있다면 좋을 수밖에 내가 어찌 달리 그대를 탐할 수 있었을까요.

어머니 같은 여인에 대한 흠모의 정이 여기서 담백한 종교적 표현 방식을 통해 표출되고 있다. 에로틱한 구애의 열정이 신비주의적인 불꽃으로 치솟은 것이다. 루와의 첫 만남 이후 1900년까지 약 3년 동안 쓰여진 릴케의 모든 사랑의 시들은 그녀를 향한 것이다.

루에게는 이러한 상황이 낯선 것은 아니었다. 그렇지만 이번에 상황이 달랐다. 몇 주가 지나자 그녀는 그의 집요한 구혼을 견디어 낼 수가 없었다. 처음 만난 다음 날 저녁 그는 그녀의 친구들과 함께 연극을 보았으며, 그로부터 3일 후에는 마침내 단둘이서 만나 자신의 〈그리스도 환상들〉의 몇몇 시 작품을 읽어 주는 데 성공하였다. 또 자신의 시집《꿈의 왕관을 쓰고》에 헌정시를 써서 그녀에게 바치기도 했다. 그가 묵고 있는 집에서 저녁식사를 함께 하는 일이 잦아졌으며, 그녀에게 자신이 쓴 단막극을 보여 주었다. 그녀를 만날 수 없을 때면, 그는 절망적인 상태에 빠지곤 하였다. "나는 몇 송이 장미꽃을 손에 들고 그것을 그대에게 드리려고 시내 복판에서, 그리고 영국식 정원의 입구에서 헤맸습니다. 현관에서 황금의 열쇠와 함께 그 꽃을 그대에게 드리지 못하고, 나는 어디서든 그대를 만나 꼭 전해 주리라는 열망으로 몸을 떨며 꽃을 손에 들고 이리저리 돌아다녔지요. 그렇지만 그것은 편지를 바다에 던져 놓고 행여나 파도가 그것을 사랑하는 사람이 있는 바닷가로 날라다 주기를 바라는 것처럼 너무나 막연한 일이었습니다." 그는 마치 버려진 아이 같았다.

아무도 모르는 먼 길을 가다가
장미 몇 송이를 발견했다네.
내 손으로 키울 수 없는 어린 가지를
들고 그대를 만나러 가고 싶네.

고향 잃은 아이들과 함께이듯
나는 그대를 찾고 있다네.
그대가 나의 가엾은 장미들을 위해
어머니가 되어 주었으면 좋겠네.

6월 초에 릴케는 징병검사 통고장을 받고 고향인 체코의 프라하로 떠나지 않을 수 없었다. 출발하기 직전까지 그는 루가 "선사할 수 있는 매일 초까지 두 손으로 꼭 붙잡았다". 이같이 갑작스런 이별은 루의 마음을 더욱 그에게로 바싹 당겨 놓았다. 친구들이 볼 때, 어릴 적 그토록 증오했던 군대라는 제도와의 새로운 만남에 대해 릴케 스스로 혐오감을 느끼고 있는 것 같지는 않았다. 그는 그저 가능한 한 빨리 그녀에게로 되돌아오는 것만을 생각하고 있었으며, 검사 결과를 전보로 알리겠노라고 하였다. 또 편지로 "그리움의 노래"를 계속해서 부치겠노라는 내용의 글도 적어 보냈다. 그러나 다행스럽게도 그리움의 노래는 다른 내용으로 쓰여지게 되었다. "나는 이제 바로 옆에서 그리움의 눈을 바라보게 되었으니까요. 그리고 그리움은 나의 손을 더욱 꼭 잡고 나를 인도합니다." 그는 사실 그의 사랑에 대한 메아리를 기대할 수 있었다. 그가 프라하로 출발하기 하루인가 이틀 전에 두 사람은 함께 뮌헨의 남쪽에 위치한 볼프라츠하우젠이라는 곳으로 소풍을 나간 적이 있었다. 그곳에 가서 두 사람은 공손히 예절을 지켜 가며 함께 있었다(왜냐하면 여성의 해방을 부르짖는 여인이기는 했지만 루 살로메는 남편과의 관계를 고려하여 관습을 깨뜨리길 원치 않았기 때문이다). 병무청에서 기다리는 동안 릴케는 초조함에 몸 둘 바를 몰랐다. 그러나 그는 이미 6월 4일에 "자유입니다, 곧 즐거움을 함께 할 수 있겠어요"라는 내용의 전보를 칠 수가 있었다. 이틀 후에는 벌써 그녀와 함께 있었다.

몇 년 후에 이 시절을 회상하면서 루는 릴케를 그녀의 삶에서 "처음으로 보는 진실된 존재"로 느꼈다고 고백했다. 그녀가 볼 때, 그는 "육체와 인간이 구별할 수 없을 정도로 하나로 구현된 존재였다". 그래서 "나(루)는 그대(릴케)가 사랑의 고백으로 내게 말한 '당신만이 진실됩니다'라는 말을 토씨 하나 빠뜨리지 않고 그대로 그대에게 고백할 수 있었을지도 모릅니다. 이 때문에 우리는 친구가 되기 전에 애인이 되었지요…". 그녀는 릴케보다 나이도 많고 여러 가지 면에서 경험도 풍부했지만, 그것이 그녀에게는 첫번째 성적 체험이었다. 그러나 그녀는 처음부터 그러한 관계가 지속될 수도, 또 지속되어서도 안 된다는 사실을 잘 알고 있었다. 그녀에게 있어서 첫 번째 계율은 정상적이지는 않지만, 실제적으로나 감정적으로 만족할 만한 남편 안드레아스와의 관계를 해치지 않는 데 있었다. 그녀는 릴케의 재능을 공평무사하게 평가했으며, 이 예술가에 대한 지적인 태도에 덧붙여 그로 하여 그의 재능을 충분히 꽃피울 수 있도록 도와주려는 어머니 같은 욕구까지도 품고 있었다. 그것 역시 그녀 스스로 거부할 수 없는 경험이었다. 그녀를 경탄시킨 것, 그녀로 하여 매력을 느끼게 한 것은 릴케에게 있어서 독특한 정신과 감각의 결합, 그의 자연스런 남성다움, 그리고 삶이 제공하는 모든 것에 대해 기꺼이 마음을 열어 놓는 자세 등이었다.

르네 릴케는 그녀에게 사로잡히고 말았다.

> 모든 아름다움의 뿌리에서 나와, 그대는 나를 향해 오지요.
> 나의 봄바람 그대여, 그대는 나의 여름비,
> 그대는 은총받은 어떤 자도 나에 앞서 지나간 적이 없는
> 수천의 길을 가슴에 품은 유월의 밤이라오.
> 나는 그대 안에 있어요!

그녀에게 그의 작품을 읽어 주며 보낸 시간은 "어떤 다른 보다 높은 존재의 세계 속에 살고 있는 듯, 다른 모든 것으로부터 동떨어진 꽃이 만발한 섬에 있는 것 같았다". 그녀는 목마른 자를 위한 "산골짝의 물"이었으며, "왕홀王笏이 여왕에게 속하듯, 마지막 작은 별이 밤에 속하듯" 그는 그녀의 것이었다. 그는 "새로운 시기의 첫 여명"을 느꼈으며, 이미 지나간 모든 것과 그의 이전의 삶의 모든 인간들을 던져 버리려 하였다. "나는 지나는 길에 이들이 그럴 만한 가치가 있다면 이 사람들의 묘비 위에다 희귀하고 시든 회상의 말이라도 바치겠습니다. 이들에게 감사드리지 않고는 못 배길 정도로 나는 행복하기 때문이지요. 그리고 그들이 지금 내게 말하는 그 언어는 묘비 위에 쓰여진 언어입니다. 그러므로 그들이 한마디 말을 하면, 나는 차갑게 굳어 버린 글자만을 손에 쥐고 어루만질 뿐입니다. 나는 이 죽은 사람들을 행복하게 칭송하겠습니다. 왜냐하면 그들은 나를 실망시키고 오해하고, 또 학대하여, 결국엔 당신에게 이르게 해 주었으니까요—오랜 고통의 길로 이끌었던 것이죠."

릴케는 자신이 쓴, 초기의 죽음을 동경하는 분위기의 단편소설과 스케치를 루에게 읽어 주고, 그 후 "이 모든 것은 이제 더 이상 나의 것이

아닙니다. 이것들은 이제 완전히 저세상의 것입니다. 그렇습니다, 내가 버리고 떠나온 옛날의 정원의 것입니다"라는 내용의 편지를 띄웠다. 그는 현재 자신이 처해 있는 변화를 분명히 느끼고 있었다.

> 언젠가 내가 소망의 씨앗을 뿌렸지만
> 그후로 그냥 버리고 떠난 정원처럼
> 그곳에 나의 오랜 비탄이 잠들어 있어요.
>
> 소망들이 꽃으로 피어날 때까지
> 기다리는 것이 나는 싫었어요.
> 쉽게 피어난다 해도 이젠 늦었지요.

릴케는 바야흐로 이전의 창작의 경련과 지루한 감상성에서 벗어난 것이다.

> 모든 사람들이 나의 두 눈에서 활활
> 타오르는 복되이 구원받은 영혼을
> 볼 것만 같은 생각이 듭니다.

6월 14일에 두 사람은 뮌헨을 떠나, 루는 여자 친구 프리다와 함께 볼프라츠하우젠에 있는 조그만 집으로 들어갔고, 릴케는 첫 이틀 동안은 이웃마을에 숙소를 정했다가 곧 그들과 합류했다. 얼마 후에 그들은 적당한 거처를 찾았다. 아담한 집이었는데, '루'와 '프리다'를 따서 '루프리트'라고 재미있는 이름을 붙였다. 그곳에 머물며 그녀는 프리다가 떠나기 전까지는 네덜란드에 있는 아우그스트 엔델을 자주 방문했다. 어쨌든 릴케에게는 그 여름의 전원이 "새로운 시기"를 의미했다. 자연에 대한 루의 사랑, 해 뜰녘의 여명 속에서 동물들을 관찰하는 것, 그리고 맨발로 이슬 맺힌 풀밭 사이를 거니는 것 등은 처음으로 현실에서 멀리 떨어져 있던 도회지 시인 릴케의 낭만화 태도를 이 지상으로 끌어 내려 주었다. 두 사람은 함께 이탈리아 르네상스를 공부하였다. 그녀의 강렬한 영향 아래서 그는 그녀가 보기에 음악적 매력은 있으나 전체적으로 별로 끄는 구석이 없는 초기 작품의 과장된 억지에서 차차 벗어나, 보다 단순하고 정갈한 문체를 추구하게 되었다.

루 살로메는 릴케를 부자연스러운 데다가 여성적으로 들리는 '르네'라고 부르는 것이 싫어서, 그 이름 대신에 "소박하고 아름다우며 독일적인" '라이너'라는 이름을 사용했다. 릴케는 이 이름을 금방 수용하여, 이후로 그는 '르네 릴케'라는 이름을 버리고 '라이너 마리아 릴케'를 정식으로 사용하기 시작하였다. 이해 여름에 생긴 급변의 외적인 징표는 그때까지 거의 알아볼 수 없을 정도로 흘려쓰던 글씨를 깨끗한 필체로 바꾼데 있다. 이 필체는 그 후 그가 자신의 시나 편지를 쓸 때 그의 예술을 나타내는 큰 힘이 되었다.

두 사람은 나눌 수 없는 전체 중의 각각의 반쪽 같았으며, 나아가서 "마치 친남매, 즉 근친상간이 신에 대한 모독 또는 죄가 되기 이전의 선사시대에서 온 사람들 같다"고 루는 생각하였다. 그녀가 고백했듯이, 사랑의 열정이 극에 달한 순간에 그녀는 이 같은 생각을 충분히 할 수 있었을 것이다. 릴케는 그녀와 똑같은 생각을 어느 날 그녀의 방에다 놓고 나온 다음 시에서 이렇게 털어놓았다.

> 내 눈빛을 꺼 주소서, 그래도 나는 당신을 볼 수 있습니다,
> 내 귀를 막아 주소서, 그래도 나는 당신의 목소리를 들을 수 있습니다,

발이 없어도 당신에게 갈 수 있고,
입이 없어도 당신의 이름을 부를 수 있습니다.
내 팔을 부러뜨려 주소서, 나는 손으로 하듯
내 가슴으로 당신을 끌어안을 것입니다,
내 심장을 막아 주소서, 그러면 나의 뇌가 고동칠 것입니다,
내 뇌에 불을 지르면, 나는 당신을
피에 실어 나르겠습니다.

그렇지만 대부분의 이러한 유의 시적 분출은 그 두 사람 공동의 자체 검열을 통과하지 못했다. 루는 남편에게 언제나 솔직했지만, 릴케의 이러한 감정의 토로의 기록들을 아무렇게나 두어 남편이 우연으로라도 읽게 됨으로써 공연히 그의 가슴을 아프게 하고 싶지는 않았다. 남편 안드레아스는 7월의 마지막 주에 "루프리트"로 왔으며, 평화로운 행복을 방해하지 않고 한 달 동안 머물렀다. 그녀가 사태의 진정한 국면을 이야기하려고 하면, 그는 그것을 굳이 들으려 하지 않았다. 릴케는 때때로 요령 있게 뮌헨으로 자리를 떴으며, 그곳에서 8월의 이틀 동안을 마침 그를 찾아온 아버지와 함께 보냈다.

루는 릴케를 위해서 모든 것을 버릴 만큼 자신의 이 첫 번째 육체의 요구에 굴복하지는 않았다. 이미 계획되었던 쿠프슈타인 방문을 취소하였으며, 9월에는 그를 혼자 남겨 두고, 의사인 프리드리히 피넬레스 집안과의 약속을 지키기 위해 할라인으로 가기도 했다. 이 사람은 그녀가 1895년에 빈에서 알았는데, 나중에 릴케보다도 더 폭풍 같은 그녀의 구애자가 되었다. 어쨌든 그녀는 마음속으로는 그녀 스스로 정해 놓은 확실한 구별을 변함없이 고수했다. 그 구별은 안드레아스와 결혼한 뒤 18개월쯤 되어서 일기책에다 써놓은 것인데, 바로 우정, 육체적 사랑,

그리고 결혼 사이의 구별을 의미한다. 결혼의 경우에는 "결코 상대방을 묶는 것이 아니라, 자연스레 묶여 있는 것"이며, "모든 우정상의 관심사를 초월하는 그 무엇으로서, 훨씬 더 깊고, 훨씬 더 높은 것"이다. 즉 두 사람의 파트너가 향해서 올라가려고 노력하는 일종의 산꼭대기와 같은 것이다. "(외양뿐만 아니라) 서로 간에 깊이 속해 있는가에 대한 인식", 특히 종교에 가까운 의미로, 아니면 적어도 순수 이념적인 의미로라도 그러한가 하는 인식이다. "서로 간에 주로 감각적으로 사랑에 빠진 사람들이 왜 결혼까지 하는지 나는 결코 이해할 수가 없었다"라고 그녀는 적은 바 있다.

그녀가 이렇게 느끼고 있었다는 것을 릴케는 아주 천천히나마 통찰하지 않을 수 없었다. 그 스스로도 그처럼 지적, 예술적 재능을 지녔다는 데서 더욱 상승작용을 일으켜, 한 여인에게서 그토록 불타는 듯한 매력을 느껴 본 적은 없었다. 그때 그는 루에게서 이상적인 여인, 즉 그의 영혼과 육체를 위한 이상적인 동반자를 발견한 것으로 철석같이 믿고 있었다. 그녀가 할라인에 가고 없는 사이 릴케는 불행한 사랑의 종말을 체험한 어느 예술가의 삶과 작품을 읽고 그녀에게 이런 글을 썼다. "두 사람이 서로를 성적性的으로 아는 것만이 중요한 것은 아닙니다. 제때에 서로를 발견하고, 외부에서 밀려오는 폭풍에 함께 맞설 수 있도록 서로의 소망 속에 함께 성장할 수 있는 깊고도 조용한 축제를 갖는 것이 아주 중요합니다 〔…〕 두 사람이 함께 불행해질 수밖에 없는 상황이 오기 전에, 함께 마음 깊이 축복을 느끼고, 또 그들의 입술엔 친숙한 미소를, 그들의 그리움에 친숙한 영혼을 보장해 주는 공동의 성스러운 추억을 마련해 놓아야 합니다." 그가 이제 가을의 안개에 묻혀 또다시 혼자 체험한 "루프리트"의 "조용한 축제"와, 그들이 함께 나눈 "성스러운 추억"은 루와 함께라면 삶이 가져다주는 어떤 일이든 극복할 수 있다는 확고한 신념을 그에게 심어 주었다.

2

볼프라츠하우젠에서 보낸 "부지런한 여름" 후에 새로이 얻은 이 자신감에 고무되어, 그는 거처를 옮겨 보려는 강한 열망에 사로잡혀 있었다. 뮌헨대학을 그만두겠노라는 그의 소식을 접하고 그의 장래가 염려가 되어 8월에 그를 찾아왔던 아버지로부터 도망친 그는, 나중에야 비로소 프라하로도 돌아가지 않겠다는 소식을 띄웠다. 경제적인 독립의 길은 아직 아득했다. 그러나 막상 베를린이라는 세계가 그의 앞에 펼쳐지자, 그것도 성취 불가능한 꿈으로만 보이지는 않았다.

루는 남편과 함께 베를린 근교의 슈마르겐도르프라는 마을에서 검소하게 살았다. 그곳은 숲과 넓은 평야에 인접해 있었지만, 포츠담 역에서 불과 15분 거리밖에 떨어져 있지 않았다. 라이너는 그곳에서 멀지 않은 빌머스도르프에 아늑한 거처를 마련했다. 그는 자신의 이사 사실을 어머니에게 전하면서, 이름을 바꾼 것에 대해서도 썼다. "르네라는 이름은 밖으로 사용하기엔 좀 부자연스럽고 거추장스럽다고 생각돼요"(그녀는 그의 이사 소식에 대해서 아버지보다는 걱정을 덜했다. 베를린의 문학세계가 뮌헨보다 그에게 더 많은 가능성을 제공해 줄 것이기 때문이었다. 라이너로 이름을 바꾼 것도 그렇게 신경에 거슬리지는 않았다. 하지만 그녀에게 그는 언제나 '르네'로 남았으며, 그녀는 이후에도 그를 늘 그렇게 불렀다).

그해 겨울에 릴케가 루와 얼마나 가깝게 지냈는지는 말하기 어렵다. 그는 자주 슈마르겐도르프에 손님으로 들렀으나, 그곳에서는 두 사람이 볼프라츠하우젠에서 누렸던 자유는 찾지 못했던 것 같다. 그러나 루가 베를린의 문단 사람들과 사귄 것은 그를 위해서는 더없이 중요한 일이었다. 예술적으로나 학문적으로 저명한 사람들을 늘 자기 주변에 두기를 좋아했던 그녀와 함께 릴케도 시인 슈테판 게오르게 일파의 시낭송회의 동아리로 들어갈 수 있었다. 극작가 게르하르트 하우프트만의 형인 카를 하우프트만에게 자신의 드라마를 들려주기도 했다. 게르하르트 하우프트만에 대한 경탄에서 그들은 많은 공통점을 갖고 있었다. 루 살로메와 함께 그는 이탈리아 르네상스에 대한 관심을 충족시켜 나갔다. 그해 말에 그는 15세기 문학과 예술의 세계 속으로 깊이 빠져들었으며, 단테의《신곡》을 번역해 보려 하였고, 이탈리아의 피렌체로 여행하기로 마음을 굳혔다.

이탈리아에 온 그는 4월 15일에 일기를 쓰기 시작했다. 이것이 바로 기행문 형식으로 된《피렌체 일기》로서 이것을 그는 하얀 가죽으로 제본하고, 그 위에 피렌체 백합 문양으로 장식하여 루에게 헌정하였다. 여기에는 그가 이탈리아의 르네상스 문화를 보고 느낀 것, 즉 신, 사랑, 아름다움, 그리고 예술 등에 대한 그의 초기의 견해가 처음으로 견고한 사고의 폭을 얻어 총망라되어 있다. 그 당시에 많은 시를 썼는데, 대부분이 그의 "먼 여인"인 루에 대한 흠모의 마음에서 생겨났다. 그리하여 이 시들은 루와의 만남 이후로 그녀에 대한 사랑을 기록해 놓은《그대의 축제를 위하여》와 더불어 하나의 테마로 묶여질 수 있는 것이다.《그대의 축제를 위하여》는 그녀 남편과의 관계를 고려하여 출간하지 않았으며, 그녀와의 합의하에 이 시집의 몇몇 시들은 폐기처분하였다.

6월 중순에 마침내 이루어진 루와의 재회는 불꽃처럼 타오르던 릴케의 사랑의 희망에 커다란 못을 박았다. 루는 이미 오래전부터 그렇게 느꼈듯이 그들의 관계가 그리 오래 지속되지 못하리라는 것을 아주 명확하게 의식하고 있었다. 이 김빠진 며칠 동안 릴케는 그녀의 과거의 불행한 추억만을 발견했으며, 결코 그녀의 기쁨을 다시 살려 낼 수 없었다. 처음엔 릴케의 상심이 몹시 컸다. "이번엔 내가 부자, 주는 자, 짐 진 자, 주인이 되고 싶었지요. 그러면 당신은 내게로 와서 나의 세심한 배려와 사랑을 받으며, 내가 베푸는 대접을 받을 줄로 알았지요. 그런데 이번에도 역시 나는 그토록 넓고 안전한 기둥 위에서 쉬고 있는 당신의 본질의 마지막 문턱에 서 있는 아주 보잘것없는 거지가 되고 말았어요." 내심 예술에 있어서 루를 따라잡아 보려는 의도를 품고 다녀온 이탈리아 여행은 그러므로 실패였다. 여러 면에서 그녀는 그를 능가하고 앞서 있었다. "당신의 현악기의 줄은 그리도 풍부하군요. 내가 아무리 멀리 달아났다고 생각해도, 당신은 언제나 저만치 앞서 가고 있거든요." 그는 "미래로 가득하여" 돌아와, 그녀를 생각하며 쓴 자신의 여행기록인《피렌체 일기》를 그녀에게 갖다주었으나, 그것을 보는 그녀의 눈길에서 기쁨은 고사하고, 그에게 문학에 대한 용기나 북돋아 주려는, 그의 마음을 상하게 하는 말밖에 듣지 못했다. 그녀의 동의가 없다면 그가 자연과 예술에서 경험한 아름다움은 아무 가치가 없었다. 그리하여 그는 그녀를 "뭐 대단한 존재처럼" 생각하는 여자라고 미워하기에 이르렀다. 자기를 깔보는 듯한 그녀의 태도에서 나온 위로의 말이 그로서는 참을 수가 없었던 것이다.

3

베를린으로 돌아온 후에 릴케는 슈마르겐도르프에 있는 발트프리덴 별장에 방을 하나 얻었다. 가문비나무 숲에 면해 있는 그 집은 루 살로메의 집 근처에 있었다. 루는 그에게 그녀의 가사일을 이것저것 시켰으며, 그를 자신이 의도한 대로 만들어 가고 있었다. 라이너는 그녀의 요리나 장작 패는 일 따위를 도와 주었으며, 두 사람은 함께 맨발로 숲을 거닐었다. 때로는 사슴들이 숲에서 나와 그들의 주머니에 든 먹이를 핥아먹기도 하였다. 저녁 때면 그들은 방에 앉아 조용히 책을 읽었다. 볼프라츠하우젠의 전원 풍경이 다시 살아난 듯했다.

이러한 분위기 속에서 릴케는 루 살로메 부부와 함께 1899년 4월 27일, 러시아의 부활절 바로 직전에 모스크바를 향해 여행길에 올랐다. 러시아 여행은 릴케가 루와 함께 초포트에 머물고 있을 때 계획된 것이었다. 이 여행에서 그는 모스크바의 부활절 종소리에 깊은 감명을 받았으며, 레핀이나 톨스토이 같은 많은 인물들을 만났다. 또 도서관이나 박물관 등지를 찾아다녔고 푸시킨 축제에도 참가했다. 이 첫 번째 러시아 여행 기간 동안 루와 릴케의 관계가 어떠했는지에 대한 직접적인 증거는 찾아볼 수 없다. 안드레아스와 함께 루가 그녀의 친정인 상트 페테르부르크에 묵었고, 라이너는 다른 곳에 거처를 정했다는 점을 감안하면 더욱 그렇다.

첫 번째 러시아 여행에서 미흡하여 불편을 겪었던 러시아어나 러시아 문화와 역사에 대한 공부를 충분히 한 후 1900년 5월에서 8월까지 릴케는 루 살로메와 단 둘이서 두 번째 러시아 여행길에 나섰다. 모스크바와 키에프, 카산, 니쉬니-노브고로드, 상트 페테르부르크 등지를 방문한 이 여행의 막바지에 가서 두 사람 사이가 소원해지고 릴케는 러시아에서 돌아와, 이미 이탈리아에 있을 때부터 알고 있던 젊은 화가 하인리히 포겔러를 찾아 화가촌인 보릅스베데로 갔다. 보릅스베데에서 릴케는 새로운 교우관계를 맺게 되는데, 무엇보다 여류화가인 파울라 베커와 여류조각가 클라라 베스트호프와의 만남은 그에게 새로운 삶의 활력을 불어넣어 주기에 족했다. 두 여인 중에서 릴케는 파울라 베커에게 더 마음이 끌렸으나, 그녀가 그곳에 있던 다른 화가인 모더존과 결혼하자, 갑자기 클라라 베스트호프와 결혼하기로 마음을 굳힌다. 슈마르겐도르프에 들른 릴케로부터 그가 클라라와 결혼할 것이라는 이야기를 들은 루는 당혹감을 감추지 못했다. 그녀는 릴케가 그렇게 극적으로 결혼하리라고는 미처 생각지 못했던 것 같다. 그리하여 그들은 앞으로는 마음을 나누지도, 편지를 쓰지도 않을 것임을 예감하며 헤어졌다. 그러나 그녀는 서로에게 위급한 경우가 생겼을 때는 서로 연락하자는 말을 꺼내려 했으나, 차마 입이 떨어지지 않아, 그것을 쪽지에다 써 주었다. "언젠가 당신이 기분이 좋지 않거든, 우리 집에 와서 고통의 시간을 견디도록 해요." 그녀와 작별할 때의 그의 떨리는 심정은 다음 시에 그대로 드러나 있다.

> 나는 어둠 속에 마치 눈이 먼 듯 서 있어요,
> 나의 눈길이 그대를 향한 길을 찾지 못하기 때문이죠.

그녀는 그에게는 "가장 어머니 같은 여인"이었다. 그가 "만난 사람 중 가장 부드러운 여인"이었다. 그러면서도

> 내가 상대한 사람 중 가장 강한 자였죠, 그대는.
> 그대는 나에게 축복을 내린 높은 존재였지요.
> 그대는 나를 삼켜 버린 심연이 되었지요.

라고 했다. 루는 그가 처음으로 "들판으로 나올 때" 통과한 문이었으며, 그녀를 통해서 그는 "과잉된 청춘의 충동 속에서" 성숙을 발견할 수 있

었다. 반면에 그녀는 그를 통해서 비로소 자신의 청춘을 발견했고, 청춘 속으로 자라났다.

《말테의 수기》의 초반부에 기록되어 있듯이 릴케가 파리 시절에 겪었던 극도의 노이로제는 그로 하여 다시 루에게 구원의 편지를 쓰게 만들었다. 떠나는 릴케에게 루가 마지막에 했던 그 말이 그대로 실천된 셈이다. 이리하여 처음에는 단순한 애정관계에 지나지 않았던 두 사람 사이는 점차 정신과 영혼을 나누는 벗의 관계로 발전하게 되었으며, 이후로 이러한 관계는 릴케가 죽을 때까지 변함없이 지속되었다.

4

루 살로메가 릴케에게 끼친 영향을 정확하게 규정하는 일은, 체코의 프라하에서 뮌헨으로 유학 오기 전까지 만해도 보잘것없던 일개의 문학청년이 전 세계적인 명성을 획득한 위대한 시인으로까지 성장한 배경을 알아보는 과정에서 꼭 필요하다고 여겨진다.

루와의 만남은 릴케의 삶에서 분명 중요한 사건 중의 하나였다. 나중에 삶을 회고하면서 그가 그녀와 만나기 전과 만남 이후의 시기를 분명하게 구분한 것만 보아도 알 수 있다. 릴케는 1924년에 투른 운트 탁시스 부인에게 보낸 편지에서 "루라는 이 비상한 여인의 영향이 없었다면, 나의 모든 문학적 발전은 이처럼 다양한 길을 걷지 못했을 것입니다"라고 고백한 바 있다. 당시의 루와 릴케의 관계는 혼란스럽고 온전치 못한 젊은이에 대한 성숙한 여인의 우월함으로 규정되었다.

릴케가 루 살로메에게 감사해야 할 것은, 여러 면에서 아직 애송이에 불과한 스물두 살의 그가 그의 불행한 어린 시절의 체험과 관련해 볼 때 매우 중요한 의미를 지니는, 매력적이며 지성과 교양을 겸비한 어머니 같은 서른여섯의 여인과 사랑을 경험했다는 데 있다. 릴케가 쓴 일기 중에 이런 글이 있다. "그때 나는 그리도 가련한 모습으로 당신에게 갔습니다. 마치 아이나 다름없이 그대, 풍요로운 여인에게 다가갔지요. 그리고 당신은 나의 영혼을 당신의 두 팔로 안아 얼러 주었습니다. 〔…〕 그러고는 깊숙이 허리를 굽혀 나의 이마에다 키스를 해 주었지요." 세월이 흐르면서 정신적인 인도자이자 깊은 벗의 관계로 바뀌어 간 이 사랑은 그의 영혼의 살림에서 언제나 확고한 위치를 지킨, 릴케에겐 뜻하지 않은 선물이었다. 릴케는 루와의 만남에서 자기 자신을 찾아가는 길을 발견하고 삶의 커다란 현시를 받았다. 루의 영향 아래서 릴케의 과도한 감정의 분출이라든가 그 반대 현상인, 그를 언제나 기습하곤 하던 침체감 같은 것이 많이 누그러졌다. 루가 없었다면 그는 자기 자신으로부터 거리를 유지할 수가 없었을 것이다. 이러한 영향 아래서, 다른 사람들에게 의존하며, 많은 시간을 찻집이나 출판사 편집실, 그리고 극장을 전전하던 문학청년 릴케는 오랫동안 혼자서 지내는 법을 터득하게 되고, 지금까지는 그저 자신의 문학의 무대세트 역할에 그쳤던 자연을 경험할 줄 아는 시인으로 성장하게 된 것이다. 자연 풍경, 날씨 그리고 짐승들을 심미적으로 의식하게 되고, 주로 채식을 즐긴다든가, 맨발로 걷는다든가 하는 것이 그것이다. 이슬 맺힌 풀밭 위를 맨발로 걷는 것은 낡고 신경쇠약에 걸린 문명의 응석받이인 릴케에게는 중요한 사건이었다. 릴케의 생각엔 그렇게 함으로써 마치 자신이 자연으로 돌아가고, 또 잔디를 직접 발로 밟음으로써 자신을 위해 유용한 대지의 재생적 힘을 만들어 내는 것처럼 보인 것이다. 감수성이 별로 없는 사람이라면 그러한 단순한 행동이 그토록 지속적인 감동을 주지는 못했을 것이다.

또 릴케에게 예술적 안목을 넓히는 계기를 주어, 어느 평자로 하여 "릴케는 정말로 이탈리아에서 다시 태어났다"라는 말을 하게 한 이탈리아 기행과 두 번에 걸친 러시아 여행은 루의 독려가 없었으면 불가능했을 것이다. 이탈리아의 르네상스 예술, 러시아의 성화에 그려진 신의 모습, 그곳 사람들의 삶의 태도와 드넓은 자연 경관 등은 릴케의《피렌체 일기》와《기도시집》에서 절실한 표현을 얻고 있다.

그의 인간 됨됨이의 두 가지 본질적인 측면은 이 사랑의 체험이 그의 본질의 가장 깊숙한 층에까지 침투했음을 알려 준다. 그가 평생을 루가 시정해 준 대로 자신의 필적을 고쳐 썼다는 것과 자신의 이름을 끝까지 '르네'라는 세례명이 아닌 '라이너'로 쓴 것이 그것이다.

루는 릴케에게 세기 전환기의 중요한 사상의 흐름을, 특히 생철학과 니체를 소개시켜 주었다. 루를 만나고 나서야 릴케는 미학의 문제를 본격적으로 개진하기 시작했다. 그때까지 예술비평가로서의 그의 활동은 주로 신간에 대한 서평에 국한되어 있었을 뿐, 예술이론의 근본 문제에 대한 논의는 전혀 고려하지 않았다. 1897년 8월 초에 뮌헨에서 쓰여진 이른바 〈뮌헨 예술 서한〉은 무엇보다도 예술과 삶의 관계를 다루고 있다. 이전의 시에서는 삶이라는 말이 거의 등장하지 않는다. 나온다 해도 미래지향적인 측면에서가 아니라, 데카당스적 분위기를 잔뜩 풍기고 있다.

'삶'의 개념은 루와의 만남 이후에야 비로소 제대로 규정되었다. 1897년 중엽부터는 새로운 태도가 두드러지는데, 그것은 릴케가 이제 삶에서 벗어나 예술로 가려는 것이 아니라, 예술을 통해서 삶 속으로 들어가려 한다는 것이다. 1898년 초에 그는 "예술이란 목표가 아니라 길입니다"라고 쓰고 있다. 예술을 목표로 볼 때 "언제나 삶과 예술행위 사이에 간극이 생기지 않을 수 없는 것이다". 예술과 삶 사이의 이러한 연관성을 끌어내기 위해서 릴케는 먼저 '삶'에 대한 그의 견해를 바꾸어야 했다. 그가 말하는 '삶'은 일상이나 과거와는 동일시될 수 없는 '모든 것을 포괄하는 삶'이 된 것이다. 물론 이것은 루와 생철학의 영향으로 볼 수 있다.

릴케가 이같이 삶과 예술을 하나로 볼 수 있게 된 것은, 그가 동경해 마지않던, 꿈에서나 그리던 사랑이 현실에서 그대로 실현되었다는 데서 기인한다. 즉 루를 만나기 한 달 전에 쓴 〈나는 가슴에 수천의 질문을 품고 있네〉라는 시에서 나오는 "가슴에 달린 종을 쳐 줄 여인"이 현실에서 그대로 나타났기 때문이다. 무엇보다도 루는 릴케가 죽을 때까지 인간적인 안식처의 감정을 주었다. 이것은 릴케가 죽기 2주전에도 다름 아닌 루 살로메에게 그의 생애 마지막 편지를 썼다는 데서도 확인되는 사실이다.

5

시집《그대의 축제를 위하여》는 앞서 언급했듯이 사정상 릴케의 생전에는 출판되지 않았고 루만이 이 시들을 알고 있다가, 나중에 독일의 인젤 출판사에서 내놓은《릴케전집》의 제3권에 실렸다. 이 시집에는 1897년 5월에서 1898년 5월까지 1년 동안의 기간에 뮌헨, 베를린, 피렌체 등지에서 쓰여진 시들이 담겨져 있다. 사랑의 모든 증거들을 없애 버리기로 한 두 사람의 결정에 따라, 릴케가 육필로 정서해 놓은, 원래 적어도 100 편 정도 되던《그대의 축제를 위하여》의 시들 중 48편만 남고 나머지는 모두 폐기되는 운명을 겪었다.

루 살로메와의 관계는 시집《꿈의 왕관을 쓰고》나《강림절》등에서 나타나던 초기 릴케의 유아독존적인 자세의 전향을 이끌어 냈다. 시집

《그대의 축제를 위하여》에서 우리는 릴케의 창작상의 한 측면인 창조적인 자극을 외부에서 받아들이는, 열린 예술가적 존재에 대한 견해를 발견할 수 있다.

'루와의 사랑'을 주제로 하고 있는 까닭에 이 시집은 장르상으로 '체험시Erlebnislyrik'의 영역에 포함시킬 수 있을 것이다. 릴케는《그대의 축제를 위하여》를 극히 개인적인 것으로 간주했다. 따라서 이 시집은 시적 자아와 시인의 자아가 그대로 일치되는 체험시의 모범을 구현한다. 시인의 체험 내용이 시 예술 속에 그대로 표현되어 있는 것이다. 특히 릴케에게 있어서는 새로운 시도인, 전체 시의 배열을 연대기적으로 맞추어 놓은 것 역시 이러한 체험 연관성을 말해 준다.

《강림절》의 사랑시들에서 찾아볼 수 있는, '나'와 '너'의 보완에서 비로소 생겨나는 통일성 내지 조화의 감정이《그대의 축제를 위하여》에서는 더욱더 선호되고 있다. 이러한 보완의 과정은 주로 동작 동사들을 통해서 표현된다. 특히 '주는 것'과 '받는 것'이 그것인데, 이 관계에서 그 역할을 바꾸어 생각할 수도 있다. 그러나 '그대'가 주로 '주는' 역할로서 능동성을 많이 띠는 것으로 확정되어 있다. 예를 들어 다음 시를 보자.

> 내가 때때로 마음속으로
> 한 만남을 다른 만남과 비교해 보면,
> 그대는 언제나 풍요로운 부자요,
> 나는 궁색한 걸인이랍니다.
> 그대가 조용히 나를 바라보며 살다,
> 조그만 미소도 띠지 않고 단숨에
> 옷 속에서 그대의 손을 끄집어내면,

그대의 아름다운 은은히 빛나는 가녀린 손을…

그대는 그 손을 놀림도 경쾌하게
나의 두 손의 내밀은 접시에다
마치 선물처럼 놓아 줍니다.

이와 반대되는 모티프인 '주는 것'은 시집의 첫 번째 시에 잘 나타나 있다.

나 그대에게 사랑을 주겠네,
그대와 나를 이어 줄 사랑을 주겠네.
나의 하루에서 그대 생각 한 편을,
나의 밤에서 꿈 하나를 주겠네.

우리는 복되이 만났다 생각되고,
그대는 나의 지친 두 손에서
흠집 없는 다정함을 장신구처럼
풀어 준다 생각되네.

여기서 '그대'는 그냥 받지 않고, 취한다. '나'는 그냥 주는 것이 아니라, 가져가도록 한다. 여기서 사랑시는 능동적인 창조 과정의 산물이 아니라, 외부에서 오는 자극에 대해 수동적으로 마음을 열어 놓은 결과임을 알 수 있다.

'주는 것'과 '받는 것'의 이 같은 기본관계는 이 시집에서 또 '이끄는 것'과 '따라가는 것', '말하기'와 '듣기', '기도하기'와 '청들어 주기' 등의 다른 변형된 꼴들로 발전한다.

그대는 압니다, 나의 피곤한 의지가
그대 앞에 무릎을 꿇고 앉아,
'그대 정적이 되어주소서…'라고 애원한 것을.
그때 그대는 그 청을 들어주었지요.

그대는 보았습니다, 뜨거운 입김 속에
그 의지의 꽃다발과 힘이 쇠잔해진 것을.
그래서 그 의지는 시원함이 필요합니다.

그때 그대는 숲과 같았습니다.

그리고 그대는 수천의 깊이를 가졌고,
벌판처럼 거칠고 넓어졌습니다.
그리고 독특한 그대의 본질에서
많은 목소리가 솟구쳐 나왔습니다.

호소 조의 어투가 많은 시에서 기도의 성격을 띠고 있다. "나에게 다시 정갈한 것을 주소서/행동의 기쁨과 쉴 권리를 주소서"라든가 "그대 나의 하늘이여, 나를/그대의 길로 이끌어 주소서" 등의 구절을 예로 들 수 있을 것이다. 릴케의 작품상으로 전기의 결산이라 할 수 있는《기도시집》의 음조가 이미 여기에 존재하고 있다. 특히 이 시집보다 일 년 이상 뒤에 씌어진《기도시집》의 1부가 그렇다. 의미론상으로 볼 때 기도조의 어투뿐만 아니라, '나'와 '너'의 보완, 그리고 유겐트슈틸Jugendstil의 영향을 강하게 받은 장식적 성격의 제스처와 움직임 역시《기도시집》

과의 연관성을 말해 준다. 특히 유겐트슈틸적 요소로는 수없이 등장하는 손놀림이 그것인데, '두 손을 아이의 금발에 얹어놓다', '덩굴을 살며시 밀어젖히다', '옷 사이에서 손을 꺼내다', '하얀 손으로 손짓하다', '양팔을 펼치다', '축복을 내리다' 등을 말할 수 있다. 그 밖에 선처럼 움직이는 동작을 나타내는, '떨다', '흐르다', '미끄러지다', '흔들리다', '숙이다', '빠지다', '올라가다', '떨어지다' 같은 동사들 역시 유겐트슈틸의 한 양식이다.

시집《그대의 축제를 위하여》에 그대로 흔적을 남긴 루 살로메와의 만남은 릴케로 하여금 자신의 문학행위를 예술과 삶의 관계라는 성찰의 틀에서 다시 평가하게 만들었다. 사랑의 체험을 테마화한《그대의 축제를 위하여》와 비교하여 릴케는 그 이전의 시를 구속력이 없는 것으로 규정하였다. 또 루와의 만남 이전의 시기를 그는 이미 1897년 11월에 "의미도 한계도 없는 맹목적인 시기"라고 지칭하였다. 이로써 릴케가 루와의 만남을 그의 예술의 새로운 규정 및 실제적인 시작과 연결시켰음을 알 수 있다.

독일의 동시

무지개

요제프 구겐모스

무지개다,
어서 나와 보아라!
빨강, 주황,
노랑, 초록 그리고 파랑!

저렇게 멋진 색깔은
이 세상 어느 누구도
저리 가까운 하늘에다
그려 놓지 못할 걸.
무지개는 태양이
황금빛 손으로
떠도는 비구름 위에다
그려놓은 거야.

Der Regenbogen

Josef Guggenmos

Ein Regenbogen,
komm und schau!
Rot und orange,
gelb, grün und blau!

So herrliche Farben
kann keiner bezahlen,
sie über den halben
Himmel zu malen.
Ihn malte die Sonne
mit goldener Hand
auf eine wandernde
Regenwand.

나는 겨울을 그린다

요제프 구겐모스

나는 그림을 그린다,
멋진 그림을 그린다,
나는 겨울을 그린다.
땅은 하얗게,
나무는 검게,
뒤쪽 하늘은 회색으로.

그 밖엔 아무것도 없다,
정말 아무것도 없다,
사방에 보이는 거라곤 아무것도 없다.
다만 나무 위에는,
검은 나무 위에는
두 마리의 검은 까마귀가 웅크리고 앉아 있다.

그런데 까마귀들은,
두 마리의 까마귀들은 뭘 하는 걸까,
나뭇가지 위에서 뭘 하는 걸까?
그들은 그곳에 앉아,
날지도 않고 꼼짝 않고 있다.
그들은 추위에 떨며 침묵하고 있다.

내가 그린 겨울 풍경을
보는 사람은
뼛속까지 겨울을
느끼리.
너무나 춥고 온몸이 떨려
두꺼운 스웨터를 껴입으리.

Ich male mir den Winter

Josef Guggenmos

Ich male ein Bild,
ein schönes Bild,
ich male mir den Winter.

Weiß ist das Land,
schwarz ist der Baum,
grau ist der Himmel dahinter.

Sonst ist da nichts,
da ist nirgends was,
da ist weit und breit nichts zu sehen.
Nur auf dem Baum,
auf dem schwarzen Baum
hocken zwei schwarze Krähen.

Aber die Krähen,
was tun die zwei,
was tun die zwei auf den Zweigen?
Sie sitzen dort
und fliegen nicht fort.
Sie frieren nur und schweigen.

Wer mein Bild besieht,
wie's da Winter ist,
wird den Winter durch
und durch spüren.
Der zieht einen dicken Pullover an
vor lauter Zittern und Frieren.

아이들의 손

한스 바우만

네덜란드 아이와
흑인 아이와
중국 아이가
놀이를 하면서
진흙 속에 손을 넣는다—
어서 말해 보아라, 어느 것이
누구의 손인지.

Kinderhände

Hans Baumann

Ein Holländerkind
ein Negerkind
ein Chinesenkind
drücken beim Spielen
die Hände in Lehm—
nun sag: Welche Hand
ist von wem?

한겨울에 새들은 창가에서 기다린다

베르톨트 브레히트

1

나는 참새야,
얘들아, 나는 정말 지쳤어.
지난해 동안 난 너희를 위해 소리쳤거든,
까마귀가 상추밭에 날아들 때마다 말야.
어서 내게 먹을 것 좀 줘.
참새야, 어서 이리 와.
참새야, 네게 낟알을 줄게.
그리고 일해 줘서 정말 고마워!

2

나는 딱따구리야.
얘들아, 나는 정말 지쳤어.
난 지난여름 내내 부리로 쪼아
벌레들을 몽땅 없애 버렸어.
어서 내게 먹을 것 좀 줘.
딱따구리야, 어서 이리 와.
딱따구리야, 네게 벌레를 줄게.
그리고 일해 줘서 정말 고마워!

3

나는 지빠귀야.
얘들아, 나는 정말 지쳤어.
나는 지난여름 내내

꼭두새벽부터 이웃 정원에서 노래를 불렀어.
지빠귀야, 어서 이리 와.
지빠귀야, 네게 낟알을 줄게.
그리고 일해 줘서 정말 고마워!

Die Vögel warten im Winter vor dem Fenster

Bertolt Brecht

1

Ich bin der Sperling.
Kinder, ich bin am Ende.
Und ich rief euch immer im vergangenen Jahr,
Wenn der Rabe wieder im Salatbeet war.
Bitte um eine kleine Spende.
Sperling, komm nach vorn.
Sperling, hier ist dein Korn.
Und besten Dank für die Arbeit!

2

Ich bin der Buntspecht.
Kinder, ich bin am Ende.
Und ich hämmerte die ganze Sommerzeit,
All das Ungeziefer schaffe ich beiseit.
Bitte um eine kleine Spende.
Buntspecht, komm nach vorn.
Buntspecht, hier ist dein Wurm.
Und besten Dank für die Arbeit!

3

Ich bin die Amsel.

Kinder, ich bin am Ende.

Und ich war es, der den ganzen Sommer lang

Früh im Dämmergrau in Nachbars Garten sang.

Amsel, komm nach vorn.

Amsel, hier ist dein Korn.

Und besten Dank für die Arbeit!

옛날 노래

베르톨트 브레히트

하나. 둘. 셋. 넷.

아버지는 맥주가 한 잔 필요해.

넷. 셋. 둘. 하나.

엄마는 맥주가 하나도 필요 없어.

Liedchen aus alter Zeit

Bertolt Brecht

Eins. Zwei. Drei. Vier.

Vater braucht ein Bier.

Vier. Drei. Zwei. Eins.

Mutter braucht keins.

독일에서 동시Kinderlyrik란 "운을 갖춘 언어나 혹은 운을 갖지 않은 언어로 어린아이나 어른이 열 살 정도의 아이들을 위해 만든, 읽거나 암송하거나 또는 노래로 부를 수 있는 텍스트"를 말한다. 독일의 동시는 브렌타노와 아르님에 의해 수집된 낭만주의 시대의 민요 모음집《소년의 마술피리》를 빼놓고는 이야기할 수 없다. 독일 국가의 가사를 쓴 호프만 폰 팔러스레벤이 동심의 세계와 그 비밀을 우리에게 전해 주는 통역사로 통하는 이유는 그가 바로 이 민요 모음집의 세계를 철저히 계승하고 있기 때문이다. 그의 작품에서는 뻐꾸기 소리로부터 썰매타기와 눈사람 그리고 목마에 이르기까지 동심의 세계의 모든 것이 등장한다. 헤르더와 독일 낭만주의 시대 이래로 독일 동시의 특징은 무엇보다도 민중성과 자연스러움, 그리고 단순, 소박성에 있다. 괴테의 〈들장미〉가 보여 주는 민요 조의 소박성은 우리가 익히 알고 있는 사실이다. 오늘날에도 동시가 널리 사랑을 받고 있는 이유 역시 동시가 갖는 소박성 때문이다. 그렇기 때문에 동시는 그 무엇보다도 소박성이 생명이라는 주장까지도 등장한다. 독일에서 현재 가장 사랑받고 있는 동시 시인은 요제프 구겐모스이다. 그는 동심에 직접 호소하는 어린애다운 어투를 구사한다. 그의 동시 〈무지개〉를 보자.

무지개다,
어서 나와 보아라!
빨강, 주황,
노랑, 초록 그리고 파랑!

저렇게 멋진 색깔은
이 세상 어느 누구도

저리 가까운 하늘에다
그려 놓지 못할걸.
무지개는 태양이
황금빛 손으로
떠도는 비구름 위에다
그려 놓은 거야.

Ein Regenbogen,
komm und schau!
Rot und orange,
gelb, grün und blau!

So herrliche Farben
kann keiner bezahlen,
sie über den halben
Himmel zu malen.
Ihn malte die Sonne
mit goldener Hand
auf eine wandernde
Regenwand.

원문에서 보듯 각운을 정확하게 맞춘 것은 동시의 음향적 특징을 나타낸다. 이것은 어린아이들이 천성적으로 좋아하는 말놀이에 초점을 맞춘 것이다. 민요에서 연유하는 이러한 특징은 오늘날의 동시에도 여전히 살아남아 있다. 민요의 소박성과 연관해서 동시 역시 표현의 간결성이 또 따른 특징이다. 동시에는 옛날부터 내려오는 민요의 속성이 그대로 보존되어 있다. 이처럼 과거의 전통이 고스란히 보존되어 있는 시의 영역도 드물다. 테마와 모티프는 어린아이들의 수준에 어울리는 것으로 유지되고 있다. 물론 현대의 산업화되고 기술화된 사회의 변화에 따라 예전의 자연 위주의 소재에서 탈피해 내용상으로 자동차나 로켓 그리고 우주인이 등장하기도 한다. 또한 한스 바우만의 〈아이들의 손〉에서처럼 인종차별 같은 정치적인 문제가 취급되기도 한다.

동시를 쓰는 시인은 어린아이만을 독자로 염두에 두어서는 안 된다. 다시 말해 그는 자신의 내면에 숨어 있는 동심을 향해 말을 걸어야 한다. 이것은 요제프 구겐모스가 한 말이다. 그것은 또한 동시가 거짓이 아닌 진정성을 가져야 한다는 뜻을 내포한다. 동시는 살아 있는 인간을 대상으로 해야 한다는 뜻이다.

다른 한편으로, 동시가 갖는 가장 큰 역할은 무엇보다도 어린아이의 교육이다. 이런 교육적 경향은《소년의 마술피리》이후로 계속 이어지고 있다. 1808년에 아르님과 브렌타노가 펴낸《소년의 마술피리》의 부록에는 다음 같은 시가 실려 있다.

> 어서 일어나라, 아이들아,
> 해가 중천에 떴다,
> 어서 꼬까옷을 입고,
> 집을 나서야지.
> 오늘은 소풍가는 날.

이러한 전통적인 교육 이상理想은 거의 모든 동시 작가들에게서 살펴볼 수 있다. 계몽주의 시대에 동시가 나타난 것도 동시에 도덕적인 내용이 들어가게 된 결정적인 배경이다. 또한 동시를 쓰는 대부분의 시인들은 직업이 교사이거나 아니면 적어도 교육자적인 사고를 지닌 사람들이었다. 일반적으로 진정한 동시의 창시자로 알려진 프리드리히 뤼케르트 역시 당시 계몽주의적 분위기를 좇아 구체적인 교육적 목표를 동시에서 추구하였다. 19세기에는 시민적인 미덕을 가르치는 일을 동시가 떠맡았다. 오늘날의 잘 알려진 동시 시인 하인리히 자이델의 〈닭과 잉어〉에서도 여전히 겸손의 미덕을 강조하는 측면이 엿보인다.

그러나 특별한 종류의 도덕주의자들은 시민적인 미덕과 다른 측면의 교육을 강조한다. 빌헬름 부쉬, 리하르트 데멜, 크리스티안 모르겐슈테른, 요아힘 링엘나츠, 베르톨트 브레히트 등이 여기에 속한다. 이를테면 동시에서 반전체주의적인 교육을 지향하는 내용이 등장하는데, 베르톨트 브레히트가 이런 경향을 대변한다. 그에게 있어서 시문학과 교수법은 별개의 것이 아니다. 오히려 그는 시에 있어서 교육적인 효과를 가장 중요한 것으로 본다. 브레히트는 풍자적인 동시를 써서 동심의 세계로 다가간다. 브레히트의 시는 지금도 아동과 청소년을 위한 시 모음집에 빠지지 않고 늘 실리고 있다. 그는 전통적이고 소박한 시적 형식을 구사하며 늘 어린이를 염두에 둔 창작을 한다. 시집《100편의 시》에 실린 시 〈한겨울에 새들은 창가에서 기다린다〉에서 브레히트는 새들에 대한 의인화, 새들의 요구에 대한 아이들의 답변, 민요풍의 후렴 등을 통해 동심의 세계를 효과적으로 되살리면서 여기에 교육적인 내용을 담아 보여 주고 있다. 이렇게 해서 그는 어린아이들에게 창조적인 글 읽기를 요구하는 것이다. 아이들은 이 텍스트를 통해서 노동의 신성함을 배운다. 뿐만 아니라 사회 현실에서 벌어지는 노동과 임금 관계에 대해 관심을 갖게 된다. 새들은 여름에 일을 하기 때문에 겨울이 되면 그 대가로 임금을 받는다는 내용이다. 브레히트는 동시가 갖는 자연스런 지시적 기능을 높이 평가하고 있는 것이다.

현대에 와서는 동시에서 행해지는 압운을 사용한 낱말 놀이가 구체시와 난센스시에도 영향을 주고 있다. 그만큼 동시의 영역이 다양하다는 뜻이다.

카프카 문학의 비밀을 여는 열쇠

인간의 본질과 소외

한 사람의 독자로서 프란츠 카프카(1883-1924)의 작품을 읽고 나서 느끼는 감상은 도대체 그가 소설을 통해서 무슨 이야기를 의도한 것인지 구체적으로 꼬집어서 말할 수 없다는 것이다. 그것은 그가 구체적이고 일상적인 이야기를 다루는 것처럼 작품을 진행시키다가 갑자기 비현실적이고 몽환적인 사건으로 결말을 맺는 데서 오는 당혹스러움에서 연유한다. 《소송》의 주인공 K는 영문도 모르는 채 "개처럼" 죽임을 당하고, 〈판결〉의 주인공 게오르크는 아버지가 내린 사형 판결에 아무런 저항이나 의심 없이 개천으로 몸을 던져 자살한다. 또 〈변신〉의 경우처럼 주인공 그레고르는 우리의 상식적인 사고의 틀을 깨고 처음부터 까닭도 없이 한 마리의 흉측한 벌레로 변하여 등장하기도 한다. 하지만 바로 이러한 납득하기 어려운 상황들이 카프카의 작품이 지니는 고유한 아름다움이자 비밀이다. 그런데 아무리 위대한 작품이라도 그 작품이 비밀을 간직하기만 하고 그것을 열 수 있는 열쇠를 우리에게 제공하지 않는다면 오히려 그로 인해 작품의 아름다움은 파괴될 수밖에 없다.

카프카 문학의 비밀을 열기 위하여 지금까지 매우 다양한 해석의 열쇠들이 사용되었다. 이를테면 신과 인간의 관계에 주목한 신학적 해석 방법, 프로이트의 심리학에 기초한 정신분석적 해석 방법, 사회주의적 리얼리즘에 기반을 둔 해석들, 카뮈와 사르트르에 의해 시발된 실존주의적 해석 방법 그리고 문학사회학적 해석 방법 등이 그것이다. 그러나 이러한 해석 방법들은 나름대로 타당성은 있으나 카프카 문학의 전모를 시원하게 밝혀 주지는 못했다. 따라서 우리는 카프카 문학을 앞에 두고 어차피 비평의 한계를 인정할 수밖에 없으며 각자 나름대로 자신의 독법에 따라 카프카의 세계를 머릿속에서 재구성하지 않을 수 없다. 나는 여기서 카프카의 작품을 소시민적 가정환경 및 자본주의적 사회현실과 관련시켜 읽어 보려 한다.

많은 연구자들은 카프카의 문학적 정수가 배어 있는 작품으로 〈변신〉(1912)을 꼽고 있다. 특히 상례를 벗어난 주인공의 충격적인 "변신"은 많은 연구자들의 눈길을 이 작품에 머물게 만들었다. 〈변신〉은 어느 날 아침 문득 잠에서 깨어나 무시무시한 갑충으로 변해 있는 자신의 모습을 발견하는 외판원 그레고르 잠자에 대한 이야기로 시작된다.

> 그레고르 잠자는 어느 날 아침 뒤숭숭한 꿈에서 깨어났을 때 침대에 누워 있는 자기 몸이 보기 흉한 해충으로 변해 있는 것을 발견했다. 그는 갑각처럼 단단한 등을 지고 누워 있었으며, 머리를 약간 쳐들자 활처럼 줄이 죽죽 간 갈색의 둥근 배가 보였다. 배의 꼭대기에는 금세라도 미끄러져 떨어질 듯이 이불이 간신히 얹혀 있었다. 다른 덩치에 비해 형편없이 가느다란 수많은 다리들은 그의 눈앞에서 어쩔 줄 모르고 아른거렸다.
>
> '이게 도대체 무슨 일이지?'

주로 변신한 주인공 자신의 시각에서, 그렇지만 3인칭 화자의 입장에서 아주 상세하게 자신이 처한 존재 상황 속에서 올바르게 역경을 헤쳐

나가려 시도하는 그의 모습과, 가족들의 혐오 속에 역시 마지못해 하는 누이동생에 의해서 돌보아지다가 마침내 비참하게 굶어죽기까지의 과정이 침착하고 담담한 어조로 객관적으로 그려지고 있다. 이야기의 시작과 함께 이미 환상적이고 마적인 세계가 개입된다. 우리의 눈으로 보기에 아무런 죄가 없는 인간이 어처구니없는 변신의 운명을 겪는 것이다. 주인공의 섬뜩한 변신은 아주 침착한 어조로 확언되고 있다. 이렇듯 부조리한 어법이 카프카가 사용한 서사 기법의 가장 전형적인 특징이다. 그레고르는 자신의 새로운 존재 형식에 대해 처음에는 별로 놀라지 않는다. 그는 귀찮은 듯 헛것을 본 것일 뿐이라고 치부해 버리려 한다. "'좀 더 자고서 이 모든 멍청한 것들을 잊으면 괜찮아지겠지'라고 그는 생각했다." 그에게 "변신"보다 더 의아스러운 것은 4시에다가 맞추어 놓은 자명종이 울리는 소리를 자신이 못 들었다는 것이었다. "그런데 온통 가구를 다 흔들어 놓는 그 시끄러운 소리를 못 듣고 편안히 잠을 잔다는 게 가능한 일인가?" 그것은 가능한 일이었다. 왜냐하면 그레고르 잠자는 스스로 그렇게 명확하게 의식하고 있지는 못했지만 결코 제때에 눈을 뜨고 싶은 생각이 없었기 때문이다. 여기까지도 독자의 궁금증인 "변신"의 원인에 대해서는 아무런 언급이 나오지 않는다. 여기서 우리는 그레고르가 충실한 외판원이자 그 집안의 경제적 대들보라는 너무나 자연스럽게 보이는 사실에 주목해야 한다. 그는 그의 노동으로 벌어 먹여 살리는 그의 가족들 속에서 완전히 고립된 채 살고 있다. 따라서 아무런 이유도 없이 벌레로 변하게 된 원인을 구체적으로 따져 본다면 그의 다음과 같은 불평이 단서가 될 수 있을 것이다. "나는 어쩌다가 이렇게 힘든 직업을 택했담! 해가 뜨나 해가 지나 늘 돌아다녀야만 하니. 자기 가게를 갖고 집에서 일하는 것에 비해 직업상의 스트레스가 너무 커.

게다가 이런 출장의 부담까지 안고 있으니. 기차 연결도 신경 써야 되고 식사는 형편 없는 데다가 불규칙하고 인간 관계도 한결같지 않고 자꾸만 바뀌어서 진심으로 사람 사귀기도 어렵고 말이야. 귀신이 이런 거 다 안 잡아가나!" 그레고르는 늘 직업의 세계에 시달리며 영업 관계로 출장을 다녀야 하는 자신의 삶의 방식에 대해 항의한다. 그 항의가 그의 모든 직업적 여행을 불가능하게 만드는 큰 갑충으로의 변신으로 명백하게 표현되었다고 할 수 있다. 반란적인 무의식이 외적인 형상으로 나타난 것이다. 다시 말해 고정된 삶의 방식에서 벗어나고 싶은 욕구가 갑충으로 변하는 계기가 된 것이다. 이와 같은 내적 욕구의 외적 분출은 카프카가 독일 표현주의 세대에 속하는 작가라는 측면을 시사해 주는 요소이기도 하다. 하지만 왜 하필이면 그의 가족들이 모두 놀라서 뒤로 주춤 물러설 정도의 그토록 "서글프고 구역질나는 형상"인 "무시무시한 벌레"로 변한 것인가? 카프카 문학의 대표적인 연구자인 빌헬름 엠리히는 카프카의 작품에 등장하는 동물상을 겉보기와 달리 긍정적인 차원에서 파악하고 있다. 이러한 동물 형상들은 무의식의 밑바닥에 깔려 있는 꿈의 세계를, 이성적 사고 이전의 인간 상태를 표현한다는 것이다. 이러한 본원적인 상태는 인간이 자아를 실현할 수 있는 상태를 말하기도 하며, 인간의 자아 본래의 모습이기도 하다. 무시무시한 해충으로 변신하는 모티프는 카프카가 1906년에 쓴 유고작 〈시골에서의 혼례 준비〉에서 이미 사용된 바 있다. 여기서 주인공 라반은 그레고르처럼 회사에 고용되어 자신의 고유한 삶을 살지 못하고 사회적 구속에 얽매여 있는 샐러리맨이다. 결혼을 위해 받은 2주간의 휴가 동안 약혼녀를 찾아 시골로 가면서 아까운 시간을 써 버려야 한다는 강박관념에 사로잡힌 그는 자신은 딱정벌레 모습으로 침대에 누워 자유를 만끽하고 몸뚱어리만 시골로 보낸다는 공상에 빠진다.

“나의 부모님만 아니었더라면, 나는 진작 사표를 냈을 거야. 사장 앞에 가서 내 속마음을 그대로 다 털어놓았을 텐데. 그러면 그 자는 책상에서 바닥으로 굴러 떨어지고 말았을 걸!” 그레고르의 항거는 이미 오래전부터 마음속에 도사리고 있었던 것이지만, 양친과 여동생에 대한 경제적 고려에서 그것은 무의식 속으로 밀려나 있었다. 그는 외판원이 되어 아버지의 사업상의 실패에서 온 빚을 갚고 있으며, 온 가족을 부양하고 이 굴욕적인 희생에서 오히려 자부심과 행복을 얻고 있다. 그러나 그의 이러한 행복은 겉으로만 그럴 뿐이다. 흉측한 벌레의 형상은 그의 불행한, 노예와 같은 실존과 그의 오랜 억눌린 저항심을 표현해 주는 것이다. 그렇지만 그레고르는 의식적으로 자신의 변신을 믿으려 하지 않고 또다시 자신의 직업의 세계 속으로 되돌아갈 것만을 생각한다. 그 역시 시민적 업무의 세계에서 스스로 행복하다고 여기고 있는 것이다. 소시민적인 사고체계와 가치체계 속에 사로잡혀 있는 그의 의식은 자신의 본래의 자아를 인식하지 못하고 있다고 하겠다.

카프카의 경우, 작품에 나타나는 그로테스크한 형상은 현실 뒤편에 억눌려 있는 진실을 백일하에 드러내 주는 역할을 한다. 그레고르의 가족이 이러한 진실 앞에 경악하는 것은 놀라운 일이 아니다. 왜냐하면 이렇게 현실적으로 드러나게 된 그레고르의 흉측한 모습에 대한 책임이 그들 자신에게 있기 때문이다. 모든 일에 천식 같은 수동성에 사로잡혀 있는 어머니, 은퇴 후 신문을 뒤적거리거나 침대에 누워서 시간을 보내고 있는 아버지, 별로 힘들지 않은 생활을 하고 있는 누이동생의 태도가 이를 말해 준다. 가족은 그레고르가 그들을 위해 노예처럼 일하도록 만듦으로써 그를 억압하고 있다. 이것은 마르크스의 용어로 “소외된 노동"의 개념으로 설명될 수 있다. 소외된 노동이란, 생산적인 활동인 노동이 목적 자체가 아니라 다만 생활수단으로 전락하는 노동을 말한다. 이때 인간은 극심한 자기소외를 겪고 자신의 내적인 본질을 상실하기에 이른다. 그러한 비생산적인 노동의 강요로부터 벗어나고 싶어하는 그레고르의 모습에는 카프카 자신의 모습이 반영되어 있다. 카프카는 관료, 즉 노동자상해보험공사 직원으로서의 자신의 직업을 늘 한탄하였으며 자신의 진정한 노동인 글쓰기를 위해 이로부터 해방을 꿈꾸었다. 그레고르는 자신의 생존이 아닌 아버지의 부채를 갚고—이것은 아버지에 의한 노동의 착취이다—또 가족을 부양하기 위한 노동에 시달리기 때문에 더욱더 소외를 느끼고, 그로부터 해방을 꿈꾼다. 그 욕구의 결과로 나타난, 아니 자기소외의 극단적인 결과로 나타난 경악스런 그레고르의 모습에서 가족들은 자신들의 비인간성을 보게 되고, 그 결과 그들은 그로부터 도망치게 된다. 여기서 우리는 그들이 그레고르를 진정한 가족 구성원으로보다는 그들의 생존에 책임을 진 부양자 정도로만 보았음을 간파할 수 있다.

> 그레고르는 속으로 말하고 나서 어둠 속을 빤히 응시하면서 자신이 이렇게 멋진 집에서 부모와 여동생에게 그 같은 삶을 제공할 수 있다는 데 대해 뿌듯함을 느꼈다. 그러나 만약에 지금 이 모든 평안함과 이 모든 유복함 그리고 이 모든 만족스런 생활이 끔찍하게 종말을 고하게 된다면 어찌될까? 그런 생각에 휩쓸리지 않으려고 그레고르는 차라리 몸을 움직이기로 마음먹고 방 안을 이리저리 기어다녔다.
>
> 그 긴 저녁 시간 중 언젠가 한 번은 한쪽 쪽문이, 다른 한 번은 다른 쪽 쪽문이 살짝 열렸다가 얼른 닫혔다. 누군가가 안으로 들어오려다가 사뭇 머뭇거린 모양이었다. 그레고르는 이제 거실 문 쪽에 가서 바짝 붙었다. 머

> 뭇거리고 있는 방문객을 어떻게든 안으로 들어오도록 하거나 아니면 적어도 그가 누구인지 알아볼 요량으로. 그러나 문은 더 이상 열리지 않았고 그레고르는 헛되이 기다렸다. 오늘 새벽, 문들이 다 잠겨 있을 땐 모두들 그가 있는 방 안으로 들어오려 하더니만, 한쪽 문은 그가 열어 놓은 채로 있고, 또 다른 쪽 문들은 그날 낮에 열려진 채로 있는 지금엔 아무도 찾아오지 않았으며, 열쇠도 이젠 바깥쪽에 꽂혀 있었다.

그레고르를 본래의 인간의 모습으로 되돌려 줄 수 있는 유일한 방책이 있다면, 그것은 그의 가족들의 주저함이 없는 동정일 것이다. 출근 시간이 지나도록 방에서 나오지 않았을 때만 해도 온 가족은 그의 방문 앞에 나타나 시끌벅적한 관심을 표명한다. 그러나 벌레로 변한 그의 모습을 보자 그들은 그로부터 도망치고, 이로써 다시 한번 그리고 더욱 적나라하게 그들의 진짜 얼굴 모습을 보여 준다. 그들은 해충의 모습에서 그들의 아들이자 오빠를 알아보고 그를 사랑해 줄 마음의 여유가 없다. 이것은 〈시골의사〉에서도 비슷한 양상으로 등장한다. 의사는 오로지 의사이어야 한다. 그러나 의사, 나아가서 남을 치료하고 도와주어야 할 인간은 인류의 고통, "죽을 지경에 이른" 소년의 옆구리에 난 커다란 상처를 보고서 뒤로 물러선다. 이것은 독일 중세 기사문학의 대표작인《파르치팔》에서 주인공 파르치팔이 병에 걸린 암포르타스의 상처를 보고도 동정의 말을 하지 않아 나중에 그에 대한 대가를 치르게 되는 것과 같다. 그레고르의 운명에서 소름 끼치는 대목도 바로 이것이다. 동정은커녕 그레고르의 아버지는 어느 날 제 방에서 밖으로 나온 갑충 그레고르를 향해 사과를 마구 집어던지며 귀찮도록 몰아대고 치명적인 상처를 입히기까지 한다. 아들에 대한 잔인함이 드러나는 이 대목에서 아버지와, 그레고르가 다니는 회사의 사장이 동일한 인물로 투사된다. 아버지는 사장의 채무자이며, 억압받는 채무자로서 아버지는 그 억눌림을 아들에게 대물림하고 있는 것이다. 갑자기 아버지는—〈판결〉에서처럼—아들에게 치명적인 지배자의 인물로 자라난다. 카프카는 여기서 그의 작품에서 언제나 대두되는, 아버지의 전횡에 대한 비판을 변주하고 있다. 이것은 아버지로 대표되는 구세대와 아들로 대표되는 신세대 사이의 치열한 암투, 즉 20세기 초에 두드러졌던 아버지 콤플렉스이다. 그들 사이의 갈등에는 무엇보다 경제적인 문제가 개입되어 있다. 갑충으로 변한 아들의 존재는 경제적으로 아무런 도움이 되지 않는다. 아버지에게 있어서 돈을 벌어 올 수 없는 자는 아무런 자기주장을 할 수가 없다. 인간이 노동적 가치로 평가되는 상품화 또는 사물화의 과정을 보여 준다. 이것은 그레고르가 다니는 회사의 업무대리인의 견해에서도 마찬가지이다. "우리 장사꾼들은 몸이 조금 아픈 것 정도는 장사를 위해서라도 될 수 있는 대로 참고 넘어가야 한다는 것이죠"라는 그의 말에서는 세기말의 거품경제 시대의 능률 원칙의 냄새가 물씬 풍긴다. 다시 집안의 경제권을 잡은 아버지의 번쩍이는 제복을 입은 모습에서 우리는 카프카가 그리는 가족사회의 위계질서가 자본주의적 사회의 권력 이데올로기에 기초하고 있음을 감지할 수 있다.

싫어하던 노동의 세계로부터의 해방은 변신으로 나타났지만 그레고르는 평범한 인간임을 포기해야 하는 대단한 대가를 치르지 않을 수 없다. 또한 그가 찾은 자유는 그에게 진정한 행복을 가져다주지 못한다. 그는 다만 방안에 갇혀 천장과 바닥을 기어다닐 뿐이기 때문이다. 이러한 상황 속에서 그레고르는 서서히 죽어간다. 사람들은 그를 돌보지 않고 그에게 인간적인 말 한마디 건네지 않으며, 그에게서 그의 가구와 함께 그의 인간적인 실존의 기억들까지 빼앗아간다. 또한 그에게 그 때문에 돈벌이에 나서게 되었다는 사실을 느끼도록 만든다. 그렇지만 그들 역시 그에게서 당장 벗어날 수는 없다. 카프카는 이러한 과정을 고통스런 객관성으로, 세세한 사항의 냉혹할 정도의 제시로, 정확한 그로테스크의 즐거움으로, 그의 화법의 전형적인 문체 양식으로 기록하고 있다. 먼지로 뒤덮인 허약한 갑충은 가족의 살 속에 박힌 가시이자, 가족들이 떨쳐 버리고 싶어하는 부담스러운 진실이다. 그가 마지막으로 그에게 구원을 약속해 줄 누이동생의 바이올린 연주 소리에 끌려 가족들이 있는 곳에 나타났을 때 마음속에서 밀쳐진 존재인 그는 가족들의 파괴적인 분노를 불러일으키는 결과를 낳는다. 변신한 자는 구제되어야 한다. 여동생은 구원의 말을 할 수 있고 또 그렇게 해야 한다. 그녀는 또 그녀가 켜는 바이올린 연주를 통해 그 외로운 자를 마적으로 가족의 권내로 끌어들일 수 있는 수단을 손에 쥐고 있다. 그러나 그녀는 그것을 이용하지 못한다. 그레고르는 여동생을 끔찍이 사랑하여 그녀를 음악학교에까지 보낼 계획을 세워 놓고 있었지만, 그녀는 그녀의 반감과 자신의 인생에 대한 고려, 다른 사람들의 의아해 하는 눈빛 등을 극복하지 못한다. 가족에 대한 분노가 감동과 사랑으로 바뀐 뒤에 그레고르는 숨을 거둔다. 오히려 그는 죽음으로 양친과 누이동생을 마음의 부담에서 해방시켰다. 이 죽음은 화자의 슬픔을 반영한다. 반란은 아무런 효과 없이 끝났다. 여동생과 양친은 그레고르를 죽도록 방치하고 오히려 그가 죽고 나자 가벼운 마음으로 그들의 옛날 생활로 되돌아간다. 그들은 그들을 내리누르던 불쾌한 요구에서 해방된 듯한 느낌을 갖게 되고 이제 그들의 생을 즐길 마음의 준비가 되어 있다.

이윽고 그들 세 사람은 함께 집을 나섰다. 벌써 몇 달째 해 보지 못했던 일이었다. 그들은 전차를 타고 도시 근교의 야외로 향했다. 승객이 그들밖에 없던 차량에는 따스한 햇살이 가득 비쳐 들었다. 그들은 의자에 편하게 뒤로 기대어 앞으로의 전망에 대해 이야기를 나누었다. 잘 살펴보니 앞으로의 전망이 그렇게 나쁜 것만도 아니라는 사실이 드러났다. 왜냐하면 서로 상세하게 물어보지 않았지만 세 사람의 일자리가 꽤나 괜찮았고 특히 장래가 유망했기 때문이다. 지금 당장의 가장 큰 상황의 개선은 물론 이사를 함으로써 쉽게 이루어질 수 있었다. 그들은 이제 그레고르가 찾아냈던 지금의 집보다 좀더 작고 싸지만 위치가 좋은, 아주 실용적인 집을 원했다. 그들이 그런 이야기를 나누는 동안, 갈수록 발랄해지는 딸을 보자 잠자 내외는 거의 동시에, 최근 들어 겪은 고통으로 빰이 창백해지기는 했지만 그들의 딸이 아름답고 풍만한 처녀가 되었다는 생각을 했다. 잠자 내외는 점점 더 말수를 줄여 가며 그리고 거의 무의식적으로 눈빛으로 의견을 주고받으며, 이제 그녀를 위해 착실한 청년을 하나 구해 줘야 할 때가 되었다고 생각했다. 그리고 그들의 여행의 목적지에 도착하여 딸이 맨 먼저 자리에서 일어나 그녀의 젊은 몸을 쭉 뻗었을 때 그것이 그들에겐 그들의 새로운 꿈들과 훌륭한 뜻을 위한 확증처럼 보였다.

여기에 등장하는 테마는 카프카의 모든 작품에서 주도 모티프로 추적할 수 있다. 그것은 바로 카프카의 이중적인 경험으로, 그 하나는 세 번에 걸친 약혼과 파혼, 직업의 세계와 문학세계 사이의 갈등, 신체적 허약 등의 카프카의 개인적인 고통과 자기 아버지에 대한 비판이고—이에 대해서는 그의 유명한 〈아버지에게 드리는 편지〉가 많은 시사점을 준다—다른 하나는 가부장적 계층 질서와 익명의 폭력에 근거하고 있는 사회 전체에 대한 일반적인 카프카의 통찰이다. 이를 통해 사회의 각 개인에게 무슨 일이 벌어지고 있는가를 카프카는 그로테스크하고 몽환적인 형상들을 통해서 고통스러울 정도로 확연히 보여 준다. 이것들의 현실적 특성은 그 특유의 정확한 언어에 의해 반박할 수 없을 정도로 냉정하게 표현되고 있다. 즉 카프카는 갑충으로 변한 그레고르의 모습을 통해 현대인의 정신적 문제점을 상징적으로 파헤치고 있다. 한마디로 카프카는 그의 작품에서 현실의 여러 문제들을 그 시대의 조건적 상황에서 끄집어내 그 가림 없는 핵심을 우리에게 보여 주고자 하며, 이를 위해 그가 고안해 낸 형식이 바로《변신》과 같은 알레고리적 동화소설인 것이다.

지진으로도 죽일 수 없는 에이리언

클라이스트의 〈칠레의 지진〉

〈에이리언〉이라는 영화가 있다. 우주선에 침입한 외계의 생명체 에이리언의 공격에 대항하여 근육질로 무장한 탄탄한 체격의 여주인공 시고니 위버가 당당히 맞서 싸움으로써 우주선과 인간을 구한다는 내용이다. 그러나 벌써 몇 편의 시리즈로 만들어진 이 영화는 늘 후속 편을 염두에 둔 듯 끝에 가서는 틀림없이 죽은 걸로 되어 있는 에이리언이 살아 있음을 암시하는 장면으로 끝난다. 끈적끈적한 침을 질질 흘리면서 끈질기게 살아남는 그 흉측한 꼴은 상상만 해도 끔찍하기 이를 데 없다. 그러나 이것이 반드시 허구만은 아니다. 왜냐하면 우리가 살고 있는 인간 사회에서도 이러한 에이리언이 영원히 죽지 않고 살아 있기 때문이다. 영화에서 에이리언이 인간의 육체, 특히 사람의 가슴속을 숙주로 삼아 성장하듯이 우리 인간 사회에서도 이러한 에이리언이 도무지 퇴치할 수 없는 인간의 마음 깊은 곳에 살아남아서 기회 있을 때마다 사람들을 공격하여 그들을 궁지로, 심지어 죽음의 구렁 속으로까지 몰고 간다. 우리 인간 세상에서, 인생의 고비마다 우리를 위협하는 존재는 다름 아닌 사람들의 가슴속에 살아 있는 악이라는 관성이다. 이것은 때에 따라서는 도덕률, 이데올로기, 관습의 탈을 쓰고 나와 침을 질질 흘리며 애

꽂은 사람들의 생명을 노린다. 후속 편을 노리는 영화의 시리즈처럼 인간들의 마음에 악의 씨는 늘 제 몸을 숙주로 삼아 살아남는 것이다.

내가 여기서 이야기하려고 하는 하인리히 폰 클라이스트의 작품 〈칠레의 지진〉도 이러한 맥락에서 읽을 수 있다. 대학 시절, 나는 당시 80년 봄의 사태로 버스도 하루에 아침과 저녁 두 번밖에 다니지 않는 저 충청도 시골로 할 수 없이 유배되어 가서 서울을 등지고 자연을 벗삼아 소설책을 몇 권씩 끼고 동네 저수지 주변을 서성이면서 왠지 모를 쓰린 가슴으로 책을 읽곤 했다. 그해 5월 말의 현실적 상황과는 다른 따뜻한 봄 기운을 느끼면서 나는 저수지 물가에 푸른 머리카락을 한껏 드리운 수양버들 그늘 아래서 클라이스트의 그 짧은 소설을 몇 번이나 반복해서 읽었는지 모른다. 당시 세로쓰기로 인쇄된 문고판 〈칠레의 지진〉의 한 글자 한 글자가 나와 마주 서서 내게 말을 건네는 것 같았다. 젊은 청년 헤로니모—지금 생각하면 레오나르도 디 카프리오처럼 생겼을 것 같은—와 그의 젊은 과외 제자이자 애인 호세페, 두 사람은 내게 당시 애틋한 눈길을 던져 왔고, 나는 그들의 애원에 귀를 기울이지 않을 수 없었다. 독일 문학을 우리나라에 소개하는 데 큰 역할을 하신 박종서 선생님이 쓰신 해설 부분에서 접했던 독일의 작가 하인리히 폰 클라이스트, 그는 1777년 독일의 오더 강변에 자리 잡은 한 명문 군벌 가문에서 태어나 그 자신도 군인의 길을 걸었으나, 군문에 들어간 지 얼마 되지 않아 군인 생활이 자신의 체질에 맞지 않음을 알고서 곧 그만두고 작가의 길을 걸어갔다. 원래 극작가가 꿈이었던 그는 '괴테의 머리에서 월계관을 빼앗겠다'는 일념으로《펜테질레아》,《세자 홈부르크》를 위시한 몇 편의 드라마를 발표하였고, 독일 드라마 역사에서 희귀하다고 할 만한《깨어진 항아리》라는 희극을 써서 지금까지 독일 극단의 호응을 받고 있는 생명력 있는 작가이다. 그러나 이 작품은, 당시 괴테가 바이마르 극장에서 상연하면서 클라이스트의 본래의 작품을 변형시켜 무대에 올림으로써 실패를 맛본 바 있다. 이러한 사정 이외에도 세계시민주의자인 괴테가 나폴레옹을 높이 평가하는 면도 있고 해서 클라이스트는 평생 괴테를 적으로 생각하였다. 또한 괴테 편에서도 클라이스트를 가까이 하려 하지 않았다. 왜냐하면 클라이스트에게서 괴테는 젊은 시절 젊은 베르테르와 같은 격정을 발견하였고, 괴테는 이미 당시에 그런 분위기에서 멀어져 있었기 때문이다.

클라이스트의 격정은 그의 죽음의 방식에서도 잘 드러난다. 1811년 11월 20일 독일 포츠담 근교의 한 호숫가에서 두 발의 총성이 울렸다. 그중 한 발은 클라이스트가 평소에 사귀던 유부녀 헨리에테 포겔의 가슴을 향해서 발사한 것이었고, 또 다른 한 발은 클라이스트가 자신의 머리를 향해 쏜 것이었다. 평소 늘 파토스의 화신이었던 클라이스트는 그렇게 해서 자신의 생을 마감한 것이다. 그때 그의 나이는 서른세 살이었다. 유부녀의 가슴을 향해 총을 쏜 것은 그녀와의 약속을 지키기 위해서였다. 당시 자궁암에 걸려 있던 그녀가 그에게 그런 부탁을 해 왔기 때문이다. 불치의 병으로 인해 육체적 고통에 빠져 있던 그녀와 늘 새로운 실존의 환경을 찾아 방랑하던 클라이스트의 내면적인 격정이 하나로 조화를 이룬 순간이었다. 그렇기 때문에 클라이스트의 작품은 독일 문학의 본질인 마성魔性을 그대로 잘 표현한다고 할 수 있다.

〈칠레의 지진〉은 1647년 칠레의 수도 산티아고에서 지진이 일어나는 장면으로 시작된다.

> 칠레 왕국의 수도 산티아고에서 1647년에 대지진이 발생하여 수천 명의

> 목숨을 앗아가며 천지를 뒤흔들던 순간, 범죄 혐의로 기소된 젊은 스페인 청년 헤로니모 루게라는 자신이 갇혀 있던 감방의 벽기둥 앞에 서서 스스로 막 목을 매려 하고 있었다. 그 도시의 아주 부유한 귀족인 돈 엔리코 아스테론은 그를 자기 집의 가정교사로 고용했다가 약 일 년 전쯤에 해고했는데, 그 이유는 그 젊은이가 그의 외동딸인 도냐 호세페와 애정관계를 맺었기 때문이었다. 딸에게 단단히 경고를 해 놓았음에도 불구하고, 자존심 강한 아들의 찰거머리 같은 미행으로 두 사람 사이의 은밀한 관계를 알게 된 늙은 엔리코 아스테론은 극도로 분노하여 딸을 그 도시의 산상에 있는 사랑스런 여인들의 카르멜 수녀원으로 보냈다. 아주 운 좋게 헤로니모는 그곳에서도 호세페와 다시 관계를 맺었으며 온 사방이 쥐죽은 듯 잠든 어느 날 밤에는 수녀원의 뜰을 자신의 넘치는 행복의 무대로 만들었다.

지진은 모든 것을 쑥대밭으로 만들어 버린다. 그렇지만 무슨 운명의 축복인지, 두 사람의 주인공 헤로니모와 호세페는 그 무시무시한 지진에서 살아남는다. 그것도 두 사람은 죽음의 문턱에서 살아남은 것이다. 가정교사인 스페인 청년 헤로니모와 그의 학생인 부유한 귀족의 딸 호세페 사이의 신분을 초월한 사랑이 당시의 계율에 의해 불륜으로 간주되어, 헤로니모는 감옥에 갇혀 있었고, 호세페는 아버지의 명령에 의해 들어간 수도원에서 아이를 낳은 죄로 그때 마침 사형 선고를 받고 형장으로, 단두대 칼날 밑의 그 끔찍한 벼랑으로 걸음을 옮기던 중이었기 때문이다. 두 사람은 서로를 찾아 헤매던 중, 시냇가에서 아이를 씻기고 있던 호세페를 헤로니모가 먼저 발견하고 재회하여 서로의 사랑을 확인하며 한없는 행복을 맛본다. 그들은 석류나무 아래 보금자리를 마련하고 헤로니모의 외투를 이불 삼아 따뜻한 밤을 보낸다.

> 그들은 멋진 석류나무 하나를 발견했다. 향기로운 석류가 주렁주렁 달린 가지를 넓게 뻗고 있었고 우듬지에서는 나이팅게일이 사랑의 노래를 부르고 있었다. 헤로니모는 나무기둥에 기대고 앉았고, 호세페는 필립을 안은 채 그의 무릎에 앉았다. 그렇게 그들은 헤로니모의 외투를 덮고 휴식을 취했다. 그들의 머리 위에는 달빛이 점점이 박힌 나무 그늘이 드리웠고, 그들이 채 잠들기도 전에 달빛은 밝아 오는 여명으로 벌써 다시 희미해지고 있었다. 수녀원 정원과 감옥, 그리고 그들이 겪은 모든 이야기를 나누다 보니 끝이 없었기 때문이다. 그리고 그들이 행복을 얻기 위해 이 세상에 얼마나 큰 불행이 일어나야 했는지를 생각하자 그들은 가슴이 몹시 아려 왔다. 그들은 이 지진이 멎기만 하면 당장 호세페의 친한 친구가 살고 있는 라 콘셉시온으로 가서 그곳에서 그 친구에게서 약간의 돈을 빌려 다시 헤로니모의 외가 친척이 살고 있는 스페인으로 가 거기서 행복하게 살기로 결정했다. 그러고 나서 그들은 여러 번 키스를 나누다 잠이 들었다.

다음 날 아침 그들을 찾아온 사람이 있었다. 그는 호세페의 얼굴을 아는 남자였다. 그는 그 도시 총독의 아들인 돈 페르난도였다. 그렇기 때문에 호세페는 깜짝 놀란다. 어제 낮의 그 기억이 아직도 살아남아 있었기 때문이다. 그러나 그는 호세페에게 자신의 아이를 위해 젖을 물려 줄 것을 부탁한다. 그의 아내가 지진으로 몸을 많이 다쳤다는 것이었다. 호세페는 기꺼이 그 부탁을 들어준다. 그리하여 지진에서 살아남은 사람들이 모여든 그 계곡은 하나의 에덴동산을 연출한다. 작가는 이를 두고 이렇게 표현한다. "여기서는 모든 계급의 사람들, 영주와 거지, 후작과 농부의 아내, 국가 공무원과 일용 노동자, 성직자와 수녀들이 한데 어울려 도움을 주고받는다. 모두들 한 가족을 이루는 것 같았다." 그때 그들에게 하느님께 구원을 감사드리기 위해 그 도시에서 유일하게 무너지지 않고 살아남은 성 도미니크 성당으로 미사를 드리러 가자는 제의가 들어왔다. 사실 두 사람은 이미 그전에, 지진에서 살아남은 것에 대하여 하느님께 몇 번이나 감사의 기도를 드렸는지 모른다. 마침내 사람들이 운집한 가운데 성당에서 미사가 열린다. 그러나 설교하던 사람의 입에서 소돔과 고모라 같은 도시에서 벌어질 법한 행동을 한 두 젊은 남녀의 죄 때문에 하느님이 벌을 내린 것이라는 말이 튀어나온다. 헤로니모와 호세페는 그 자리에서 발각되어 전부터 알고 지내던 구둣방 사내의 곤봉에 맞아 죽임을 당하고, 애꿎게 돈 페르난도의 아들이 두 주인공의 아들로 오인을 받아 그들과 함께 처절하게 살해당한다.

> 그러면서 그는 살기등등한 눈빛으로 다시 덤볐다. 신과 같은 영웅 돈 페르난도는 이제 교회를 등지고 서 있었다. 왼팔에는 두 아이를 그리고 오른손에는 칼을 움켜잡은 채. 비호같이 내리치는 그의 칼날 앞에 사람들은 하나씩 바닥에 나뒹굴었다. 사자라고 해도 그보다 더 잘 막아 내지는 못했을 것이다. 일곱의 잔혹한 인간들이 그의 발치에 뻗어 버렸고, 사탄의 무리의 우두머리도 부상을 입었다. 그러나 마이스터 페드리오는 그냥 가만 있지 않았다. 그는 두 아이 중의 한 아이의 발을 잡아 그 아이를 페르난도의 가슴에서 낚아채 허공에서 빙빙 돌리다가 교회 기둥의 한 모서리에다 냅다 메다쳤다. 다음 순간 주위는 쥐죽은 듯 고요해졌고, 모두들 뿔뿔이 흩어졌다. 돈 페르난도는 어린 후안이 뇌수를 흘리며 자기 발치에 누워 있는 것을 보더니 이루 말할 수 없는 고통에 가슴이 미어지는 듯 눈길을 들어 하늘을 올려다보았다. 해군장교가 어느 새 그의 곁에 와 있었다. 그는 어떻게든 그를 위로하려고 하면서 비록 여러 가지 상황상 변명의 여지가 있기는 하지만 그런 불행한 일을 막는 데 아무런 도움을 주지 못해 정말 후회스럽다고 말했다. 그러나 돈 페르난도는 그는 잘못한 것이 하나도 없다고 말하고 이제 시신들을 수습하는 일을 도와 달라고 부탁했다. 어둠이 깔리기 시작할 무렵 사람들은 그 시신들을 돈 알론소의 집으로 옮겼다. 돈 페

르난도는 어린 필립의 얼굴에 눈물을 뚝뚝 떨구며 그들 뒤를 따랐다. 그날 밤은 그도 돈 알론소의 집에서 묵었으며 그의 아내에게는 여러 가지 거짓 핑계를 둘러대면서 오랫동안 그 불행했던 사건의 전말을 들려주지 않았다. 우선은 그녀가 아팠기 때문이며, 그 다음엔 그녀가 이번 사건에서 보여 준 그의 행동을 어떻게 생각할지 몰랐기 때문이다. 그러나 그로부터 얼마 뒤 집에 찾아온 손님을 통해 우연히 그날 일어났던 모든 일에 대한 이야기를 들은 그 훌륭한 여인은 어머니로서의 고통을 조용한 울음으로 달래고는 어느 날 아침엔가 아직 이슬 같은 눈물이 눈에 그렁그렁한 채 남편의 목을 끌어안고 입을 맞추었다. 그 뒤 돈 페르난도와 도냐 엘비레는 그 어린 남의 자식을 양자로 맞아들였다. 그리고 필립과 후안을 비교해 보거나 둘을 어떻게 얻었는지를 생각해 볼 때면 돈 페르난도는 그래도 기뻐해야 할 것 같은 기분마저 들었다.

이렇게 학살의 현장을 용감하게 헤치고 나온 페르난도는 슬픔을 가누면서 처참하게 죽은 주인공들의 아들을 양자로 맞이하여 아내와 함께 잘 키우기로 결심한다.

클라이스트는 칸트의 철학을 읽고 인간 인식의 한계를 느끼고 이성보다는 인간의 감성에 무한한 신뢰를 보내면서 이처럼 격정적인 문체로 전혀 불가능할 것 같은 사건을 작품 첫머리에 위치시키며 우리에게 짧은 글을 통해 커다란 메시지를 전달하고 있다. 지진 직후 계곡에서 형성된 에덴동산의 장면에서 클라이스트는 자연이라는 것이 우리에게 무엇을 의미하는가를 보여 준다. 클라이스트는 스위스에서 자연을 벗삼아 전원생활을 하려던 생각을 가지고 있었으며, 사상적으로는 루소의 자연복귀 이념에 크게 경도되어 있었다. 또한 자연에서 같이 살기를 꺼리는 약혼녀 빌헬르미네와의 약혼을 가차 없이 파기하기도 하였다. 나아가서 클라이스트는 자연에 또 다른 인간의 인위가 개입될 때 어떤 재앙이 초래되는가도 암시적으로 보여 준다. 신이란 과연 어디에 존재하는가, 인간들이 인위적으로 믿는 신이 진정한 신인가, 사제를 비롯한 종교인들은 정말 신의 부름을 받아서 일을 하는 것인가 하는 신정론에 대해서도 문제를 제기한다. 인간은 그렇다면 결국 도시에 있을 때에는 불행하고 자연 속에 있을 때에만 행복할 수밖에 없는가? 클라이스트가 에덴동산 이후의 인류의 역사를 타락의 역사로 보듯이 우리는 끝없는 타락의 길을 걷고 있는 건가? 이 작품은 학교에서 나약한 한 학생을 왕따를 만드는 것으로 극단적으로 상징되는 우리 사회에 만연되어 있는, 우리들의 가슴속에서 침을 질질 흘리며 살아남아 있는 에이리언에 대해서 다시 한번 생각해 보는 계기를 충분히 마련해 주리라 믿는다. 열 번 정도 읽은 다음 각자 마음속에서 지진을 일으켜 에이리언을 멀리 우주 밖으로 날려 버릴 수 있다면, 아마도 클라이스트가 무덤 밖으로 권총을 쏘아대면서 좋아할지도 모른다.

꽃잎은 떨어져 물 위에 흐르고

시에 반영된 꽃 이야기

1

조선 후기의 가객 김천택이 쓴 시조 중에 다음과 같은 것이 있다.

> 춘창에 늦이 일어 완보하여 나가 보니
> 동문 유수에 낙화 가득 떠 있세라
> 저 꽃아 선원을 남이 알세라 떠나가지 말아라

봄볕이 드는 창가에서 날이 훤히 밝도록 실컷 잠을 자고 나서, 잠자리에서 일어나 문을 열고 바깥으로 나가 어슬렁대며 거닐다 보니, 동쪽 문 밖으로 흐르는 물에 꽃잎이 우수수 떨어져 있구나. 아, 꽃잎들아, 아무도 모르게 나만 혼자 이 아름다운 선경을 기쁘게 누리고 싶으니 제발 흘러가지 말아 다오 하는 내용이다. 1행과 2행에서는 봄의 정경이 아주 잘 묘사되어 있고, 3행에 이르면 그것을 바라보는 시적 화자의 심정이 드러난다. 흐르는 냇물에 지천으로 떨어져 있는 꽃잎들의 아름다움을 홀로 즐기고 싶으니 떠나가지 말라는 호소 속에는 가는 봄에 대한 화자의 아쉬움이 담겨 있다. 한번 흘러간 냇물은 다시 돌아오지 않으니 말이다. 흘러가기 마련인 냇물 위에 떠 있는 꽃잎을 통해 흐르는 세월의 무상함에서 벗어나고 싶은 화자의 간절한 소망을 보여 주는 것이다.

낙화유수落花流水. 꽃잎은 떨어져 냇물에 실려 흘러간다는 말처럼 꽃과 물은 활짝 피어났다가 덧없이 흘러가는 우리의 인생을 표현한다. 특히 꽃은 우리 인간의 성장과 만개, 그리고 우리 인생의 쇠락을 상징하는 대표적인 자연 사물이다. 꽃은 옛날부터 많은 사람들의 사랑을 받으면서 그러한 과정 속에서 많은 의미를 함축하게 되었다. 꽃마다 붙어 있는 많은 꽃말들이 이를 말해 준다. 어느 계절이든 간에 꽃은 그 놀라운 모양새와 색깔로 우리를 놀라게 한다. 꽃은 차분하면서도 명랑한 기운을 내뿜어 우리의 삶에 생동감을 선사한다. 꽃은 또한 자신의 독특한 빛깔로 나름대로 말을 한다. 그렇기 때문에 꽃이 우리 인생과 관련하여 다양한 상징으로 사용되는 것은 어쩌면 당연한 일이라고 하겠다.

또한 우리는 꽃을 통해서 자신의 감정을 상대방에게 전달함으로써, 꽃은 사람들 사이에 공동체 의식, 연대감을 심어 주는 역할을 하기도 한다. 괴테는 1799년 3월 24일에 바이마르 시절의 자신의 정신적 후견자였던 샬로테 폰 슈타인 부인에게 꽃 한 다발을 보내면서 "당신을 사랑하는 이 마음/말로 표현할 길이 없어/자연이 들려주는 아름다운 말과 상형문자를 당신께 보내드리니,/우리를 사랑하는 자연의 마음으로 미루어/나의 사랑을 헤아려 주오"라는 구절을 적어 보내기도 했다. 그것은 꽃이 제각각 자신의 고유한 말을 갖고 있기 때문에 가능한 일이다. 다시 말해 꽃이 우리에게 전하는 말을 우리는 다시 상대방에게 전하는 것이다. 괴테는 꽃을 자연의 아름다운 상형문자라고 말한다. 범신론적으로 신이 우리 인간에게 자신의 생각을 전할 때 쓰는 상징이 바로 꽃이라는 것이다. 그러니 꽃은 결국은 신이 써 놓은 글씨인 것이다.

꽃을 노래하는 것은 궁극적으로 인생을 노래하는 것이다. 특히 헤르만 헤세는 모든 자연을 자신의 인생의 굴곡을 노래하기 위한 소재로 사용한다.

바람결에 끊임없이 일렁일렁
꽃가지가 버티며 흔들립니다.
아이처럼 그침 없이 일렁일렁
이 마음이 흔들립니다,
맑은 날과 흐린 날 사이에서,
욕망과 체념 사이에서.

바람에 꽃잎이 떨어지고,
가지에 열매가 매달릴 때까지.
어린 시절을 지나
이 마음이 안식을 찾고,
인생의 쉼 없는 놀이는 즐거웠으며
헛되지 않았다고 고백할 때까지.

헤세는 꽃가지의 흔들림과 날씨의 맑음과 흐림을 자신의 인생의 부침浮沈에 비유하고 있다. 그에게 있어서 인생은 안식을 찾을 때까지 꽃가지처럼 그리고 맑은 날과 흐린 날처럼 일렁이는 것이다. 헤세에게 있어서는 자연 풍경이 곧 시인의 영혼의 풍경이요, 영혼의 풍경은 곧 자연 풍경으로 나타난다. 헤세는 자연시를 쓰면서 거기에 역사적, 철학적 사고를 가미하여 보여 준다. 그의 자연시에는 아름다운 자연에 대한 칭송만이 아니라 인생에 대한 깊은 성찰이 담겨 있는 것이다. 산문 〈백일초〉에서도 헤세는 인생에 대한 성찰을 이렇게 표현한다. "꽃병에 담긴 채 서서히 색깔을 잃어 가며 죽어 가는 백일초의 모습에서 나는 한 편의 죽음의 무도를, 한편으로는 슬프면서도 한편으로는 소중한 무상함에의 순응을 느낍니다. 이 세상에서 가장 무상한 것이야말로 가장 아름다운 것이니까요. 그것은 죽음 자체가 아름답고 화사하고 매력적인 것이 될 수도 있기 때문이지요." 시들어 가는 백일초를 보면서 시인은 무상함과 동시에 아름다움을 느끼고 있다. 시들어가는 꽃의 모습은 늦가을의 언덕바지를 반짝이는 하얀 빛으로 물들이는 갈대숲 같다고나 할까.

2

릴케는 젊은 시절에 꽃에다 여러 가지 꽃말을 붙인 시를 쓴 적이 있다. 〈위안의 꽃말〉이라는 시에서 그는 이렇게 말한다.

> 작은 꽃들 하나하나마다 네게
> 많은 얘기를 건네니 귀 기울여 보렴!
> 네가 힘들 땐 따스한 위안의 말을
> 살며시 속삭여 줄 거야.
>
> 그 말을 들으면 넌 행복에 젖어
> 광활한 들판을 거닐 테고.
> 넌 언제나 이 세상에서
> 참된 기쁨을 누릴 수 있어.
>
> 그러면 넌 네 자신의
> 힘을 기꺼이 믿게 될 거야.

네가 하는 모든 일에서
하나님의 다정한 손길을 느낄 테니까.

릴케는 자연 속에 널려 있는 꽃들이 건네는 말에서 위안을 구한다. 꽃들이 건네는 말이 위안이 될 수 있는 까닭은 그 자그마한 꽃들 하나하나가 바로 하느님의 다정한 손길에 의해 창조된 것이기 때문이다. 꽃의 말을 귀담아들을 수 있는 사람은 행복하게 들판을 거닐면서 불행을 잊을 수 있다. 이를테면 릴케는 물망초를 보고 "이 생명의 불꽃이 꺼진다 해도/나의 싱싱한 젊음은 영원하리./착한 사람들의 마음속에 나는/달콤한 행복의 추억으로 남아 있으니까!"라고 해석한다. 꽃은 그것을 바라보는 사람에게 위안과 기쁨을 준다는 말이다.

이러한 시들을 보면 꽃 속에 시적 화자의 감정이 듬뿍 담겨 있음을 알 수 있다. 대개의 경우엔 꽃에 대한 해석에 앞서 전통적인 꽃말에 기대는 경우가 많다. 그러나 꽃은 꽃말이 갖는 전래적인 의미도 갖고 있지만, 길가나 산속에 피어 있는 미지의 꽃에 대해 우리 자신이 해석을 가할 수 있듯이 기존의 꽃말 외에 또 다른 해석을 가함으로써 우리 마음속에 영원히 살아남을 수 있는 것이다. 카를 알폰스 마이어는 이를 두고 이렇게 말한다. "해마다 돌아오는 봄을 평생 일흔 번이나 겪어 본 사람일지라도, 똑같은 봄을 두 번 경험하지는 않았을 것입니다." 자연은 똑같은 사람에게도 늘 새롭게 다가온다.

화가 고흐와 "디기탈리스"의 경우처럼 꽃을 바라보는 주체의 감정과 주체적 상황에 따라 꽃의 색깔이 본디 모습과 다르게 나타나기도 한다. 정신적인 혼란 상태 때문에 1890년 동생 테오의 주선으로 파리 북쪽의 오베르 슈르 오와즈에 사는 의사 가셰의 집에서 머물던 고흐는 디기탈리스의 색깔을 창백한 푸른빛으로 그려 놓았다. "반 고흐는 1890년 6월에 의사 가셰의 초상화를 그리면서 디기탈리스 꽃자루 두 개를 그 의사의 왼손에 들려 주었습니다. 고흐는 물론 새빨간 식탁보 위에 올려져 있는 종 모양의 그 꽃을 붉은 빛이 감도는 보랏빛이 아닌 퇴색한 푸른 빛깔로 그렸습니다. 그 화가가 자기 동생에게 보낸 편지에서 '그 사람은 아무래도 나처럼 신경질환을 앓고 있는 것 같구나'라고 썼듯이 그가 그린 디기탈리스의 빛깔은 그 의사의 눈빛처럼 맑은 물 색깔이었습니다." 화가 역시 시인과 마찬가지로 자연 사물을 볼 때 나름의 시각으로 본다는 것을 알 수 있다.

그러므로 자연은 보는 사람에 따라서도 다르지만, 보는 때, 즉 인생의 때에 따라서도 다르다. 특히 시인들이 꽃을 보는 눈은 일반 사람들의 그것과 사뭇 다르다. 왜냐하면 많은 시인들에겐 꽃이 비유로 사용되기 때문이다. 이를테면 호프만스탈의 경우는 꽃을 가꾸고 엮고 조합하는 정원사의 모습에서 말을 가꾸고 다듬어 새롭게 보이게 하는 시인의 모습을 발견한다. "정원사가 관목들을 다루듯이 시인은 말을 다룹니다. 시인은 서로 동떨어진 말들을 합쳐서 그것들을 새롭고 진귀하게 보이도록 만듭니다. 생전 처음으로 그 말들의 속뜻이 드러나도록, 그 말들이 자기 자신들을 깨닫도록 해 주는 거지요."

또한 마약으로 우리에게 잘 알려진 양귀비를 노래할 경우 그것은 시문학의 상징이 될 때가 많다. 독일 낭만주의 시인들이나 표현주의 시인들에게서, 그리고 릴케에게서도 양귀비를 노래한 모습을 찾아볼 수 있다. 루트비히 울란트는 "오, 시 문학의 양귀비여!/이 머리가 영원히 아프구나!"라고 노래한다. 반면에 난해한 시로 유명한 파울 첼란은 양귀비를 보면서 "별들 속에 깃들어 있는 것을 일으켜 세워/이 밤을 낯선 불꽃으로 밝히기 위해서라면/나의 그리움은 너의 둥근 항아리를/아홉 바퀴 휘돌아 나오는 불길이 되어도 좋으리"라고 노래한다. 이처럼 시인들에게 있어 양귀비는 시적 창조력의 또 다른 이름인 것이다.

3

꽃을 노래한 시에 대한 글을 쓰다 보니 무엇보다도 지난날 고등학교 국어시간에 익혔던 김소월의 〈진달래꽃〉이 자꾸만 눈앞에 아른거린다. 어린 시절, 시골에서 봄만 되면 가장 흔하게 볼 수 있던 꽃이 바로 진달래꽃이다. 그래서인지 학창시절에 처음으로 이 시를 배우면서도 그렇게 낯설거나 이상한 느낌을 받지 않았던 기억이 난다.

> 나 보기가 역겨워
> 가실 때에는
> 말없이 고이 보내드리오리다
>
> 영변에 약산
> 진달래꽃
> 아름 따다 가실 길에 뿌리오리다
>
> 가시는 걸음걸음
> 놓인 그 꽃을
> 사뿐히 즈려밟고 가시옵소서
>
> 나 보기가 역겨워
> 가실 때에는
> 죽어도 아니 눈물 흘리오리다

만약에 언젠가 당신이 내가 싫어져 내 곁을 떠나신다면 나는 당신을 굳이 붙잡지 아니하고 차라리 당신의 발걸음 앞에 진달래꽃을 뿌릴 테니 그 꽃을 밟고 내 마음이야 어떠하든 상관하지 말고 그냥 떠나시라는 내용이다. 하지만 이 시의 화자는 마지막 행에 가서 "죽어도 아니 눈물 흘리오리다"라고 속으로 다짐하는 듯한 말을 던진다. 왠지 가는 사람의 발목을 잡는 듯한 느낌이다. 눈물을 흘리면서 떠나가는 님의 발치 아래 쓰러지겠다는 속뜻이 담겨 있는 것이다. 그것은 무엇을 말하는가? 역설적이게도 그것은 사랑하는 님을 떠나보낼 수 없다는 말이 아니겠는가?

이 시에서는 진달래꽃이 화자의 감정을 전달하는 중요한 매개체로 등장하고 있다. 진달래꽃의 그 새빨간 빛깔, 그것은 곧 화자의 뜨거운 마음을 연상시킨다. 그러니 "가시는 걸음걸음/놓인 그 꽃을/사뿐히 즈려 밟고 가시옵소서"라는 구절은 차라리 내 심장을 밟고 가더라도 나 오히려 당신의 발길 아래서 행복감을 느끼겠다, 이런 뜻으로 읽을 수 있겠다. 보통 평자들은 이 시를 두고 고려가요의 〈가시리〉나 황진이의 시조와 비교해서 우리 민족의 고유 정서인 한의 정서가 잘 녹아 있는 절창이라고 말한다. 그러나 이 시에서 화자는 민족정서나 한의 정서를 떠나서 님을 떠나보내는 자신의 개인적이고도 고유한 심정을 토로하는 것으로 보인다. 이 세상에 어느 누가 사랑하는 님을 그렇게 쉽게 떠나보내겠는가?

왜 이런 얘기를 하느냐 하면, 꽃이 우리 인류의 역사에서 얼마나 큰 역할을 하였는가 하는 점에 대해서 다시 한번 크게 느낀 바가 있었기 때문이다. 시간과 장소를 떠나서 꽃은 우리 인간들의 삶에서 항상 당당하게 한쪽 자리를 차지해 왔다. 서양의 시에서도 꽃을 빌려 사랑과 이별을 노래한 여러 편의 시들을 만날 수 있다. 게다가 김소월의 〈진달래꽃〉 못지않은 정서를 담은 시들도 눈에 띈다. 이를테면,

아, 내 어찌 그대를
보낼 수 있을까요!
그대를 사랑하는
이 마음 믿어 주세요.
그대가 이 마음
가져가 버렸으니,
내 사랑할 수 있는 이,
그대뿐.

여기 이 푸른 꽃,
그 이름은 물망초.
이 꽃을 가슴에 달고
나를 생각해 주세요!
꽃과 희망이 금세 사라진다 해도,
우리의 사랑은 넘쳐흐를 거예요,
사랑은 내게서 결코 죽지 않을 테니.
내 말을 믿어 주세요!

김소월의 시에서 "진달래꽃"이었던 것이 이 시에서는 "물망초"로 등장한다. 화자 자신의 마음이 실린 꽃이라는 면에서 두 꽃은 동일한 뜻을 품고 있다. 아무리 당신이 멀리 떠난다 해도 내 마음은 이미 당신 것이니 언제나 당신 곁에 함께 할 것이라는 내용이다. 진달래꽃이나 물망초나 사랑의 영원함을 노래하는 매체로 쓰이고 있다. 다시 말해 화자의 감정이 이입되어 나타나는 것이다. 단지 차이점이 있다면 김소월의 시에서는 화자가 "죽어도 눈물 아니 흘리오리다"라고 님을 향한 자신의 애틋한 마음을 역설적으로 표현하고 있다면, 이 시는 보다 직접적으로 사랑을 호소한다는 점에 있다. 님을 떠나보내느니 차라리 사랑하는 사람의 발길에 밟혀 죽고 싶은 소망은 이 무명씨의 시에서보다 괴테의 다음 시에서 보다 절실하게 나타난다.

> 아! 그러나 아! 그 소녀는 다가와
> 제비꽃 따위는 거들떠보지도 않고,
> 그 불쌍한 제비꽃을 짓밟아 버렸네.
> 제비꽃은 쓰러져 숨을 거두면서도 기뻐했네.
> "내 비록 죽지만,
> 나 그녀로 인해 죽네, 그녀로 인해 죽네,
> 이렇게 그녀의 발치 아래서."

이 시에서 화자는 제비꽃이다. 그리고 그가 사랑하는 대상은 양치기 소녀이다. 제비꽃은 살며시 고개 숙인 채 들판에 어여쁘게 피어 있다. 그러나 자신을 알아주는 사람 하나 없기에 그는 늘 외롭다. 그때 양치기 소녀가 콧노래를 흥얼대며 기분 좋게 그가 있는 쪽으로 다가온다. 그는 사랑에 굶주린 터라 제발 양치기 소녀가 자신을 15분만이라도 껴안아 주기를 간절히 소망한다. 그러나 그를 눈여겨보아 사랑해 주기는커녕 양치기 소녀는 그를 짓밟고 지나간다. 그렇지만 제비꽃은 그녀의 발길에 밟혀 죽는 것에서 오히려 행복을 느낀다. "내 비록 죽지만,/나는 그녀로 인해 죽네, 그녀로 인해 죽네,/이렇게 그녀의 발치 아래서." 그러므로 사랑하는 사람의 발길에 차라리 짓밟혀도 그 사랑이 자신을 받아들여 주기를 간절히 비는 마음을 노래한다는 점에서 김소월의 시와 괴테의 이 시는 상당한 공통점을 보인다. 앞에 인용한 무명씨의 시에서는 화자가 새가 되어 사랑하는 님을 향해 날아가다가 포수의 총에 맞아 떨어져도 님의 품에 떨어져 죽게 된다면 그것을 행복으로 알겠노라고 고백한다. “내가 한 마리 새라면, 당장 그대에게 달려갈 거예요,/새매든 보라매든 두려워하지 않고,/당장 그대에게 날아갈 거예요./사냥꾼이 나를 쏘아 떨어뜨리면,/나 그대 품으로 떨어질 거예요,/그대가 슬픈 눈빛으로 날 쳐다보면,/그 눈을 바라보며 기꺼이 숨을 거둘 거예요.” 서로 다른 민족 간에도 인간 정서의 보편성이 뚜렷하게 존재함을 알 수 있는 대목이다. 특히 무명씨의 작품이 민요적 발상에 기인하고 있기 때문에 이러한 추측은 더욱 힘을 받는다. 어느 나라나 민요에는 인간의 보편적인 정서가 잘 담겨져 있기 때문이다.

4

시적 화자 자신의 감정을 자연의 사물인 꽃에다 이입시켜서 자신의 생각을 나타낸다는 측면에서, 특히 그 감정의 강도 측면에서 괴테의 초기 작품 〈들장미〉와 만년의 작품 〈나는 찾았네〉는 비교의 대상이 된다. 전래의 민요를 다듬어서 자신의 메시지를 실은 〈들장미〉에서 젊은 괴테는 다음 같이 노래한다.

> 한 소년이 한 떨기 장미를 보았네,
> 들에 핀 장미를,
> 갓 피어난 장미는 새아침처럼 아름다웠네,
> 소년은 얼른 달려가 가까이서 보았네,
> 소년의 눈에는 기쁨이 가득 고였네.
> 장미여, 장미여, 새빨간 장미여,
> 들에 핀 장미여.

소년이 말했네. 난 널 꺾을 테야,
들에 핀 장미야!
장미가 말했네. 난 널 찌를 테야,
네가 날 영원히 기억하도록 말이야,
그래, 난 가만 있지 않을 테야.
장미여, 장미여, 새빨간 장미여,
들에 핀 장미여.

거친 소년은 들에 핀 장미를
꺾고야 말았네,
장미는 저항하며 찔렀지만
소년의 입에선 아얏 신음소리만 나왔을 뿐,
아무 소용없었네,
장미여, 장미여, 새빨간 장미여,
들에 핀 장미여.

이 시에 대한 해설에 앞서 괴테의 여성 편력이 먼저 설명되어야겠다. 괴테는 평생 동안 대체로 20여 명의 여자와 사귄 것으로 이야기된다. 그 중에서 제젠하임의 첫사랑 프리데리케 브리온, 《젊은 베르테르의 슬픔》의 주인공 로테의 원형인 샬로테 부프, 유일한 약혼녀 릴리 쇠네만, 폰 슈타인 부인, 아내 크리스티아네, 노년에 마리안바트에서 만난 사랑 울리케 폰 레베초프(당시 그녀의 나이 17세, 괴테의 나이 73세였다. 그들의 첫 만남은 1821년 7월 29일에 있었다) 등이 그의 문학에서 중요한 역할을 한 것으로 본다. 울리케의 어머니 아말리에(당시 35세. 괴테는 그녀를 1806년 칼스바트에서 18세의 유부녀로 만났다. 그는 그때부터 그녀에게 호감을 갖고 있었다)는 빌헬름 뮐러의 〈보리수〉를 자주 대화에 올렸다. 울리케 일가는 집

앞에 있는 보리수 아래서 식사를 하곤 하였다. 8월 어느 날 아침식사를 하면서 어머니 아말리에는 낭만주의 시인 빌헬름 뮐러의 시집《겨울 나그네》에 나오는 〈보리수〉를 괴테에게 소개한다. 그때마다 울리케가 끼어들어 그 시에 대한 코멘트를 한다. 괴테는 마치 〈보리수〉의 방랑자 같은 자신의 신세를 떠올린다. 그때 그의 머리엔 어쩌면 젊은 시절의 사랑 프리데리케가 떠올랐는지도 모른다. 이때 레베초프가家 여자들은 괴테가 젊은 시절에 쓴 〈들장미〉를 화제로 삼기도 했다. 이 작품은 슈베르트에 의해 가곡으로 작곡되어 있었기 때문에 아마도 그들은 그 노래를 불렀던 것 같다.

이 작품은 젊은 괴테가 슈트라스부르크에서 대학에 다닐 때(1771년, 21세) 쓴 시로서 시의 배경이 되는 것은 18세 프리데리케 브리온과의 사랑이다. 프리데리케와의 사랑에 대해서 괴테는《시와 진실》(10-12편)에 적어 놓았다. 프리데리케는 제젠하임에 사는 목사의 세 딸 중 둘째였다. 프리데리케의 초상이 우리에게 하나 전해져 내려오는데, 거기서 보면 그녀는 머리형은 둥글고, 금발의 긴 머리카락에 반짝이는 눈을 지닌 얼굴이다. 한마디로 청순하고 목가적인 아름다움을 지녔다고 하겠다. 그녀가 괴테에게 다가갔을 때 처음으로 눈에 띈 것은 "매력적인 발"이었다고 한다. 괴테는 그런 발을 여태껏 본 적이 없다고 한다. 그러나 괴테는 1770년 10월에 그녀를 처음 만나, 다음 해인 1771년 8월에 헤어지고 만다. 대학을 마친 괴테는 고향으로 돌아가야 했는데, 어차피 프리데리케를 결혼 상대로 생각하지 않고 있던 참이었다. 왜냐하면 그녀는 몸이 연약한 데다가 시골 출신이었고 괴테 자신도 결혼하기에는 아직 이르다고 생각했기 때문이다. 괴테가 일방적으로 떠난 후 프리데리케는 마음의 상처를 입고 몇 번이나 자살 시도를 한 뒤 평생 동안 혼자 살다가 61

세의 나이로 세상을 떴으며, 이 일로 괴테는 오랫동안 죄책감을 느꼈다. 따라서 이 시에 잔잔하게 스며 있는 것은 어린 소녀의 가슴을 아프게 만든 데 대한 시인의 죄책감이다.

이 시는 폭력적인 행동과 분노에 대한 시적인 우회적 표현으로 볼 수 있다. 소녀를 억지로 겁탈한 뒤 그녀를 버린 소년은 가시에 찔린 흔적을 평생 동안 간직하게 된다. 또한 가시와 피는 은유적으로 강요된 성적인 결합에서 생기는 것으로 파악할 수 있다. 소년은 저항하는 장미를 억지로 꺾어 버린다. 장미의 저항은 소년의 입에서 약간의 신음소리만을 나오게 했을 뿐 아무 소용이 없었다. 이른바 질풍노도기의 괴테의 사고와 행동을 잘 보여 주는 대목이다.

〈들장미〉는 원래 민요풍의 시로서 1602년에 나온 파울 폰 데어 엘스트의 민요집에서 이와 비슷한 구절이 눈에 띈다. 여기서도 장미는 소녀를 상징한다. 〈들장미〉는 따라서 괴테가 민요풍의 시에도 많은 관심을 가졌음을 반증해 주는 시이다. 장미=소녀라는 모티프는 민중의 마음속에 깊이 새겨져 있던 것이다. 괴테가 이것을 시적 형상화를 통해 한 차원 높인 것이다. 반복되는 "장미"라는 말은 시의 리듬을 살려 주고, 이 낱말이 이 시의 중심을 말해 준다.

첫째 연과 셋째 연은 설명 조이다. 둘째 연은 소년의 위협 조의 이야기에 이어서 장미가 위협하는 내용이 전개된다. 이런 위협적인 행동은 "꺾다", "찌르다", "저항하다" 등의 낱말로 나타난다. 섬세한 감정의 움직임이 아니라 거친 행동이다. 사랑의 감정과 비탄을 나타내는 말로는 "기쁨", "신음소리"가 눈에 띈다. 이 모두 괴테의 젊은 시절의 바로 질풍노도적 성향을 드러내는 것들이다.

반면에 만년에 쓴 시 〈나는 찾았네〉에서 꽃을 바라보는 괴테의 시선은 사뭇 달라져 있다.

나 숲으로 갔네,
그렇게 홀로 갔네.
아무런 생각 없이
그냥 간 것이었네.

나무 그늘 아래에서
작은 꽃 한 송이 보았네.
별처럼 반짝이는
예쁜 눈동자 같았네.

내가 꺾으려 하자
꽃은 속삭였네,
내가 당신 손에 꺾여
시들면 좋겠어요?

나는 그 꽃을
뿌리째 뽑아
예쁜 나의 집
정원으로 옮겼네.

그리고 조용한 곳에
그 꽃을 다시 심었네,
그러자 이젠 가지를 뻗고
끊임없이 꽃을 피운다네.

시적 화자가 숲을 거닐다가 문득 예쁜 꽃을 한 송이 발견하여 그것을 뿌리째 뽑아다 집안에 옮겨 놓으니 다시 무성하게 꽃을 피운다는 아주 소박한 내용의 금방 이해가 가는 시이다. 이 작품은 1813년 8월 26일에 쓰여졌다. 괴테의 나이 64세 때이다. 반면에 위의 시 〈들장미〉는 청년기에 쓰여진 작품이다. 두 시를 비교해 보면 자연을 바라보는 시선과 자연을 대하는 화자의 태도에 큰 변화가 있음을 알 수 있다. 두 번째 시는 인간과 꽃 사이의 관계 이상의 것을 표현한다. 이 시에 쓰인 모든 이미지들은 그 자체로서도 가능하고 또 다른 상징으로도 가능하다는 말이다. 그것은 이 시의 서로 대비되는 축을 이루는 "그늘 아래서"와 "예쁜 나의 집"에서 파악 가능하다. 시적 화자는 원래 이 꽃을 찾으러 나선 것이 아니다. 그는 우연히 이 꽃을 발견하고 "집"에 가져가 꽃을 위해서 "조용한 곳"을 하나 마련해 주고 보살핀다. 야생의 불안한 상태를 의미하는 "그늘 아래"에서 안락한 "정원"으로의 이전이 시적 주체의 대상에 대한 심정적인 전이를 표현한다.

괴테는 이 시를 당시에 실질적인 아내 노릇을 하고 있던 크리스티아네 불피우스를 위해 썼다. 그녀와 만난 지 25년이 지난 시점에서였다. 괴테가 그녀를 만난 것은 1788년 6월의 어느 날 어느 공원에서였다. 괴테는 이탈리아 여행에서 돌아온 지 4주쯤 된 상태였으며 공원을 산책 중이었다. 조화造花를 만드는 공장에서 일하며 집안의 생계를 혼자 힘으로 꾸려 가던 그녀는 당시 바이마르 공화국의 대신으로 있던 괴테에게 얼마 전에 실직한 오빠의 취직을 부탁하러 왔던 것이다. 당시 그녀의 나이는 23세였다. 아직 혈기가 넘치던 39세의 괴테는 그녀의 청을 들어주었고, 그 길로 그녀는 아직 혼자 살고 있던 괴테의 집에 들어와 갖은 집안일을 다 해 주며 아이까지 낳아 기르게 되었다. 그런 그녀에게 괴테는

25년이 지난 시점에서 감사의 시를 쓰지 않을 수 없었다. 두 사람은 동거생활을 시작한 지 19년째 되던 해인 1806년 10월 14일에 결혼식을 올렸다. 그때 장남인 아우구스트의 나이는 17세였다. 괴테가 그 시점을 택하여 결혼식을 올린 까닭은 나폴레옹 군대가 바이마르 공국에 주둔해 있던 어수선한 상황을 이용할 수 있었기 때문이다. 사실 괴테는 결혼도 하지 않은 상태에서 남의 집 처녀를 데려다가 함께 살고 있다고 공국의 많은 사람들로부터 빈축을 사고 있던 터였다.

우리는 이 시에서 남녀간의 애정관계가 다루어지고 있음을 느낄 수 있다. 꽃을 "별처럼 반짝이는/예쁜 눈동자"에 비유한 데서 꽃이 여성을 지칭함을 알 수 있다. "내가 당신 손에 꺾여/시들면 좋겠어요?"라는 말에 이 시의 요체가 들어 있다. 여기서 우리는 괴테가 젊은 시절에 쓴 〈들장미〉를 떠올리지 않을 수 없다. 이번에는 괴테는 꽃을 발견하는 순간 꺾으려다가 그 충동을 자제한다. 그래서 그는 그 꽃을 뿌리째 뽑아서 자기 집 정원으로 옮김으로써 생명에 손상이 가지 않게 한다. 죽이는 것과 살리는 것, 본능과 모랄, 아무 생각 없이 파괴하는 젊은 시절과 무언가를 지키려는 노년기 사이의 긴장감이 총 5연 중 한가운데 연인 제3연에 들어 있다. 그러므로 여기의 시적 주체는 〈들장미〉에서와 같은 거친 소년이 아니라 현명한 성인이다. 그에게 있어서 훌륭한 행동은 미학적으로나 현실적으로나 옳은 것이었다. 괴테는 바로 이것을 알고 있었던 것이다. 즉 자연은 자신을 이성과 존경으로 대하는 사람에게만 보답을 준다는 것이다. 조촐하고, 언어상으로나 문장론상으로도 간단한 의상을 입고, 대가나 쓸 수 있는, 순박함을 지닌 이 시를 통해서 괴테는 하나의 진실을 우리에게 전하고 있는 것이다. 여기서 우리는 괴테의 생명 존중의 사상을 발견하게 된다.

5

괴테의 이러한 측면은 일본의 하이쿠 형식의 시에서 보면 더욱 두드러진다. 꽃을 바라보는 시선에 동서양의 차이가 없는 것은 아니다. 소세키가 쓴 다음의 하이쿠를 보자.

> 내 인생의 꿈은 색이 바랬지만,
> 저기 저 붓꽃은 예나 지금이나
> 영롱한 빛 여전하구나…

하이쿠란 수백 년 전에 일본에서 쓰여지기 시작한 시 형태로서 주로 자연과 계절을 노래한 한 줄짜리 정형시이다. 즉 5·7·5의 음수율을 지니고 있으며 총 17자로 이루어진다. 그 대표적인 시인은 17세기의 방랑 시인 바쇼芭蕉(1644-1694)이다. 그는 선禪적인 깨달음의 세계를 하이쿠 형식에 담아 예술로 승화시킨 사람이다. 하이쿠에서 중요시되는 것은 대상을 한순간에 포착하여 그것을 선명한 이미지로 표현하는 데 있다. 이때 계절을 나타내는 표현이 빠지지 않고 등장한다. 계절은 인간을 비롯한 모든 생명체를 둘러싸고 있는 숙명적 환경을 뜻한다. 생명을 가진 모든 존재는 자연의 품속에서 살아갈 수밖에 없다. 가을이 오면 가을을 맞고 겨울이 오면 겨우살이를 해야 한다. 계절은 시간의 흐름을 우리에게 분명하게 보여 준다. 따라서 하이쿠에서는 자연의 묘사 뒤편에 인생에 대한 숙고가 자리 잡는다. 하이쿠는 시인이 자신이 말하려는 속뜻을 감추고 자연의 정경만을 묘사하여 제시하는 데에 그 묘미가 있다. 나머지 여백은 독자가 마음으로 읽어 내야 할 몫으로 남는다.

앞의 괴테의 시 작품에서와는 달리 이 하이쿠에서는 시인은 저만치 피어 있는 붓꽃을 그냥 쳐다보기만 할 뿐이다. 여기의 시적 화자는 꽃을 소유하려는 모습을 전혀 보이지 않는다. 그는 자연의 일부일 뿐이다. 꽃은 꽃이고 바라보는 사람은 바라보는 사람일 뿐이다. 그렇기 때문에 해마다 피는 붓꽃은 예나 지금이나 영롱하지만 자신은 이미 늙어서 죽을 운명임을 예감하고 있다. 젊었을 때 숱한 꿈을 붓꽃보다 영롱하게 품었던 시적 화자는 자신의 무상한 존재 상황을 수긍하고 있다. 하이쿠의 시인은 모든 것을 주체의 상황 속으로 가져와 그 입장에서 세상을 보지 않는다. 에리히 프롬이 그의 저서《소유냐 존재냐》에서 말했듯이 그것은 "어떤 것을 '소유'하지도 않고 또 '소유하려고 갈망하지도' 않으면서 즐거워하고 자기의 재능을 생산적으로 사용하며 세계와 '하나'가 되는 생존양식을 말한다".

이러한 동서양의 차이는 난초를 바라보는 시각에서 분명하게 드러난다. 동양에서는 난초가 청초함, 순결함의 표현인 반면 서양인들의 눈에는 난초는 자신의 번식을 위해 모든 수단을 다 동원하는, 거만하면서도 사악한, 색을 밝히는 해적이다. 이것은 서양의 과학적인 사고방식과 동양의 관조적인 사고방식 사이의 차이에서 연유한다. 서양인들은 과학적인 눈길로 난초의 성향을 정확하게 관찰하여 묘사하는 반면, 동양에서는 그런 세세한 부분보다는 난초의 생김새와 꽃향기가 갖는 상징성에 더 많은 의미를 두고 있다. 다시 말해 서양에서 난초를 순수한 모습으로보다는 간교한 요부로 보는 데에는 무엇보다 서양인들의 정확한 관찰력이 밑바탕을 이루고 있는 것이다. "난초는 화학자로서 그리고 건축가로서 자신의 특별한 재능을 이용해서 아주 다양한 색소와 향기를 보여주는데, 이것은 사실 곤충들을 노예로 만들어 자신의 성적 욕구를 채우기 위함입니다. 난초들은 식물의 왕국에서 요부로 이루어진 합창단이라고 할 수 있습니다. 그들은 곤충들의 성적 욕구를 갈취하는, 멋지게 옷을 차려입은 거만하면서도 사악한 해적들입니다. 그들은 파트너가 자기한테 무엇을 얼마나 해 줄 수 있느냐에만 관심이 있습니다. 순진한 곤충들을 속이기 위해서 난초는 거의 모든 수단을 이용합니다. 꽃가루를 통해 수태를 할 수 있도록 꽃가루를 날라 주는 그들의 목적에만 맞으면 그만인 것입니다. 그러니까 모든 책략과 완벽한 고안 뒤에는 자신의 종족을 살리기 위한 모성의 그리움이 도사리고 있는 것입니다."

6

꽃 중에서는 뭐니 뭐니 해도 장미가 꽃 중의 꽃으로 꼽힌다. 헤르만 클라디우스는 어둠 속에서도 빛나는 장미의 찬란함을 관조적인 어투로 이렇게 노래한다.

> 들판의 저 장미들은
> 밤바람이 무서워
> 면처럼 가볍고 촘촘하면서도 성근
> 꽃잎들을 살그머니 닫았네.
>
> 하지만 꽃잎들은 햇살을 함초롬히 머금어
> 그 주위로 빛살이 베일처럼 어른대네,
> 그러니 밤마저도 우물쭈물하다가
> 장미 덤불 옆을 스쳐 지나갈 수밖에.

릴케 역시 장미를 주로 노래한 시인이다. 그의 작품에서는 전체를 통틀어 복합어 형태로 된 것을 제하고서 장미라는 말이 250번 정도 등장한다. 릴케는 만년에 스위스의 시에르 지방에 있는 한적한 뮈조트 성에 혼자서 살면서 정원에 장미를 길렀다. 어느 날 자기를 찾아온 어느 귀부인에게 장미를 꺾어 주다가 장미가시에 찔려 상처 난 부위가 화농하여 원래부터 몸속에 내재되어 있던 백혈병이 도져 그 길로 세상을 떠났다는 것은 이미 널리 알려진 사실이다.

장미는 예부터 가장 완벽한 꽃으로서 모든 외적인 목적에서 해방된 자족적인 존재의 위치를 확보해 왔다. 예를 들어 신비주의자인 앙겔루스 질레지우스는 "장미는 이유 없이 핀다. 장미는 피어나기 때문에 핀다. 장미는 자기 자신도 개의치 않으며, 사람들이 자기를 보는지 묻지도 않는다"고 말한다. 따라서 예술가로서의 완성을 꿈꾸던 릴케가 자신의 묘비명으로 장미를 노래한 것도 무리가 아니라고 생각된다. 장미는 일상의 삶과는 다른 삶에 대한 동경을 표현하는 전통적인 이미지를 지닌 꽃으로서 일반적으로 자기실현의 상징을 나타내며 또한 신비주의에서는 신성을 뜻한다. 그렇기 때문에 무엇보다도 젊은 시절부터 시인으로서의 성취를 바라던 릴케는 죽기 1년 전인 1925년에 스스로 쓴 〈묘비명〉에서

장미여, 오 순수한 모순이여,
그토록 많은 눈꺼풀 아래
누구의 것도 아닌 잠이고픈 마음이여.

라고 읊은 것이다. 릴케는 모순의 시인이다. 시민성과 예술성 사이에서 방황했는가 하면 젊은 시절엔 군대 체험을 싫어하여 군사학교에서 자퇴했으면서도 군인이 되고 싶은 열망을《기수 크리스토프 릴케의 사랑과 죽음의 노래》에 실어서 보여 주기도 했다. 그렇기 때문에 여기서의 장미

는 릴케가 그리는 자신의 모습의 소망상이라고 볼 수 있다. 자신을 장미에 빗대어서 말함으로써 자신의 시가 앞으로도 많은 사람들의 입에 오르내리기를 염원하는 소망을 이 묘비명에 담고 있다고 하겠다. 문화사적으로 볼 때 가시 없는 장미는 성모 마리아를 상징하기도 했다. 또한 언젠가 있었던 태양사원 신도들 자살 사건 때 그 교주의 초상화 뒤쪽 배경에 빨간 장미가 그려진 것을 본 일이 있는데, 이는 장미가 내적으로 많은 의미를 지닐 수 있음을 보여 주는 극단적인 예라고 할 것이다.

7

모든 자연의 사물들이 그러하지만 특히 꽃은 동서양을 불문하고 시인들이 즐겨 노래한 대상이다. 프리드리히 실러는 꽃을 두고 "생명의 꼭대기"라고 노래한다. 꽃이야말로 모든 생명의 총화라는 뜻이다. 마르틴 발저의 경우는 어스름한 저녁녘에 골목길을 걸어가다가 스쳐 지나간 미지의 아름다운 여인에게서 한 송이 "제비꽃"을 보고 있다. 이처럼 꽃은 인간에 의해 자연의 사물들 중에서도 특별한 대접을 받아 왔다. 더 거슬러 올라가면 꽃은 이미 네안데르탈인의 무덤에서도 발견되고 있다. 꽃이 장례용으로 쓰였음을 증명해 준다. 꽃은 또한 장식용으로뿐만 아니라 약용으로도 사용되어 왔다. 히에로니무스 보크는 이렇게 말하고 있다. "은방울꽃 즙은 잃어버린 감각을 되살려 주고, 눈에 아주 좋다." 또한 히에로니무스 브룬슈바이크는 1500년에 나온 그의 민간요법 책에서 은방울꽃의 효험에 대해서 이렇게 쓰고 있다. "은방울꽃 즙은 뇌와 오관과 심장에 좋다. 정신을 잃거나 혀가 굳은 사람에게도 좋고, 몸의 떨림을 퇴치해 주고, 방광의 이상도 낫게 해 준다. 〔…〕 그리고 간의 염증에도 좋다."

중국 한나라 시대에는 지나칠 정도로 많은 꽃을 재배하여 오히려 농사를 지을 땅이 모자라 많은 백성이 굶주리는 사태가 벌어지기도 했다는 기록도 보인다. 고대 이집트의 무덤에서는 일반적인 꽃송이가 아니라 꽃다발이 발견된다. 중미의 아스테카 사원에도 꽃으로 장식을 했던 흔적이 남아 있다. 고대 로마 시대에는 황제들의 꽃 수요를 충당하기 위해 올리브 밭과 옥수수 밭이 장미 화원으로 바뀌기도 했다. 유럽에서 꽃이 방 안을 장식하는 장식물로 쓰이기 시작한 것은 15세기 후반의 일이다. 그러나 꽃값이 비쌌기 때문에 귀족과 돈 많은 사람들만이 멋진 꽃으로 장식을 할 수 있었다. 보통 사람들이 자신들이 원하는 대로 꽃을 사서 집 안을 장식하고 남에게 선물할 수 있게 된 것은 20세기에 접어들어서였다.

괴테의 만년의 작품

성찰과 상징[167]

괴테가 인생의 황혼기에 접어들기 시작한 만년에 쓴 시 작품은 크게 "금언", "인물들에게 쓴 시", "세계관적 시들" 그리고 순수한 형태의 "후기 시" 등 네 가지로 구분된다. 이 중에서 "금언"이 차지하는 비중이 양적으로 가장 많기는 하지만 시기상으로는 이 네 가지가 동시에 병렬적으로 진행된다. 세계관적 시들은 물론 그 양에 있어서는 상대적으로 적지만 비중에 있어서는 상당한 의미를 지닌다. 그러나 이러한 장르적, 시대적 구분에도 불구하고 만년의 작품을 하나로 엮어 주는 공통점이 있다면, 그것은 청년기나 장년기 또는 고전주의 시기 등 다른 시기의 작품들과는 달리 그 시기의 모든 창작이 괴테 자신의 사고와 성찰로부터 나온다는 데 있다. 청년기의 작품은 그 시대의 다른 시적 경향의 징후 아래 있고, 고전주의의 작품은 고대를 하나의 위대한 역사적 모범으로 삼아 쓰여진 것들이다. 반면에 만년의 작품은 동시대 경향들과 거리를 두고 있으며 또 역사적 모범에 기대어서 쓰여진 것이 있다고 하더라고 그 영향은 작품화를 위한 촉매 정도에 지나지 않을 정도로 미미하다고 할

167 이 글의 작성을 위해서 독일의 함부르크판《괴테전집 *Goethe. Werke. Hamburger Ausgabe*》 제1권과 제2권의 원문과 주석을 참조하였음을 밝혀 둔다.

수 있다.

괴테는 자신의 나이가 만년에 접어들었다는 생각을 스스로 하면서부터 자서전《시와 진실》의 집필을 시작한다. 이 시점이 1809년, 그의 나이 60세 때이다. 대체로 만년이라는 나이 대는 모든 것을 정리하고 자신의 인생에 대해서 뒤돌아보면서 성찰하는 시점이다. 괴테 역시 그러한 생각을 가지고 거기에 맞는 작업을 행한다. 1831년 12월 1일에 빌헬름 폰 훔볼트Wilhelm von Humboldt에게 보낸 편지에서 괴테는 만년에 대한 자신의 느낌을 이렇게 적고 있다. "나이를 많이 먹어 가면서 모든 것이 점차 역사적으로 되어 간다는 느낌을 고백하지 않을 수 없군요. 아주 먼 옛날에 있었던 일이든, 먼 나라들에서 있었든 일이든 아니면 아주 가까운 곳에서 지금 벌어지고 있는 일이든, 모든 것은 다 똑같다고 여겨집니다. 그렇습니다. 내가 내 자신에게 점점 역사적으로 비쳐지고 있습니다." 이처럼 모든 사물을 먼 거리에서 객관적으로 바라볼 수 있는 관점의 확보는 이에 맞는 시적 장르를 구사할 수 있게 해 준다. 그것은 바로 잠언 또는 금언의 형식이다. 모든 것을 교훈적으로, 동시에 보편적으로 이야기하면서 삶의 기본적 유형을 찾아보려는 경향을 우리는 괴테의 만년의 작품에서 자주 발견할 수 있다. 시인은 구체적인 것에서 보편적인 의미를 추구하는 가운데 이것을 단순, 소박한 시의 형태로 표현한다. 이것은 옛 독일 민중의 금언집 전통을 잇는 것이기도 하지만 괴테가 만년에 특히 옛 페르시아의 정신세계에 심취했던 것과도 관련이 있다. 이 과정에서 괴테 자신의 삶의 초상과 인생관이 드러남은 물론이다. 몇 가지 예를 들어 보면 이렇다.

마음 깊은 곳으로부터, 어머니의 자궁으로부터

많은 것들이 빛을 바라 세상에 나오려 한다네.
하지만 작은 것이 어찌되었든 자라나기 위해서는
제 스스로 기지개를 켜고 움직여야 할 것이네.

—

물줄기가 갈라지는 곳에서
맨 먼저 생명이 탄생한다네.

—

물이 솟아 퍼지기가 무섭게, 물은
생명을 품을 수 있는 모양이 되어,
그곳엔 짐승들이 뒹굴다 말라 꽃이 되고
가지 무성한 식물들이 불쑥 솟아오르네.

신이 우리에게 그토록 호감을 주는 까닭은?
신이 결코 우리에게 방해가 되지 않기 때문.

—

신은 올곧음을 몸소 마음에 품었으니,
곧은길을 가다 죽임을 당한 자 없다네.

—

이 세상 무상한 것이란 없네,
그게 무슨 일이든 간에!

우리를 영원화하기 위해
우리는 지금 이곳에 있다네.

—

나이

나이는 예절 바른 사나이,
그는 여러 번 노크를 하지,
하지만 누구도 들어와요! 하지 않네.
그러면 그는 문 앞에서 그냥 기다리지 않고
손잡이를 돌려 문을 열고 재빨리 들어오지.
그러면 이제 그는 무례한 녀석이라고 불린다네.

눈과 귀

우린 눈에 보이는 것이야
보는 즉시 쉽사리 믿지만,
귀에 들어오는 소리에 대해선
그렇게 금방 믿음을 주지 않지.
그런 까닭에 그대의 사랑스런 말이
내게 자주 달콤하게 여겨졌지만
진상을 한번 눈으로 보는 순간
모든 허상은 사라지고 말지.

꼬리표가 붙은 말

무언가 맛있는 것을 씹는 것은 기분 좋은 일이지,
그것을 꼭 소화시키지 않아도 된다면 말일세.
취하도록 마셔 대는 일은 정말 멋진 일이지,
머리와 무릎이 바닥으로 꺼지지만 않는다면 말일세.
상대를 향해서 마구 쏘아 대는 것은 통쾌한 일이지,
다만 상대가 다시 반격을 해 오지 않는다면 말일세.
소녀들은 누구나 정말이지 근심 걱정 없을 걸세,
다른 여자가 산욕을 치르는 것을 보지 않는다면 말일세.

—

나는 아버지에게서는 외모와
인생의 진지한 태도를 물려받았고,
어머니에게서는 명랑한 성격과
이야기를 지어 내는 재주를 물려받았네.
증조부는 아름다운 여인을 사랑하였는데
그 기질이 가끔 내게 나타나고,
증조모는 보석과 황금을 좋아했는데,
그 기질이 내 사지 속에서 꿈틀대는 것 같네.
그렇다면 이런 개별적인 요소들은
전체에서 분리할 수 없는 것인가,
그렇다면 이 인간에게서 도대체
무엇을 독창적이라 할 것인가?

당시 바이마르를 비롯한 유럽 전 지역으로부터 칭송과 존경을 받고 있던 괴테는 영주들이나 귀족들, 작가들 그리고 학자들로부터 자신들의 방명록에 시를 적어 달라는 부탁을 받고 많은 수의 "인물들에게" 헌시를 써 준다. 언제나 온화한 괴테의 인격으로 보아 그것을 들어주는 것은 당연한 일이다. 괴테는 이때에도 자신의 만년의 문체 양식을 사용한다. 즉 모든 사건이나 사항 그리고 인물에게서 보편적인 것, 경구적인 것을 읽어내는 것이다.

바이런 경에게

다정한 말이 연이어 남쪽나라에서 날아와
우리에게 즐거운 시간을 만들어 주는구려.
그 말은 우리에게 고상한 것을 향해 가라 하네.
마음은 안 그렇지만 우리의 발은 묶여 있네.

그토록 내가 오래 동반했던 사람에게 어쩌다
다정한 말을 내 이리 멀리 두고 하게 되었나?
가슴 깊은 곳에서 자신과 싸움을 하고 있는,
깊은 고통에도 강하게 길들어 있는 사람에게.

그것을 스스로 느끼는 그에게 복이 있으라!
뮤즈의 힘이 그 고통을 견디게 해 줄 때
그 스스로 아주 행복하다 말할 수 있었으면,
내가 그를 알듯, 그 스스로 자신을 알았으면.

*

주먹도 튼튼하고, 꾀도 바른
그는 그리스인들을 사랑한다네.
고상한 말과 아름다운 행동이
그의 눈에 눈물 고이게 하네.

그는 군도를 사랑하고, 칼을 사랑하고,
총을 보면 기뻐한다네.
그의 가슴이 열망하는 대로,
그는 용감한 군대 앞에 서고 싶다네!

그를 역사에 맡겨 두세,
그대들의 그리움을 묶어 두게,
그에겐 영원한 영광이 있지만,
우리에게 남는 것은 눈물뿐.

괴테는 1816년부터 영국의 시인 바이런의 인생 항로를 매우 흥미롭게 추적하면서 그를 위대한 천재로 그리고 힘찬 시적 상상력을 지닌 고갈되지 않는 정신의 소유자로 칭송한다. 그때부터 괴테의 글과 편지, 대화에서는 바이런이라는 이름이 어떤 다른 작가 보다 훨씬 더 자주 상세하게 언급되기 시작한다. 괴테는 그에게서 마적인 천성을 보고, 바이런의《만프레드》에 대한 서평을 1820년 자신이 발행하는 잡지《예술과 고대에 대하여》에 발표하였다. 이것을 보고 바이런은 뛸 듯이 좋아하며 괴테에게 그의 작품 중 하나를 헌정였으며 1823년에는 바이마르에 들르게 된 Ch. J. 스털링Sterling 편에 괴테에게 줄 편지를 한 통 보냈다. 그 편지를 통해 괴테는 바이런이 터키의 압제에 대항하여 싸우려는 그리스인들을 돕기 위해 그리스로 떠날 생각을 갖고 있음을 알았으며 그의 용기에 자극을 받아 이 시를 쓴 것이다. 이 시는 그리스로 가던 바이런에게 1823년 7월 22일 리보르노에서 전달되었으며 그에게 큰 기쁨을 주었다. 그는 그로부터 얼마 안 되어 1824년 4월 19일 미솔룽히에서 죽었다. 같은 해 괴테는 〈바이런을 추억하며〉라는 글을 썼고, 《파우스트》 제2부의 오이포리온의 죽음을 애도하는 노래는 바로 바이런을 잃은 슬픔을 표현한 것이다. 에커만은 그의 글에서 바이런에 대한 대화를 아주 상세하게 기록해 놓았다.

괴테가 만년에 견지한 세계관은 그 나름의 "신비주의Mystizismus"이다. 1820년 5월 11일자 첼터Zelter에게 쓴 편지에 그의 만년의 세계관 전체를 담고 있는 글이 실려 있다. 이것을 그의 "신비주의"에 대한 구체적인 표명으로 읽어도 무방할 것 같다. "설명할 수 없는 신의 뜻에의 무조건적인 헌신, 동적인, 항상 원이나 나선형으로 반복되는 지상의 일에 대한 정신적인 개관, 사랑, 두 개의 세계 사이에서 부유浮遊하는 애정, 모든 현실적인 것을 해명하면서 동시에 상징적으로 풀어내는 것. 할아버지께서는 이 이상 무엇을 더 원할까요?" 이 세상의 그 무엇이 이성에 의해 해명될 수 있을까? 모든 것은 오히려 우연에 더 좌우되는 것은 아닐까? 이성적인 것이 실패로 돌아가고 오히려 비이성적인 것이 승리를 거두는 것은 아닐까? 괴테는 행, 불행이 결국은 똑같은 것으로 귀결된다고 생각한다. 지상에서 행하는 모든 일은 늘 동일한 것, 전형적인 것, 법칙적인 것으로 반복된다. 하지만 이것은 원 모양이 아니라 나선형 모양을 갖춘다. 그러기에 그것은 상승적 발전이다. 또한 괴테가 만물을 엮어 주는 것으로서 칭송한 것은 사랑이다. 이때의 사랑은 세속적인 것뿐만 아니라 초세속적인 것까지 의미한다. 모든 것을 사랑으로 보는 사람은 혼탁함이나 뒤엉킴 없이 맑고 깨끗하게 밝은 눈으로 만물을 바라볼 수 있다. 이때 현실적인 것이 상징으로 한 단계 더 고양된다. 괴테 자신의 구체적 체험의 일반화는 여기서 하나의 상징으로 상승된다. 이것이 바로 "모든 현실적인 것을 해명하면서 동시에 상징적으로 풀어내는 것"이다. 다시 말해 시인은 "파악할 수 없는 것"을 상징을 통해서 "순간적으로 생생하게 드러내 보일" 수 있다는 말이다. 특히 "세계관적 시들"이 이러한 상징을 잘 이용한다. 이 시들은 괴테의 세계관을 짧고 교훈적으로 표현한다. 이때 지상의 모든 사물들은 이것을 표현하기 위한 상징이 된다. 이를테면 물질과 정신의 양극성을 표현하기 위해서는 땅과 빛의 이미지가 사용되고, 물질이 정신으로 상승되는 과정을 나타내는 데는 구름이 적당한 상징으로 자리 잡는다.

서시

자기 스스로를 창조하신 분,
창조가 영원한 직분인 분의 이름으로!
믿음과 신뢰와 사랑과 행동과
힘을 만들어 주시는 그분의 이름으로,
자주 불리긴 하지만 그 본질은
언제나 알 수 없는 그분의 이름으로.

너의 귀와 눈이 아무리 멀리 미친다 해도,
너는 그분과 닮은 알려진 것만을 발견할 뿐이다.
그러니 네 정신의 드높은 불같은 비상은
아무리 날아도 비유와 형상만을 발견할 뿐.

형상들은 네 마음을 끌어 드높여 주며
네가 가는 곳마다 길과 마을이 있게 한다.
어느 것도 세지 않고 시간도 헤아리지 않는
너의 발걸음마다 무한함이 어리는구나.

—

외부로부터 치고 들어오기만 하면서, 삼라만상이
자기 손가락 주위를 돌게 하는 신이 무슨 소용이랴!
신에게는 마땅히 세계를 내면에서 움직이게 하는 일이,
자연을 자기 속에, 자기를 자연 속에 품는 일이 어울리는 법,
그러면 신의 내면에서 살아 창조하며 존재하는 것은 결코
그분의 힘을, 그분의 정신을 없다고 아쉬워하지 않으리라.

우리의 마음속에도 우주가 들어 있는 법,
따라서 종족마다 칭송받을 만한 풍습,
그것은 모두 자신이 아는 최선의 것을
그분 신, 그래 자신의 신이라고 부르며,
그분에게 하늘과 땅을 양도하고,
그분을 두려워하며 또 어쩌면 사랑하는 것.

이러한 상징의 세계관에는 내용의 차원을 넘어서 형식적, 양식적 차원이 개입된다. 괴테의 만년의 문체 양식은 만년의 세계상과 상응한다. 주로 상징성에 의거해서 그림을 그린 이탈리아 전성기 르네상스의 화가 티치아노를 예로 들면서 괴테는 만년의 문체 양식으로 상징성을 들고 있다. 이러한 의미에서 그의 만년의 작품에 등장하는 이미지는 단순

한 인상이 아니라 무한성을 지닌 상징이다. 자연 현상을 이야기할 때 그것은 단순한 자연 현상이 아니라 그 배후에 참된 다른 의미를 여러 층으로 지닌다. 그러니까 상징은 신의 의지라든가 인간의 영혼 상태 등 그 자체 내에 하나의 이념을 담고 있으며 이것이 다양한 이미지의 형태로 나타나는 것이다. 시를 한 편 보자. "새벽에, 계곡과 산과 정원이/안개의 옷을 벗고,/절실한 기다림에 응하여/꽃받침들이 색색으로 가득 차면,//창공이 구름을 나르며/맑은 낮과 다투고,/동풍이 구름을 몰아 대며/파란 태양의 길을 마련하면,//그대가 그 광경을 보고 즐기면서/위대하고 우아한 분의 순수한 가슴에 감사하면,/태양은 새빨간 모습으로 떠나면서/지평선 주위를 황금빛으로 물들인다." 우선적으로는 자연의 모티프들만 이야기하는 것 같지만 자세히 들여다보면 여기서 시인은 영혼의 상태를 염두에 두고 있음을 감지할 수 있다. 괴테는 높은 곳에 위치한 도른부르크 성에서 아래쪽 잘레탈 계곡의 안개를 바라보면서 영혼의 고양을 느끼고 있다. 여기서 그는 날씨 자체에 대해서 이야기하는 것이 아니다. 작품의 숨은 뜻은 신을 향해 가슴을 열어 놓은 사람은 신의 기운을 충만되게 수용하여 기꺼이 신의 뜻에 따르게 되리라는 내용이다. 이때 상징은 자연과 영혼 혹은 정신 사이를 연결시키는 역할을 한다. 자연은 상징이다. 특히 빛이나 색조, 구름 또는 돌 등 의미 덩어리가 큰 상징을 사용함으로써—여기 열거한 상징들은 괴테가 너무나도 당연시하면서 사용한 상징들이다—시적 진술이 응축된 주문呪文과 같은 것이 될 수 있다. 이른바 "후기시"는 교훈적인 내용을 담지 않은 시적 순수성을 추구하지만 이 역시 상징을 주된 문체 수단으로 사용한다는 점에서는 만년의 다른 시 경향들과 공통점을 갖는다.

언어의 사용에 있어서 고전주의 시기와 구별되는 점은 무엇보다도 고전주의 시기에는 정선된 언어를 지향하였으나 만년에는 영역을 가리지 않고 취해 온 다양한 시어들을 구사한다는 것이다. 아주 지고한 표현이 있는가 하면, 그 옆에 바로 일상적이고 지극히 소박한 어휘가 나타난다. 또한 지극히 마적이고 시적인 표현 옆에 산문적인 언술이 놓이는 경우도 있다. 괴테의 만년의 시는 이처럼 고유한 문체를 지니고 있다. 개별적으로 쓰인 시어들을 보면 직접적이고 냉정하고 단순하지만, 전체적으로 보면 시들이 심오하고 상징적이며 뜻을 단숨에 헤아리기 힘들다.

괴테가 만년을 인생의 황혼기로 본 것은 아니다. 오히려 그는 상승 곡선으로 파악했다. 이것은 시 〈한밤중에〉에서 구체적으로 증명된다.

한밤중에 내키지 않는 걸음 했네,
조그만 소년이던 시절, 공동묘지를 지나서
목사이던 아버지 집을 향해 갔네, 그땐 별들도
이마 맞대곤 정말 예쁘게 반짝였네,
　　한밤중에.

그러던 중 그 후 떠나 버린 사랑을 찾아
머나먼 삶의 길을 떠나야 했을 때도,
별들과 북극광이 내 머리 위에서 다투는데
나는 오가며 더없는 기쁨을 호흡했네,
　　한밤중에.

그러다가 마지막에는 보름달의 환한 빛이
맑고 또렷이 어둔 내 가슴속으로 비쳐들었네,
생각도 기꺼이, 슬기롭게, 재빨리

옛일과 앞일을 휘감아 돌았네,
　　한밤중에.

그는 자연 현상에 비유하여 자신의 인생을 총 세 개의 연에서 세 단계로 되돌아보는 가운데 유년기나 장년기에 비해서 노년을 최상의 단계로 표현하고 있다. 가장 밝은 빛으로 표현되고 있는 것이 바로 세 번째 연이기 때문이다. 보름달이 환히 시인의 가슴속으로 스며들자 시인의 생각은 "기꺼이, 슬기롭게, 재빨리" 돌아간다. 이는 나이가 들어 점차 몸이 쇠약해지는 것과는 달리 정신은 맑게 살아남을 뜻하는 것이다. 정신적 미숙함에 어울리게 예쁜 별들로 표현된 어린 시절이나, 절제를 모르고 휘젓는 북극광의 광적인 움직임으로 묘사된 청년 시절과 달리 맑은 보름달은 노년의 지혜를 우리에게 알려 준다. 보름달의 완숙미가 곧 시인 자신의 마음인 것이다.

괴테가 마지막으로 쓴 위대한 작품으로는 1828년의 도른부르크 시들을 들 수 있다. 그러나 세계관적 시들은 이후로도 계속 쓰여져, 1829년에는 이것을 마무리 짓는 장엄한 시 작품 〈유언〉이 생겨난다. 그리고 짧은 금언 조의 시들은 이후로도 좀더 쓰여진다. 1832년 1월 18일에도 괴테는 자신의 자화상을 4행 시로 표현한다. 짧은 금언 시인 〈시민의 의무〉를 그는 죽기 16일 전인 3월 6일에 쓴다. 그는 시인으로 시작하여 죽을 때까지 시인으로 남은 것이다. 그의 〈유언〉은 이렇다.

어떤 존재도 와해되어 무가 되지는 않는 법.
영원성이 모든 사물 속에 계속 살아 움직이니,
생을 알고 네 자신을 기쁘게 유지하라,
생은 영원한 법. 여러 가지 법칙이

이 세상의 삼라만상을 장식하는,
살아 있는 보물들을 보존해 주기 때문이다.

진리는 아주 오래전에 발견되어
고귀한 정신의 세계를 하나로 묶었다.
오래된 진리, 그것을 붙잡도록 하라!
그것을, 지구의 아들아, 현인에게 감사하라.
그분은 지구가 태양 주위를 돌도록 하고
다른 혹성들에게도 궤도를 일러 주었다.

지금 당장 네 가슴속을 들여다보라.
거기서 너는 중심을 발견하게 되리라.
고귀한 자라면 그것을 의심할 수 없으리라.
그곳에는 늘 규칙이 자리 잡고 있으니,
그 까닭은 독자적인 양심이 너의
도덕의 낮을 비추는 태양이기 때문이다.

이제 너의 감각에 대해 신뢰를 가져라.
너의 오성이 너를 깨어 있게 하는 한,
네 감각은 네게 그릇된 것을 보게 안 할 테니.
늘 새로운 눈길로 기쁘게 바라보고,
풍요의 축복을 받은 세계의 초원을
확실하고 날렵한 발걸음으로 거닐어 보라.

충만과 축복을 절도 있게 즐겨라.
생이 생을 즐기는 곳에서는
어디든 이성이 작용케 하라.

그러면 과거를 늘 함께할 수 있고,
미래도 앞서서 체험할 수 있으며,
순간은 영원이 되리라.

마침내 그 일을 네가 해내면 너는
유익한 것만이 진실된 것이라는
감정으로 충만하게 되리라.
보편적인 섭리를 살펴보라,
그것은 나름의 방식으로 작용한다.
이 세상의 아주 작은 무리와도 함께 하라.

그리고 옛날부터 시인들이나,
철학자가 남을 위한 사랑의 일을
조용히 자기 뜻에 따라 했듯이,
너도 가장 훌륭한 은총을 느끼리라,
고귀한 정신들을 미리 느껴보는 것이
가장 바람직한 일인 까닭이다.

4

시와 번역, 그리고 우리

수용자 중심의 번역에 대해서

최인석의 《내 영혼의 우물Der Brunnen meiner Seele》

한국어를 독일어로 번역하는 경우 어디에 초점을 두어야 하는가에 대한 답은 어느 정도 이미 답이 제시되어 있지 않은가 생각된다. 서로 동떨어진 두 언어 사이의 번역은 자구에 얽매이기보다는 작가의 의도를 감안하면서도 그 문화에 낯선 독자 중심의 번역이 되어야 할 것이다.

최인석의 소설 《내 영혼의 우물》을 번역한 《Choi In-Suk, Der Brunnen meiner Seele. Aus dem Koreanischen von Kim Sun-Hi und Edeltrud Kim. München: Middelhauve, 2000》을 원작과 비교하여 읽어 가면서 느낀 몇 가지 점에 대해서 말해 보도록 하겠다.

이 번역 작품은 한마디로 성공적이다. 한국어를 모국어로 하는 제1번역자와 독일어를 모국어로 하는 제2번역자 사이의 공동작업을 통했기 때문에 한국어로 된 원작에 대한 오해에서 비롯될 수 있는 오류는 거의 눈에 띄지 않았다. 특히 원문을 되도록 충실하게 옮기려는 역자들의 노력은 사전적인 의미에서 대단히 높은 수준의 정확성을 이루어 냈다. 그러므로 이 번역 작품은 전체적으로 큰 오류 없이 잘 읽힐 수 있다는 장점을 갖고 있다. 다만 지나치게 꼼꼼하게 번역을 하려다가 오히려 작가의 의도를 해치는 경우가 몇 군데서 눈에 띈다. 이 점에 대해 몇 가지 제안을 할까 한다.

먼저 대화 부분에 대한 것이다. 최인석의 주인공들은 한국사회의 주변인물들이다. 이들은 욕설과 신랄한 농담과 방언을 쓰고 있다. 이들의 언어가 갖는 힘에 최인석의 작품은 보이지 않는 많은 것을 기대고 있다. 그 첫 번째 예로 《세계의 바닷가*Am Strand des Lebens*》를 보자.

> 나도 기회 오면 장가 다시 한번 가야겠는데. 결혼이 무슨 밑전이 되는 게 아니라 발목을 잡아 거는 족쇠밖에 안 되니, 이거 원, 장가를 잘못 가도 한참 잘못 간 거 아냐?

한 젊은이가 동갑내기 친구에게 마누라를 잘못 얻었다고 농담 조로 수다를 떠는 장면이다. 작가가 어휘 선택을 통해 인물들의 사회적 신분을 나타내 주고 있음을 알 수 있다. 그러나 이 부분의 독일어 번역은 원작에 비해 너무 냉랭하고 색깔도 없는 듯하다. 원문에 충실하다는 것은 문법적인 차원이 아니라 원작의 분위기를 살리는 데 있기 때문일 것이다.

또 하나는 관용적인 표현을 번역하는 경우다. 관용어의 경우는 번역이론에서도 그 뜻을 맥락에 맞추어 번역하는 것이 최상으로 알려져 있다. 관용어를 글자 그대로 번역할 경우 번역된 글을 읽는 독자들에게 엉뚱한 뜻을 심어줄 수 있다. 《내 영혼의 우물*Der Brunnen meiner Seele*》에 보면 감방에 간 신출내기가 같은 감방 사내들에게 이런 인사말을 한다:

> 앞으로 잘 부탁드립니다.

> Für die Zukunft bitte ich um Ihr Wohlwollen.(172쪽)

이것은 한국어에서 처음 만나는 사람에게 하는 통상적인 인사치레다. 그렇기 때문에 이 대목을 위와 같이 번역하는 것은 언어학적으로는 정확하지만 독일 독자들에게는 상황적인 맥락에 대해 오해를 유발할 소지가 있다. 이 부분은 "Ich hoffe, wir werden gut miteinander zurechtkommen"으로 번역하면 어떨까?

또 가끔 어색한 표현이 보이기도 한다. 직역의 형태를 취한 경우가 그에 해당한다.

> Wenn Sie auch mal was trinken möchten, dann ist es doch besser, ohne den Wagen zu gehen, nicht wahr?(106쪽)

> 술도 한잔 하시려면 차 안 가지고 가시는 게 낫잖아요.

밑줄 친 부분은 오히려 "den Wagen stehenzulassen" 뜻으로 보는 게 정확하지 않을까?

마지막으로 말할 것은 작가가 오늘날의 소설에서 잘 사용되지 않는 보고체 형태의 "-습니다/-요"-체를 사용하고 있다는 점이다. 이때의 매력은 독자에게 보다 친근하게 접근할 수 있다는 점일 것이다. 그러나 독일어 번역본에서는 이 같은 직접적인 어투가 제대로 나타나지 않고 있다. 모든 문장에다 다 넣을 수는 없겠지만 독일어 번역문에 가끔 가다가 "wissen Sie", "Es ist nämlich so, daß…, müssen Sie wissen"나 "finden Sie nicht auch?" 같은 어투를 집어넣으면 원문의 친근한 어투가 살아나지 않을까?

지금까지의 제안은 이 번역 작품이 갖고 있는 장점을 보다 빛나도록 보완하기 위한 것이다. 앞에서 말했듯이 전체적인 측면에서 보면 탁월한 번역이다. 그리고 작가 최인석이 보여 준 뛰어난 이야기꾼의 솜씨에 힘입어 이 작품은 독일 독자들에게 흥미 있게 잘 읽힐 것으로 생각된다.

미지의 문화의 낯섦과 문화적 간섭

양귀자의 《희망Hoffen》

양귀자의 《희망》은 민주화 운동이 한창이던 한국을 무대로 삼아 삼수생인 주인공의 청춘의 자화상을 내면적인 필치로 예리하게 파헤친 작품이다. 문학 작품의 번역에서 특히 어려운 점은 독자가 잘 알지 못하는 다른 나라의 시대적 상황을 어떻게 실감 있게 전달하느냐이다. 그것이 제대로 이루어졌을 때 독자의 마음에 감동의 파문이 일게 된다. 그러나 그것은 말처럼 그렇게 쉬운 일은 아니다. 따라서 《희망》에서 한글로 표현된, "나성 여관"을 공간적 배경으로 하여 소설 전편을 관류하는 질펵한 삶의 느낌을 독일어로 옮기기란 쉬운 일이 아닐 것이다.

그러다 보니 작품 번역 과정에서 여러가지 문제가 발생하기도 한다. 이를테면 이 번역에서는 독일의 독자를 위해 설명하는 조로 "학원"을 소개하고 있다. 역자는 이를 위해 무려 아홉 행을 할애하고 있다. 이것은 사실 원문에는 없는 내용이다. 역자는 "학원"을 "Privatschule"라고 번역하고 있는데, "Privatschule"는 사립학교를 뜻하지 우리처럼 입시를 위한 의미와는 거리가 멀다. 그리고 8쪽에는 원문에 없는 "왜 어머니가 나성 여관이라는 이름을 붙였는지 도무지 모르겠다"라는 독일어 설명이 나온다. 물론 이것은 독자의 이해를 돕기 위한 역자의 배려임을 짐작할 수 있다.

그러나 번역은 내용의 전달을 위한 문체만 매끄럽다고 성공하는 것이 아니다. 오히려 독일의 독자들에게 한국이라는 미지의 나라의 낯섦을 소개하여 문화적 간섭을 만들어 내는 것이 번역자의 사명 중 하나라고 할 것이다. 때문에 시의 번역도 그렇지만 소설의 번역의 경우도 설명 조보다는 원작의 글을 함축적이고 지시적으로만 표현하면 그만인 것이다. 지나친 설명조의 글에서는 긴장감이 떨어지기 마련이기 때문이다. 물론 한글로 된 문학작품이 갖는 모호성과 때때로 발견되는 비문非文이 번역자의 머리를 복잡하게 할 수 있다.

첫 장의 "나성 여관"도 "L.A.-Yogwan"으로 번역해 놓고, 그것을 작품 중간에서 역자 임의로 독일 독자를 위해 풀어서 설명하고 있는데, "나성"이 한자어로 "L.A."를 의미한다고 해서 굳이 "나성"을 "L.A."로 뜻풀이를 할 필요가 있을지 의문이다. 왜냐하면 "나성"은 이미 하나의 고유명사로서 여관 앞에 붙여진 명칭이기 때문이다. 오히려 "여관"을 번역하지 않고 "Yogwan"으로 음차한 것이 우스꽝스럽지 않나 싶다. 차라리 "Nasung-Motel"이 원문에 더 맞을 것 같다.

원문의 의미에서 조금 벗어난 경우를 보면, "되려 끈질기게 코앞에 다가온 디데이를 벼르고 있는 형국이었다"라는 대목에서 "디데이"를 "dem grossen Tag"으로 했는데 문맥상 오히려 "dem grossen Augenblick"이 더 적절할 듯하다. "빈대떡 신사"의 "돈 없으면 집에 가서 빈대떡이나 부쳐먹지…"를 "Hab 'ich kein Geld, was soll das Fluchen, dann mach' ich mir eben Eierpfannkuchen…"으로 옮겼는데, 이 대목에서는 제3자, 즉 가수가 빈대떡 신사를 향해 외치는 소리이므로 명령형의 문장 성격을 띠어야 마땅하다. 두 번째 장의 제목인 "길

위의 친구들"을 "Strassen und Freunde"로, 즉 "길 그리고 친구들"이라고 한 것도 다시 한번 새겨봐야 할 것 같다. 여기서는 주인공 주변의 친구들에 대해서 사용한, 늘 떠돌아다닌다는, 즉 삶이 아직 확정되어 있지 않다는 의미가 빠져 있다. 때문에 "Freunde, immer unterwegs"가 더 적절하지 않을까 생각된다.

그렇지만 수없이 등장하는 한국어의 사투리를 절묘하게 처리한 것은 그동안 쌓아온 역자의 능력을 보여 주는 대목이다. 외국어의 사투리를 임의적으로 자국의 사투리로 옮기는 데에는 한계가 있기 때문에, 말을 하는 사람의 신분과 계층을 고려하여 거기에 맞는 도착어의 어투로 바꾸는 것이 가장 합당하다고 본다. 이 면에서 역자는 번역의 충실도를 보여 주고 있다.

애당초 양귀자의《희망》이 독일어로 번역이 가능한 작품인가 하는 생각을 하지 않은 것도 아니다. 그만큼 이 작품은 거기에 쓰인 언어의 독특성으로 인해 역자에게 많은 고민을 안겨 주었을 것이다. 그럼에도 불구하고 이렇게 또 하나의 언어로 된 예술작품으로 우리 앞에 무리 없이 선을 보인 역자의 노고에 박수를 보낸다.

오규원의 시집 《사랑의 감옥》을 독일어로 옮기고 나서

1. 번역 작업을 하면서

2005년 프랑크푸르트 도서전에 전시될 '한국의 책 100권' 중에서 나는 오규원 시인의 《사랑의 감옥》을 독일어로 옮기게 되었다. 독일어로 옮긴다는 것은, 모국어가 독일어가 아닌 나에겐 자칫 모험이 될 수 있는 일이었다. 따라서 독일인 공역자의 도움이 필수적이었다. 적절한 공역자를 물색하던 중 독일 본 대학교에서 한국어를 전공하고 한국어를 독일어로 옮긴 몇 권의 번역서까지 갖고 있는 마티아스 아우구스틴과 연락이 닿았다. 그가 맡은 일은 내가 독일어로 옮긴 작품에 독일어다운 안정감을 주는 일이었다. 그가 독일에 거주하고 있던 까닭에 그 일은 이메일을 통해 이루어졌다. 내가 일주일에 한두 편 정도의 시를 번역하여 보내면 그쪽에서 교정을 하고 그 이유를 달고 하는 식으로 해서 번역 텍스트가 하나의 작품으로 홀로 설 수 있게 하는 작업이 진행되었다.

번역할 텍스트를 앞에 두고 느끼는 막막함은 그래도 모국어가 한국어인 나에겐 훨씬 덜 했다. 게다가 평소 오규원의 시에 많은 관심을 갖고 즐겨 읽었던 터라 원문의 일차적인 뜻을 파악하는 데는 큰 문제가 없었다. 번역에서 가장 중요한 것은 원문에 대한 정확한 이해라고 생각했기 때문에 나는 시를 독일어로 옮기기 전에 여러 번에 걸쳐 소리 내서 읽어보았다. 산문과 달리 시에서는 토씨 하나까지 중요한 역할을 하기 때문에 의미의 전달뿐만 아니라 시적 뉘앙스의 전달 가능성 여부까지 염두에 두었다. 그러나 이 점이 말처럼 쉬운 일은 아니다. 한국어와 독일어가 갖는 구조상의 차이점, 그리고 그 이전에 시의 발성법이라고 할 수 있는 시적 사고와 전개 과정의 차이점 때문에 번역은 사실 그렇게 쉽게 이루어질 수 없는 일이다. 우리에겐 절실하게 와 닿는 사고나 표현이 외국인에게는 별 감흥을 줄 수 없는 경우가 종종 있기 때문이다. 우리에게만 특정한 시대적 산물이라거나 어떤 역사적 지식을 전제로 할 경우는 더욱 그렇다. 그러나 번역 작업을 앞에 둔 사람은 자신이 멀리뛰기 선수인지 높이뛰기 선수인지 구별해야 하며, 소설을 번역하면서 거기에 쓰이는 언어를 논문식의 어휘로 택하면 안 되듯이 학술적 논문을 또한 소설처럼 번역해서도 안 되고, 잘 된 번역이란 텍스트가 요구하는 것을 충족시킬 수 있어야 한다는 평소의 생각을 항상 머릿속에 되새기면서 번역 작업을 해 나갔다.

시인의 의도를 찾아내 그것을 그의 의도에 가장 가깝도록 하는 것이 번역가의 책무이라면, 오규원의 시가 번역을 하는 내게 요구한 것은 무엇이었던가? 그것은 평범한 듯한 시적 진술 속에 들어 있는 비판적 칼날의 힘을 보여 주라는 것이었다. 유머러스한 듯 보이는 언어구사 속에 숨어 있는 진실성, 그가 말하는 "날 이미지"를 보여 주는 것이 내게 주어진 과제였다. 이런 "날 이미지"는 어떤 특정한 텍스트에 들어 있는 것이 아니라 거의 모든 시적 구사에서 나는 그의 "날 이미지"를 느꼈다. 현대적이고 세련된 시적 구사 덕분에 서양 언어인 독일어로 옮기는 데 있어 때로는 궁합이 잘 맞는 듯한 느낌도 받았다. 간혹 모호한 부분이 나오면 시인에게 문의하여 그 문제를 풀기도 했다. 그리고 중국의 지명인 "十全路"나 "鳴門", "北塔", "蘇州" 같은 고유명사는 독일어에서 사용하는 표기법을 따랐다. 가장 고통스러웠던 것은 시어를 이중적인 의미로 구사하는 부분이나 시의 행갈이를 하면서 이중적으로 의미가 걸치는 부분이었다. 이런 부분 역시 되도록 독일어로 살려 보려고 노력했다. 또한 원시의 시행 길이와 시행이 넘어가는 부분을 원시와 동일하게 만들려고 애썼다.

몇 번의 고비가 있었지만 번역 작업은 1년의 시간이 지나자 거의 완성되어 갔다. 초고가 완성되고 나서 다시 몇 번의 수정을 거친 후 나는 원고를 독일과 스위스 그리고 오스트리아의 몇몇 시인에게 보내서 독일어를 구사하는 독자의 입장에서 수정을 해 달라고 부탁을 했다. 그들의 수정을 거치자 시는 더욱 산뜻한 모습을 띠게 되었다. 그리고 마지막 단계에 가서 오스트리아의 여류시인 자비네 숄과 스위스의 시인 안드레아스 네저에게 시의 원고를 보내 시집 뒤표지에 실을 시집에 대한 발문을 부탁했다. 그들의 발문은 오규원의 시를 정확히 이해하고 있었으며, 우리가 보지 못했던 면까지 언급해 주었다. 오규원의 시를 옮긴 사람으로서 얼마간 보람이 느껴졌다.

2. 프랑크푸르트 도서전에서

10월 22일 나는 프랑크푸르트 도서전을 찾았다. 역시 그곳에서 가장 중요한 역할을 하는 것은 번역이었다. 그곳은 세계의 대표 문자가 되어 버린 알파벳의 잔치였다. 알파벳, 그것은 우리 것을 세상에 제대로 알리려면 어쩔 수 없이 거쳐야 할 다리이다. 한글을 알파벳으로 변용시키는 작업, 거기에 많은 것이 달려 있는 것이다. 여기의 많은 것이란 우리 문화의 자존심과 긍지를 성공적으로 세계에 알리는 작업을 말한다.

드디어 오후 2시. 한국관의 이벤트 홀에서 시 낭송과 강연이 시작되었다. 모든 과정은 통역 없이 독일어로 진행되었다. 독일의 시인 마티아스 괴리츠가 사회를 보고, 나와 시집의 공동 역자인 마티아스 아우구스틴이 함께 그 자리에 앉았다. 사회자 괴리츠가 오규원 시인이 그 자리에 함께 하지 못해서 유감이라는 말과 함께 건강이 좋지 않아 오지 못했음을 청중에게 알렸다. 그래도 시집을 번역한 두 사람의 역자가 자리를 함께 해서 다행이라며 행사 진행 순서를 말해 주었다. 두 역자와 그 자신에 대한 소개도 잊지 않았다. 목소리도 카랑카랑하고 눈빛도 살아 있는 멋진 시인이었다. 왠지 행사가 힘을 받을 것 같았다.

먼저 오규원의 시 8편을 읽기로 했다. 먼저 내가 한글로 읽고 이어서 그 시를 괴리츠가 독일어로 읽었다. 그전에 나는 시집에 들어 있는 60여 편의 시를 독일과 스위스, 오스트리아의 시인들에게 이메일로 보내주고 그중에서 9편의 가장 좋은 시를 미리 골라 놓았다. 우리가 좋아하는 시와 외국 사람이 좋아하는 시의 성격이 다를 수 있음을 염두에 두었기 때문이다.

괴리츠의 멋진 낭독 솜씨에 청중이 하나둘씩 늘어나더니 홀을 가득 메웠다. 한편 한편의 시 낭송이 끝날 때마다 우레와 같은 박수갈채가 터져 나왔다. 특히 〈한 잎의 여자Ein Blatt Frau〉에 대해서는 정말 반응이 대단했다.

> 나는 한 잎의 女子를 사랑했네. 물푸레나무 한 잎같이 쬐그만 女子, 그 한 잎의 女子를 사랑했네. 물푸레나무 그 한 잎의 솜털, 그 한 잎의 맑음, 그 한 잎의 영혼, 그 한 잎의 눈, 그리고 바람이 불면 보일 듯 보일 듯한 그 한

잎의 순결과 자유를 사랑했네.

> Ich habe eine Frau geliebt. Eine Frau, so klein wie ein Eschenblatt, dies eine Blatt Frau habe ich geliebt. Von der Esche dies eine Blatt Flaum, dies eine Blatt Klarheit, dies eine Blatt Seele, dies eine Blatt Augen, und dies eine Blatt Unschuld und Freiheit, das sich leise zeigt, wenn es weht.

역자로서 뿌듯함을 느끼는 순간이었다. "eine Frau"와 "dies eine Blatt"이라는 말이 반복되면서 마치 풍차가 돌아가는 듯한 느낌이 들었다. 평온함 안에 내재되어 있는 열정이 다시 확인되었다고나 할까. 이어서 오규원 시인의 약력과 작품 세계를 아우구스틴이 소개했다. 사회자 괴리츠에 비해 아우구스틴은 굉장히 차분한 어조였다. 이어서 〈한 잎의 여자〉에 대한 해석을 내가 시도해 보았다. 시에 대한 호응이 좋았기 때문에 내가 제안하여 시 한 편을 더 읽었다. 시 〈바다로 가는 길〉을 내가 먼저 읽고 다시 괴리츠가 읽었다. 역시 반응이 좋았다. 청중 쪽에서 질문이 있었다. "왜 한국어로 읽을 때는 더 오래 걸렸는데, 독일어로 읽으면 빨리 끝나느냐"는 것이었다. "그건 괴리츠가 너무 멋지고 힘차게 읽어서 그렇게 느꼈을 것"이라고 내가 농담을 겸해서 대답을 해 주었다. 끝으로 사회자 괴리츠가 내게 질문을 던졌다. "시 번역은 불가능하다고 하는데 어떻게 번역을 했습니까?" 그에 대해 나는 다음과 같이 답했다.

"그렇습니다. 시 번역은 불가능하다고 다들 말합니다. 번역을 하면 시의 절반이, 즉 그 음향적인 측면이 사라져 버리기 때문이죠. 이를테면 우리가 릴케의 시 〈표범〉의 독일어 원문을 읽거나 들으면, 철창에 갇혀서 이리저리 어슬렁거리는 표범의 모습을 떠올릴 수 있습니다. 혹은 내가 한국시 한 편을 읽으면 그 시에 대한 구체적인 지식 없이도 슬프거나 아니면 기쁜 정조를 받을 수 있습니다. 그것은 바로 시 번역이 불가능하다는 반증입니다. 어떻게 한국시의 리듬을 독일어 번역에서 되살릴 수 있을까요? 이것은 전혀 불가능한 일입니다. 두 언어가 언어상으로 너무나 상이하기 때문입니다. 그렇다면 우리는 시 번역을 궁극적으로 포기해야 할까요? 나는 그렇게 생각하지 않습니다. 성경의 번역이 없었다면 한국에 그렇게 많은 기독교인들이 있지 않았을 것입니다. 한마디로 말해서 번역 없이는 자국의 문화를 살찌울 수 없습니다. 이런 의미에서 나는 계속해서 번역을 시도합니다. 한국에서는 릴케의 시 〈가을날〉이 많은 독자들의 사랑을 받고 있습니다. 어떤 의미에서 그 시는 이제 한국의 시가 되었습니다. 잘 번역된 한 편의 시는 자국의 문화 속으로 동화될 수 있습니다. 이런 이유에서 나는 오규원의 시집을 독일어로 옮기기로 결심했던 것입니다. 그렇게 해서 독일의 독자들이 이 시인의 몇 편의 훌륭한 시를 즐기고 또 그렇게 해서 그들의 영혼에 한국에서 가져온 좋은 영양분을 공급할 수 있도록 말입니다." 나의 말이 끝나자 다시 박수갈채가 터져 나왔다. 청중의 눈빛을 보니 정말로 내 말에 수긍하는 분위기였다. 언어의 힘을 확인하는 순간이었다.

강연이 모두 끝났을 때 앞쪽에 앉아 있던 중년의 독일 여성들이 이 시집을 어디서 구할 수 있느냐, 그리고 번역자인 나의 주소를 묻고 또 이메일로 연락하면 대답을 해 줄 수 있느냐는 등 많은 관심을 보여 사실 너무나 기뻤다. 그렇게 해서 이번 프랑크푸르트 도서전에서의 나의 일정은 모두 끝을 맺었다.

시와 번역에 대한 몇 가지 단상

릴케를 읽으며

1

시는 어렵다. 외국어로 씌어진 시는 더욱 어렵다. 그에 못지않게 어려운 것이 우리말로 번역된 시이다. 원문을 읽을 수 있다 해도 그 맛을 제대로 이해하고 즐기기가 쉽지 않다. 그 낯선 언어의 형체가 눈앞에 던져주는 막막함은 번역자에게도 그리 만만한 것만은 아니다. 그 언어의 형상이 우리말과 공간적으로나 시간적으로 멀면 멀수록 그런 느낌은 더하기 마련이다. 그렇다면 외국어를 모르는 독자의 입장에서 외국시를 재미있게 즐길 수는 없는 일인가. 이런 생각은 외국시를 전공하는 사람의 입장에서 소화되지 않은 음식처럼 늘 위장 속에 남아 있어 가슴과 머리가 묵직함을 느낀다. 여기서 한 가지 제안을 하자면, 번역자의 입장에서 독자에게 외국의 어느 작품을 흥미롭게 읽을 수 있게 해 주는 한 방식은 아무래도 번역 과정의 현장을 생생하게 보여 주는 것이라고 생각한다. 왜냐하면 거기에는 작품 이해를 위한 번역자의 노력의 일단이 모두 숨어 있기 때문이다. 사실 해당 외국어를 모르는 독자에게 번역자의 고뇌의 과정을, 그 언어의 대장간의 모습을 보여 주어 그것을 독자로 하여금 외국시의 냇물을 건너는 징검다리로 삼게 하는 것보다 낯선 외국 작품을 이해하는 데에 도움이 되는 것도 없을 것이다. 번역의 기본적 전제는 작품에 대한 정확한 이해이다. 이를 위해 번역자는 외국어에 대한 한 걸음 앞선 지식을 도구 삼아 일반 독자들이 헤아릴 수 없는 곳까지 정밀하게 탐색해야 하는 사명을 갖는다. 그것은 일반 독자들이 가보지 못한 미지의 밀림 속을 헤치고 나아가야 하는 탐험가의 힘겨운 모험과도 같다. 그의 사명은 전인미답의 지역을 가면서 새롭게 만난 지역에 자기 나라 말로 표시를 하여 새로운 지도를 만드는 것이다. 그 힘든 언어의 도정을 릴케는 시적 테마로 삼아 이렇게 노래한다.

> 마음의 산꼭대기에 버려져. 보라, 저기 얼마나 작아졌는지,
> 보라, 말의 마지막 마을을, 그리고 조금 더 올라 보라,
> 아, 이 또한 얼마나 작은가, 감정의
> 마지막 오두막이야. 너는 그것을 알아보는가?
> 마음의 산꼭대기에 버려진 채. 손 밑에
> 짚이는 돌멩이 밭. 여기서도 몇몇은
> 꽃을 피운다. 말없는 낭떠러지엔
> 알 수 없는 잡초가 노래하며 피어난다.
> 그러나 아는 자는? 아, 알기 시작한 자,
> 그는 이제 침묵한다. 마음의 산꼭대기에 내버려져.
> 저기, 온전한 의식을 지닌 채, 많은 것들이
> 배회한다. 안전 속에 있는 산짐승들,
> 변하고 머문다. 그리고 비호받는 커다란 새는
> 산꼭대기의 순수한 거부 주위를 맴돈다.—그러나 나는
> 여기 마음의 산꼭대기에 버려져, 비호받지 못한다…

릴케가 1914년 9월 20일에 뮌헨 근교의 이르셴하우젠에서 쓴 시이다.

이때는 시인이 《두이노의 비가》에 골몰하던 시기이다. 이 시를 제대로 이해하려면 이 시기에 릴케 주변에서 일어났던 일들과 릴케의 머릿속에서 전개되었던 많은 사건들의 진상을 파악해야 한다. 우리는 그의 고민의 내용을 그 시절의 편지나 일기 그리고 그 밖의 그의 다른 작품들을 통해 알아볼 수 있다. 이 시기는 릴케가 젊은 여류화가인 루 알베르트 라사르트와 동거하던 때이다. 이르센하우젠은 두 사람이 거처하던 마을의 이름이다. 그녀를 위한 방명록에다 릴케는 이 시를 적어 주었다. "〈비가〉에서. 베껴 쓰다"라는 말과 함께. 그리고 "9월 20일"이라고 날짜도 써 넣었다.

이 시는 한마디로 《두이노의 비가》를 쓰던 당시에 펼쳐졌던 릴케의 마음속 풍경의 기록이다. 마음의 산꼭대기가 있으면 마음의 골짜기도 있게 마련이다. 릴케는 자신의 마음을 하나의 공간으로 파악한다. 그는 자신의 마음의 골짜기에서 산을 올라가는 등산객이다. 그는 자신의 공간의 모양새를 어떻게 파악하는가. 황폐한 자갈 더미와 거부의 냄새를 풍기는 곳이 그의 마음속이다. 릴케의 시적 개성은 이처럼 추상적인 것을 감각적으로 포착해 내는 데 있다. 그는 마음의 산을 오르며 갖은 고생을 다한다. 그가 찾는 것은 무언가의 향기이다. 그는 그러나 스스로를 '버려진 자'로 파악한다. 그는 무언가에 의해 내동댕이쳐진 존재이다. 그래도 그는 가슴 밑바닥에서 올라오는 향기를 찾아 헤맨다. 그즈음의 다른 시에서 릴케는 "제 가슴의 산정에서 고군분투하던/그 버려진 자에게 언젠가 다가왔네,/계곡의 향기가"라고 말한다. 위의 모든 것을 종합해 볼 때 이 시는 시를 쓰기 위해 고투하는 시인의 내면의 인식에 대한 이해의 바탕 위에서 우리말로 옮겨져야 한다. 그것을 알릴 수 있는 언어의 뉘앙스가 필요하다는 말이다.

2

시가 아무리 순수한 것을 추구한다 하더라도 그것을 쓰는 시인은 시대의 사건과 흐름에 민감하게 반응하기 마련이다. 우리가 번역을 하면서 그 시대의 사건에 대한 시인의 반응을 주의 깊게 읽어야 하는 이유가 여기에 있다. 시대의 무수한 발톱 자국들은 시인의 시 속에 생채기를 남기기 때문이다. 그러나 릴케의 시를 읽는 방식은 하이네나 브레히트의 정치시를 읽는 것과는 다른 차원에서 이루어져야 한다. 정치시에서 중요한 것은 정치적 메시지의 전달이다. 이러한 시들은 언어의 아름다움이나 언어의 존재성을 추구하지 않고, 메시지 전달에 주력하기 때문이다. 이에 따라 표현의 양태도 달라진다. 그러므로 결국 번역에서 중요한 것은 시인의 궁극적 의도를 살리는 일이라는 사실이 새삼스레 도출된다. 시인이 시를 쓸 때 마음속에 떠돌던 것이 무엇인가? 만약에 시가 그것을 담은 그릇이라면 그것이 독자의 머릿속에서 다시 차오르도록 번역을 해야 한다. 이를테면 잘 알려진 하이네의 시 〈슐레지엔의 직조공들〉에서 시인이 지향하는 것은 삶의 외적 현실의 고발이다. 하이네의 시와 비교하여 릴케에게서 강조되는 것은 늘 자신의 마음 혹은 가슴이다. 릴케의 이러한 시인 나름의 의식을 간과할 경우 그의 시에 대한 접근은 원천적으로 봉쇄된 것이나 다름없다. 하이네의 시는 외향성을 전제로 하고, 릴케의 시는 내향성의 바탕 위에 서 있기 때문이다.

언어는 살아서 움직인다. 살아 있는 생명체인 인간들이 사용하는 도구이기 때문이다. 낱말은 시대의 영향을 받는다. 따라서 한 낱말이 어느 시대에는 좋은 의미로 쓰였다가 어떠한 정치적 사건이나 흐름에 의해 왜곡, 변형되는 일도 종종 생긴다. 이와 관련하여 필자에겐 재미있는 경험이 있다. 1970년대 후반에 독일어를 공부할 때의 일이다. 당시만 해도 TV나 VTR 등의 전자기기와 관련된 용어들은 최첨단의 낱말들이었다. 당시에 사전류로 이름을 날렸던 한 출판사에서 나온 독한사전이 있었다. 누구나 그 사전에 의존할 수밖에 없었던 상황이었다. 그 사전으로 당시 얼마 있지 않던 독일어 시사주간지를 한번 읽어보려고 하면 대개의 경우 사전에 없는 첨단 용어들도 많았을 뿐만 아니라 나오는 경우에도 전혀 문맥에 맞지 않아서 곤란을 겪었던 경우가 허다했다. 그런데 재미있는 건 괴테나 실러, 하이네 등 20세기 이전에 활동한 대문호들의 작품을 읽을 땐 그 사전에 나온 단어들이 상당히 정확하고 도움이 되었다는 것이다. 나중에 알게 된 사실이지만 그 사전은 1890년대에 독일에서 나온 사전을 근본으로 하여 일본에서 1920년대에 펴낸 독화사전을 우리말로 그대로 옮겨놓은 것이었다. 좀 씁쓸한 비유이지만 언어가 살아 움직이는 존재라는 것을 내게 뼈저리게 깨닫게 해 준 좋은 경험이었다. 따라서 어떤 특정한 낱말은 문화사적 배경에서의 이해가 필수적이라고 생각한다. 이것은 원래 동양에는 없던 꽃이지만 서양에서는 나름의 명성을 구가한 꽃인 '장미'에게도 해당하는 말이다. 이를테면 집단 자살한 미국의 한 사이비 종교집단의 교주의 초상화 배경에 그려져 있는 빨간 장미는 무슨 의미를 담고 있는 걸까? 하필이면 왜 장미를 그려놓았을까? 이런 것은 장미가 갖는 서양 특유의 문화사적 배경에서만 이해될 수 있다. 장미는 서양에서 자고로 신성을 의미했던 것이다.

지리상의 거리가 멀어지면 언어의 거리도 멀어지고 또 지역마다 자라는 식물도 다르고 사용하는 말도 서로 무척 다르기 마련이다. 이제는 우리에게 친숙한 꽃이 되었지만 김춘수는 어린 시절 이국적인 꽃 '장미'를 처음 보고 그 놀라움을 자서전에 적은 바 있다. 채송화나 국화에 익숙한 그에게 장미의 모습은 교회당의 그림에서 처음 본 어린 천사의 모습이나 다를 것 없이 무척 생소했던 모양이다. 때문에 언어 간의 일대일 등가적 번역은 원칙적으로 힘든 것이 사실이다. 그러나 오히려 이러한 정황이 한 문화의 협소함과 폐쇄적 한계를 벗어날 수 있게 해 주는 근본 동인이라고 생각한다. 동어 반복적인 동종 교배로 인한 후진성을 만회할 수 있는 좋은 기회이기 때문이다.

그렇다면 살아 있는 언어로 옛 작품을 읽는 것은 그 자체가 원문에 대한 새로운 해석이 아닌가? 발터 벤야민이 주장했던, 살아 있는 언어로 작품 읽기는 결국 번역에 있어서도 해석이 따를 수밖에 없다는 말에 다름 아니다. 필자는 번역 과정에 대한 탐구 자체가 외국문학을 이해하는 새로운 방식이 되기를 기대한다. 그것을 추구하는 작업은 시인에 대한 정밀한 탐색의 과정이 될 것이다. 릴케의 작품에 대한 번역 과정을 세세하게 추적하는 일은 그 자체로 릴케를 알아 가는 길이 될 것이기 때문이다. 따라서 필자는 이 글에 "시와 번역에 대한 단상—릴케를 읽으며"라는 제목을 붙여 보았다.

3

릴케에게 관심이 있는 사람이라면 가장 먼저 떠올리는 시구는 아마도 그의 〈묘비명〉일 것이다. 다음의 석 줄짜리, 총 열두 개의 낱말로 된 짤막한 시이다.

> Rose, o reiner Widerspruch, Lust
> Niemandes Schlaf zu sein
> unter soviel Lidern.

이것의 영문판 번역은 이렇다.

Rose, o pure contradiction, desire
to be no one's sleep beneath so many lidS.

영어 번역에서는 원래 3행이던 시를 2행으로 줄여 놓았다. 이것이 오히려 원시의 맛을 낼 수 있다는 번역가의 판단 때문이었을 것이다. 하지만 아무리 그렇다 해도 원래의 행 수를 바꾸는 것은 무리라고 생각한다. 릴케가 일부러 전체를 3행으로 했다면 그의 의도는 여기서도 존중되어야 한다. 왜냐하면 행과 행 사이에서는 보이지 않는 긴장이 형성되기 때문이다.

이 짤막한 시는 많지 않은 정보를 싣고 있어서 그만큼 많은 오독의 가능성을 내포하고 있다. 일단 우리말로 옮겨 보면 다음과 같다.

장미여, 오 순수한 모순이여,
그토록 많은 눈꺼풀 아래
누구의 것도 아닌 잠이고픈 마음이여.

가장 많은 정보를 갖고 있을 것으로 생각되는 낱말은 물론 "장미"이다. 나머지 주요 낱말들은 이 장미를 꾸며 주고 있다. 현실의 장미에서 시작된 "장미"는 시인의 상상력 속으로 들어갔다가 나오면서 극단적인 추상화의 과정을 겪는다. 이 시의 난해성은 이렇게 시인만의 머릿속에서 형성된 독특한 장미의 개념 때문이다. 게다가 그 추상화의 과정이 우리의 상식적인 수준을 뛰어넘고 있기 때문에 난해성과 결부된 비의성은 더욱 커진다. 자신이 거처하던 스위스의 뮈조트 성을 방문한 어느 귀부인에게 정원의 장미를 꺾어 주다가 장미 가시에 찔려 죽었다는 다소 과장된 시인의 죽음의 신비는 이 시를 더욱 비밀스럽게 만들어 놓았다.

〈가을날〉과 함께 릴케가 우리의 많은 독자들에게 호소하게 된 배경 중의 하나이다.

장미는 본디 우리나라 꽃이 아니다. 때문에 장미는 이미 우리의 의식 속에서 그렇게 친근한 존재만은 아닌 것이다. 평생 장미를 사랑하여 생의 말미에 가서는 정원에 많은 장미를 가꾸던 릴케는 왜 장미를 "모순"으로 파악했을까. 시의 문면으로만 본다면 "그토록 많은 눈꺼풀 아래/누구의 것도 아닌 잠이고픈 마음"을 장미가 지녔기에 모순으로 불린다는 뜻인데, 아무래도 그 추상화의 과정을 추적하는 일이 용이하지만은 않다. 현실에서는 아름다운 꽃의 총화로 불리는 장미를 향해 "모순"이라고 외치는 것 자체가 우리에게 이해의 어려움을 준다. 그렇다면 릴케에게 왜 장미는 "모순"이 되는가? 그것은 그의 삶 전반에 대한 고찰을 필요로 한다. 요약해서 말하면 그의 인생의 전반이 모순으로 점철되었기에 이런 말이 나온 것으로 보인다. 한 시인이 즐겨 쓰는 표현에 대한 연구도 그렇기 때문에 필요한 것이다. 여기의 모순은 장미의 모순이자 릴케 자신의 모순으로 보아야 한다.

그렇다면 위 시에서 장미는 과연 무엇을 의미하는가? 앞에서 장미는 신성을 의미한다고 했는데, 장미는 릴케의 삶 자체를 의미하는가, 아니면 릴케가 시인으로서 추구했던 문학적 삶의 이상인가, 아니면 문학 그 자체인가? 이 시가 릴케 자신이 쓴 묘비명이라는 점에 주목한다면, 일단 여기의 장미는 릴케 자신의 분신이 된다. 그러나 만약에 릴케가 자신의 삶 자체를 성공적인 것으로 본다면 릴케의 〈묘비명〉은 긍정적인 환호의 차원에서 해석이 가능하겠지만, 만일 릴케가 자신의 삶을 부정적으로 고찰한다면 그의 〈묘비명〉의 음조는 사뭇 다를 것이다. 이것을 구체적으로 확인하려면 그 시절의 릴케의 편지나 일기를 일별해 볼 필요가 있다. 그리고 이 시기엔 릴케가 프랑스어로 시를 많이 써서 시집까지 냈으므로 이 시기에 쓰인 장미 관련 시들도 고찰해야 한다. 이 시의 해석과 관련하여 가장 문제되는 것은 아무래도 독일어의 "rein"이라는 말일 것이다. 먼저 독일어에서 이 말이 사용되는 어법의 갈래를 추적해 보면 이렇다. "Das ist reiner Zufall", "그건 순전히 우연이야"라는 뜻이다. 이렇게 본다면 여기의 "순수한"은 "완전한" 또는 "완벽한"으로 읽힌다. 이를테면 '모순 덩어리'라는 뜻이 된다는 말이다. 그러므로 릴케는 "순수한"과 "순전히"라는 말이 동시에 포함되도록 시어 "reiner"를 쓰고 있다. 그리고 또 한 가지 이 낱말의 발음이 "라이너"로 된다는 데에도 유의해야 한다. 릴케의 이름에 "라이너"가 들어가기 때문이다. 여기서 외국시의 번역 불가능성은 여지없이 대두된다. 우리는 시를 먼저 소리로 읽었을 때를 가정해야 한다. 소리 속에 시의 이해를 위한 몇 가지 힌트가 들어있기 때문이다. 또한 필자는 "Niemandes Schlaf"를 "누구의 것도 아닌 잠"으로 번역하였는데, 이것은 릴케가 통상적인 것과는 달리 이 낱말에 긍정적인 뜻을 심어 놓고 있기 때문이다. 즉 릴케는 하나의 특별한 개체로서의 어떤 사람이 아니라 '아무도 아닌 사람'이 되길 바랐기 때문이다. 그것은 구체성에서 보편성으로의 확장이요, 그의 작품이 갖는 의미의 확장까지도 내포한다.

4

외국어의 어휘를 자국어로 옮긴다는 것은 그 어휘의 모양새와 속마음을 함께 알아내려는 의지의 표현이다. 해당 어휘의 출생의 비밀을 캐내는 일이 문화사적 맥락을 이해하는 데에는 큰 도움이 된다. 그전에, 앞에서도 잠깐 언급했지만, 번역을 하기에 앞서 가장 먼저 생각해야 하는 것은 번역자가 눈앞에 둔 상대가 누구냐 하는 것이다. 상대의 성격을 제대로 분석해야 올바른 번역을 할 수 있기 때문이다. 그렇다면 우리의 상대인 시인 릴케는 누구인가? 그의 개성은 무엇인가? 시인의 성격, 개성을 알 필요가 있다. 시를 씀에 있어서 갖고 있는 독특성을 분석하는 작업이 번역에 앞서서 있어야 할 필수조건이 아닌가 한다. 대상을 표현하는 방식을 특별히 인지해야 한다. 릴케의 시 쓰기 방식의 가장 큰 특징은 무엇인가? 그것은 나무 등걸을 타고 오르는 등나무 줄기와 같은 시적 이미지의 살아 움직이는 지향성에 있다. 낱말의 등줄기를 타고 흘러내리거나 아니면 뜻의 햇살을 타고 올라가는 시어의 무늬를 제대로 인지하는 것은 릴케의 시를 이해함에 있어 필히 선결해야 할 과제이다. 그렇다면 이러한 시적 묘사의 예를 한번 살펴보기로 하자. 시적 산문이라 할 수 있는《기수 크리스토프 릴케의 사랑과 죽음의 노래》를 보자.

> 영내의 모닥불. 그들은 둥글게 모여 앉아 기다린다. 누군가가 노래를 시작하기를 기다린다. 그러나 모두들 너무 지쳤다. 붉은 불빛이 무겁게 느껴진다. 불빛은 먼지투성이 군화들 위에 누워 있다. 불빛은 무릎까지 기어 올라오고, 포개진 손안을 들여다본다. 불빛은 날개가 없다. 그들의 얼굴은 어둡다. 그럼에도 불구하고 키 작은 프랑스인의 눈빛이 제 자신의 빛으로 잠시 환하게 빛난다. 그는 조그만 장미에 입을 맞추었다. 이제 그 장미는 그의 가슴에서 시들어도 좋으리라. 잠을 이루지 못하고 있던 랑게나우의 사나이는 그것을 보았다. 그는 생각한다. 내겐 장미가 없어. 하나도 없어.
>
> 이어 그는 노래를 부른다. 그것은 가을에 추수도 끝나갈 무렵 고향의 처녀들이 들판에서 부르던 슬픈 옛 노래이다.

불빛의 움직임을 좇는 릴케의 눈빛을 보라. 불빛을 살려 내는 그의 감각이 돋보인다. 불빛은 릴케의 언어의 힘을 입어 살아 있는 생명체로 생생하게 살아난다. 그는 언어가 아닌 감각으로 세상을 바라보는 듯하다. 언어의 껍질의 등걸을 타고 의미를 꽃피우려는 동작이 그의 시 쓰기 방식에서 엿보인다. 여기서 우리는 흐름의 번역이 중요함을 알 수 있다. 시인의 의식을 그려 놓은 언어의 무늬와 그 가지 손이 나아가는 길을 따라 우리의 눈길을 보내고 그것의 마디를 꺾지 않으면서 흐름에 따라 번역을 해야 한다. 그것은 언어의 결을, 시인의 의식의 흐름을 따르는 일이다.

5

왜 시는 번역이 불가능하다고 하는가? 그것은 한 언어가 갖고 있는 언어 조직의 밀도 때문이다. 그만큼 시의 이해에는 언어에 대한 섬세한 감각이 필요하다는 말이다. 시의 번역 불가능성에 대한 얘기가 그치지 않고 떠돌지만 외국시의 번역은 변함없이 이루어지고 있다. 번역이 불가능하다고 이야기하는 바로 그 지점에서 우리는 번역을 시작해야 한다. 사람들은 왜 유독 시에 대해서 번역 불가능성을 말하는가? 그것은 또한 시가 갖는 특유의 음악성과 함축성 때문이다. 실제로는 우리 시도 그렇게 만만한 것만은 아니다. 이런 사정 속에서 외국시를 우리말로 옮긴다는 것은 실로 어려운 일이 아닐 수 없다. 우리 시 중에서 김소월의 〈산유화〉나 고려속요인 〈청산별곡〉을 읽어 보라. 그 다음 이 시들을 독일어나 영어로 옮기면 어떻게 될까. 우리말로 읽었을 때의 느낌은 우리말 속에만 들어 있다. 이렇게 음악성이 강조된 시는 다른 나라 말로 번역하기가 아주 어렵다. 특히 음악성을 강조한 독일 낭만주의 시들 중 많은 수가 우리말로 옮겼을 때 별 감흥을 주지 못하는 이유 역시 여기에 있다.

시인이 담으려고 의도한 모든 것을 번역가는 섬세하게 구별해 내 우리말로 된 시에 되살려 내야 한다. 번역을 한다는 것은 텍스트에 대한 그만큼의 이해를 바탕으로 하기 때문에, 릴케의 시를 번역한다는 것은 거의 릴케론을 쓰는 것이나 마찬가지이다. 그만큼의 넓은 바탕이 필요하다. 릴케의 초기 시의 세계를 이해하기 위한 전제는 후기시를 이해하기 위한 전제와는 그 바탕이 완전히 다르다. 초기 시의 이해를 위해서 1의 배경지식이 필요하다면, 후기시의 그것을 위해서는 10이 요구된다.

실제로 릴케의 시를 독일어로 읽거나 들어보면 릴케가 시를 통해서 보여 주려 한 것이 무엇인지 감지할 수 있다. 이를테면 릴케의 시 〈표범〉을 독일어로 들어보면, 동물원 우리에 갇힌 표범이 어슬렁거리는 장면이 귀를 통해 머릿속에 떠오른다. 릴케가 시를 쓰면서 음향 효과에도 많은 정성을 기울였음을 보여 주는 사실이다. 그만큼 어휘 선택 시에 많은 고심을 했다는 뜻이다. 그러므로 이를 우리말로 옮길 때에도 릴케가 기울였을 정성에 값하는 애정이 들어가야 할 것이다. 외국시가 어렵게 느껴지는 가장 큰 이유는 무엇보다 그 모든 것의 낯섦 때문이다. 언어의 생소함 뒤에 자리 잡은 문화적 차이는 외국시가 우리의 가슴과 머리에서 더욱 멀게 느껴지게 만든다. 멜로디만으로도 이미 감정의 고저를 어느 정도 짐작할 수 있는 모국어 시와 달리 외국시는 독자의 의도적이고 적극적인 독서 행위를 요구한다. 번역에는 이와는 비교도 안 될 만큼의 노력과 정성이 들어가야 함은 말할 나위도 없다.

《신시집》에 실려 있는 〈고대 아폴로의 토르소〉는 외국시란 우리에게 무엇을 주는가에 대해 많은 것을 생각하게 하는 시이다. 알 수 없는 생소한 내용이 우리를 자극한다.

그 안에서는 눈망울이 무르익어 갔을,

들어보지 못한 머리를 우린 보지 못했다. 그러나
그의 시선이 뒤틀려 박혀 가만히 빛을 발하고 있는
그의 몸뚱어리는 커다란 가로등처럼 여전히

불타오르고 있다. 그렇지 않고서야 어찌 그 가슴의
만곡이 너의 눈을 부시게 할까, 또 살포시 뒤틀린
허리로부터 어찌 한 가닥 미소가
생식을 품은 가운데 쪽으로 번질 수 있을까.

그렇지 않다면 이 돌덩이는 어깨의 투명한 추락
아래, 짤막하고 볼품없는 모습으로 서 있었으리라.
또 맹수의 가죽처럼 그렇게 반짝이지는 못하리라,

또 별처럼 그렇게 제 모든 가장자리에서 빛을
내지도 못했으리라. 너를 바라보지 않는 곳이란
한 군데도 없으니까. 너는 너의 삶을 바꿔야 한다.

"고대 아폴로의 토르소", 즉 그냥 "고대의 아폴로"가 아니라 "고대 아폴로의 토르소"가 이 시의 온전한 제목이다. 때는 고대이고 릴케의 눈에 들어온 조각상은 그냥 온전한 아폴로 상이 아니라 아폴로의 토르소이다. 첫 구절의 "unerhört"는 두 가지 의미로 파악할 수 있다. 1) "한 번도 들어본 일이 없는" 2) "무서운", "섬뜩한"이 그것이다. 왜 릴케는 시에 어울리지 않게 이런 낱말을 사용했을까? 루브르 박물관에서 혹시 메두사의 형상이라도 보고 나서 이 토르소를 본 것일까? 바라보기만 해도 눈이 멀어 버린다는 메두사의 형상이 이 시와 겹쳐져 있는 모습이다. 상상으로 보는 것은 알지 못하는 미지의 것에 대한 상상이기에 무서운 것인지도 모른다. 사실 아폴로의 두상은 이미 잘 알려져 있다. 그런데도 왜 릴케는 이런 시어를 골랐을까? 시 번역과 관련하여 제기되는 가장 기본적인 질문이다. 시인은 정말 같은 내용을 다른 말로도 쓸 수 있는데 왜 하필이면 이 낱말을 골랐을까? 번역 불가론이 당장 나타나는 순간이다. 토르소는 팔다리가 잘려 나간 상태에서 관찰자에게 무엇을 심어 주는가? 어찌됐건 그때 느꼈던 그 당혹감을 릴케는 "unerhört"라는 낱말로 표현한 것으로 보인다.

이 시를 번역하면서 중심적으로 고려해야 할 것은 문화사적 맥락이다. "Kandellaber"가 바로 그것이다. 그냥 이것을 무심코 우리말로 옮기면 "커다란 촛대"나 "샹들리에"가 될 것이다. 그렇다면 이 문제를 어떻게 해결할 것인가? 릴케가 이 시를 쓰던 1900년대 초 파리의 풍경을 먼저 연상해야 한다. 주시해야 할 것은 모양새가 아니라 등불의 밝기이다. 릴케는 아폴로의 토르소의 머리가 잘려 나갔지만 아폴로의 눈은 몸통 속으로 들어가 박혀 있다고 상상하기 때문이다. 그런데 그 밝기가 예사롭지 않다. 만약에 촛대 정도의 밝기라면 릴케는 그것을 비유로 사용하지 않았을 것이다(물론 여기서 궁금한 것은 사람들이 그 상이 어떻게 아폴로의 토르소인지 알았을까 하는 것이다). 그런데 당시 파리에서 사용한 "Kandellaber"는 가로등이다. 가로등의 밝기가 얼마나 밝았을지는 짐작할 만하다. 아마도 릴케는 당시 가장 현대적이며 가장 밝은 등불의 존재를 비유로 가져왔을 것임에 틀림없다. 그래야 안으로부터 환한 빛을 뿌리는 아폴로의 토르소의 모습이 생생하게 살아날 테니까(이것은 괴테가 당시에 가장 빠른 교통수단으로 급행우편 마차를 이야기한 것과 같다. 어쨌든 여기서 중요한 것은 그의 강조점이 어디에 있느냐 하는 것이다). 흰 대리석이 빛나는 것을 보고 릴케는 안에서 빛을 발하는 것으로 묘사한다. 그러나 이러한 외적인 것보다 그에게 중요한 것은 내적인 예술 체험이다. 그리스 조각상이 그에게 준 인상은 얼마나 강렬했을까.

이 시는 잘 보면 빛을 발하는 물체 이야기가 중심점을 이루고 있음을 알 수 있다. 빛을 알리는 물체는 물론 토르소이다. 이것이 원관념이다. 원관념을 알리기 위한 감각적인 표현들이 하나의 줄기를 구성한다. 이른바 릴케식의 "처럼"으로 이어지는 흐름이다. 그것은 "가로등"으로 시작하여 "맹수의 가죽"을 거쳐 "별"로 끝난다.

사실《신시집》의 대표 시이면서도 이른바 '사물시'의 개념을 스스로 깨고 있는 것이 이 시 작품이다. 그것은 마지막 시행 때문이다. "너는 너의 삶을 바꾸어야 한다."

도대체 어떤 삶을 어떻게 바꾸어야 한다는 말인가. '바꾼다'는 것은 지금까지의 삶의 흐름과 달라지는 그 무엇을 염두에 두었다는 말이다. '삶'의 내용은 무엇이고, '바꾼다'는 행위의 중심점에는 무엇이 들어 있는가. 시의 대상도 예술을 표상하는 아폴로이고 또 그것을 바라보는 시인의 눈도 예술적인 것을 염두에 두고 있으므로 여기서 '삶'은 예술적 삶이라고 해도 무방할 듯하다. 그렇다면 삶을 어떻게 바꾸는가? 죽어서? 그 정도의 예술적 감상의 강도가 이 시에 들어 있음을 우리는 감안해야 한다. 릴케의 뚫어질 듯한 눈길에 토르소가 대답한 것이다. "너의 삶을 바꿔야 한다"고.

또 한 가지, 이 시를 번역할 때 번역자를 좌절케 하는 구절은 바로 "unter seinem durchsichtigen Sturz der Schulter"이다. 도대체 무엇을 얘기하려는 건지 독일에서 나온 해설을 보아도, 영어로 번역된 이 시를 보아도 명쾌하게 드러나는 것은 없다. 번역의 어려움을 조금씩 피해 가려고 한 듯한 느낌만 줄 뿐이다. 미국에서 나온 번역은 "투명하게 돌출된 어깨"로 되어 있다. 한국의 학자 중에는 "Sturz"를 "그루터기"로 보기도 한다. 이렇게 해서 번역해 보면 "어깨의 투명한 그루터기 아래에"가 된다. 공간적으로 이 시를 파악할 때 이해가 되지 않는 말이다. 만약에 "그의 시선"이 뒤틀려 들어가 박히지 않았다면 그렇게 빛을 발하지도 않았을 것이며 한낱 못생긴 돌멩이에 불과했을 거라는 말이다. 그런데 이 말과 "투명한 어깨의 그루터기"가 무슨 상관이 있는가. 이렇게 시를 읽으면 토르소와 어깨 아래는 별개의 상황을 말하는 것이 된다. 사실 사물시는 대상에만 집착한다. 그 주변을 둘러싼 존재들의 모습은 거의 등장하지 않는다.

릴케는 어디에 있는 토르소를 보았는가? 로댕의 집, 혹은 루브르 박물관? 앞에서 말한 시의 번역자의 경우, 만약에 릴케가 루브르 박물관에서 고대의 아폴로의 토르소를 보았다면 큰 실수를 한 것이다. 평소 토르소에 대한 릴케의 생각은 무엇인가?

그렇다면 여기서 토르소를 한번 생각해 보자. 토르소는 팔과 다리 그리고 가장 중요한 인체 부위인 머리가 없다. 릴케는 토르소의 팔이 떨어져 나간 순간을 이 시에서 기억하고자 한다. 그것이 바로 위의 표현으로 나온 것이다. 그렇다면 이 구절은 "어깨의 투명한 추락"이 가장 옳은 번역이라고 할 것이다. 팔이 떨어져 나가 아무것도 없는 곳에서 릴케는 "투명한" 무언가를 본다. 여기서 우리가 따져 보아야 할 것은 릴케의 언어, 특히 시어 운용 방식이다. 혹시 구상적인 것에서 구상적인 쪽으로만 나아가는지, 아니면 구상적인 것을 극단적인 추상화 기법을 살려 한마디 말로 촌철살인의 효과를 내는지. "어깨의 투명한 추락"을 보자. 상식적인 것에서 출발한 상상력의 예이다.

본디 토르소는 완벽한 예술적 형상은 아니다. 원래의 조각상에서 팔다리와 머리가 잘려 나간 형태이기 때문이다. 릴케는 그러한 토르소를 보고 자신의 상상력을 발동시킨다. 오히려 많은 것을 얘기하지 않는 토르소가 릴케에게는 더 많은 생각을 하게 한다. 그렇다면 시라는 것은 바로 토르소와 같은 것이 아닐까. 그래서 릴케는 시의 끝에 가서 "너는 너의 삶을 바꿔야 한다"라고 느닷없이 말했는지도 모른다. 앞뒤 연관 관계도 없이 툭 튀어나온 이 말은 시인 자신에게는 굉장히 대단한 말이었을 것이다. 토르소가 던진 말을 릴케가 그냥 받아 적듯 말했을지도 모른다.

정말 쓸 만한 다른 말이 없어서 이 말을 썼다고는 생각하지 않는다. 그렇다고 운을 맞추기가 힘들어서 이 구절을 넣었다고도 생각지 않는다. 앞뒤가 맞지 않는 이 개인적인 언급은 왜 툭 튀어나왔을까. 객관적인 묘사 쪽으로 갔다가 꼭 돌아온 탕아처럼 느껴지는 개인적인 언급이다. 이것이 오히려 이 시의 매력이라고 여겨진다. 물론 호프만스탈은 "너는 너의 삶을 바꿔야 한다"라는 구절이 들어간 것을 보고 이것이 시의 분위기를 해친다고 말했지만.

시인은 언어 회의를 갖지 않는가? 그러나 릴케의 사물시에 관한한 시로써 사물의 진정한 모습을 묘사할 수 있다는 자신감이 그 바탕에 가로놓여 있다. 이것이 우리가 릴케의 사물시를 번역할 때 고려해야 할 전제조건이다. 또한 릴케는 사물시를 쓰면서 소네트 형식을 고집한다는 점도 고려에 넣어야 한다. 소네트는 두 개의 4행 절과 두 개의 3행 절로 이루어진 시 형식으로 변증법적 내용의 전개가 특징이다. 이것을 우리는 이 시에서도 확인할 수 있다.

6

앞에서도 말했지만 필자는 번역론의 보편화 또는 일반화는 거의 불가능하다고 생각한다. 예술작품처럼 그토록 개성이 강한 존재들 각각에 대하여 적용할 수 있는 일반적인 것을 이것들 자체로부터 끌어낸다는 것은 무의미하고도 불가능한 일이라고 생각한다. 때문에 어떤 뚜렷한 학설을 제시하기보다는 사안에 따라 에세이 형태의 글로 답하는 것이 가장 좋은 방법이 아닐까 한다. 예를 들어, 서로 가까이 이웃한 언어로부터의 번역과 아주 멀리 떨어져 역사적으로 거의 교류가 힘든 상황에 처해 있었던 언어 간의 번역은 그 상황과 맥락에 있어서 비교가 거의 안 될 정도이다. 이것은 번역의 일반화가 힘든 한 가지 예일 뿐이다. 번역의 일반화는 힘들지만 번역가의 자세는 일반적인 관점에서 말할 수 있을 것 같다. 그것은 다름 아닌 텍스트에 대한 사랑이다. 텍스트에 담긴, 때로는 감추어지거나 자물쇠로 굳게 잠겨 있는 것을 꺼내려면 텍스트를 사랑하는 것 이외에 다른 방법은 없다. 이렇듯 번역은 나와 다른 것에 대한 이해와 사랑에서 출발한다고 할 수 있다. 번역이란 지난날 암흑으로 가득했던 지리상의 대발견의 시기의 그것과 맞먹는 정신적 미개척지에 대한 도전이자 나와 다른 것의 존재를 인정하고 애정 어린 마음으로 이해하려는 관용의 개념과도 맞닿아 있다고 할 수 있다. 그것은 또한 세상을 올바르게 바라보고 섬세하게 읽어 내는 인문학적 정신의 발로이기도 하다. 때문에 불가능한 것으로 여겨지는 다른 나라의 낯선 시조차 우리말로 번역될 필요가 있다. 두 개의 상이한 정신이 만나는 접점에서 새로운 가치가 창출되고 그 새로운 가치가 다시 우리의 문화를 살찌게 할 수 있기 때문이다. 번역은 나와 너를 가르는 차이를 확인하는 것이기보다는 세상의 나와 다른 것들에 대한 적극적인 사랑의 작업이다. 낯선 텍스트를 앞에 놓고 겪는 인문학자의 고뇌야말로 갈수록 더욱더 파편화되어 가는 세계의 정신을 구원할 수 있는 통합적 힘 그 자체라 할 것이다.

어느 것이나 대상과의 끊임없는 의사소통이 관건이다. 릴케는 자신의 창작의 비밀을 시로 표현해 놓기도 했는데, 여기서 중요한 것은 많은 부분에서 성적인 메타포가 쓰이고 있다는 사실이다. 세상 만물이 생성함에 있어 성적인 것이 없으면 도대체 무엇이 가능하겠는가. 사랑하는 대상과의 합일을 통해서 창조적 엔텔레키아를 고양한다는 것이 릴케의 초기의 사고이다.《피렌체 일기》에서 언급한 자기를 받아들이는 행위는 곧 자웅동체적 행위에 다름 아니며, 이것은 나아가서 창조적 행위의 구체적, 구상적 표현이다.

벤야민이 〈번역가의 과제〉에서 말한바, 외국어에 숨어 있는 마법의 언어를 찾아낸다는 것은 복수의 언어가 갖는 한계를 극복하고 플라톤의 이데아와 같은 원형의 언어를 찾아내야 한다는 뜻일 터인데, 이렇게 본다면 외국어를 우리말로 각별하게 옮기는 작업은 언어의 표피를 넘어서 원형을 찾아, 시원의 언어를 찾아가는 나그네의 길 같은 것이리라. 발터 벤야민은 이렇게 말한다.

> 진정한 번역은 투명하다. 진정한 번역은 원문의 전체를 다 포괄하지도 않고, 자체의 조명을 통해 원문의 조명을 방해하지도 않는다. 그것은 다만 순수한 언어가 마치 자신의 언어수단에 의해 보강되기라도 하는 것처럼 원문을 한층 더 밝게 조명해 줄 따름이다. 진정한 번역의 이러한 면은 무엇보다도 구문을 직역함으로써 이루어질 수 있는데, 왜냐하면 구문의 직역에서 번역가의 원초적 활동무대가 되는 것은 문장이 아니라 오히려 말이기 때문이다. 다시 말해 문장이 이를테면 원문의 언어 앞에 서 있는 벽이라면 말 하나하나는 아케이드이기 때문이다.
>
> 〔…〕

> 오히려 번역의 자유는 순수한 언어를 위하여 그 자체의 언어를 통해 스스로의 정당성을 입증해 보이는 데 있다. 낯선 말의 매력에 걸려 꼼짝 못하고 있는 순수한 언어를 그 자체의 언어를 통해 해방시키고 또 작품 속에 갇혀 있는 말을 그 작품의 재창조를 통해 해방시키는 것이 번역가의 과제이다. 순수한 언어를 위해 번역가는 그 자신의 낡은 장벽을 무너뜨린다.[168]

언어의 외피를 번역하고 어떤 것의 분위기를 살려 놓으면 거기서 무언가 신적인 메시지가 살아날 것이라는 다소 신비주의적인 관점의 번역론이다. 벤야민의 번역론은 정보전달 이상의 번역을 지향하고자 한다. 애당초 그는 원문에 아주 신비적인 외관을 씌워 주고 있다. 그는 이른바 "순수한 언어"를 추구한다. 그의 번역론에는 유대인 특유의 언어 신비주의가 중심에 자리한다. 그는 이른바 '정조情調'를 강조한다. 그는 번역에 있어서 외관이 갖는 중요성을 말한다. 그것은 언어라는 형식이 그 안에 무언가 말로 표현할 수 없는 신비스런 것을 간직하고 있다는 관점이다. 어딘가 모르게 번역가를 위한 제언이라기보다는 언어에 대한 자신의 생각을 번역을 통해 드러내 보인 게 아닌가 한 느낌이 든다. 그의 언어관은 독일 노발리스의 시를 연상시키며 낭만주의자들의 언어관에 기반을 두고 있다고 할 수 있다.

번역이란 A지점에서 B지점으로 짐을 나르는 일이다. 두 지점 간의 거리가 멀수록 짐을 나르는 짐꾼의 땀은 지게에 더욱 많이 묻어나기 마련이다. 투명인간이 될 수 있는 귀게스의 반지가 번역가에게 있다면 이를 써서 번역 작업을 했으면 좋겠지만, 이는 알라딘의 램프나 같은 것이다. 먼 곳을 지향하여 고개를 들고 가지만 발바닥에 배어 나오는 땀은 어이

168 발터 벤야민(반성완 옮김): 발터 벤야민의 문예이론. 민음사, 1983. S. 330-331.

할 것인가? 지게꾼의 땀 냄새까지 싹 없앨 수 있다면 더 없이 좋겠지만 현실적으로 그것이 불가능하기에, 여기에 바로 번역의 딜레마가 있다. 그러나 이 딜레마는 번역가는 원문을 더 빛나고 투명하게 드러낼 "순수 언어"를 찾는 과제를 지닌다는 발터 벤야민의 말에서 어느 정도 위안을 찾을 수 있을 것이다. 이것이 서두에서 말한 대로 지극히 어려운, 보통 번역 불가능하다고 말해지는 외국시를 우리말로 번역해야 하는 정당화의 한 근거가 될 수 있을 것이다.

민요의 길항작용—민중의 교화와 감정의 해방

한국 민요와 독일 민요의 비교 분석

1. 들어가는 말

본 연구는 우리 가사문학, 특히 고려속요나 서민 계층의 애환을 노래한 조선 시대의 사설시조에 담겨져 있는 외설적이고 에로틱한 표현 및 내용에 대한 문학적 호기심에 그 출발점을 둔다. 민요와 가사 장르에서 성을 테마로 한, 우리 민족의 해학과 재치가 많이 드러나는데, 일반적으로 단순 소박하며 "색채적이거나 관능적이지 않은"[169] 것으로 알려진 독일의 민요에서는 이런 면을 발견할 수 없을까? 이런 의문점이 본 연구를 추진하게 된 동기이다. 그리고 이에 대한 자료를 찾아본 결과 두 나라의 민요에 대한 비교 연구, 특히 에로틱한 측면에 대한 비교 고찰은 전혀 이루어지지 않았다.

독일의 경우에는 낭만주의 시대에 수많은 민요와 민담이 수집되었고, 또 이것을 뒷받침하는 다양한 이론들이 형성되었다. 우리나라에서도 일반 백성 사이에 많은 시가와 민요가 지어져 불려졌음은 물론이다. 그러나 그중 책 형태로 기록된 것은 불과 몇 권 되지 않는다. 당시 민중의 삶의 모습을 잘 담고 있는 것으로 알려진 고려속요도 단 몇 편만 전해

169 동서문화사(간): 한국세계백과 사전. 서울 1995. S.4287.

져 내려올 뿐이다. 그렇지만 그 몇 편은 우리 민족의 감정적 상황을 잘 반영하고 있으며, 그것에 대한 분석을 통해 그 시대 우리 민족의 정서를 파악할 수 있음은 당연한 일이다. 따라서 우리 민요와 독일 민요와의 비교[170]는 다른 한편으로 우리 민요의 문화사적 배경을 이론적으로 점검하는 계기가 될 수 있을 것이다.

이를 위해 먼저 민요가 갖는 기본적인 기능을 알아보고, 그중에서도 특히 에로틱한 면모에 집중하여 두 민족의 애정표현 사이의 공통점과 차이점을 파악하고, 그것이 갖는 사회적 효과에 대해서 시대적 상황과 결부하여 탐구하고자 한다. 그 과정에서 민요의 기본 기능이라 할 수 있는 민중의 교화와 감정의 해방 사이의 길항작용에 대해 파악해 보는 것이 이 글의 최종적인 목표이다.

2. 민요의 기본적 특징

민요는 어느 민족에게나 존재하는 문학적 양식이자 삶의 표현이다. 민요가 그만큼 인간의 정서를 표출함에 있어서 보편성을 띠고 있다는 뜻이다. 민요는 발생 과정에 있어서 민중의 삶의 현장으로부터 저절로 생겨나서 민중 사이에서 불려진 것이 있는가 하면, 상부 계층의 시나 노래가 민중으로 유입되어 변형되면서 불려진 것이 있다. 또한 우리나라의 고려가요처럼 민중에세서 생겨나 귀족층으로 유입되어 불려진 형태도 있다. 민요의 발생에는 그만큼 여러 가지 경로나 양태가 존재한다. 그 근본은 물론 "Zersingen",[171] 즉 "바꾸어 부르기"에 있다. 사람들이 어

170 우리 민요와 독일 민요를 비교하면서 비교의 대상으로 고려속요와 조선 시대의 사설시조를 중심적으로 다루려는 까닭은 독일 민요의 경우 명칭이 우리처럼 여러 갈래로 세분되어 있지 않고, 이 글의 주시의 대상이 서민 계층이 노래한 가사문학, 그리고 그중에서도 에로틱한 쪽에 있기 때문이다. 따라서 이 글에서는 고려가요나 조선 시대의 사설시조를 넓은 의미의 민요에 포섭하여 논의한다.

171 Karl Otto Conrady: Volkslied. In: Die deutsche Lyrik 1. Düsseldorf 1970. S. 99-106. S. 100.

떤 노래를 받아들여 그것을 부르다가 이웃 사람이나 후세 사람들에게 넘겨 주면 그중 어떤 사람들은 그것을 망각하거나 자의적으로 노랫말이나 멜로디를 바꾸어서 또다시 다른 사람들에게 전해 주는 것이다.

독일에서 "das Volkslied", 즉 "민요"라는 표현을 처음으로 만들어 낸 요한 고트프리트 헤르더Johann Gottfried Herder는 참다운 민요의 본질에 대해서 다음과 같이 밝히고 있다.

> 행동에 거리낌이 없는 민족일수록, 즉 생동감이 넘치고 자유로운 민족일수록(이 말밖에는 적확한 표현이 없다!), 만약에 그들에게 민요가 있다면 그들의 민요 역시 거리낌이 없고 생동감이 넘치고 자유롭고 감각적이며 시적인 정취가 가득할 것이다![172]

헤르더는 무엇보다도 민중이 갖는 직관력과 소박성을 강조한다. 그는 민중을 모든 인위성과 지식에서 멀리 있는 존재로 상정한다. 그렇기 때문에 민중의 노래인 민요에서는 생명력이 넘쳐난다는 것이다. 민중의 삶이 자유롭고 생동감 있고 자유롭고 감각적일 때 그들의 민요 역시 이를 반영하여 시적인 활력을 띤다는 말이다. 그들의 노래는 죽은 문자로 종이 위에 기록된 것이 아니다. 민요가 오래 살아남으려면 그것을 듣는 사람의 마음과 기억에 호소할 만큼의 감각성을 지녀야 한다. 그것은 민요의 구성 요소를 이루는 서정성, 생동감, 생생한 이미지, 내용의 절박성, 느낌, 멜로디, 살아 있는 세계를 표현하는 수백 가지의 것들에 의해 가능하다고 헤르더는 말한다.[173]

따라서 민중은 모든 것을 지식의 자를 가지고 재는 지식인들과 다르

---

172 Johann Gottfried Herder: Werke in zehn Bänden. Bd. 2. Frankfurt am Main 1993. S. 452.
173 Vgl. Ebd.

다. 민중은 영혼의 근원에 따라 자연과의 직접적인 교류를 표현한다. 헤르더는 민중에게서 근원성과 총체성을 보고 있다. 감각적인 특성이 민중의 성격이라면, 그들의 민요에서 그러한 감각성이 두드러지는 것은 당연하다. 그러므로 민요를 짓고, 노래로 부른 대부분의 주체들은 사회적으로 높은 교육을 받지 못한 하층민인 경우가 많다. 그렇지만 헤르더는 이에 대해 제한을 가하고 있다. 민요의 주체는 길거리에서 아무 소리나 외치고 다니는 천민들이 아니다. 시민에서 황제에 이르기까지, 공장 직공에서 제후에 이르기까지 모두 민요의 주체가 될 수 있다.[174] 그러므로 그에게 있어 민요의 주체에 대한 규정은 외적 신분이나 직업이 아니라, 마음의 상태에 따르는 것이다. 농부라든가, 어린아이들을 헤르더가 선호한 것은 이들이 그러한 자연스런 마음 상태를 지니고 있기 때문이다. 이런 관점에서 보면 민중에 대한 그의 생각에는 많은 부분 상징성이 개재되어 있는 것이다. 여기서 헤르더의 주장이 갖는 모순에 대해서 알아볼 필요가 있다. 그가 말하는 감각성, 생동감은 분명 인간의 에로틱한 본능과 거리가 멀지 않다. 그러면서도 그는 여기서 자신의 논의의 대상인 민중을 이상화시키고 있다. 즉 민중이 갖는 현실적인 측면보다는 민중 계도적인 측면에서 민요에 접근하고 있다는 말이다. 헤르더는 있는 현상을 있는 그대로 보지 않고 배후에 무언가 의도를 갖고 있다. 옛 민족이나 옛 민요를 강조하는 헤르더의 의도 속에는 당시의 문학과 문화에 대한 비판의 의도가 숨겨 있다고 할 수 있다. 그가 말하는 독일 민요에는 사회학적으로나 정치학적으로 오염되지 않은 순수한 개념이 스며 있는 것이다.

낭만주의 시대에 브렌타노Brentano와 아르님Arnim이 수집한 독일 민요

174 Vgl. Johann Gottfried Herder: Werke in zehn Bänden. Bd. 3. Frankfurt am Main 1990. S. 239.

집《소년의 마술피리*Des Knaben Wunderhorn*》에 에로틱한 민요들이 빠져 있거나 그러한 내용의 절이 배제된 것도 같은 관점에서 이해할 수 있다. 실제로 이 민요집에는 에로틱한 요소를 띤 민요는 단 한 편도 없다. 이를 통해 우리는 헤르더와 낭만주의자들이 민요를 수집하면서 에로틱한 면을 배제하고 민요에 순수 소박성만을 부여했음을 알 수 있다. 그들은 수집 과정에서 민요에 에로틱한 부분이 나오면 몇 절 전체를 생략하기도 했다.[175]

그러나 에로틱한 부분을 민요에서 빼 버렸을 경우에 생길 수 있는 폐해에 대해서는 이미 오스트리아의 작가 슈테판 츠바이크Stefan Zweig가 적확하게 간파한 바 있다.

> 그러니까 이 불쾌한 콤플렉스 전체에 대해서는 학교에서나 집에서나 그 밖의 어떤 공공연한 장소에서도 언급하지 말고 그것을 연상시킬 만한 것은 일체 억누르자는 암묵적인 합의가 이루어진 것이다. 자연적인 충동을 의식으로부터 쫓아내려는 사람은 실제로는 그것을 제거하지 못할 뿐이며 고작 그것을 잠재의식 속으로 위험스럽게 밀쳐 놓는 결과만을 낳을 뿐이라는 사실을 프로이트 이래로 알고 있는 우리의 입장에서는 그 순진한 은닉 기법의 무지함을 두고 조소를 금치 못할 것이다. 그러나 19세기 전체는 이와 같은 순진한 환상에 사로잡혀 있었다. 〔…〕 즉 무시함으로써 완화할 수 있다는 망상에서 모든 상위 심급들은 성에 대한 모든 것을 비밀에 부치고 배척하자고 합의를 보았다.[176]

츠바이크는 여기서 19세기에 사회 지배층 사람들 사이에 있었던, 성

175 Vgl. Hans Reinhard Schatter/Hans Budziwiski: Liederliche Lieder. Gewagte erotische Poesie aus 500 Jahren. München 1983. S. 7.
176 Vgl. Ebd.

에 대해 금기시하자는 암묵적 합의와 은폐 기도에 대해서 말하고 있다. 그러나 성적인 내용을 담은 민요는 사람들의 입을 통해 사라지지 않고 끝까지 살아남기 마련이다. 그것은 어느 쪽으로도 밀쳐 놓을 수 없는 인간의 본능이기 때문이다.

1) 민요의 기능적 특징

(1) 민중의 교화

민요가 지니는 가장 큰 기능적 특성은 민중의 교화라고 할 것이다. 즉 사회 구성원으로서 각 개인을 엮어 주는 역할을 민요가 맡아 했다. 이런 교화적인 차원이 중요했기 때문에 민요는 양성적으로는 대체로 교훈적인 내용이나 신성한 노동과 관련된 것들만이 공공연하게 불렸다. 그리고 나중에 구전되던 민요들이 문자로 기록될 때에도 거의 이런 교훈적이고 계몽적인 것들만 살아남을 수 있었다. 독일에서는 민요가 계몽주의 시대 이후로 민중에게 암암리에 선함과 미풍양속에 대한 감정을 일깨우는 수단으로 간주되었다.[177] 즉 민요는 민중들에게 도덕적인 감정을 불러일으키는 주된 수단이었다. 대체적으로 우리가 독일 민요라고 하면 건전하고 소박한 것으로 인식하는 것도 여기서 연유한다. 건전한 인간성의 계발이 민요의 주된 역할로 자리 잡은 것이다. 작품의 예를 보자.

> 야콥 형제여, 야콥 형제여,
> 아직도 자니 아직도 자니?
> 종소리가 안 들리니, 종소리가 안 들리니?

177 Rolf Wilhelm Brendich(Hrsg.): Handbuch des Volksliedes in 2 Bänden. Bd. 1. München 1973. S. 582.

딩, 딩 동, 딩 딩 동.[178]

이것은 물론 동요에 속하지만, 민간에서 널리 불렸다고 볼 때 넓은 의미로 민요에 포함시킬 수 있으며, 우리 조선조 시조 중에서 남구만이 지은 시조 "東窓이 붉가ᄂᆞ냐 노고지리 우지진다./소 치ᄂᆞᆫ 아희들은 샹긔 아니 이러ᄂᆞ냐./ᄌᆡ넘어 ᄉᆞᄅᆡ 긴 밧츨 언제 갈녀 ᄒᆞᄂᆞ니"[179]를 연상시킨다. 민요나 가사문학이 갖는 건전한 성격은 주로 이처럼 도덕률이나 노동과 관련된다. 이러한 시조나 가사문학의 경우 신성한 노동과 관련되기 때문에 비교적 정조가 밝은 것이 특징이다.

(2) 감정의 해방

그러나 이와 반대로 민요가 갖는 또 다른 큰 기능을 인간 본능의 방출과 호소라고 할 때, 민요의 다른 중요한 부분이 기록에서 많이 빠지게 되었음을 알 수 있다. 점잖게 이별의 아픔을 노래하기도 하지만 민요에서는 현실에서 채우지 못하는 본능에 대한 대리 만족이 나타난다. 그래서 성적인 표현이 무수히 등장하는 것이다. 이렇게 민요는 교화와 감정의 해방이라는 두 가지 큰 부분으로 나누어서 그 역할과 기능을 고찰할 수 있다. 교화만을 볼 때 민요가 갖는 단면만을 볼 뿐이다. 왜냐하면 한 측면만을 고찰하는 것은 민중의 진정한 취향에 대한 왜곡이기 때문이다. 이 두 가지를 함께 고찰할 때 일반 민중의 정서를 올바르게 파악할 수 있다.

---

178 "Bruder Jakob, Bruder Jakob,/schläfst du noch, schläfst du noch?/Hörst du nicht die Glocken, hörst du nicht die Glocken?/Ding ding dong, ding ding dong"

179 전규태(편): 한국고전문학대계. 시조집(청구영언. 해동가요. 가곡원류. 남훈태평가). 서울 1991. 청구영언 210번째 시조. 이하 "청구영언,210" 형태로 본문 안에 표기.

도덕이나 문화 또는 종교 같은 근엄한 말이 나오면 에로틱한 측면을 담은 민요라는 말은 상대적으로 주눅이 들게 마련이다. 그러나 민요는 어엿한 한 나라의 문화이기 때문에 성적인 내용을 담은 것이라 해도 옆으로 제쳐두어서는 안 된다. 왜냐하면 거기에는 일반 민중의 애환이 가림 없이 배어 있기 때문이다. 그러나 독일에서도 에로틱한 내용을 담은 민요는 14세기 이후로 지저분한 것으로 치부되어 왔다.[180] 이러한 사정은 우리나라에서도 별반 다르지 않다.

3. 독일 민요와 한국 민요의 비교 분석—비교문학적 전제

유럽 문학, 특히 근세에 동양에 유입되기 이전의 유럽 문학과 전통적인 한국 문학의 비교는 일견 무의미한 것처럼 보인다. 발생론적으로 두 문화 사이에 아무런 연관성이 없기 때문이다. 그렇기 때문에 영향에 바탕을 둔 일반적인 비교문학론의 방법으로 두 나라의 문학을 비교한다는 것은 불가능한 일이다. 그러나 비교문학의 범주를 확장시켰을 때 두 문학 사이의 비교는 가능해진다. 따라서 비교문학의 고전으로 일컬어지는 방 티겜Philippe Van Tieghem의 《비교문학론》에서 언급된, "일단 두 문학 사이의 국경이 정해지면, 우리는 문학의 영역에 있어서 한쪽에서 다른 한쪽으로 어떤 작용이 미치는 여러 형태를 연구하고자 할 것이다"[181]라는 주장을 뛰어넘어 여기에서는 두 문화 사이의 직접적인 영향 관계가 없을 경우에도 두 문화 사이의 비교가 여러 가지 결실을 가져다줄 수 있다는 새로운 비교문학자들의 견해에 따르기로 한다. 그러므로 본 연구에서는 방티겜의 경우처럼 양쪽 문화의 발신자와 수신자의 일방적

180 Hans Reinhard Schatter/Hans Budziwiski: a.a.O., S. 8.
181 방 티겜(김종원 옮김): 비교문학론. 서울 1999. S. 60.

영향 관계에 의존하지 않는다. 어떠한 시대적 상황의 공유성을 전제로 하지 않는다는 말이다.

여기서 괴테Goethe가 말한 "세계 문학Weltliteratur"[182]의 개념을 도입할 때 두 문학 사이의 비교는 그 근거를 획득한다. 먼저 이를 위해 괴테의 후기의 시 〈은행잎Gingo biloba〉(1815)을 살펴보자. 괴테는 두 문화, 특히 동양과 서양 사이의 문화의 연계점을 이 시에서 명쾌하게 개진하고 있다.

> 동방에서 내 정원으로 건너와
> 터를 잡은 이 은행나무 잎에는
> 신비스런 의미가 스며 있어
> 그걸 아는 이를 즐겁게 하네.
>
> 이 이파리는 원래 하나인데
> 둘로 갈라져 있는 걸까?
> 아니면 두 잎이 서로 짝을 찾아
> 한 장의 잎처럼 보이는 걸까?
>
> 이런 의문에 대한 답을 찾다가
> 나는 참뜻을 알게 되었네.
> 그대는 내 노래에서 못 느끼는가,
> 내가 하나이면서 둘인 것을?[183]

182 Johann Wolfgang Goethe: Werke. Hamburger Ausgabe. Bd. 12, S. 363.

183 "Dieses Baums Blatt, der von Osten/Meinem Garten anvertraut,/Gibt geheimen Sinn zu kosten,/Wie's den Wissenden erbaut.//Ist es ein lebendig Wesen,/Das sich in sich selbst getrennt?/Sind es zwei, die sich erlesen,/Daß man sie als eines kennt?//Solche Frage zu erwidern,/Fand ich wohl den rechten Sinn;/Fühlst du nicht an meinen Liedern,/Daß ich eins und doppelt bin?" Johann Wolfgang Goethe: Werke. Hamburger Ausgabe. Bd. II. S. 56.

은행나무는 동아시아가 원산지로 대략 1800년경에 유럽 대륙에 이식된 것으로 알려져 있다. 은행나무는 잎이 활짝 펼쳐진 부채 모양으로 가운데가 깊게 갈라져 있어 마치 두 개의 잎이 하나로 합생된 것처럼 보인다. 괴테는 《서동시집 *Westöstlicher Divan*》의 〈술레이카 서 Buch Suleika〉의 많은 시들에서도 이와 같은 자연스런 조화를 강조한다. 이 시들 중에서 〈은행잎〉이 가장 명료한 이미지를 보여 준다. 우리는 "이 이파리는 원래 하나인데/둘로 갈라져 있는 걸까?"라는 시구절을 통해 서로 다른 두 문화 사이의 합생 관계를 유추할 수 있다. 특히 이 시는 괴테의 만년의 작품인 《서동시집》에 실려서 동양과 서양의 만남을 이야기하는 데 있어서 중요한 역할을 한다. 멀리 동방에서 옮겨온 은행나무가 괴테의 정원에서 잘 살아남고 있다는 데서 동서양 사이의 보편적 연관관계를 유추할 수 있다.

1) 문화적 억제—한국의 유교와 독일의 계몽주의

우리나라에서는 유교의 유입이 민요의 기능에 교육적, 계몽적 측면을 부여했고, 독일에서는 18, 9세기의 계몽주의가 민요에 도덕적 측면을 부여하였다. 우리나라에서는 조선 초에 성적이고 감정적인 내용의 민요를 음사淫詞 또는 남녀상열지사男女相悅之詞라고 하여 거부하였으며, 독일에서도 계몽주의적 도덕론에 입각하여 남녀간의 노골적인 사랑을 담은 민요를 금기시하였다. 현재 우리의 고려가요 중 남아 있는 것이 14편밖에 안 된다는 사실이나 독일에서 낭만주의 시기에 브렌타노와 아르님이 민요를 수집할 때 주로 도덕적인 것만 가려내고 야한 것들은 버렸다는 사실이 두 나라 민요 수집 과정에 있어서의 공통점을 말해 준다. 독일의 경우 19세기의 모든 민요 연구에서는 성적인 부분이 빠져 있다. 마치 민중이 성적으로 거세된 존재인 것처럼.[184] 우리나라의 경우에도 성과 성행위 그 자체는 고귀한 것이되 이를 탐하거나 말과 글로 표현하는 것은 예교주의에 어긋나고 사회 윤리를 파괴하는 일로 묵수되어 왔다.[185]

에로틱한 민요는 수집자들에 의해 멸시를 당하기도 했지만 또한 당국에 의해 규제되었다. 그리하여 민요는 좋은 민요와 미풍양속을 해치는 지저분하고 나쁜 민요의 두 가지로 나뉘는 상황이 초래되었다. 민요의 존재를 높이 평가했던 헤르더조차 이러한 구별법에서 자유롭지 못했다. 그는 "본질적인 것Eigentliches"과 "비본질적인 것Uneigentliches", "꽥꽥 소리 지르며 파괴를 일삼는 천민Pöbel, der schreyt und verstümmelt",[186] "똥Koth", "잡초Unkraut"[187] 등으로 진정한 민요와 지저분한 민요 사이를 구분지었다. 이렇게 국가에 의한 검열에 앞서 건전한 민요의 보급을 주장한 사람들은 계몽주의자들이었다. 사실 이들은 민요의 실상을 왜곡하는 결과를 낳았다.

그러나 독일에서는 규제가 심하던 시절을 피해 1900년에서 1910년대에 민중 사이에 흘러 다니던 야한 내용의 민요들을 수집한 민요집이 많이 출간되었다. 그중 대표적인 모음집이 블뤼믈Blümml이 수집, 편찬한 《에로틱한 민요*Erotische Volkslieder*》이다. 독일에서도 이른바 '야한 민요'에 대한 연구는 1950년대에 이르러서야 시작되었다. 그만큼 민요가 갖는 속성 중 본질적인 부분이 언급에서 빠져 왔던 것이다. 여기의 '야한 민요'란 두 남녀 사이의 사랑의 감정을 숭고하게 노래한 차원의 것이 아니라 남녀 사이의 성적 접촉을 직접적으로 노래한 것을 이른다.

---

184 Vgl. Emil Karl Blümml: Erotische Volkslieder. Wien 1993. S. 5.

185 박노준: 사설시조와 에로티시즘. In: 박노준(편): 조선후기 시가의 현실인식. 서울 1998. S. 372.

186 Johann Gottfried Herder: Werke. Bd. 3. S. 239.

187 Johann Gottfried Herder: Werke. Bd. 3. S. 243.

우리나라에서는 야한 노래의 수집이 김천택의《청구영언》(1728)이나 김수장의《해동가요》(1763)를 통해서 이루어졌다.

4. 작품 분석—에로틱한 민요

1) 은유법의 사용

그림 형제가 자신들이 만든《독일어 사전》에서 한 말이 우리의 민요 연구와 관련하여 많은 시사점을 준다.

> 정숙한 규율을 중시하는 사람들은 상스러운 말을 피하지만, 일반 민중은 그것을 꼭 써야 할 때에는 쓰기를 주저하지 않는다. 자유분방한 시인들은 그것을 일부러 찾아서 쓴다.[188]

일반적으로 민요에서 에로틱한 테마가 문제될 경우 대부분 직설적이고 진솔한 표현을 선호하는 것이 사실이다. 진솔한 언어를 통해 애정의 양상을 보다 설득력 있게 전달할 수 있기 때문이다. 그러나 메타포를 쓴 민요의 경우 민요 모음집에 실려 있는 경우가 있다. 편찬자가 이들 민요의 본래의 의도를 알아채지 못했던 까닭이다. 민요 창작의 주체와 그것의 편찬자가 서로 간에 언어 습관이나 언어 운용의 형태가 달랐기 때문이다. 조선 시대의 사설시조에서도 이러한 예는 발견된다.

> 白花山 上上峰에 落落長松 휘드러진 柯枝 우희
> 부헝이 放氣 ᄭᅱᆫ 殊常ᄒᆞᆫ 옹도라지 길죽넙죽 어틀머틀 뮈뭉슈러 ᄒᆞ거라 말고 님의 연장이 그러콰지고
> 眞實노 그러곳 ᄒᆞ량이면 버스나 굴무나 셩가싈줄 이시랴(청구영언, 805)

188 Emil Karl Blümml(Hrsg.): a.a.O., Vorwort von Karl Gaberl. 1993. S. 7에서 재인용.

첫 행에 많이 등장하는 한자 어구는 이 시조의 실질적인 내용을 점잖게 감추는 역할을 한다. 그러나 실제로 이 시조는 여성 화자의 색욕과 성감을 흡족하게 충족시켜 줄 정도로 자극적인 남성의 성기("연장")를 상상하면서 부른 노래다. 그런 성기를 가진 임자를 만나면 벗고 굶은들 무슨 상관이냐는 얘기다.[189] 얼핏 보아 잘 드러나지 않는 메타포 속에 질펀한 색욕과 정감이 깔려 있다. 인간의 본원적 욕구에 대한 암묵적인 갈망이 한자어와 은유의 외피 속에 싸여져 있다고 할 것이다.

고려속요인 〈쌍화점〉 역시 상징적이고 은폐적인 어휘를 사용하여 내용상의 문제점을 은밀하게 감추고 있다. 원문을 보자.

雙花店솽화점에 雙花솽화사라 가고신댄
回回휘휘아비 내손모글 주여이다
이말ᄉᆞᆷ이 이店뎜 밧귀 나명들명
다로러거디러
죠고맛감 삿기광대 네 마리라 호리라
〔…〕
긔잔대ᄀᆞ티 덤거츠니 업다

三藏寺삼장ᄉᆞ애 블혀라 가고신댄
그뎔 社主샤쥬ㅣ 내손모글 주여이다
이말ᄉᆞ미 이뎔밧긔 나명들명
다로러거디러
죠고맛간 삿기 上座샹좌 네 마리라 호리라

189 박노준: a.a.O., S. 363.

〔…〕

드레우므레 므를길라 가고신댄
우믓龍룡이 내손모글 주여이다
이말ᄉᆞ미 이우믈밧긔 나명들명
다로러거디러
〔…〕

술풀지븨 수를사라 가고신댄
그짓아비 내손모글 주여이다
이 말ᄉᆞ미 이집밧긔 나명들명
다로러거디러
죠고맛간 ᄉᆡ구비가 네 마리라 호리라[190]

만두 가게에 만두를 사러 갔더니 아랍 남자가 내 손목을 잡더라. 만약에 이 소문이 이 가게 밖에 나면 가게 심부름하는 아이야, 네 탓이라 하리라. 그 자리에 나도 자러 가겠다. 그 잔 곳같이 난잡한 데가 없다. 삼장사에 불을 켜러 갔더니 그 절 사주가 내 손목을 잡더라. 만약 이 소문이 이 절 밖에 번지면 조그만 어린 상좌 네 탓이라 하리라. 두레박 우물에 물을 길러 갔너니 우물의 용이 내 손목을 잡더라. 만약 이 소문이 이 우물 밖에 번지면 조그만 두레박아 네 탓이라 하리라. 술 파는 집에 술 사러 갔더니 그 집의 아비가 내 손목을 잡더라. 만약 이 소문이 이 집 밖에 번지면 조그만 바가지야 네 탓이라 하리라. 대충 이런 내용이다. 시적 화자는 여자로서 한 사람이고, 그녀가 접하는 성적 대상인 남자는

190 김명준(편저): 고려속요집성. 서울 2002. S. 97f.

여럿으로 나타난다. 시적 상황이 만두가게와 절, 우물, 술집 등 당시 사람들의 생활 주변을 맴돌고 있다. 그러면서 곳곳에서 음탕한 행위가 벌어지고 있다. 즉 전 4절로 된 이 노래는 성스러워야 할 불도의 도량에서까지 사음邪淫이 행해지는 것으로 묘사하여 퇴폐한 당시의 성性 윤리를 잘 나타내고 있으며 나아가 그것을 풍자한 것이라 볼 수 있다. 은밀한 상징적 표현을 통해 풍자 효과를 발휘하고, 내용을 감싸고 있는 유려한 운율은 시적인 가치를 높여 주고 있다. 특히 왕궁을 우물로, 왕을 용으로 은유적으로 표현한 것은 당시의 지배적 금기에 대한 저항이요 도전이라 할 수 있다.

독일 민요의 경우엔 "사랑하는 젊은이여, 어서 와 말을 타요,/내 상자가 부서질 때까지"[191] 같은 대목을 대표적인 은유적 표현의 한 예로 들 수 있다. 다음 독일 민요는 우리가 능히 짐작할 수 있는 은유법을 사용한 예이다.

그때 땜장이는 어느 정원사의 집 앞을 지나가게 되었네.
한 처녀가 밖을 내다보고 있다가 말했네.
"오, 땜장이님, 어서 들어오세요,
여기 때울 게 좀 있어요."

그러면서 그녀는 조그만 냄비를 하나 보여 주었네.
시커먼 그을음이 잔뜩 붙어 있었네.
그 안쪽에는 조그만 구멍이 하나 나 있었네.
꼭 호두만 했네.

191 "Lieber Bursche komm‘ und reite,/Bis mir meine Schachtel kracht." Emil Karl Blümml: a.a.O., S. 42.

"오, 땜장이님, 조심하세요.
구멍이 더 커지지 않게요."[192]

땜장이, 냄비, 시커먼 그을음, 호두 그리고 냄비를 때우는 행위가 각각 무엇을 상징하는지는 "땜장이"와 "처녀"라는 두 남녀를 시적 주인공으로 설정함으로써 더 이상의 설명이 필요하지 않으리 만큼 너무나 명확하다.

2) 에로틱한 민요의 주체와 성적인 표현의 특징

민요에 등장하는 이른바 바람둥이의 직업은 에로틱 민요를 이해하는 데 중요한 열쇠가 된다. 독일 민요의 경우 군인, 사냥꾼, 굴뚝 청소부, 열쇠 만드는 직공, 냄비 수선공, 정원사 등 여러 가지 직업이 등장하는데, 이것은 성을 직접적으로 표현하기보다 간접적으로 이야기하기 위한 장치로 이해할 수 있다. 에로틱한 민요에서 대부분의 표현은 암시처럼 제시된다. 그러면서 무언가를 환기시키는 힘을 갖는다.

가장 흔한 것이 종교적인 직업을 가진 사람들의 등장이다. 다음 민요를 보자.

한 수도사가 산 속으로 들어갔네,
그는 한 수녀와 아는 사이였네.

192 "Da kam er vor ein Gärtnerhaus,/Eine Jungfrau schaut heraus:/O Pfannenflick komm doch herein,/Hier wird schon was zu flicken sein.//Da zeigt sie ihm ein Pfännelein./Bedeckt mit schwarzem Ruß,/Darinnen war ein Löchelein,/So groß wie eine Nuß,/O Pfannenflick nimm dich in acht,/Daß du das Loch nicht größer machst." Hans Reinhard Schatter/Hans Budziwiski: a.a.O., S. 237.

둘은 그 뒤로 함께 산책을 했네.
수녀에게 구경을 시켜줄 생각이었네.

수도사는 나무 위로 올라갔네.
수녀는 밑에서 올려다보았네.

"아, 수도사님, 당신 두건 아래 매달린,
그 길다란 물건은 무언가요?"

"아, 수녀님, 그건 내 칼이라오,
칼집은 집에 두고 왔지요."
"아, 비밀만 지켜 주신다면,
제 칼집을 빌려드릴게요."[193]

수도사와 수녀 사이의 대화체로 되어 있는 민요이다. 두 사람 사이의 대화가 상당히 흥미롭다. 나무 위에 올라간 수도사의 물건을 아래쪽에서 올려다보던 수녀는 그것이 무엇이냐고 묻고, 수도사는 그것이 칼이라고 답하면서 칼집은 집에 놔두고 왔다고 둘러댄다. 그러자 수녀는 자기한테 칼집이 있으니 다른 사람들에게 이야기하지만 않는다면 자신의 칼집을 기꺼이 빌려 주겠다고 말한다. 이처럼 금지된 행위에 반기를 들어서 사회적 규율을 깨뜨리려는 의도는 일면 개인의 내면적 자유의 해

---

193 "Es ging ein Mönch ins Oberland,/mit einer Nonn' ward er bekannt.//Sie gingen beid' hernach spazieren,/er wollt' sie weit herüber führen.//Der Mönch, der stieg den Baum hinauf,/die Nonn, die sah von unten hinauf.//"Ach, Herr, was ist das lange Ding,/das unter euer Kappen hing?"//"Ach, Nonn, es ist mein Messerlein,/die Scheide habe ich daheim."//"Ach, Mönch, ach willst du schweigen mir,/die Scheide will ich leihen dir."" Rolf Wilhelm Brendich: a.a.O., S. 592.

방과 연결된다. 또한 이것은 기왕의 종교에 대한 비판으로서 당시의 사회상의 반영이라 할 수 있다.

우리나라의 경우는 어떠한가? 먼저 한 사설시조를 보자.

> 어흠아 긔 뉘 오신고 건넌 佛堂에 動鈴僧이외러니
> 홀거ᄉᆞ의 홀노 자시ᄂᆞᆫ 房안에 무스 것ᄒᆞ려 와 계오신고
> 홀거ᄉᆞ님의 노감탁이 버셔거ᄂᆞᆫ 말 겻테 ᄂᆡ 곳갈 버셔 걸나 왓습네
> (청구영언, 302)

"홀거ᄉᆞ", 즉 남자 중이 거처하는 불당에 "動鈴僧"(여승)이 찾아와서 남자 중을 성적으로 희롱하는 장면을 형상화한 것이다. "노감탁이"는 노를 꼬아 만든 감투를 뜻하고 "말"은 말뚝을 의미한다. 수작을 거는 여승의 행위는 자못 적극적이고 직설적이다. 이러한 표현을 통해 독자는 육감적인 대리 체험에 빠진다.[194]

그렇다면 위 사설시조의 내용은 단순한 시적 은유인가, 아니면 당시 있었던 사실의 반영인가? 조선조 성종 때의 다음 기록을 보자.

> 녀자중과 남자중의 옷차림을 구분하기 어렵기 때문에 서로 왔다갔다 하면서 10여 일이나 달포씩 머물러 있으면서 제멋대로 음탕한 짓을 하는 자들이 많은데 이것은 불교의 계률에 루를 끼칠 뿐 아니라 실상은 풍습과 교화에 관계되는 것입니다.[195]

남녀 수도승들이 산중에서 저지른 성적인 타락상을 단적으로 보여

---

194 Vgl. 박노준: a.a.O., S. 360.
195 박종성: 권력과 매춘, 서울 1996. 48쪽에서 재인용.

주는 대목들이다. 조정에서까지 직접 통제에 나설 수밖에 없었던 상황으로 미루어 그 풍기문란과 타락의 정도를 짐작하고도 남는다. 이러한 상황에서 조선에서는 유교적인 관점에서 백성들 사이에 문란한 노래가 유포되는 것을 막을 수밖에 없었다. 따라서 수도승의 등장이 단순한 시적 은유가 아님이 드러난다. 또한 조선 후기로 접어들면서 봉건적 질서의 이완과 더불어 생겨난 민중들의 의식 전환은 민속 예술의 활발한 향유를 이끌어냈으며 그 갈래의 하나로 사설시조가 등장하여 비속하다고 여겨졌던 성의 문제가 이들 서민들 사이에서 다양하게 다루어졌던 것이다.[196]

한편 독일에서 에로틱한 민요의 확산에 일조를 한 사람들은 직공 수련생들과 군인들이다. 군인들은 여성들로부터 격리된 세계 속에서 남자 동료들과 함께 생활하다 보니 자연 성적인 노래에 대해 관심을 갖게 된다. 또한 농부, 뱃사람. 굴뚝 청소부("안녕, 뚱뚱보 아가씨/네 굴뚝을 청소해 줄게/오늘 내 빗자루는 네 굴뚝 곳곳을/확실하게 쓸어 줄 만반의 준비가 되어 있거든"[197])나, 열쇠 제조공("그러자 그녀는 내게 자물쇠를 보여 주었네./너무 작지도 않고 너무 크지도 않았네./나는 얼른 내 열쇠를 꺼냈네./그러자 어여쁜 자물쇠는 저절로 열렸네"[198]), 또는 땜장이("나는 연장을 늘 몸에 지니고 다니지/그걸로 나는 일을 한다네/때울 곳이 있는 것이 있는/집은 어디나 내 숙소/내 집에서도 나는/많은 냄비를 때운다네./불에 슬슬 달구어 일을 하지./처녀들은 어디를 때워야 하는지 잘 안다네"[199]) 등이 에로틱한 민요의 대표적인 주체로 나

196 김용찬: 사설시조에 나타난 애정형상과 세계관 연구. 1990. 고려대학교 대학원 석사학위 논문. S.45f.

197 "Guten Morgen, dicke Dirn,/laß mich deine Röhre kehren,/denn mein Besen ist bereit/heut zu fegen eng und weit." Rolf Wilhelm Brendich: a.a.O., S. 606.

198 "Sie zeigte mir alda ein Schloß,/war nicht zu klein, war nicht zu groß,/ich zog sogleich mein' Schlüssel heraus,/das Schlößchen sprang von selber auf." Rolf Wilhelm Brendich: a.a.O., S. 607.

199 "Mein Werkzeug trag ich stets bei mir,/so bringt's mein Handwerk mit,/und jedes Haus

타나며, 그 외의 직업으로는 못 제조공, 타작하는 사람, 목수, 시계 수리공 등이 있다. 이들은 민중의 생활 주변에 자리한 인물들로 직접 에로틱한 민요를 만들어 부르기도 했지만 에로틱한 민요의 메타포로 등장하기도 한다.

독일의 에로틱한 민요에는 미화법과 둘러말하기의 기법이 많이 쓰인다. 그중 직공들의 영역에서 가져온 표현으로는 '빗자루로 쓸다, 칼을 갈다, 구두를 만들다' 등이 가장 많이 등장하고, 농부들의 생활 영역에서는 '낫의 날을 세우다, 타작하다'가, 가사 일에서 가져온 표현으로는 '못질하다, 세차게 문질러 닦다, 꿰매다, 양파를 뽑다' 등이 자주 보인다.[200] 모두가 능동적인 행동의 주체와 그 행동을 받아들이는 대상으로 되어 있어 족히 성 행위를 연상시킬 만한 어휘들이다. 반면에 단순한 동사 형태로는 '하다, 작업하다, 밀어 넣다, 어르다, 찌르다, 밀어 붙이다' 등이 빈번하게 나타난다. 또한 음악 영역에서 가져온 것으로는 '바이올린을 켜다'가 있다.[201]

또한 남성의 성기를 나타내는 표현으로는 "꼬리" 외에, 일상에서 사용하는 물건들 중에서 폭이 넓은 것보다는 긴 것, 무른 것보다는 단단한 것, 축 처진 것보다는 빳빳한 것 등이 선호되었다. 이를테면 나무나 쇠로 만들어진 망치자루나, 괭이자루, 숫돌, 주머니칼, 못, 창, 나무 방망이, 곤봉, 사다리 발판 등이 그것이다. 식물과 관련해서는 "꺾다", 동물 영역에서는 "송어", "뱀", "달팽이집", "암탉" 등이 자주 눈에 띈다. 또한 여성의 성기를 나타내는 표현은 드러내기보다는 감추려는 분위기가 강

---

ist mein Quartier,/wo es was zu flicken gibt./Auch selbst in meinem eignen Haus/flick ich so manches Pfännchen aus. /Es ist vom Feuer oft durchsengt,/das Mädchen weiß, wo's Blechwerk hängt." Rolf Wilhelm Brendich: a.a.O., S. 607.

200 Emil Karl Blümml: a.a.O., S. 8.

201 Ebd.

한데, 이를테면 "작은 상자", "코담배 통" 등이 그것이다.[202]

이것은 우리의 경우도 예외가 아니다. 조선 시대에에 진옥이라는 기생이 쓴 시조 중에 다음과 같은 것이 있다.

> 철鐵이 철鐵이라거든 석철錫鐵만 여겼더니
> 이제야 보아 하니 정철正鐵일시 분명하다
> 마침 내게 골풀무 있더니 녹여 볼까 하노라.[203]

남성의 성기를 나타내는, "正鐵", 즉 진짜 쇠라는 표현과 여성의 성기를 나타내는 "골풀무"가 아주 대조적이다. 남성의 단단함과 그것을 녹이는 여성의 부드러움이 에로틱한 표현을 통해 호소력을 얻고 있다. "골풀무"는 불을 피우기 위하여 바람을 일으키는 기구의 하나이다. 여성 화자가 자신의 "골풀무"를 이용해 성욕의 불을 질러 남성의 쇠를 녹여 보겠다는, 정숙한 애정관계를 벗어난 성적 욕구의 직접성이 두드러지는 작품이다.

한국 민요나 가사에서 남성의 성기를 나타내는 사물로는 "년장" 또는 "소시랑"(쇠스랑)[204]이 있다. 위에서 이야기한 독일의 경우와 그리 다르지 않다. 독일 민요에서 쓰인 "사랑의 왕홀"[205]이라는 표현은 더욱 근사치를 얻는다. "얽고 검고 킈크고 살진 구레ᄂᆞ롯 제것조ᄎᆞ 獨別이 길고 넙죽/졈지 아닌 놈 밤마ᄃᆞ 품에 드러 좁고 젹은 궁게 큰 년장 너허두고"(청구영언, 863)라는 구절 속에는 남녀의 성기가 거의 여과 없이 적나라

202 Emil Karl Blümml: a.a.O., S. 9.
203 문정희(편): 기생시집. 서울 2000. S. 31.
204 "ᄂᆡ 소시랑을 일허바련지가 오늘조ᄎᆞ 찬 三年이외러니"(청구영언, 304)
205 Emil Karl Blümml: a.a.O., S. 31.

하게 등장한다. "골풀무"나 "년장", "쇠스랑"은 모두 당시의 생활과 연관된 도구들이다. 이런 도구들이 성을 표현하는 비유의 매개로 사용되고 있는 것이다. "요놈아총각 뭣하러 왔니/숫돌이좋아 낫갈러왔니/요놈아 계집애 뭣하러왔니/절구가좋아 방아찧러왔니"[206]라는 내용의 우리 민요에서도 "숫돌과 낫", "절구와 방아"라는 생활 주변의 사물을 빌어 성적인 행위를 비유적으로 표현하고 있다.

마찬가지로 여성이 화자로 되어 있는 독일 민요를 보자.

> 나는 침대에 누워, 그 사람의
> 달팽이집을 만지작거리네,
> 하지만 그 사람은 아무 느낌이 없어,
> 달팽이는 나올 줄을 모르네.[207]

이 독일 민요는 노인과 결혼한 젊은 여인의 성적인 불만을 다룬 민요이다. 위의 조선조 진옥이라는 기생이 쓴 시조와 별 다를 게 없다. 둘 다 독수공방의 외로움을 속으로 삭이면서 성 행위에 대한 열망을 표출하고 있다. 여성이 화자로 등장할 경우에도 성에 대한 욕구 표현의 적극성을 감지할 수 있다. 표현의 생동감과 적극성, 이것은 어쩌면 당시의 여성들의 억눌린 상황에 대한 반발 심리로 해석할 수 있을 것이다. 거기에는 또한 당시의 남성 본위의 억압적이고 폐쇄적인 성윤리에 대한 비판의식이 담겨져 있다. 성적으로 억압당하고 있던 여성을 화자로 전면에 내세움으로써 오히려 그 비판의식은 풍자성까지 띠면서 배가되는 것이다.

---

206 임동권: 한국 민요집 I. 서울 1974. S. 700.

207 "Ich lieg' im Bett und spiele/An seinem Schneckenhaus/Er hat ja kein Ge fühle,/Der Schneck kommt nicht heraus. " Emil Karl Blümml: a.a.O., S. 14.

다음 독일 민요는 성적인 것을 표현하는 데 있어서 식물 메타포를 사용한 경우이다.

> 내 명예를 걸고 말하지만,
> 그 정원사는 아주 노련하다네.
> 겨울에도 그 사람을 찾아가면
> 꽃을 살 수 있으니 말이야.
> 그 사람은 정원에 이 세상에서
> 가장 아름다운 꽃을 기른다네.
> 내가 그를 칭송하는 까닭은
> 나도 그 정원의 꽃이기 때문이라네.[208]

이 시에서는 정원사가 에로틱한 풍자의 대상이 되고 있다. 꽃을 심고 가꾸는 것이 성적인 교합에 대한 메타포로 사용되고 있다. 또한 꽃은 여성을 빗대어 나타낸다. "눈셥은 수나뷔 안즌듯 니색듸는 박씨 外 셰온듯헤/날 보고 당싯 웃는 양은 三色桃花"(청구영언, 808)라는 사설시조의 대목에서도 여성은 한 나무에서 세 가지 색의 꽃이 피는 복사꽃의 형상에 비유되고 있다. 수나비처럼 고혹적인 눈썹에 박씨를 까서 세운 듯한 한 그녀의 방긋 웃는 자태가 마치 활짝 피어나는 복사꽃 같다고 노래되는 것이다.

나아가서 식물을 성적 결합을 표현하기 위한 비유로 사용한 예는 우리의 사설시조에서도 찾아볼 수 있다.

---

208 "Ein Gärtner ist, bei meiner Ehr'/Ein sehr geschickter Mann,/Weil man bei ihm zur Winterszeit/Auch Blumen haben kann./Er hat in seinem Gartenhaus/Die schönsten Blumen drin,/Drum lob' ich ihn ja überaus,/Weil ich selber einer bin." Emil Karl Blümml: a.a.O., S. 31.

님으란 淮陽金城 오리남기 되고 나는 三四月 츩너출이 되여
그 남게 감기되 이리로 챤챤 져리로 츤츤 외오풀녀 올회 감겨 밋부터 슷가
지 구뷔나게 휘휘 감겨 晝夜長常에 뒤트러져 감겨 얽켜졋과져
冬셧달 바람비 눈셔리를 아무만 마즌들 플닐 줄이 이시랴(청구영언, 799).

남녀가 하나는 오리나무가 되고 다른 하나는 칡넝쿨이 되어 서로의 몸을 공유하는 장면이다. "챤챤"이나 "츤츤", 즉 "칭칭"이라는 의태어가 알려 주듯 두 사람의 결합은 동지섣달 눈비 바람, 서리를 맞아도 풀어지지 않을 것이라고 공언한다. 이때 현실의 위선된 도덕을 비웃기 위하여 민요에 풍자적 성격이 가미된다. 사회적으로 억제되고 금지된 감정의 해방을 노리다 보니 민요는 자연 패러디의 성향을 띨 수밖에 없다. 여기서 에로틱한 민요의 오락적 성격이 드러난다. 과잉되고 과장된 도덕적 관습을 신랄하게 비난하고 그것의 허황됨을 고발하는 가운데 화자는 극도의 쾌감을 맛보는 것이다. 잔뜩 부풀어 올라 있는 도덕의 풍선을 기지와 재치의 바늘로 힘껏 찔러 터뜨리는 격이다. 이렇게 하여 민요는 민중의 노래이며 따라서 사회학적·심리학적으로 연구해 볼 만한 가치가 있는 대상이 되는 것이다.[209] 민요에서는 모든 것을 원초적인 자유로움으로 들추어내 보인다. 민요는 인간의 내면에 깃들어 있는 감정의 솔직한 표현이기 때문이다. 이러한 솔직 담백한 표현을 담은 사설시조를 보자.

半 여든에 첫 계집을 ᄒᆞ니 ᄒᆞ롱하롱 우벅쥬벅
죽을번 살번타가 와당탕 드리다라 이리져리 ᄒᆞ니 老都令의 마음이 흥글항글
이 滋味 발셔 아도던들 긜적부터 ᄒᆞᆯ낫다.(청구영언, 882)

---

209 Hans Reinhard Schatter/Hans Budziwiski: a.a. O., S. 15.

불혹의 나이에 장가를 들고 보니 잠자리의 재미가 말로는 표현할 수 없는 지경이라고 고백하는 화자의 천진스럽고 익살스런 표정에서 우리는 웃음을 터뜨리게 된다.[210] "흐롱하롱", "우벅쥬벅", "죽을번 살번", "와당탕 드리다라", "이리져리", "흥글항글" 같은 역동적이고 가시적인 표현이 읽는 재미를 더해 준다. 그 재미를 진작 알았다면 차라리 기어다닐 때부터 할 것을 그랬다는 등 표현이 직설적이다 보니 오히려 여기서 골계와 해학이 드러난다. 특히 구체적이고 사실적寫實的인 표현과 속어투俗語套의 시어를 통한 진솔한 묘사는 사설시조에서 확인할 수 있는 두드러진 면모라고 할 수 있다.[211] 이것은 독일 민요의 경우에도 예외가 아니다. 특히 독일의 경우는 하층민들의 민요가 여기에 해당한다.[212] 직설적이고 구체적인 표현이 해학을 낳는 것이다.

> 아름다운 물방앗간 아가씨가 있었네.
> 정말로 눈부시게 아름다웠네.
> 그런데 그녀는 대여섯 명의 군인들과
> 밤새도록 방아질을 했다네.[213]

여기에 쓰인 것은 과장법이다. 물방앗간 아가씨의 그 눈부신 아름다움의 허상을 일거에 무너뜨리는 행위, 즉 대여섯 명의 군인들과 밤새도록 나누는 질펀한 사랑 놀음은 앞에서 예로 든, 불혹의 나이에 장가를 든 우리 민요의 주인공의 모습을 연상시킨다. 제시된 상황의 구체성이

210 Vgl. 박노준: a.a.O., S. 368.
211 김용찬: a.a.O., S. 24.
212 Emil Karl Blümml: a.a.O., S. 6f.
213 "Es war 'ne schöne Müllerin,/Ein wunderschönes Weib./Und die hat die Nacht gemahlen,/Mit fünf, sechs jungen Soldaten." Hans Reinhard Schatter/Hans Budziwiski: a.a.O., S. 109.

곧 화자의 절실한 심정을 한껏 드러내 보여 주는 것이다. 이처럼 묘사나 비유의 대상을 생활 주변에서 찾음으로써 생기는 가장 큰 효과는 시적 리얼리티라고 할 것이다. 여기서 우리는 당시의 민중의 삶의 현장을 보다 생동감 있게 주목할 수 있는 것이다.

5. 민요의 존재 이유

육감을 통한 놀이는 말하자면 어희語戲에 의한 자위自慰 행위요 그렇게 해서 얻게 되는 대리만족의 쾌감이다.[214] 이것은 현실의 제한된 한계를 벗어나기 위한 장치에 다름 아니다. 에로틱한 시가詩歌 문학이나 민요는 궁극적으로 성적인 대리만족을 추구하고 있음에 틀림없다. 그 동기는 성을 억제하는 사회적 규율에 대한 도전이다. 성이라는 본능이 억제될 때 이것은 끓는 물이 솥뚜껑을 들어올리는 원칙과 마찬가지로 본능을 억제하는 굴레에 대한 저항을 낳게 마련이다. 독일의 계몽주의와 조선의 유교주의는 바로 이러한 원칙하에 사회를 이끌어가려고 했다. 이에 대한 도전은 한국의 가사문학이나 독일의 민요에서 성적인 표현의 과감성으로 이루어졌으며 그것의 궁극적인 목표는 관습화되고 통념화된 사회에 매몰되지 않는 개인의 해방이었다.

문학적, 미학적 측면에서 볼 때 독일 민요에서 "네 혀로 내 엉덩이나 핥아라"[215] 같은 대목처럼 지나친 에로티즘의 추구로 인한 미적 완성도가 결여되었다고 해도, 민요가 사회적으로 억눌린 감정의 통풍구 역할을 했다면 그것으로 민요의 임무는 다했다고 볼 수 있다. 인간에겐 고급문화와 함께 저급문화도 향유할 수 있는 자유가 있다. 양자 중 어느

214 박노준:a.a.O.,S.372.
215 "Leg deine Zunge auf meinen Arsch." Emil Karl Blümml: a.a.O., S. 35.

하나만 존재하는 사회나 시대는 없고 또 그래서도 안 된다. 지체가 높은 계층만이 고급 문화를, 출신 성분이 낮은 계층이 저급 문화를 누리는 것도 아니다. 서로 넘나들면서 다른 성향의 문화에도 접하는 일이 자주 있었다.[216] 이것이 바로 민요의 두 가지 특성, 즉 민중의 교화와 감정의 해방 사이의 길항작용이라고 할 것이다. 앞서 보았던 괴테의 시 〈은행잎〉이 시사하는 바도 이와 유사하다고 할 수 있다. 괴테 역시 예술에 의한 인간 교육을 말하면서도 작품에서 상당히 외설스러운 표현을 자주 사용했기 때문이다. 이것은 그의 대표작인 《파우스트*Faust*》에서도 드물지 않게 찾아볼 수 있다.

민요는 어느 한 나라 민족의 특유의 산물이면서 동시에 자연스런 인간 성정을 담은 표현 매체이다. 에로틱한 내용을 담은 민요처럼 지금까지 어떤 식으로든 금지되거나 금기시된 것에 대한 조사 연구는 지배 권력에 의해서 일그러진 자연스런 인간상을 제자리로 돌려놓는 데 일조를 할 수 있다고 본다. 김천택은 고려 말엽부터 당시(1728)까지의 시조를 수집하여 엮으면서 너무 진한 성적 표현을 담은 작품들을 《청구영언》에 싣기를 주저했다. 그것은 1900년대 초에 독일에서 있었던, 《소년의 마술피리》에서 누락된 이른바 '야한 민요'의 수집과 맥을 같이 하는 것이다. 그러나 결국 김천택은 어느 정도 야한 노래들을 자신의 시조 수록집에 받아들였다. 이는 결국 완전한 인간의 모습을 보여 주기 위해 내린 결정이었던 것이다. 따라서 민요의 교화적 기능과 감정적 해방의 기능은 서로가 서로를 보완하는 인간 정서의 피드백 과정이라고 할 수 있다. 이것은 사회의 상층부와 하층부 사이의 가사문학이 서로 교환, 합류되면서 생기는 일종의 "바꾸어 부르기*Zersingen*" 현상과도 관련이 있다.

216 Vgl. 박노준: a.a.O., S. 383f.

한국 현대시와 초현실주의의 수용

초현실주의라는 말에서 나는 촘촘한 관습의 어망을 빠져나가려는 물고기의 반짝이는 몸놀림을 떠올린다. 초현실주의라는 말 속에는, 문학이 추구하는 것이 궁극적으로 다 그러하겠지만, 관습뿐만 아니라 기존의 문학이라는 어망마저도 파괴하려는 은근한 자유에의 열망이 숨 쉬고 있기 때문이다. 1917년 프랑스의 시인 아폴리네르에 의해 "쉬르레알리즘"이라는 이름으로 처음으로 공식적으로 입장을 드러낸 초현실주의에서 주된 세계로 다루려 한 것은 이성에 의해 더 이상 발목을 잡히지 않는 꿈과 무의식의 세계이다. 독일의 낭만주의 시인 노발리스와 괴테, 표현주의 시인 게오르크 트라클이 생각난다. 낭만주의에서 삶의 반대 개념을 넘어서 삶의 확장을 가져다줄 수 있는 것은 죽음이었지만 그것이 현실적으로 불가능하자 그 대체물로 등장한 것이 꿈과 잠이며 그 과정을 노발리스는 소설 《푸른 꽃》에서 보여 주었고, 비합리의 물결을 타던 질풍노도 시기의 괴테 역시 무의식적 자동기술에 의한 다다이즘적인 시를 시도한 바 있으며(시 〈극적인 협주곡〉), 트라클은 각기 독립된 이미지들의 병렬에 의해 콜라주 기법과 몽타주 기법을 시에서 동시에 구현했기 때문이다. 노발리스는 테마상으로 초현실주의가 추구하는 무의식의 세계를, 괴테는 언어적 해체 기법을, 그리고 트라클은 표현주의 회화에서 검은 윤곽선을 통해 나뉜 별개의 사물들이 한꺼번에 시야에 들어오면서 서로 충돌하며 관찰자의 머릿속에 새로운 그림을 그려 보이는 독특한 결과를 성취하고 있다. 1924년 브르통의 《쉬르레알리슴 선언》 발표로 정점에 이르렀던 초현실주의의 뿌리가 이미 서구의 대표적 정신들 속에 배태되어 있었음을 보면 초현실주의는 밝은 세계의 이면에서 전면에 나서지 못하고 쭈뼛대고 있던 근원적인 인간 정신의 어두운 면임을 우리는 알 수 있다.

우리의 사정은 어떠한가. 우리 시 중에서 무엇을 초현실주의의 범주에 넣을 것인가. 1930년대 이상의 〈오감도〉와, 이시우, 신백수 등을 중심으로 《삼사문학》이라는 동인지를 내면서 초현실주의적 기법을 추구했던 몇몇 시인들, 도시적 감성을 낯선 시어들에 수혈하여 몽타주와 전위의 분위기를 조성했던 박인환, 1950, 60년대에 서구의 초현실주의를 본격적으로 소개한 조향에 의해 싹튼 한국 시단의 초현실주의적 맹아는 전쟁과 시대적 어둠을 거치고 또 산업화의 높은 파고 속에서 오히려 더욱 거칠게 피어나는 듯한 느낌을 준다. 50년대의 김춘수, 김수영, 전봉건, 김종삼 등이 이런 경향을 뚜렷이 보여 주기 때문이다. 언어와 대상과의 일대일 대응을 말하지 않는 현대의 거의 모든 시인들은 이와 같은 계열에 서서 시를 쓰고 있다고 해도 과언이 아니다. 일상적, 논리적 어법에서 멀어진, 뒤엉킨 시적 진술은 충격과 새로운 시적 자장을 불러온다. 60년대의 《현대시》 동인 중 이건청과 이승훈의 시는 많은 부분에서 초현실주의 기법에 기대고 있다. 무의식의 세계를 자동기술법을 통해 기술한 듯한 그들의 시가 그렇다. 관념의 세계를 좇아가는 그들의 시적 발걸음에는 기존의 시적 발상과 구별되고자 하는 바쁜 마음이 함께한다. 80년대 들어 이런 관념의 세계를 벗어나는 기법을 구사하면서도 심도 있는 사물의 의인화와 이데올로기를 과감하게 공격하는 시적 발상을 통해 억압적인 세계관의 파괴와 자유를 구가하려는 곳에 이성복이 있다. 그러나 아방가르드적 기법을 철저하게 추구하고 관행의 길에서 의도적으로 멀어지고자 한 것은 박남철이다. 그의 반항의 눈초리 끝에 있는 것은 무엇보다 관습에 물든 세계로부터의 해방이요 자유이다. 90년대 시인으로서는 누구보다 박상순이 온유한 듯한 어법 속에 마치 눈 덮인 화산 같은 폭발력을 감추고서 의식의 저편을 노린다. 그의 시에서는 무의식의 흐름을 따라 시어의 기왓장들이 뒤바뀌며 새로운 또 하나의 기와집이 건축된다. 2000년 들어서는 권혁웅이 '미래파'로 이름 지은, 황병승을 비롯한 일군의 시인들이 의사소통을 거부하는 극단적인 어법을 구사하면서 초현실주의에서 했던 기법들을 수용하고 있다.

그렇다면 이들은 과연 얼마만큼 초현실주의적 자유와 무의식의 세계, 환상 그리고 현실의 타파를 달성하고 있는가. 서구의 초현실주의가 추구하는 세계가 자국의 언어적 맥락에만 기대지 않고 인간 보편의 성정에 바탕을 두고 있는 까닭에 우리의 시 문학이 이를 성취하는 것은 그리 불가능한 것만은 아니며 오히려 보편적 가치로서 추구해 마땅한 영역이라고 생각된다. 다만 시대적 현실은 다르다. 서구에서 그들을 억누르던 것이 기독교 종교적 감정과 합리주의적 사고였다면 우리의 세계 속에서는 유교와 관습적 사고가 무거운 돌로 작용하였다. 따라서 그것들을 각각 깨고 나아가는 방식에는 다른 몸짓이 나올 수밖에 없다. 실제로 언어적 제스처만으로 단단한 의식의 돌멩이가 깨질 수 있는 것은 아니다.

이미 우리 시의 정신은 세계의 여러 물결이 진실로 섞일 수 있는 단계에 도달해 있다. 정보와 소식의 울타리가 소소했던 과거와는 상황이 사뭇 다르다. 매일매일 세계의 여러 소식을 들으며 충격을 받고 있는 의식의 바탕 저편에서는 무의식의 열망이 꿈틀대고 있기 때문이다. 물론 이들이 의식적으로 서구의 초현실주의의 흐름을 그냥 모방하거나 받아들였다고 보기는 어렵다. 이들이 이런 식으로 시를 쓰는 것은 그들의 태생적 시 쓰기 방식의 성향일 수 있기 때문이다. 다만 성향의 유사성에 비추어볼 때 그들이 채택하고 있는 초현실주의적 시 쓰기 방식은 이와 같은 배경의 화면 속에서 더욱 빛을 발하거나 아니면 제대로 된 방향과 위치를 찾을 수 있다고 본다. 시가 언어를 기본 재료로 한다는 사실을 감안할 때 언어를 대하는 그들의 진정성의 여부를 파악해 봄으로써 그들의 시에 나타난 세계관의 진정성 여부도 알아볼 수 있을 것이다. 초현실주의는 근본적으로 시적 창작의 기법의 문제를 다룬다. 시가 자폐적 구조 속에서도 사회와 뭔가 소중한 대화를 나눌 수 있을 때 그들의 존재는 더욱 가치를 부여받을 수 있을 것이다. 기존의 관습의 어망을 뚫고 어떻게 진정한 자유를 추구해 나가는가 하는 것은 그들 스스로가 대상과 언어와, 그리고 무엇보다 자신들의 가슴과 대화를 통해서 해결해야 할 문제이다. 시대의 결을 거슬러 사는 아웃사이더로서의 삶의 고통 없는 언어는 메아리 없는 공허한 유희에 지나지 않는다. 언어만이 아방가르드의 대상이 되는 것은 아니기 때문이다. 다만 현대의 많은 시인들을 섬세한 검토 없이 서구적 유파의 카테고리에 가두는 것은 위험한 일이 될 수 있음을 말하고 싶다. "초현실주의"는 아폴리네르가 한 시대의 양식을 나타내는 표현으로 사용한 명칭이기 때문이다. 그리고 이들의 시적 시도가 어느 정도의 성과를 거두었는지 알아보려면 기존의 여러 시적 성향들과 이들의 시를 같은 지평에 놓고서 그 크기와 넓이를 측량해 보아야 할 것이다. 특히 시적 테마의 새로움뿐만 아니라 병렬적 이미지에 의한 의미의 확산 여부는 그들의 시를 가늠함에 있어 더 없이 중요한 요소가 될 것이다. 문학사가 기억하는 시가 있고 독자들의 가슴이 기억하는 시가 있음은 누구나 안다.

독일의 시 문학은 우리나라 시인들에게 무엇을 주었나

독일 시문학사에 큰 획을 그은 시인들 중에서 한국에 가장 많은 영향을 끼친 시인들의 예를 들라면 괴테와 하이네 그리고 릴케를 말할 수 있다. 1919년에 전영택에 의해 괴테의 시 〈깁본 相逢과 슬픈 離別Willkommen und Abschied〉과 〈그림 그린 ㅅ근으로Mit einem gemalten Band〉가 《창조》 제2호에 번역 소개된 이후로 괴테와 하이네는 가장 빈번하게 우리 문단에 등장했다. 그러나 30년대 후반에 접어들면서부터는 릴케가 본격적으로 소개되기에 이른다. 그 이후로 한국에는 횔덜린, 아이헨도르프, 게오르게, 호프만스탈, 노발리스, 트라클, 뫼리케 등의 시인들이 선을 보인다. 그리고 또한 헤세의 시와 브레히트의 시도 소개된다. 김광규의 시 세계는 브레히트와 카프카, 그리고 하이네의 세계에서 얼마간 영양분을 얻고 그것을 나름대로 소화하고 있는 듯 보인다. 간명하면서도 깊은 사고를 지닌 그의 시들이 그것을 간접적으로 증명한다. 고트프리트 벤 같은 경우는 최승호의 시에 영향을 주고 있다. 그의 시에서 나타나는 그로테스크하고 섬뜩한 요소는 벤의 시에서 중심적인 역할을 하는 것들이다. 횔덜린의 경우는 조정권의 시에 많은 흔적을 남기고 있다. 조정권은 횔덜린의 비가 〈빵과 포도주〉에서 표현된 드높은 정신을 자신의 《산정묘지》에 기록해 놓고 있다. 황지우의 시에서는 "낯설게 하기"라는 브레히트의 시적 기법이 발견된다. 그밖에도 독일 시인들이 우리나라 시인들의 창작 영역에 끼친 영향은 수도 없이 많다. 그러나 이 글에서는 이 모든 시인들을 다룰 수 없기 때문에 지금까지 릴케의 영향을 받은 것으로 이야기되고 있긴 하지만 아직까지 구체적으로 검증되지 않은 윤동주와 릴케의 문학적 영향 관계를 밝혀 보고자 한다. 실증적 관점의 비교가 어떤 결과를 가져다줄 수 있는지 확인하기 위해서이다.

사실 윤동주의 시에서 라이너 마리아 릴케라는 이름이 언급된 것은 〈별 헤는 밤〉의 한 군데뿐이다. 이 시가 쓰여진 것은 윤동주의 나이 25세 때인 1941년 11월 5일이다. 릴케의 문학 세계가 한국에 소개된 지 몇 년이 지난 시점이다. 한국에 릴케가 소개된 상황을 보면 1935년 7월에 조선일보에 김진섭의 번역으로《어떤 젊은 문학 지원자에게》라는 제목으로 릴케의《젊은 시인에게 보내는 편지》가, 1936년 6월에는 박용철에 의해 연작시 〈마리아께 드리는 소녀들의 기도〉(《여성》)가, 이어서 1941년에서 1943년에 걸쳐 윤태웅의 번역으로 〈애가〉, 〈엄숙한 시간〉, 〈소녀의 노래 초抄〉, 〈위대한 밤〉, 〈가을날〉, 〈가을〉, 〈나의 두 눈을 없애 버리신다 하더라도〉 등의 시 작품이 우리 문단에 선을 뵈었다.

또한 일본어에 능숙했던 윤동주의 사정을 감안할 때 〈별 헤는 밤〉이 쓰여진 시점 이전에 일본에서 번역된 릴케의 작품을 살펴보는 것도 윤동주 문학에 끼친 릴케의 영향 관계를 살펴보는 데 있어서 꼭 짚고 넘어가야 할 작업이다. 1927년에서 1941년 사이에 일본에서 번역 출판된 릴케의 작품은 시집 3권과 소설 2권이다. 시집으로는 치노 쇼쇼가 릴케의 여러 시집에 실린 시들을 선별하여 초역한《릴케 시집》(1927년 3월)과 하가 마유미가 번역한《두이노의 비가》(1940년 3월) 그리고 시오야 다로 번역의《기수 크리스토프 릴케의 사랑과 죽음의 노래》(1941년 4월)가 있고, 소설로는 호시노 신이치에 의해《사랑하는 신 이야기》(1933년 7월)가, 그리고 오야마 테이이치에 의해《말테의 수기》(1939년 10월)가 각각 번역 소개되었다. 이 중에서 윤동주가 접한 작품으로 흔적이 뚜렷이 남아 있는 것은《기수 크리스토프 릴케의 사랑과 죽음의 노래》이다. 윤동주는 책을 구입하면 책표지 뒷면에다 구입 연월일을 기록해 놓는 습관을 갖고 있었는데, 도쿄의 쇼신사에서 1941년 4월 30일에 발행한 이 책을 윤동주는 발행 직후인 5월 4일에 구입한 것으로 책에다 기록하고 있다. 따라서 우리는 윤동주가 이 작품을 읽었을 개연성을 상정할 수 있다. 동생 윤일주의 증언에 따르면 1940년에 윤동주는 고향 용정에 돌아와 산책을 할 때 릴케나 폴 발레리의 시집, 또는 앙드레 지드의 책을 옆구리에 끼는 것을 잊지 않았다고 한다.

이런 비교를 위해 윤동주 문학의 가장 큰 특징은 작품의 시적 화자가 대체로 시인 자신과 일치한다는 데 있다. 다시 말해 그의 시의 대부분을 그 자신과 관련시켜서 이야기할 수 있다는 뜻이다. "나"가 시의 중심으로 나타나 "나"의 문제가 항상 전면에 대두한다. 시인의 자기인식 문제가 중심 테마가 되고 있다는 말이다. 이러한 자기인식은 세상과 세상의 사물을 대하는 시인의 눈길과 관련된다. 윤동주의 시적 문체는 고백체 또는 일기체 형태를 취하고 있다는 점에서 체험시적 요소를 지닌다. 〈참회록〉에서 말한 "만 이십사년 일개월"이라는 구절은 정확히 당시의 윤동주의 나이와 일치한다. 그만큼 그의 시는 자기 성찰적 색채를 두드러지게 보여 준다. 그리고 그러한 시적 화자를 둘러싸고 있는 것은 언제나 고독과 외로움의 분위기이다.

반면에 릴케는 독일 시문학사에서 "나"를 처음으로 문제 삼은 시인으로 평가된다. 다시 말해 그는 "나"를 관찰의 대상으로 삼아 철저하게 분석하여 보여 준다. 초기부터 나타나기 시작한 이런 성향은 산문《말테의 수기》에서 그 절정에 이른다. 이 작품은 시인의 내면의 의식 구조를 외부의 사물들을 빌려 표현한 작품으로 볼 수 있다. 어린 시절의 직접적인 모습 외에 역사와 성경에서 가져온 우화 등이 그에 대한 증거물들이다. 산문시《기수 크리스토프 릴케의 사랑과 죽음의 노래》에 등장하는 "기수"를 릴케의 직접적인 분신으로 볼 수 있는 것은 바로 이러한 시각에 근거한다.

문제는 세상을 바라보는 이 "나"가, 혹은 자신의 내면을 바라보는 이 "나"가 어떠한 양상으로 나타나느냐에 있다. 여기서 두 시인의 시적 화자가 세상에 대해서 혹은 자신에 대해서 갖는 자세의 일치 여부는 두 시인의 시 작품을 논의하는 데 중요한 출발점이 된다. 먼저 윤동주의 〈별 헤는 밤〉을 보자.

> 별 하나에 追憶과
> 별 하나에 사랑과
> 별 하나에 쓸쓸함과
> 별 하나에 憧憬과
> 별 하나에 詩와
> 별 하나에 어머니, 어머니,
>
> 어머님, 나는 별 하나에 아름다운 말 한마디씩 불러봅니다. 小學校 때 册床을 같이했든 아이들의 이름과 佩, 鏡, 玉 이런 異國 少女들의 이름과, 벌써 애기 어머니된 계집애들의 이름과, 가난한 이웃 사람들의 이름과, 비둘기, 강아지, 토끼, 노새, 노루, 〈프랑시쓰·짬〉, 〈라이넬·마리아·릴케〉 이런 詩人의 이름을 불러봅니다.

이네들은 너무나 멀리 있습니다.
별이 아슬히 멀 듯이,

어머님,
그리고 당신은 멀리 北間島에 계십니다.

이것을 릴케의 《기수 크리스토프 릴케의 사랑과 죽음의 노래》의 다음 대목과 비교해 보자.

> 랑에나우 출신의 사나이는 깊이 생각에 잠겨 편지를 쓴다. 천천히 큼직하고 진지하고 곧은 글씨체로 써내려 간다.
>
> "나의 어진 어머니",
> "자랑스레 여기세요. 제가 기수랍니다",
> "걱정하지 마세요. 제가 기수랍니다",
> "저를 사랑해 주세요. 제가 기수랍니다—"
>
> 이어서 그는 편지를 전투복 상의 안쪽 가장 은밀한 곳, 장미 꽃 이파리 옆에 집어넣는다. 그리고 생각한다. 편지에서도 곧 장미 향기가 나겠지. 그리고 생각한다. 훗날 누군가 이 편지를 발견하겠지… 그리고 생각한다. …적군이 가까이 와 있으니.

윤동주의 시적 화자와 릴케의 산문의 주인공인 "기수" 즉 "랑에나우 출신의 사나이"의 자세는 비슷하다. 〈별 헤는 밤〉에서 윤동주는 별을 향해 절실한 마음으로 이국의 소녀들의 이름과 짐승들의 이름과 함께 라이너 마리아 릴케를 부르고 있다. 이들을 시적 화자는 "아름다운" 존재로 생각한다. 그러므로 릴케는 윤동주가 무척 아끼는 시인들 중의 하나였음이 드러난다. 릴케는 윤동주가 부른 별 이름 중의 하나이기 때문이다. 그들 이름 앞에 윤동주의 시적 화자는 거의 무릎을 꿇은 듯한 겸허한 태도를 보인다. 편지를 쓰는 행위와 사랑하는 사람의 이름을 부르며 옛날을 추억하는 행위에서 두 텍스트상의 상당한 유사성이 보인다. 편지 형태를 취하고 있는 두 텍스트에서 공통되는 정서는 그리움이다. 그리움의 대상들은 모두 멀리 떨어져 있다. 그러나 그리운 대상들을 불러 봄으로써 화자는 자신의 과거의 존재를 돌이켜본다. 화자는 자신이 아끼는 것들을 사랑하는 마음으로 불러 봄으로써 자신의 그리움을 일깨우고 있는 것이다. 아직 젊음이 한창인 주인공은 둘 다 자신이 하는 일에 대해 자긍심과 의무감을 갖고 있다. 윤동주가 무언가 알지 못할 사명감으로 인해 시인으로서 의식을 지녔다면, 릴케의 "기수"는 깃발을 끝까지 지키는 의무에서 자긍심을 느낀다. 랑에나우의 사나이는 고향의 어머니에게 편지를 쓴다. 둘 다 고향으로부터 멀리 떨어져 어머니에 대한 그리움을 편지로 대신하는 것이다. 두 텍스트에서 우리는 과거를 회상하며 동경하는 이른바 낭만주의적 분위기를 느낄 수 있다. 둘 다 고향에 두고 온 어머니뿐만 아니라 사랑하는 소녀를 생각하기 때문이다. 그러기에 두 화자는 현실을 떠난 그리움의 공간 속에서 희망을 감지한다.

> 그렇지만 사실 우리는 여름에 고향을 떠나왔다. 여인들의 옷자락이 신록을 배경으로 오랫동안 반짝였다. 이제 말을 타고 떠난 지 꽤 오래되었다. 지금은 가을이 되었겠지. 적어도, 우리를 아는 여인들이 슬픔에 젖어 있는 그곳에는.

> 랑에나우의 사나이는 슬퍼진다. 그는 함께 놀던 한 금발의 아가씨를 생각하고 있다. 그것은 거친 놀이였다. 그는 한순간만이라도 고향으로 가고 싶다. 가서 그녀에게 이런 말을 잠깐 들려줄 수 있는 짧은 순간만이라도. "막달레나, 내가 항상 그렇게 밖에 하지 못한 것 용서해 줘!"
> 내가 어땠었지? 젊은 기사는 생각한다.—그런데 그들은 고향에서 너무나 멀리 있다.

윤동주와 릴케의 텍스트에서 화자에게 중요한 것은 회상을 통한 자기 존재의 확인이다. 〈별 헤는 밤〉에서 언급되거나 명명되는 자잘한 사물들은 릴케의 《기도시집》에서도 찾아볼 수 있다. 《기도시집》에서 명명 행위는 시적 화자의 중심 행위를 형성한다. 그것 역시 그리움의 소산이다. 명명 행위가 신의 본질을 알아내려는 그리움에서 이루어지기 때문이다. 또한 〈별 헤는 밤〉에서 언급되는 시인들, 즉 릴케와 프랑시스 잠은 자아의 문제를 성찰하는데 주력하는 인물들이다. 내면을 성찰하는 시인들의 세계가 윤동주의 기질과 일치하고 있음을 보여 주는 대목이다. 여기서 다시 〈별 헤는 밤〉을 보자.

> 그러나 겨울이 지나고 나의 별에도 봄이 오면
> 무덤우에 파란 잔디가 피어나듯이
> 내 이름자 묻힌 언덕우에도
> 자랑처럼 풀이 무성할게외다.

공간적으로 드높은 하늘을 우러러보며 자신을 낮추는 겸허함이 자신의 이름을 덮어 버릴 무성한 풀에 대한 기대감과 극명한 대비를 이룬다. 이 구절 속에는 또한 계시록적인 생각이 담겨 있다. 자신이 죽어 사라져도 무덤 위에 피어나는 풀포기마다 자신의 이름이 아로새겨져 나타나리라는 것이다. 이처럼 윤동주와 릴케의 작품에서 공히 다루어지고 있는 테마는 사랑과 죽음의 문제이다. 자신의 묘비 주위로 무성하게 피어날 풀들에게서 윤동주는 자신이 훗날 세상에 남길 이름을 생각한다. 여기에는 기독교적 부활의식이 분명하게 개입되고 있다. 기수 크리스토프 릴케처럼 윤동주 역시 사랑과 죽음을 격렬하게 경험하고 싶어한다. 릴케의 "기수"는 전쟁터에서 하룻밤을 쉬게 된 어느 성에서 성주의 미망인과 밤새 은밀한 첫사랑을 경험한 뒤 기습해 오는 터키 군대를 맞이하여 장렬한 최후를 맞이하기 때문이다. 윤동주 역시 그런 사랑과 삶을 경험한 뒤 자신의 이름이 사람들의 머릿속에 기억되기를 바라는 것이다. 그것이 윤동주에게는 바로 풀을 통한 자기 부활이다. 이런 면에서 윤동주의 이 구절은 "장미여, 오 순수한 모순이여/그토록 많은 눈꺼풀 아래/누구의 것도 아닌 잠이고픈 마음이여"라고 노래한 릴케의 〈묘비명〉과 무척 많이 닮아 있다. 릴케 역시 죽기 일 년 전(1925)에 쓴 묘비명에서 이같은 영원한 존재를 꿈꾸고 있기 때문이다.

시적 영향은 시간상으로 직접적으로 나타날 수도 있지만 릴케가 《말테의 수기》에서 시적 변용과 관련하여 말한 대로 오랜 숙성의 기간을 거쳐 나름의 독특한 방식으로 재생할 수도 있다. 때문에 본원적 축적이라는 관점에서 외국문학의 수용은 꼭 필요한 자양분의 섭취 과정이라 할 것이다. 이런 관점에서 외국 문학의 영향을 받은 시인들의 작품 및 창작 세계를 해당되는 외국 작가와 비교하는 일은 영향 관계의 추적을 넘어서 상호 문학적 생존의 바탕에 무엇이 놓여 있는가를 파악하기 위해서라도 뒤로 넘기지 말고 밭고랑을 매듯 반드시 먼저 매고 넘어가야 할 과제이다. 이 과정에서 잘못되거나 그릇된 원문 이해와 그 그릇된 수용의 과정이 가져온 결과에 대해서도 따져 보아야 한다. 실제로 어느 외국작가가 한 말로 이해한 대목이 실제로는 그 작가가 한 말이 아닐 경우 창조적 오독이라는 말로 미화될 수는 없는 일이기 때문이다. 독일 시인 볼프 본드라체크의 새로운 시적 기법과 테마 영역의 확장에 우리의 젊은 시인이 깨달음을 얻어 우리 현실에서 새로운 시적 시도를 한다면, 그러한 계기를 마련한다면, 그리고 니체의 시 〈바보여! 시인이여!〉와 거기에 얽힌 이야기를 읽고 어느 시인이 열광할 수 있다면, 그것만으로도 독일 시를 공부하고 글을 쓰는 일은 그 정당성의 증인을 확보할 수 있다고 본다. 그리하여 독일 시 한 편이 심은 한 알의 고구마가 나중에 그 한 포기 고구마 줄기를 당겼을 때 무성하게 우거진 고구마 줄기로 우리 눈앞에 나올 수 있기를 기대해 본다.

찾아보기

김재혁

시인. 현재 고려대학교 문과대학 독문학과 교수로 재직 중. 지은 책으로《릴케와 한국의 시인들》,《릴케의 예술과 종교성》,《릴케의 작가정신과 예술적 변용》,《내 사는 아름다운 동굴에 달이 진다》(시집),《아버지의 도장》(시집) 등이 있고, 옮긴 책으로는《릴케전집 1,2》,《릴케. 영혼의 모험가》,《노래의 책》,《로만체로》,《겨울 나그네》,《책 읽어주는 남자》,《논쟁에서 이기는 38가지 방법》,《소유하지 않는 사랑》,《넙치1,2》,《푸른 꽃》,《골렘》,《세계의 동화》,《Kerker der Liebe》(오규원 시집《사랑의 감옥》독역),《민들레꽃의 살해》,《환상동화》,《젊은 시인에게 보내는 편지》,《변신》,《회상록》등이 있다.

바보여, 시인이여

초판발행 2008년 5월 15일
초판 1쇄 2008년 5월 15일
지은이 김재혁
펴낸곳 고려대학교출판부
www.kupress.com
kupress@korea.ac.kr
136-701 서울특별시 성북구 안암동
02-3290-4230, 4232
Fax 923-6311
찍은곳 (주)이환D&B

ISBN 978-89-7641-658-2 93850

값 27,000원